多者安保協力의 限界와 制約

: 아세안地域安保포럼(ARF) 中心으로

내일을여는지식 정치 5

多者安保協力의 限界와 制約

: 아세안地域安保포럼(ARF) 中心으로

이원우 지음

ksi 한국학술정보㈜

■ 序 文

　政治는 '다양한 사회적 분쟁을 예견·중재·처리하여 사회를 통합·유지·발전시키기 위해 인간들의 이익을 조화시키는 매우 이성적이고 창조적인 활동'을 의미한다. 특히, 無政府하의 국제사회에 적용되는 국제정치는 '다양한 국가간 분쟁을 예견·중재·처리하여 국제사회를 통합·유지·발전시키는 것으로 국가들간의 첨예한 이익 문제를 조화시켜 평화와 안정을 유지시키기 위한 총체적 활동'이다. 따라서 정치학은 對內外 정치를 막론하고 '분쟁과 평화'의 문제를 다루며, 분쟁을 예방하고 평화를 신장시키는 代案 수립을 本分으로 하는 학문이다. 이에 정치학 연구자들은 늘 理論에 근거하든, 역사적·경험적 판단에 입각하든, 아니면 신념에 기초하든 시대가 당면한 분쟁과 평화의 문제에 방책을 제시하고 실현시키려 노력한다. 이런 맥락에서, 본 연구 역시 '지역국가들간 협력과, 국제기구나 국제협의체들의 설립과 활성화를 통한 安保協力으로 분쟁예방과 평화 증진'을 목적으로 구상되고 작성되었다.

　多者安保協力政策은 화해와 협력을 통하여 과거의 敵對關係를 청산하고 위기관리, 긴장완화, 분쟁예방, 분쟁의 평화적 해결, 분쟁확대 방지, 非傳統的/超國家的 위협 공동대응, 안보 거버넌스의 구현 등을 추진한다. 이에 다자안보협력정책의 사상적 배경은 동·서양의 中庸哲學과 기독교의

博愛精神으로부터 형성된 自由主義의 理想的 사상체계에 근거한다. 따라서 現實主義者들에 있어서 다자안보협력정책은 집단방위나 집단안보 정책의 보조수단으로만 간주되는 경향을 보인다. 아울러 다자안보협력정책은 총론적으로는 수용가능하나, 각론적으로는 늘 참가국들간 異見과 수단의 결핍으로 調整力을 상실하거나, 실천력 있는 의사결정이 불명확한 맹점을 안고 있다는 비판에 직면해 왔다.

다자안보협력정책의 실천은 평화증진 수단으로 신뢰구축조치(CBM)·신뢰안보구축조치(CSBM)·예방외교(PD)·군축 및 군비통제·協業을 통한 초국가적 안보위협 대처·다양한 政府/非政府 협력 네트워크를 통한 평화증진 노력 등을 활용한다. 그러나 無政府 하의 국제정치 또는 세계정치에서 다자안보협력정책은 제도적·법적으로 국가들을 규율할 수 있는 강제성 또는 강제력 사용이 늘 쟁점으로 부각되고, 개념적으로 집단안보 정책의 하부개념인가 아니면 이와 별개의 독특한 이론에 근거하는가의 문제에 대하여 다양한 입장이 존재한다.

본 연구는 아태지역 다자안보협력정책의 핵심을 이루는 아세안지역안보포럼(ARF)을 중심으로 다자안보협력정책의 이론과 현실을 비판적 시각에서 살펴봄으로써, 다양한 위협에 봉착해 있는 동아시아를 중심으로 한 ARF 참가국들이 한계와 제약하에서 어떠한 방식으로 다자안보협력정책을 발전시켜 나가야 할 것인지를 제시한다. 논리적 흐름과 내용의 대부분은 著者의 경남대학교 정치학 박사학위 논문인 "아세안지역안보포럼(ARF)의 제도적 한계와 구조적 제약에 관한 연구(A Study on the Institutional Limitations and Structural Constraints of ASEAN Regional Forum)"로부터 가져왔으며, 내용을 일부 보완하여 理解를 돕도록 하였다.

저자는 아태지역 다자안보협력체인 ARF가 대화의 場으로부터 이행/실천의 제도로 발전해야 한다는 관점에서 지난 15년간 발전과정과 참가국들의 상호관계 등을 고찰하여 제도적 한계와 구조적 제약을 규명하였다. 이를 위해 다자주의와 안보협력 개념들을 널리 검토·활용하였다. 그 결과 ASEAN의 전통으로부터 유래하는 ARF의 제도적 한계가 식별되고, 참가국들의 정치·군사·사회문화·환경·경제분야 상호관계로부터 ARF의 구조적 제약들이 구체화되었다.

'낮은수준의 다자안보'로 명명되는 제도적 한계는 ARF에 적용된 이론이 강제력 사용을 불허하는 '狹義의 협력안보 개념'에 입각하고, 아세안 방식(ASEAN Way)으로 대표되는 동남아우호협력조약(TAC)을 행동규약으로 채택하고 있기 때문이었다. 즉 ARF를 통제할 법적효력을 지닌 지도규범의 결여, 독립적인 집행/검증 기능을 가진 사무국의 不在, ASEAN에 과도한 의존 등이 문제점으로 제기되었다. 지난 15년간 정부수준에서 176회(월평균 1회)의 회의를 통하여 지역분쟁문제, 군축/비확산문제, 초국가적/비전통적 위협 문제 등을 논의하였으나 실질적 성과는 微微하였다.

'높은 수준의 당면 이슈'로 부각되는 '구조적 제약'은 '경제관계의 불균형,' '세력균형정책의 강화,' '남중국해 문제의 拘束性' 등으로 나타났다. '참가국 경제관계의 불균형 문제'는 역내국가들이 경제안보를 최우선 과제로 매진하는 가운데 지역무역협정/자유무역협정(RTA/FTA)을 통한 서방중심의 경제상호의존이 증가하고 있으나, 심한 경제력 차이로 개도국들의 경제의존적 경향은 심화되고 있다. 27개 참가국 중에서 18개국이 개발도상국인 ARF 현실에서 대부분의 참가국들이 원조/교역의존 상황에 있으며, 이는 ARF의 발전을 제약하는 주요 요인이다. '세력균형정책의 강화'는 미국·일본 對 중국·러시아의 군사안보적 대립구도가 인도·파키스탄·북한의 핵 보유에 따라 세력균형정책은 확대 추세에 있고, 협력안보정책은 미약한 보조기능으로 전락하는 위기에 처하였다. '남중국해 문제의 구속성'은 남중국해 문제가 중국과 동남아 국가들, 또 미국·일본·EU 등 강대국들의 항해자유, 상공비행자유, 중국 견제라는 핵심이익이 걸린 문제로, 여기서 무력충돌 등이 발생시 ARF의 존립을 구속하게 된다.

따라서 ARF의 제도적 한계와 구조적 제약들은 시급히 대처해야 하는 현안들로 집단안보기능을 가진 '廣義의 협력안보개념'으로의 적용이론 변화, 정책의 집행/검증 기능을 갖는 사무국의 설립과 정상회의 개최 등 법적인 효력을 갖춘 제도화가 진전되지 않고는 극복하기 힘들다. 나아가 ARF의 이러한 제도화는 '지역국가들이 지역문제들을 해결해야 하는 大義'에 부합되고, 前근대적 세력균형체제를 완화하며, 참가국들이 공동의 위기로 인식하는 경제안보를 지원할 수 있는 새로운 '아태지역 다자안보협력기구(OSCAP)' 구축에 이바지하는 시금석이 될 수 있을 것이다.

본 연구는 저자가 1994년 오스트리아 국제문제연구소(AIIA)와 유럽안보협력회의(CSCE) 사무국에서의 연구를 시작으로, 10여년간 합동참모본부와 국방부본부에서 다자안보협력업무를 담당한 경험이 큰 도움이 되었다. 아울러 그간 CSCE/OSCE · ARF · NEACD · CSCAP · ASEM · LNWFZ-NEA · ASD 등 각종 다자안보협력 국제회의에서 만난 500여명의 國內外 외교관 · 國防人士 · 전문가들의 다양한 입장과 의견들은 저자가 다자안보협력의 가능성과 한계를 인식하는 데 크게 기여하였다. 나아가 본 연구에서 인용 · 참고한 저서와 논문 그리고 국제기구/협의체들의 결정문서들은 茫茫大海를 항해하는 데 羅針盤 역할을 하였음에 감사하지 않을 수 없다.

마지막으로 본 연구의 출판에 적극적으로 임해주신 한국학술정보(주) 임직원 여러분들의 노고에 감사를 표한다.

2009년 6월

著者 李 源 祐

목 차

표 목차

그림 목차

I. 서론: '다자안보협력은 가능한가?'

1. 연구배경 및 목적

20세기말 두 차례의 세계대전은 인간성의 말살과 인류의 존재 자체를 위협하는 막대한 희생을 강요한 大事變이었다. 그 후, 전쟁방지를 위한 국제사회의 노력은 국제연맹(LN)과 국제연합(UN)의 창설로 이어졌으며, 전쟁근절을 촉구하는 다양한 국제법과 국제규범의 설립으로 나타났다. 그러나 1950년 한국전쟁과 1960년대의 베트남전쟁으로 대표되는 냉전의 심화로 평화에 대한 기대는 무산되었으며, 특히 東西 兩陣營間 핵전쟁의 공포는 인류를 또 다른 전쟁위협에 시달리게 하였다. 이러한 새로운 형태의 더 큰 재앙을 초래할 전쟁 가능성에 대하여 평화를 위해 단결하고 긴장을 완화시켜야 한다는 大覺醒 운동이 유럽에서 확산되었다. 그러한 노력의 결실이 1975년 8월 東西 긴장완화의 상징적 협의체로 등장한 '유럽안보협력회의(CSCE)'이다. CSCE는 다자안보협력의 효시로 널리 이해되고 있으며, 그 배경에 평화를 위한 화해·협력·理解·共存이라는 핵심어(key words)를 간직하고 있다. CSCE는 1995년 유럽안보협력기구(OSCE)로 승격되어 발전하고 있으며, 유럽·북미·중앙아시아 국가들이 위기관리·전쟁예방·분쟁의 평화적 해결을 위한 CBM/CSBM, 군비통제/군축을 포함하여 정치/군사·경제·사회·문화·환경 등 다양한 부문에 걸친 협력을 추진해 오고 있다. 그러나 40년에 가까운 다자안보협력 과정에서[1] 나타난 근본적인 한계는 冷戰期뿐만 아니라 냉전 종식 이후에도 국가간 핵심적 이익을 조정할 수 있는 강제력의 不在가 늘 문제되고 있으며, 이는 無政府下의 국제사회가 가지는 참가국들간 합의 도출이 쉽지 않음을 代辯하고 있다.

이러한 맥락에서, 냉전종식후 아시아 태평양지역에서도 다자안보대화체인 아세안지역안보포럼(ARF)이 설립되어 화해와 협력을 전제하는 유럽의 사례를 따라 긴장완화와 전쟁예방에 노력하고 있으나, 다양한 어려움에 봉착해 있다.

ARF는 1994년 설립되었으며 아태지역 광역의 협력안보대화체로 동남아, 동북아, 오세아니아, 남아시아, 유럽, 북미 국가들이 참가하고[2] 있으며, 지리·역사·정치·경제·사회문화적 다양성을 지닌다. 특히 미국·EU[3]·중국·일본·러시아 등 강대국들이 모두 참가함으로써 지역안보제도라기보다는 범세계적 세력관계가[4] 작동하는 특징이 있다. 또한 동아시아와 남아시

---

1) CSCE는 1975년 공식 출범하였으나, 시기적으로 1969년 닉슨 독트린 발표 이후 시점부터 東西 兩陣營과 중립국/비동맹국가들이 사실상의 多者安保協力 세부논의를 추진하였다.

2) 1994년 18개국(인도네시아, 말레이시아, 태국, 필리핀, 싱가포르, 브루나이, 베트남, 라오스, 미국, 일본, 중국, EU, 러시아, 캐나다, 한국, 호주, 뉴질랜드, 파푸아뉴기니)으로 출범한 ARF는 지난 15년간 9개국(캄보디아, 미얀마, 인도, 몽골, 북한, 파키스탄, 티모르레스테, 방글라데시, 스리랑카)이 추가되어 현재 27개국이 참가하고 있다.

3) EU는 연합체이나 여기서는 참가국으로도 혼용한다.

4) 부잔은 이를 범세계적 안보배열(global security constellation)이라 칭하며 국내(domestic), 지역(regional), 지역간(interregional), 세계(global) 등 4가지 수준의 안보 상호작용이 혼합되어 작용하는 패턴으로, 지역안보 수준을 넘어 廣義의 세력관계로 인식한다. Barry Buzan, Ole Wæver, and Jaap de Wilde, *Security: A New Framework for Analysis* (Boulder: Lynne Rienner Publishers, 1998), p.201; Barry Buzan and Ole Wæver, *Regions and Power: The Structure of International Security* (Cambridge: Cambridge University Press, 2004), p.491 참조.

아 지역은 식민지 역사의 영향으로 反外勢와 강대국들에 대한 경계심을 가지고 있으며, 지역내 국가들 상호간에는 의심과 갈등으로 역외 강대국들의 지원을 필요로 하는 안보정책의 二重性을 지닌 곳이다.

ARF는 대립하는 세력들간 타협의 산물인데, 1992년 필리핀으로부터 미군 철수, 동북아에서 減軍이 이행됨에 따라 ASEAN 국가들과 일본이 안보공백(security vacuum)을 우려하고,[5] 중국 등 공산주의 국가들 역시 국제환경의 급격한 변화를 위기로 인식함으로써 가능해졌다.[6]

ARF의 설립취지는 정치안보 문제들을 논의하는 '고위급협의포럼(a high−level consultative forum)'으로 지역의 평화, 안정, 번영을 위해 공동이익과 관심사들에 대하여 건설적 대화와 協議의 습관을 증진시켜 신뢰구축과 예방외교(preventive diplomacy)를 발전시켜 나가는 것이었다.[7] 그러나 안정과 평화 추구라는 성격과 목적에 분명한 한계가 있었는데 이는 ARF를 제안한 일본의 입장에서 나타나고 있다. 1993년 7월 아세안 확대외무장관회의(ASEAN−PMC)에서 무토가분(武藤嘉文) 외상은 1991년 나카야마 타로(中山太郎) 외상이 제의했던 다자간 정치안보대화의 場이 성립된 것을 자평하면서 相互再保障(mutual reassurance) 증진의 중요성, 미군의 역내 주둔 필요성, 군사력 균형에 일본의 역할 증진, 정책의 투명성(transparency)과 예측성(predictability)을 강조한 바 있다.[8] 이는 ARF가 상호재보장과 세력균형을

---

5) 일본의 다자안전보장체제 강화 입장은 중국의 위협과 '미군 축소론'에서 비롯되었고, 호소카와 모리히로(細川護熙)와 무라야마 도미이치(村山富市) 내각에서 특히 강조하였다. 박철희, "일본의 안보선택과 한국의 진로," 하영선 편, 『21세기 한국외교 대전략: 그물망국가 건설』(서울: 동아시아연구원/EAI, 나남출판, 2006), pp.173−177; 일본의 안보 두려움(딜레마)은 다음을 참조. 빅터 D. 차 지음, 김일영·문순보 옮김, 『적대적 제휴: 한국, 미국, 일본의 삼각 안보체제』(서울: 문학과 지성사, 2004), pp.222−261.

6) 동남아는 친서방 노선을 지향하는 ASEAN 6개국과 사회주의(공산주의) 국가들간 화해가 추진되었고, 동북아는 북한의 위기의식과 남북대화, 연이어 소위 제1차 북핵문제가 발생하였으며, 중국은 경제도약을 위해 주변국가들과 안정질서 유지가 필요하였다.

7) "Chairman's Statement the First ASEAN Regional Forum," Bangkok, Thailand, 25 July 1994, p.1; ASEAN Secretariat, *ASEAN Regional Forum: Document Series 1994−2002* (Jakarta: ASEAN Secretariat, 2003), pp.3−5.

바탕으로 한 정치안보대화체이고, 냉전질서를 계승하는 면과 냉전 이후 시대가 요구하는 원칙(principles), 규범(norms), 규칙(rules)을[9] 새로이 형성해야 하며, 지역분쟁 문제와 초국가적/비전통적 위협 등 다양한 안보 문제들을 논의해야 함을 의미하고 있다. 그러나 현재까지 ARF는 민감한 안보현안들을 심도 있게 다루지는 못하고 있으며, 안보협력을 위한 제도화가 매우 느린 문제점과 한계를 노정시키고 있다.[10]

따라서 본 연구는 ARF 15년 역사의 발전과정과 주요 활동 등에서 나타나는 이론적/제도적 한계와, 참가국들의 상호관계에서 발생하는 구조적 제약을 비판적 시각에서 규명함으로써, ARF의 제도화를 통한 아태지역 안보협력 발전에 기여하고자 한다. 아울러 지금까지 정부 수준에서만 관심을 가지던 복잡한 ARF 논의사항의 세부내용들을 공개하여 문제의식을 제고하고,

---

8) "Statement by H. E. Mr. Kabun Muto Minister of Foreign Affairs of Japan," Singapore, 26－28 July 1993, at http://www.aseansec.org/4446.htm(검색일: 2008.1.12); 일본의 입장은 1985/1986/1989년 소련 고르바초프 서기장의 'CSCE 형태의 全아시아회의(All－Asian process)' 제안, 1990년 세바르드나제 외무장관의 '아태 외무장관회의' 제의, 1990년 캐나다 클라크(Joe Clark) 외무장관의 '북태평양 협력안보대화(NPCSD)' 제안 등에 영향을 받았다. 그 후 1992년 미야자와 기이치(宮澤喜一) 총리의 미국 방문시 '아시아 多國間安全保障機構 設立' 제의, 1992년 중국 錢其琛 외교부장 일본 방문시 'ASEAN－PMC를 통한 안보 문제 논의 支持' 발언, 1993년 윈스턴 로드(Winston Lord) 국무부 동아태차관보의 '기존 동맹관계 유지하 다자안보협력체제를 발전시키는 것이 미국 외교정책 10대 목표의 하나'라는 의회답변과 클린턴 대통령의 '신태평양공동체 창설' 제의 등으로 ARF 설립이 가능해졌다.

9) 크래스너는 국제관계의 '원칙'을 구성원이 공유하는 사실·인과관계에 대한 신념으로, '규범'을 관례·절차상 합의된 권리·의무로 인정되는 행동규약으로, '규칙'을 원칙·규범의 세부행동지침으로 정의한다. Stephen D. Krasner, "Structural Causes and Regime Consequences: Regime as Intervening Variables," in Stephen D. Krasner(ed.), *International Regimes* (Ithaca: Cornell University Press, 1983), p.2.

10) 국제전략문제연구소(IISS) 시갈(Gerald Segal)은 "ARF가 대만 문제, 한반도 문제, 남중국해 문제와 같은 안보 이슈들을 다룰 수 없음"을 강조한다. *Far Eastern Economic Review,* May 2, 1996, p.20; 변창구, "탈냉전과 아세안의 다자안보대화: ARF의 현황과 전망," 한국국제정치학회, 『국제정치논총』 제36집 2호, 1996, pp.262－269에서 재인용; 아울러, 미국 등 서방 참가국들은 보다 효율적인 회의운영과 신속한 제도화 필요성을 요구해 오고 있는데, 최근의 예가 2007년 EU가 제의한 '의사결정 간소화 예비개념서(EU preliminary concept paper on streamlining decision－making)'이며 현재 검토 중에 있다. "Chairman's Statement 14th ASEAN Regional Forum," Manila, the Philippines, 2 August 2007, p.9 참조.

ARF 연구영역을 확대하는 의미도 지닌다.

2. 기존 연구의 검토

  지금까지 ARF에 관한 연구는 협력을 중심 의제로 하여 지역평화와 안정에 기여하는 新安保 메커니즘이라는 관점, 동맹정책의 보조장치로 부담감 없는 대화의 場이라는 시각, 그리고 ASEAN의 관행에 기초한 構成主義的 제도라는 입장이 있어 왔다. 내용적으로는 제도적 차원의 접근이 주종을 이루면서 세력균형적 차원에서 지역안보와의 관련성을 다루거나 유럽의 사례를 근거로 발전 필요성을 제기한 경우가 많았다. 기존 연구들을 新自由(制度)主義・新現實主義・構成主義的 입장을 기준으로 구분하여 정리하면 다음과 같다.

가. 신자유(제도)주의적으로 접근한 기존 연구

  대부분의 ARF 연구가 이 범주에 속하지만 아카랴(Amitav Acharya)와 변창구의 연구가 대표적이다.

  2002년 아카랴는 아태지역 최초의 다자안보제도인 ARF의 발전과정을 검토하고 다음과 같이 주장한다.[11] ARF는 아시아 지역주의 역사의 이정표이자 아세안 방식(ASEAN Way)이라는 특수성, 약소국들이 강대국들을 이끌어가는 독특한 시스템이라고 본다. 아울러 ARF가 양자간 안보와 다자간 안보를 보완하는 틀이며, 다양한 비관적 평가에도 불구하고 장래를 낙관하고 있

---

11) Amitav Acharya, *Regionalism and Multilateralism: Essays on Cooperative Security in the* Asia－Pacific (Singapore: Times Academic Press, 2002), pp.8－13.

다. 특히 아태지역 다자주의의 중요한 목적 중 하나가 중국 誘引에 있었고, 중국을 지역사회로 이끌어 냄으로써 그 목표를 달성하였다고 본다. 미국도 중국의 참여에 관심을 가지는데, 봉쇄보다 포용(engagement)을 채택하였다고 주장한다. 한편 1990년대 말 아시아 경제위기는 ARF에 대한 회의주의가 정당화되는 가운데, 제도주의 비판자들(현실주의자들)도 세력균형이 지역질서 유지에 위험과 불확실성을 가짐을 자성하는 계기가 되었다면서 ARF가 보다 신축성 있고 제도화된 형태가 되어야 함을 강조한다.

아카랴의 관점은 ASEAN 방식을 통하여 미국과 중국 등 강대국들을 포섭한 협력안보 노력을 지역제도 발전의 근거로 제시하였다. 아울러 경제문제가 이 지역의 장래에 얼마나 중요한가를 강조하고 ARF가 가지는 제도적 취약성과 지역주의 미성숙을 제도화로 극복해야 함을 언급하고 있다. 그러나 ARF가 가지는 특징을 아세안 방식으로 정당화하고 신축성 있는 제도화를 선호함으로써, 현실적으로는 ASEAN 중심의 점진적 변화를 고수하는 한계를 나타내고 있다.

변창구의 주요 연구는 다음과 같다.[12] 그는 ARF를 정보교환과 異見 해소를 통한 안보딜레마 극복 차원에서 파악하며, 설립배경을 탈냉전이라는 전략환경 변화로 설명한다. 또 ASEAN이 냉전기의 군사적 안보 개념에서 벗어나 경제·환경·인권·난민·테러·마약·밀수 등 포괄안보 개념에 입각하여, 고강도 분쟁(high intensity conflict)이 아닌 비군사적 안보의제와

---

12) 변창구의 관련 논문은 다음을 참조. "탈냉전과 아세안의 다자안보대화: ARF의 현황과 전망," 한국국제정치학회, 『국제정치논총』 제36집 2호, 1996; "남중국해 분쟁과 아세안의 다자주의적 접근: 유용성과 한계," 한국국제정치학회, 『국제정치논총』 제37집 3호, 1998; "21세기의 ASEAN의 도전과 전망," 21세기정치학회, 『21세기정치학회보』 제9집 2호, 2000; "동아시아지역의 다자간 안보협력: 평가와 전망," 한국동북아학회, 『한국동북아논총 14』, 2000; "아·태지역 안보와 ARF: 가능성과 한계," 대한정치학회, 『대한정치학회보』 제11집 1호, 2003; "중국의 다자안보외교와 ARF," 한국동북아학회, 『한국동북아논총』 제36권 제3호, 통권 32호, 2004; "동남아시아 지역통합 전략으로서의 아세안 방식: 유용성과 한계," 대한정치학회, 『대한정치학회보』 제12집 2호, 2004; "동남아시아 지역통합에 있어서 중국의 영향: 중국위협론의 실체와 아세안의 대응을 중심으로," 국제지역학회, 『국제지역연구』 제8권 제2호, 2004; "ARF와 협력안보의 진전: 동북아 다자안보협력에 대한 함의," 대한정치학회, 『대한정치학회보』 제13집 2호, 2005.

관련된 저강도 분쟁(low intensity conflict)을 우려하였으며, 기존의 양자간 군사협력만으로는 평화와 안정을 유지하기 어려움을 인식하였다고 강조한다. ASEAN이 內部異見에도[13] 불구하고 다자간 안보 논의에 적극적으로 참여하는 방향으로 나아가게 된 것은 1993년 미국 클린턴 행정부의 '新 태평양공동체'를 통한 쌍무주의를 보조하기 위해 다자주의를 활용하는 입장 변화와[14] 일본의 경제적 위상에 부합하는 지역적 역할 추구, 중국의 일본 군비증강 억제 및 주변 환경의 안정적 유지 등 지역 다자안보협력에 대한 공감대 확장이 주요 요인으로 작용하였다고 분석한다.[15] 아울러 그는 ARF 가 신뢰구축, 예방외교, 평화유지 등의 분야에서 공식적·비공식적 논의를 확대함으로써 대화의 습관을 배양하여 協力安保 발전에 진전을 이룬 것으로 평가한다. 또, ARF가 보다 효율성 있는 협력안보기구로 나아가기 위해서는 지역안보현안에 과감한 접근, 운영방식에 있어서 아세안 主導 탈피, 사무국을 포함한 회의체의 제도화 등이 필요하다고 강조한다.[16]

변창구는 제도적 차원에서 ARF를 심도 있게 분석하였으며, 설립배경·논의

---

13) 당시 인도네시아는 탄력성(resilience) 개념에 입각한 발전 강화, 말레이시아는 '평화자유중립지대 (ZOPFAN)'를 통한 자주노선, 태국·싱가포르·브루나이는 강대국들간 세력균형을 통한 안정, 필리핀은 미국과의 동맹관계 변화 추구 등 경향을 보였다.

14) 미국이 다자적 안보협력을 도입하는 과정은 다음을 참조. Winston Lord, "It is Time for America to Help Build a New Pacific Community," *International Herald Tribune*, Friday, April 9, 1993, at http://www.iht.com/articles/1993/04/09/edlo.php?page＝1(검색일: 2008.1.28); Michael Yahuda, *The International Politics of the Asia－Pacific, 1945－1995* (London: Routledge, 1996), p.144; Amitav Acharya, "ASEAN and Asia－Pacific Multilateralism: Managing Regional Security," in Amitav Acharya and Richard Stubbs(eds.), *New Challenges for ASEAN* (Vancouver: UBC Press, 1995), p.186; '신태평양공동체'는 개방경제와 무역, 자유민주주의 체제를 통한 조화로운 공동체를 구성하는 것이나, 경제와 안보를 어떻게 조화시킬지에 구체성이 결여되어 있다. 유석진·한태준, "신태평양공동체 구상의 주요 쟁점," 世宗硏究所(編), 『新太平洋 共同體 構想과 韓國』(서울: 세종연구소, 1994), pp.9－11.

15) Mohamed Jawhar bin Hassan, "Southeast Asia and the Major Powers," *The Pacific Review*, Vol.8, No.3, 1995, pp.510－511; 변창구(1996), pp.250－251에서 재인용.

16) 변창구(2005), p.127, pp.138－146; 변창구(2003), pp.248－257; 이민룡, 『한반도 안보전략론』(서울: 봉명출판사, 2001), pp.302－307; 안보 거버넌스(security governance) 차원에서 예방외교 강조는 다음을 참조. 윤태영, "아세안지역안보포럼(ARF)의 예방외교 추진: 평가와 발전방향," 한국외국어대학교 사회과학연구소, 『사회과학논집』 제21권 제2호, 2004, p.172.

사항·제도적 문제점 등을 염출하는 업적을 이루었다. 그러나 보다 근본적이고 세부적인 ARF의 취약성과 구조적 문제점으로의 접근에는 과제를 남기고 있다.

나. 신현실주의로 접근한 기존 연구

신현실주의적 경향의 연구는 배긍찬과 엠머스(Ralf Emmers)의 연구가 있다. 배긍찬은 탈냉전 초기 동남아 국가들이 다자안보협력 논의에 소극적이고 유보적 태도를 보였는데, 이는 필리핀에서 미군 철수 등으로 미국이 지역 안정 임무를 소홀히 할 가능성을 우려하여 계속주둔을 희망하였기 때문이라고 분석한다.[17] 그는 동아시아 다자주의에 대한 미국 입장과 다자안보협력에 대한 한계를 검토하여, ASEAN이 주도하는 ARF·ASEAN+3·EAS 등을[18] 미·중·일 등 강대국들간 타협의 산물로 본다. 이 점에서 미국은 지역 다자주의가 기존의 양자 동맹체제를 훼손해서는 아니 되며, 동맹정책을 지원하는 '보완적 다자주의(complementary multilateralism)'로 발전해야 한다는데 공화당과 민주당 모두가 공감대를 형성하고 있다고 주장한다. 아울러, 미국 입장에서 대만 문제가 논의되지 못하는 다자안보대화체는 실질적 의미가 약하고, APEC을 아태지역 협력의 중추로 활용하고자 하는 의도 등으로부터 아태 다자안보협력의 한계를 지적하고 있다.[19]

---

17) 배긍찬, "ASEAN의 지역주의: AFTA의 추진과 다자안보 구상," 정책연구시리즈 93-1, 외교안보 연구원, 1994, p.13; 배긍찬은 ASEAN, ASEAN+3, EAS, APEC 등 제도와 동남아 금융위기 및 테러리즘 문제 등 동남아/동아시아 지역협력정책 연구를 수행하였다.

18) ASEAN+3회의는 아시아 금융위기가 발생한 1997년 ASEAN 정상회의에 동북아시아 3국(한·중·일) 정상들을 초청하여 경제협력을 논의한 후 매년 개최되고 있다. EAS는 제1차 회의가 2005년 12월 쿠알라룸푸르에서 개최된 이래 매년 개최되고 ASEAN+3가 확대된 형식으로 인도, 뉴질랜드, 호주가 참가한다. ASEAN+3와 EAS에 대해 미국은 매우 민감하며 인도·뉴질랜드·호주가 참가하는 원인을 제공하였다.

19) 배긍찬, "동아시아 협력과 미국 변수: EAS 개최문제를 중심으로," 현지정책연구과제 2006-1, 외교안보연구원, 2006년 10월, pp.9-21; 동일한 맥락에서 이서항은 "ARF가 단순한 문제제기나 정세평가, 시각교환 차원에서 벗어나 문제해결을 지향하는 접근법(problem solving approach)이 필요

배긍찬의 연구는 ARF를 미국 등 강대국들의 역학관계 속에서 ASEAN의 주도를 인정하는 가운데, 한계를 가진 제도로 파악하고, '문제해결'보다는 '문제를 논의하는 場'으로 인식하는 경향을 보인다.

엠머스(Ralf Emmers)의 ASEAN과 ARF에 관한 연구는 다음과 같다.[20] 그는 ASEAN과 ARF가 협력안보의 표본으로 언급되지만, 세력균형(balance of power) 개념이 이들 제도 형성에 작용했으며, 兩 개념이 상호 관련성을 유지하는 것으로 본다. 특히 ARF는 미국의 지속적인 개입과 함께 중국을 '규칙이 지배하는 제도(rule-based arrangement)'로 끌어들이는 세력균형적 접근임을 언급한다. 그 예로 1990년 초 필리핀으로부터 미군 철수 논의시 인도네시아와 말레이시아가 미 해군의 자국내 접근을 허용하는 案을 검토한 바 있고, 1990년 11월에 싱가포르가 미 해군과 공군에게 기존의 군사시설 이용을 확대하는 협정을 체결하고 1992년에는 수빅 灣의 미 해군 병참시설들을 싱가포르로 이동토록 한 것이 전략적 균형을 염두에 둔 중요한 조치로 주장한다. 또 1996년 4월 미·일의 '신안보 지침'과 양안사태시 미국이 중국의 추가 군사행동을 억제하기 위해 2개의 항모전단을 대만 근해에 파견한 것을 예로 들고 있다. 그는 냉전후 아태지역에서의 전략구조(strategic architecture)가 우선적으로 미국·중국·일본의 삼각권력관계(a triangular power relationship)에 의존하고, 미국이 이탈시 중국이나 일본이 '권력 공백(power vacuum)'을 채우게 됨을 동남아 국가들은 우려한다고 주장한다. 따라서 1994년 ARF 출범은 세력균형 차원에서 중국에 대한 봉쇄를 배제하고 포용하기로 하는 대신에, 미군의 지속적인 주둔을 허용함으로써 중국이 동남아 약소국들을 위협하는 것을 견제하는 차원에서 가능하였고, 미·일 對

하다."고 주장한다. 이서항, "ARF 신뢰구축 노력 평가: 최근 운영문서 채택·시행과 관련하여," 『국제문제』 제33권 10호, 통권 386호, 2002년 10월, p.29; 이서항, "ARF 발전방향: 동아시아 다자안보협력체 실태분석과 관련하여," 외교안보연구원, 정책연구시리즈 2004-7, 2005, p.19.

20) Ralf Emmers, *Cooperative Security and the Balance of Power in ASEAN and the ARF* (London: RoutledgeCurzon, 2003), pp.1-9, pp.110-127.

중국의 상호 견제하에서 미·일·ASEAN은 ARF가 동맹관계의 보조적 기능임을 공통으로 인정하고 있다고 분석하였다.[21] 그 근거로 ARF 설립 문제가 논의된 1993년 5월 ASEAN-PMC 고위관리회의(SOM)에서 '역내 협력을 증진하기 위한 다자간 협력안보 프로세스 설립 필요성에 동의'하고 '미군의 계속 주둔과 미국·일본·중국 그리고 여타 지역 국가들간 안정적인 관계가 지역 안정에 기여함을 인정'하였다고 강조한다.[22] 이러한 맥락에서, ARF 설립에 세력균형 개념이 작동하였으며 향후 강대국들의 영향력에 의존할 가능성, 1995년 스프래틀리 군도 Mischief Reef(美濟礁) 강제점령에서 보는 바와 같이, 비군사적 수단을 통하여 중국의 외교 및 군사정책을 효과적으로 억제할 수 있을 것인가에 대한 의문과 중국의 패권추구에 대한 ARF의 無力性을 제기한다.[23] 이에, 중국 역시 세력균형 차원에서 ARF에 참가하고 있으며, 냉전후 미국의 단극적 지위(unipolar status)에 대응하여 아태지역에 다극화(multipolarity)를 증진시키는 수단으로 간주한다고 진단한다.[24]

엠머스의 연구는 ARF의 형성과 발전과정에 세력균형 개념이 중심적 위치를 차지하였음을 분석하여 설득력을 갖는다. 그러나 중국의 입장이, 마약

---

21) Ralf Emmers(2003), p.115, pp.112-123.

22) "Chairman's Statement, ASEAN Post-Ministerial Conferences, Senior Officials Meeting," Singapore, 20-21 May 1993; Ralf Emmers(2003), p.115.

23) 한석희도 ARF가 중국을 안보적으로 구속할 수 있을 것인가에 대하여 의문을 제기한다. 즉, 중국이 'ASEAN Way'와 ARF의 無力性을 이용하여 제도주의자들이 말하는 수용적 변화가 아니라 대만 문제·남중국해 문제 등에서 안보이익을 추구한다고 주장한다. 한석희, "ARF와 중국: 중국의 안보적 구속에 대한 논의," 한국국제정치학회, 『국제정치논총』 제42집 4호, 2002, p.373, pp.371-386; 지역 다자안보협력체의 無力性은 유럽의 예에서도 발견된다. 1999년 3월, 코소보 평화유지를 위해 활동하던 1,400여 명의 OSCE 감시단이 철수하고, NATO가 개입한 것은 좋은 사례이다. 이원우, "지역 다자안보협력 현황과 발전전망," 공군대학, 『空軍評論(Air Review)』 제104호, 1999, pp.280-281.

24) Ralf Emmers(2003), p.127; 양극체제와 다극체제에 대한 상반된 주장은 다음을 참조. 월츠는 무정부 상태에서 국제질서는 다극체제보다 양극체제가 더 안정적이라고 본다. Kenneth N. Waltz, *Theory of International Politics* (Boston: McGraw Hill Inc., 1979), chapter 7; 코헤인은 국제협력과 국제제도를 통한 다극체제가 양극체제보다 더 안정적이라고 본다. Robert O. Keohane, *International Institutions and State Power: Essays in International Relations Theory* (Boulder: Westview Press, 1989), chapter 7.

등 비전통적 안보위협에 공동대처, 아시아 경제위기시 위안화 가치 동결, 군사대화에 높은 관심과 주도, 다양한 다자회담(회의)에의 기여 등 협력안보 노력으로 구체화되는 것처럼, 以前과는 다른 포괄적 시각의 세력균형 개념으로 변화하고 있다는 점을 보완할 필요가 있다.

다. 구성주의적으로 접근한 기존 연구

ARF 관련 신자유주의적 경향 속에서 구성주의적 시각을 강조한 학자는 헬러(Dominik Heller)와 김유은이 있다.

헬러는 ARF에 대하여 점증하고 있는 안보제도로서의 적절성 논란 등을 연구하여, 서방 선진국들의 법적 규제와 행동에 입각한 제도로의 신속한 발전 주장에 대해, 아세안 방식과 수용 가능한 범위 내에서 진전을 추진할 수밖에 없는 ASEAN과 중국의 여건을 설명한다. 그러나 이러한 이견에도 불구하고 ARF 핵심 참가국들인 미국·중국·일본 등 3개 강대국이 ARF 의제와 존재이유(*raison détre*)에 대하여 반대 입장을 가지고 있지 않음에 유의하면서 이들 3개국과 ASEAN이 ARF를 지지하는 중요한 이익을 공유하고 있다고 강조한다. 따라서 ARF를 지역 행위자들과 외부 행위자들(external actors)의 전략적 이익을 수렴하는 대화체로 규정하고, ARF의 효과에 대해서는 아태지역의 평화와 안정을 보장하기에는 불충분하다는 점을 인정하면서도, 참가국들의 다양성을 고려시 ARF의 역할을 무시할 수 없다고 주장한다.[25] 이로써 구성주의적 시각이 ARF를 설명하는 데 가장 유용하며, ARF와 같은 제도가 필요한 접촉을 편리하게 하므로 그 자체로 중요함을 언급한다. 구성

---

25) Dominik Heller, "The Relevance of the ASEAN Regional Forum for Regional Security in the Asia — Pacific," *Contemporary Southeast Asia, A Journal of International and Strategic Affairs,* Vol.27, No.1, April 2005, p.123, pp.141 — 142.

주의 이론에 있어서 인식(perceptions)과 행위(actions)의 사회적 구성(social construction)의 중점은[26] '아세안 방식'의 원칙들과 완전히 일치되고 있는데, 이는 法的 계약 대신에 행위자들의 경험에 기초한 협력을 중시한다. 아울러 아세안방식과 구성주의는 사회학습(social learning)·사회화(socialization)·행위자들간 인식의 재평가를 중요시하고 긍정적인 분위기와 원활한 교류를 위해 공유된 규범임을 강조한다.[27]

헬러의 연구는 2003년까지의 ARF 상황을 파악하는 데 유용한 연구이다. 그러나 이질적인 참가국들을 고려시 독특한 아세안 방식이 유용함을 인정함으로써,[28] ARF가 규제력 있는 제도로 발전해야 한다는 당위성을 제약하는 한계를 나타낸다.

김유은의 연구는 다자안보협력을 안보공동체 수준에서 인식하고 구성주의적으로 접근한다. 한국 학계에서 구성주의적으로 접근한 ARF 연구를 찾기 어려운 현실에서 김유은의 연구는 비록 동북아 안보공동체를 위한 試論的 논의의 일부로 ARF를 언급하지만 다자안보협력에 대한 구성주의적 시각을 강조하고 있다는 점에서 의미가 있다. 그는 웬트(Alexander Wendt)의 주장을 인용하여 구성주의를 '국가들이 상호작용을 통해 긍정적인 사회적

---

26) 구성주의이론은 다음을 참조. Alexander Wendt, *Social Theory of International Politics* (New York: Cambridge University Press, 1999); Mely Caballero－Anthony, "Partnership for Peace in Asia: ASEAN, the ARF, and the United Nations," *Contemporary Southeast Asia,* Vol.24, No.3, 2002, p.36; Dominik He1ler(2005), p.136.

27) '아세안 방식'이라는 절차적 규범(procedural norms)은 의사결정(decision－making)과 관련된 것으로 다음의 일곱 가지로 요약된다. ① 모두에게 받아들여지는 타협을 모색(*musyawarah*) ② 전원합의(consensus) 원칙(*mufakat*) ③ 私的 대화(*empat mata*) ④ 구상(initiatives)이 공식적으로 개시되기 전에 관련 당사자들과의 폭넓은 비공식적 탐색 대화(feeler technique) ⑤ 공동체 정신의 의식(*gotong－royong*) ⑥ 품위 있고 겸손한 처신(nobody leads principle) ⑦ 특정 사안의 현실화(realization)에 대하여 공동이해(common understanding)에 도달하지 못했더라도 일반적인 합의(a general agreement)를 모색(agreeing first, details later). Bernhard Stahl, "Die Gemeinschaft südostasiatischer Staaten(ASEAN)," in Hanns W. Maull and Dirk Nabers(eds.), *Multilateralismus in Ostasien－Pazifik: Probleme und Perspektiven im neuen Jahr－hundert* (Hamburg: Mitteilungen des Instituts für Asienkunde, 2001), pp.34ff.; Dominik He1ler(2005), p.128에서 재인용.

28) Dominik He1ler(2005), pp.139－141.

경험을 공유하는 것이 가능하고, 그러한 경우에 국가들은 상호간 선의와 間主觀的(intersubjective) 의미에 기초한 관계를 형성할 수 있으며, 정체성(identity)과 이익은 상호작용의 역사적 과정을 통해 내생되는 것으로 사회적으로 변화할 수 있다는 점'을[29] 주장한다. 따라서 그는 동아시아와 아태지역 다자안보협력의 대표적 사례로 정부간 협의체인 ARF・ASEAN＋3・6자회담을, 비정부간 대화체로 CSCAP과 NEACD를 거명하고 이들 협의체들이 비록 초보적 단계에 있지만 집단정체성 형성에 기여하기 때문에 장기적 관점에서 비전을 설정하고 꾸준히 추진할 필요가 있음을[30] 언급하고 있다.

김유은의 연구는 지역의 정체성과 역사문화적 관행을 중시하고 間主觀性 증진을 통해 주류이론들과 다른 접근을 시도한 데 의의가 있으며, 성과달성에 장기간이 소요되는 다자안보협력체의 한계를 극복해야 함을 언급하고 있다.

위에서 대표적으로 살펴본 신자유(제도)주의・신현실주의・구성주의적 시각의 연구결과들을 종합하여 볼 때, 식별되는 문제점과 한계는 다음과 같다.

첫째, 기존의 연구들은 ASEAN의 포괄안보 개념을 협력안보 개념으로 혼용하거나, ASEAN이라는 불완전한 안보공동체에 과도한 의존경향을 보임으로써, 다자안보협력이론의 발전적 측면을 ARF에 반영하는 데 한계를 보이고 있다.

둘째, 기존의 연구들은 ASEAN 중심의 제도를 당연시하거나, 강대국들의 정책/전략 논리를 과도하게 수용하는 등, 제도로 ARF를 제한할 뿐만 아니라 구조적이고 근본적인 문제점과 제약에 대하여 관심을 기울이지 못하였다.

이러한 관계로 지금까지 ARF에 대한 연구와 평가는 과도한 낙관과 부적절

---

29) Alexander Wendt, "Anarchy is what states make of it: the social construction of power politics," *International Organization*, Vol.46, No.2, Spring, 1992, pp.391－425; 신욱희, "구성주의 국제정치이론의 의미와 한계," 한국정치학회, 『한국정치학회보』 제32집 2호, 1998, pp147－168; 양준희, "월츠의 신현실주의에 대한 웬트의 구성주의의 도전," 한국국제정치학회, 『국제정치논총』 제41집 3호, 2001, pp.25－46; 전재성, "현실주의 국제제도론을 위한 시론," 한국정치학회, 『한국정치학회보』 제34집 2호, 2000, pp.341－358; 김유은, "동북아 안보공동체를 위한 試論: 구성주의적 시각을 중심으로," 한국국제정치학회, 『국제정치논총』 제44집 4호, 2004, p.71.

30) 김유은(2004), pp.83－87.

한 비관, 또는 제도적 無力性을 당연시하는 결과를 가져왔으며, 종합적인 진단과 제도화를 위한 비판적 방안제시를 등한시하였다. 이 점에서 지난 15년 동안의 현실 진단을 통한 ARF의 이론적/제도적 한계와 구조적 제약에 관한 연구는 진정한 아태지역 다자안보협력 발전을 위한 중요한 기여가 될 수 있을 것이다.

3. 연구범위와 방법

본 연구는 기존의 ARF 연구들이 주로 제도적 수준에 국한되었음에 착안하여, 이론적·제도적·구조적으로 관점을 확대함으로써 ARF에 대한 보다 종합적인 분석에 접근하고자 한다.

연구범위는 ARF 설립결정 후 15년간(1993.7 ~ 2008.7)의 발전과정과 주요 활동을 분석하고, 여타 정부/비정부 제도들과의 비교와 참가국들간 상호관계를 관련 이론들에 기초하여 검토함으로써 이론적/제도적 한계와 구조적 제약을 탐구하는 것이다.

연구방법은 광범위하게 혼용되고 있는 다자안보협력이론(공동·포괄·협력안보)을 구분/세분화함으로써 다자안보를 연구함에 있어서 이론적 모호성을 최소화하고자 한다. 아울러 홀스티(K. J. Holsti)의 국가정향(nation's general orientation) 이론을 통하여 역사적 경험으로 축적된 특성(characteristics)'으로서 비동맹 노선과 동맹/연합 노선을 파악한다.31) 또한 부잔(Barry Buzan) 등의 지역안보복합체이론과 웬트(Alexander Wendt)의 사회구조 개념을 도입하여

---

31) 전웅, 『외교정책론』(서울: 법문사, 1987), p.157; K. J. Holsti, *International Politics: A Framework for Analysis* (Englewood Cliffs, New Jersey: Prentice Hall, 1977), p.109; K. J. Holsti, *International Politics: A Framework for Analysis,* 5th Edition (Englewood Cliffs, New Jersey: Prentice Hall, 1988), p.93 – 115 참조.

동남아·동북아·남아시아 참가국 상호관계를 정치·군사·사회문화·환경·경제 분야로 구분하여 분석함으로써 ARF가 가지는 구조적이고 근본적인 제약을 식별하고자 한다.[32] 특히 경제문제는 상호의존과 불균형 관계를 통하여 문제점들을 확인한다.[33] 아울러 ARF 15년간 정부 차원(트랙1)에서 실시한 각종 회의/세미나/워크숍의 논의 및 합의내용 등 1차 자료 중심으로 역사적·문헌적·경험적 고찰을 실시하며, ARF 관련 각종 연구보고서, 多者間 안보협력, 국제정치 및 지역연구 등 이론서와 연구논문, 남중국해 관련 주요자료, 참가국 현황자료 등을 활용한다. 나아가 UN·ASEAN·CSCE/OSCE·NATO·SCO·CICA·CSCAP·NEACD·APEC·OECD·CIA·World Bank 등 공식 인터넷 자료들을 광범위하게 이용하고자 한다.

따라서 본 연구의 내용은 다음과 같이 구성된다.

제Ⅰ장 서론은 '다자안보협력은 가능한가?'라는 의문으로부터 연구배경과 목적, 기존 연구의 검토, 연구범위와 방법 등을 기술하였다.

제Ⅱ장 '다자안보협력 연구를 위한 이론 검토'에서는 多者主義, 신안보협력이론, 안보공동체 및 경제통합의 전제조건, 전통적 안보협력이론, 신안보협력이론과 전통적 안보협력이론과의 관계 등을 살핌으로써 학계에서도 나타나는 이론적 혼란과 모호성을 제거하고, 다자안보협력에 대한 기초이론들을 명확히 제시하고자 한다.

제Ⅲ장 '참가국 國家定向과 상호관계이론'에서는 國家定向理論, 지역안보복합체이론, 경제상호관계이론 등을 고찰하여 제Ⅲ장 이하의 논의에 응용/활용하고자 한다.

제Ⅳ장 'ARF의 발전과정과 주요 의제'에서는 15년간 발전경과/활동 및

---

32) 부잔과 웬트의 이론은 다음을 참조. Barry Buzan and Ole Wæver(2004), pp.50－62.

33) 상호의존 및 경제불균형이론은 다음을 참조. Robert O. Keohane and Joseph S. Nye, *Power and Interdependence*, Third Edition (New York: Addison Wesley Longman, 2001), pp.7－25; Marshall R. Singer, *Weak States in a World of Powers: The Dynamics of International Relationships* (New York: The Free Press, 1972), pp.208－261.

의제별 논의결과를 검토하여 이론적·제도적·구조적 문제점들과 제약요인들을 도출한다.

제Ⅴ장 'ARF와 유사 기구/협의체들과의 제도 비교'에서는 CSCE/OSCE, CICA, SCO, CSCAP, NEACD, APEC 등 類似 제도들과의 비교를 통하여 ARF의 현실을 진단하고 한계를 도출하며, 구조적 제약의 근거가 되는 문제점들을 식별해 낸다.

제Ⅵ장 'ARF 참가국들의 상호관계 분석'은 지금까지 논의에서 식별된 문제점들과 한계를 기반으로 ARF 참가국들의 정치·군사·사회문화·환경·경제 상호관계를 분석하여 구조적 한계와 제약들을 규명한다.

제Ⅶ장 'ARF의 제도적 한계: 낮은 수준의 다자안보'에서는 ARF의 제도적 한계를 이론적·제도적 측면에서 구체화 한다.

제Ⅷ장 '구조적 제약: 높은 수준의 당면 이슈'에서는 ARF의 구조적 제약을 현실주의적 관점에서 사례를 통하여 명확히 한다.

제Ⅸ장은 '결론'으로 모든 논의결과를 종합하고, ARF의 장래 도전사항들과 발전방향을 전망하며, 본 연구의 성과와 향후 추가로 연구해야할 분야들을 제시한다.

Ⅱ. 다자안보협력 연구를 위한 이론 검토

다자안보협력 연구를 위한 이론은 다자안보협력이론, 國家定向(nation's general orientation)이론, 지역 국가간 상호관계 고찰을 위한 지역안보복합체이론(RSCT), 경제상호관계이론들이며, 내용 분석 및 검토에 기준이자 척도로 활용하고자 한다.

1. 다자안보협력이론

다자안보협력이론은 '다자주의(multilateralism)'와 '안보협력이론'의 합성어로 3개국 이상이 참가하고 전통적 안보 개념인 집단방위(collective defense)와 집단안보(collective security)보다는 공동안보(common security)·포괄안보(comprehensive security)·협력안보(cooperative security) 개념에 입각하고 있다.

가. 다자주의(multilateralism)

다자주의는 글로벌 거버넌스와 세계화 현상의 일부이며[1] 1990년대 이전에는 주로 경제부문의 지역통합이나 국제금융제도, 세계경제의 자유화 조치 등과 밀접히 연관되어 발전되었으나 東歐 사회주의 붕괴 이후에는 정치·군사·경제·사회문화·환경 등 여러 부문으로 그 의미가 확대되어 셋 이상의 국가들간 국가정책을 조정하는 방식으로 국제질서를 유지하기 위한 제도로 정착되어 가고 있다.[2] 안보협력에 있어서도 다자주의적 시각은 보편화되었으며 국제 제도·기구·레짐에 대한 이해는 다자적 접근을 요구한다. 오늘날 안보 분야 다자주의는 '3개 이상의 국가가 참가하는 세력균형과 동맹관계를 포함한 모든 형태의 안보협력을 의미하는가' 아니면 '동맹이나 대결적 차원의 제휴를 제외한 3개국 이상의 화해·협력을 통한 한정된 안보협력만을 의미하는가'에 대한 異見이 있다. 이는 소위 명목적 다자주의와 실질적 다자주의의 차이로, 제도를 우선시하는 신자유제도주의자들과 레짐을 중시하는 구성주의자들의 개념 차이이기도 하다.

명목적 다자주의 개념은 코헤인(Robert O. Keohane)의 정의에 부합된다. 즉 다자주의를 '형식 면에서 다수의 국가가 참가하는 데 중점'을 두고 '3개국 또는 3개국 이상의 國家群에서 정책들을 조율하는 활동이나 행동양식(the practice of coordinating national policies)"으로 간명하게 정의한다.[3] 이

---

1) 글로벌 거버넌스와 세계화에 대해서는 다음을 참조. Margaret P. Karns, and Karen A. Mingst, *International Organizations: The Politics and Processes of Global Governance* (Boulder: Lynne Rienner Publishers, 2004), pp.3－33.

2) John Gerard Ruggie, "Multilateralism: The Anatomy of an Institution," in John Gerard Ruggie(ed.), *Multilateralism Matters: The Theory and Praxis of an Institutional Form* (New York: Columbia University Press, 1993); Robert O. Keohane, *After Hegemony* (Princeton: Princeton University Press, 1984), chapter 5; 이종찬, "신자유주의, 구성주의, 자유주의 국제정치경제이론," 여정동·이종찬 공편, 『현대국제정치경제』(서울: 법문사, 2000), pp.58－59참조.

3) Robert O. Keohane, "Multilateralism: An Agenda for Research," *International Journal*, Vol.45, Autumn

는 다자주의를 양자주의(bilateralism)와 구별하고 대등한 입장에서 국가들 간 정책조율의 모든 행위를 포함시키고 있다. 이 점에서 다자주의는 참여국 가의 다양성으로 보다 공통적이고 보편적 차원의 의사결정만이 이루어질 수 있으며, 타협의 강도와 구속력은 양자주의보다 미약하다.

반면에 '내용적으로 보다 선명성을 가지는 것에 초점'을 두는 러기(John Gerard Ruggie)의 실질적 다자주의 개념은, 신자유제도주의자들이 국제레짐 이나 국제기구를 제도의 일부분으로 인식하는 것과 차이를 보인다. 러기는 코헤인의 다자주의 정의를 명목적이라(purely nominal) 비판하고 보다 진전 된 분석으로 "다자주의는 어떤 특정 상황에서 발생될 수 있는 당사국들의 특 수한 이익(particularistic interests) 또는 전략적 위급성(the strategic exigencies) 과 무관하게 적절한 행동의 수준(a class of actions)을 명확히 취할 수 있는 일반화된 행위의 원칙(generalized principles of conduct)에 기초하여 3개국 또는 3개국 이상의 국가들 간의 관계를 조율하는 제도적 형태"로 정의하고 있다.[4] 이는 코헤인의 정의를 따를 경우, 다자주의 범주에 비스마르크式의 (Bismarckian) 동맹체제 즉 三帝同盟(the League of the Three Emperors)과 같은 것이 포함되어 質的 특징을 저해하기 때문이다.[5]

이러한 개념적 차이로부터, 코헤인의 정의를 따를 경우 3개국 이상이 참 가하는 광범위한 분야에 대한 협력을 다자주의로 파악할 수 있으나 양자주 의와 다자주의 간 성격 규명이 불명확한 점이 있고, 러기의 정의를 따를 경

1990, p.731; John Gerard Ruggie(1993), p.6.

4) John Gerard Ruggie(1993), p.6, p.11, p.38; 유사주장들은 다음을 참조. Stephen D. Krasner(ed.), *International Regimes* (Ithaca, N.Y.: Cornell University Press, 1983); Kenneth A. Oye(ed.), *Cooperation Under Anarchy* (Princeton: Princeton University Press, 1986).

5) John Gerard Ruggie(1993), p.6; 삼제동맹에 관해서는 김용구, 『세계외교사』(서울: 서울대학교출판 부, 2006), pp.143-153 참조. 1870년 프로이센과 프랑스 간 전쟁에서 승리한 비스마르크가 1871 년 독일·오스트리아·러시아간 동맹을 체결, 프랑스를 고립시키고, 독일은 알사스-로렌(Alsace -Lorraine), 오스트리아는 이레덴타(Irredenta)를 할양하였으며, 발칸 문제의 평화적 해결과 러시아 혁명운동 억제 등 현상유지 정책을 추진하였다. 그러나 발칸에서 오스트리아와 러시아 간 利權대 립으로 1878년 동맹은 와해되었다.

우 동맹관계 등 적대적 다자관계를 다자주의에서 배제해야 하므로 현실성 부족이 문제 된다. 러기의 주장에 카포라소(James A. Caporaso)도 동조하는데 러기의 '일반화된 행위의 원칙들'에 지리적·기능적 '불가분성(indivisibility)', 장기적 이익에 입각한 '확산된 상호관계(diffuse reciprocity)'라는 2가지 특징을 추가 보완하였다.[6] 이 점에서 러기와 카포라소의 주장은 다자주의가 구성주의자 웬트(Alexander Wendt)의 무정부적 사회구조(social structures)에서 주장한 칸트형을 지향하는 이념적 형태를 지니는 것으로, 다자주의가 강제력(경제제재, 군사력 등)을 사용하지 않아야 한다는 근거를 제공한다.

오늘날 다자주의는 크게 경제적 다자주의와 정치안보적 다자주의로도 구분할 수 있는데, 경제적 다자주의는 WTO 및 이전의 GATT 등 범세계적 경제 다자주의와 EU, NAFTA, APEC 등 지역적 경제 다자주의로 나눌 수 있고, 정치안보적 다자주의는 국제연맹(LN), UN을 포함하여 NPT, CWC, BWC, CTBT와 같은 대량살상무기 방지협약 등 범세계적 정치안보 다자주의와 NATO, OSCE, OAS, SCO, CICA, ARF 등 지역적 정치안보 다자주의로 구분해 볼 수 있다. 지역적 경제 다자주의는 경제통합으로, 지역적 정치안보 다자주의는 정치안보통합을 지향하는 특징이 있다. 아울러 다자주의에는 정치경제적 이념을 공유하는 국가들의 모임이 있고, 정치경제적 이념의 상이함을 수용하는 국가들의 모임이 있다. 전자의 사례는 NATO·EU·NAFTA 등이 있고, 후자에는 OSCE·ARF·세계무역기구(WTO)·APEC 등이 해당된다.

나. 新안보협력이론(공동안보·포괄안보·협력안보)

공동안보·포괄안보·협력안보는 통상 많은 영역에서 중복되고, 共存과

---

6) James A. Caporaso, "International Relations Theory and Multilateralism: The Search for Foundations," John Gerard Ruggie(1993), pp.53－54.

협력의 추구라는 보편적 가치를 공유하며, 안보 스펙트럼의 가장 협력적인 영역을 차지하고 있다.[7] 그러나 엄밀한 의미에서 이 세 가지 이론/개념은 구분되어야 한다.

1) 공동안보(common security)

'공동안보'는 1982년 6월 '군축에 관한 UN 특별회의(UN Special Session on Disarmament)'에 제출된 스웨덴 총리 팔메(Olof Palme)를 위원장으로 하여 밴스(Cyrus Vance) 미국 국무장관, 아르바토프(Giorgi Arbatov) 소련 공산당 중앙위원 등 17명의 저명인사들이 작성한 UN 보고서에서 유래한다.[8] 이 보고서는 유럽에서 핵전쟁 위험이 극심하던 1980년 9월부터 연구가 시작되었으며, NATO와 WPO 간의 긴장완화와 신뢰증진, 군축, 특히 핵군축을 적극적으로 추진할 것을 제의하였다. 나아가 비엔나에서 진행 중이던 상호균형감군(MBFR) 협상의 중요성과 재래식 전력의 균형과 함께 동서 양진영이 150㎞의 전장비핵지대(BNWFZ)를 각각 설치할 것과 '핵무기의 선제사용 금지(no-first-use),' BNWFZ를 화학무기금지지대와 병행할 것을 건의하는 등 상호억지가 아닌 상호대화와 이해를 통한 전쟁방지에 노력하였다. 이 보고서의 핵심은 "공동안보가 적에 대항함으로써가 아니라(not against the adversary) 적과 동행하여(but together with him) 안보를 달성하고, 국제안보는 상호파괴(mutual destruction) 위협보다는 공동생존(joint survival)의

---

7) 안보 스펙트럼의 대결적인 영역은 집단방위 개념이, 대결과 협력이 대등하게 존재하는 영역은 집단안보 개념이, 협력적인 영역은 新안보이론들이 차지하는 것으로 일반화된다.

8) 저명인사들은 兩 진영과 비동맹/중립국, 일본 등으로부터 前職 수상/각료급 인사들로 구성되고, 오스트리아 수상 Bruno Kreisky의 초청으로 1년 9개월간 비엔나에서 2명의 과학고문(미국, 소련)과 1명의 과학 자문관(노르웨이), 3명의 전문가(미국, 영국, 핀란드) 및 사무국 지원을 받아 연구하였다. The Independent Commission on Disarmament and Security Issues, *Common Security: A Programme for Disarmament(The Report of the Independent Commission on Disarmament and Security Issues under the Chairmanship of Olof Palme)* (London: Pan Books Ltd., 1982), pp.ⅲ-ⅹⅲ, pp.184-187.

공약에 기초해야 함”을 기본사상으로 강조하고 있다.[9]

팔메위원회는 <표 2-1>에서 보는 바와 같이 UN에 12가지의 건의/제안을 하여 핵무기 제거를 포함한 군축, 신뢰증진과 전쟁방지, 평화와 안정, 경제발전의 필요성을 강조하였다. 이 건의/제안들은 오늘날 군축과 군비통제, CSBM 등 지역 다자간 안보협력의 근간을 이루며 ABM 조약의 파기를 제외하고는 미·소(러) 간의 핵무기 감축과 전략무기의 군비통제, 재래식무기의 감축협정(CFE), 중거리핵무기(INF) 철수, 화학무기금지협정(CWC)과 포괄핵실험금지조약(CTBT)의 체결, UN 재래식무기등록제도(UNRCA), UN 평화유지상비제도(Stand-by Arrangement) 설립 등에 기여하였다. 아울러 경제공동체, 경제안보 개념이 확산되고 사회문화·환경 분야 등에서 협력의 틀이 발전되고 있다. 이처럼 팔메보고서는 군비통제와 군축 측면에서 그리고 상대방을 고려하는 안보인식 수준에서 많은 성과를 달성하였다.

〈표 2-1〉 공동안보 개념 및 UN 보고내용

○주요 개념
－相互抑止 ⇒ 共同安保·共同生存 －핵전쟁 예방 －정책수단으로 군사력 사용 포기
－군비증강 및 군사력 우위 정책 포기 －核 포함 군축, 최저수준 軍備만 유지
○UN 보고내용
① 공동안보로 전반적 군축단행(核 포함), 군비경쟁으로 인한 경제압박 제거
② 제한 핵전쟁 위험성 경고, 量/質的 핵전력 축소, 군비통제 단행
③ ABM조약 유지, 유럽 재래식 군사력 감축 및 移轉 통제
④ 戰場非核地帶 설치, 명확한 핵무기/재래무기 구분, 모든 핵무기 사용압박 제거(감소),短·中距離 핵무기 감축
⑤ 화학무기 사용 금지, 非化學武器地帶 설치
⑥ CSCE의 공동안보 실현/추구 노력 및 CSBM/군축 필요성 강조
⑦ 포괄핵실험금지조약(CTBT) 조기타결
⑧ 생물무기 사용금지 및 폐기
⑨ NPT 준수
⑩ 軍事費/연구개발비 투명성 강조, 평화유지활동을 위한 UN상비군 제도 운영
⑪ 지역안보협력 활성회, 안보·경제·사회·문화 분야 등 전반적 협력 추진
⑫ 군축으로 경제발전, 빈곤 극복, 경제안보 달성

출처: The Independent Commission on Disarmament and Security Issues(1982), pp.138-183 참조.

---

9) The Independent Commission on Disarmament and Security Issues(1982), pp.ⅶ-ⅹⅹ, p.184.

공동안보 개념을 와이즈먼(Geoffrey Wiseman)은 '호혜적 협조체제'로 요약하며,[10] 몰러(Bjorn Moller)는 '공격의 구조적 모순성'과 방어적 군비태세 정책에 따라 출현하였다고 본다.[11] 한용섭도 몰러의 주장을 인정하면서 공동안보는 군비경쟁 억제, 외세개입을 조장하는 국내분쟁 및 저개발 국가들의 분규 방지, 방어 위주 군사전략과 무기체계의 배치 등이 요구된다고 주장한다.[12] 이러한 여건하에서 공동안보 개념은 1980년대 군사에 대한 정치외교적 리더십이 강화되어 군사중심체제로 운영되던 NATO와 WPO 간에 CSBM과 군축이라는 새로운 지평을 여는 데 기여하였다. 그러나 여기서 간과해서는 아니 되는 것이 공동안보가 팔메위원회 노력만의 소산물이 아니며, 1970년대 초 CSCE 설립 논의과정에서 축적된 東西間의 상호존중 논리와, 그 이전 1960년대 NATO의 긴장완화 정책으로부터 크게 영향을 받았다는 점이다. 특히 1966년 벨기에 외무장관 하멜(Pierre Harmel)을 중심으로 긴장완화, 군축/군비통제, 군사안보와 긴장완화정책의 동시 추진 등 공동방위정책을 연구하여 1967년 12월 NATO 각료이사회 승인으로 채택된 하멜 보고서(Harmel Report) '동맹의 향후 임무들(The Future Tasks of the Alliance)'은 소련이 주장해 온 고유의 CSCE와 서방이 강조해 온 MBFR을 1970년대에 동시 추진하는 데 기여했으며,[13] 이러한 사상들은 1982년 공동안보에 그대로 전승되었다.

또한, 공동안보는 유럽의 비동맹/중립국들로부터 큰 도움을 받았다. 노이홀드(Hanspeter Neuhold)에 따르면 CSCE 발전에 중심적 역할을 수행한 나

---

10) Geoffrey Wiseman, "Common Security in the Asia−Pacific Region," *The Pacific Review*, Vol.5, No.1, 1992, pp.42−43; 金京壽, "협력안보와 동아시아의 新安保 파라다임," 週刊國防論壇, 1998, p.2.

11) Bjorn Moller, *Common Security and Nonoffensive Defense: A New−realist Perspective* (Boulder: Lynne Rienner Publishers, 1992), pp.28−29.

12) Bjorn Moller(1992), pp.28−30; 한용섭, "평화와 군사안보," 하영선 편, 『21세기 평화학』(서울: 풀빛, 2002), pp.216−219.

13) NATO Information Service, *The North Atlantic Treaty Organisation(Facts and Figures)* (Brussels: NATO Information Service, 1989), p.31, p.69, p.167, pp.402−404.

라는 소위 N+N국가들(Neutral and Non-aligned countries)인 오스트리아, 사이프러스, 핀란드, 리히테슈타인, 몰타, 산마리노, 스웨덴, 스위스, 유고슬라비아 등 9개국이었으며,[14] 서독 등 유럽의 사민당 계열 인사들도 공동안보 발전에 기여하였다. 1970년대와 1980년대에 CSCE는 성공적으로 발전하였는데 이는 CSCE가 NATO 등 서방국가들이 지향하던 공동안보의 핵심적 원칙들을 근거로 하고 있었기 때문이다. CSCE의 핵심적 목적은 지역의 행위자들로 하여금 분쟁을 억제하는 일련의 원칙(principles), 규범(norms), 규칙(rules)을 준수토록 하여 전쟁의 가능성을 완전히 제거하지는 못한다 할지라도 그 가능성을 줄이는 것이었다. 현상유지(*status quo*)에 입각한 CSCE의 노력은[15] 戰後의 군사동맹체제를 사실상 와해시키거나 약화 또는 변화시키는 효과를 발생시켰으며,[16] 1980년대 말과 1990년대 초에는 유럽 全域의 자유화와 민주화를 가져오는 데 기여하고 독일 통일에도 긍정적 역할로 작용하였다.

이 점에서 공동안보는 非도발적·非공세적 특성으로 인하여 군사적 분야에 있어서 대결적 동맹이나 양자제휴보다는 집단안보를 지향하는 경향을 나타낸다. 그 결과, 1986년 고르바초프(Mikhail Gorbachyev) 서기장은 블라디보스토크 연설을 통하여 '헬싱키 프로세스에 입각한 태평양 회의(Pacific Ocean conference along the Helsinki process)'를 제기하였고, 1990년 7월 호주 외무장관 에반스(Gareth Evans)는 미래의 아시아 안보체제로 '아시아 안보협력회의(CSCA)'를 제의한 바 있다. 솔로몬(Richard Solomon)의 주장대로

---

14) Hanspeter Neuhold(ed.), *CSCE: N+N Perspectives* (Laxenburg, Austria: Wilhelm Braumüller/Austrian Institute for International Affairs, 1987), p.7, pp.23-34 참조.

15) 1975년 8월 1일 유럽안보협력회의 최종의정서(CSCE Final Act/Helsinki Final Act)는 2차 대전 후 국경선을 조건 없이 인정하였다. 아태지역에는 이에 대한 합의가 없거나 불분명하다. 국방대학교의 연구는 다자안보협력에서 국경선/영토문제의 現狀維持 필요성을 강조한다. 國防大學校 安保問題硏究所, "亞·太地域 多者間 安保協力體制의 可能性과 限界," 政策硏究報告書 93-2(通卷 第206號), 1993년 12월, p.34.

16) 군사동맹의 와해는 바르샤바동맹이 해당된다. NATO가 이 범주에서 제외된 것은 자유민주주의 국가들의 협의체로서 경제·사회문화 등이 연관된 정치동맹이기 때문이다.

비록 이러한 노력이 안보 여건이 상이한 아시아에서 성취되지는 못하였으나,[17] 유럽에서 성공한 CSBM이[18] 긴장완화에 크게 기여하였고, 군비통제와 군축으로 발전되었던 사례를 아시아 지역으로 확대하고자 했던 시도로 의미가 있었다. 소련과 호주의 제안에 대하여 뉴질랜드와 말레이시아가 찬성하였고 여타의 ASEAN 국가들과 미국은 대체로 미온적이었다. 그러나 시차를 두고 캐나다·일본·중국·미국 등이 관심을 보이기 시작했는데, 이는 냉전종식후 아태지역의 안보공백을 우려하고 이를 다자안보협력으로 보완하고자 하였기 때문이다. 1990년대 초까지 공동안보와 협력안보 개념은 거의 동일하게 사용되었으며, 공동안보의 중심적 가치는 핵전쟁 방지를 목적으로 하는 정치군사적 분야의 전통적 안보에 근거하되, 포괄적 안보 개념을 지향한다는 점이다. 따라서 공동안보는 '군사력을 사용하지 않는 이상주의적 집단안보 메커니즘'으로 평가할 수 있고, 그 적용에는 참가국들의 자발성과 협력이 필수적이며, 포괄안보나 협력안보 개념과 밀접한 연관성을 지닌다.

2) 포괄안보(comprehensive security)

흔히 공동안보와 협력안보 개념이 유럽 등 서양에서 발전된 논리라면 포괄안보 개념은 1960년대, 1970년대 일본과 ASEAN 국가들에서 기원을 찾을 수 있으며 아태지역의 다양성에 근거하고 있다. 그러나 지역적 차원의 포괄안보 실천은 1975년 CSCE에서 구체화되었는데 정치군사(신뢰구축 및 군축), 경제·과학기술·환경협력, 관광, 노동·인적개발훈련, 인도주의적 교류에 관

---

17) "Asian Security in the 1990s: Integration in Economics: Diversity in Defense," A Speech by Richard Solomon, assistant secretary of state for East Asian and Pacific Affairs, at the University of San Diego, 30 Oct. 1990; David Dewitt, "Common, Comprehensive, and Cooperative Security," *The Pacific Review,* Vol.7, No.1, 1994, pp.5－6에서 재인용.

18) 1975년 Helsinki Final Act에서 시작된 CBM은 1986년 '스톡홀름 CSBM 및 군축회의'를 계기로 CSBM으로 정착되었으며, CSBM은 CBM＋SBM의 합성어이다.

한 협력, 문화교류 협력, 교육교류 협력 등이 명문화되어 이행되고 있다.[19]

듀잍(David Dewitt)의 주장에 따르면 일본은 1970년대 포괄안보 또는 총합안보(overall security)를 등장시켰는데 이는 국가안보 대체개념으로 보다 넓은 국제적 역할과 방위노력을 합리화하기 위한 실용적 입장을 반영한다. 1978년 12월 오히라 마사요시(大平正芳) 총리는 "경제·외교·정치 등 다양한 요소들을 포함하여 팽팽히 균형 잡힌 국력의 연결된 쇠사슬(chain)"로 포괄안보(총합안보) 정책을 규정하고 이 모두가 국가안보를 지원하는 것이라고 언급한 바 있다.[20] 이는 총합안보 개념의 핵심이 '재보장/안심(reassurance)'에 바탕을 둔 정책으로 역내 국가들에 일본의 총체적 능력을 투사해 보임과 동시에 내부적으로 자위대의 역할과 능력을 강화하고, 대외적으로는 평화와 안정에 기초한 다방면의 협력을 통한 안보질서를 강조하는 것으로 해석되었다. 1980년 7월 오히라 총리의 후임인 스즈키 젠코(鈴木善幸) 총리는 ① 미국과 보다 밀접한 군사협력 및 총체적 협력, ② 일본 영토를 방어할 수 있는 능력 증대, ③ 중국 및 소련과 관계 증진, ④ 에너지 안보(energy security) 달성, ⑤ 식량안보(food security) 달성, ⑥ 대형 지진에 대처하는 조치 강구 등 6가지 안보목표를 설정하였다.[21] 이는 포괄안보 목표일뿐만 아니라 정책 틀(a policy framework)이며, 경제·군사·정치 등 상이한 안보 기능 분야를 포함하며, 국내·양자·지역·범세계 등 다양한 수준에 관한 안보정책으로 모호성과 융통성 그리고 다양성을 가진다.

ASEAN 국가들의 포괄안보 개념은 일본보다 내부지향적이며 식민지 역사의 영향으로 반외세와 비동맹 성격을 포함한다. 일본의 포괄안보가 궁극

---

19) OSCE, *Conference on Security and Cooperation in Europe Final Act, Helsinki 1975* (Vienna: OSCE, November 1999), pp.11−59.

20) 오히라 총리의 언론브리핑 내용이다. *Nikkei Shinbun,* 9 December 1978; J. W. M. Chapman, R. Drifte, and I. T. M. Gow, *Japan's Quest for Comprehensive Security* (New York: St. Martin's Press, 1982), p. x vi; David Dewit(1994), p.2.

21) J. W. M. Chapman, R. Drifte and I. T. M. Gow(1982), pp.x vii − x viii.

적으로 동맹정책을 포함하는 국내외 문제와 비군사적 위협 등 광범위한 안보 문제인 반면, 인도네시아·말레이시아·싱가포르·필리핀 등 ASEAN 국가들은 지역내 국가들 및 지역외 국가들과의 동맹활용을 형식적으로는 거부하고 외부간섭의 범위를 제한하고자 한다.[22] 아울러 ASEAN은 일본과 달리 포괄안보 교리(doctrines)를 방위비 증액에 활용하고 있지 않다. 인도네시아의 국가탄력성(*Ketahanan national,* national resilience) 개념은 공식적으로는 1973년에 공표되었지만 사실상 수하르토(Suharto) 대통령이 집권한 1967년에 등장하였으며, "국가안보는 군사동맹 또는 강대국의 군사적 보호하에 놓여서는 아니 되며 경제적·사회적 발전, 정치적 안정 및 민족주의 등 국내적 요소들로부터 유래되는 自主에 있다."고 강조하였다. 이러한 인도네시아의 安保 思考가 국내안정에 중점을 둔 결과, 비군사적 조치들이 부각되고, 국내 및 지역의 전반적인 안보를 성취하기 위한 수단으로 경제발전과 사회정의가 강조되었다.[23] 인도네시아의 국가탄력성 교리는 동남아 국가들로 하여금 지역 강대국인 인도네시아가 내부안정과 번영을 통하여 협력을 추구하는 좋은 이웃관계 형성의 신호로 받아들였으며, 국가탄력성 개념이 지역탄력성(regional resilience) 개념으로 발전될 수 있었다. 말레이시아의 포괄안보 개념은 '비군사적 위협 및 정책수단'으로 인도네시아와 유사하며 국가안보 위협을 구성하는 광범위한 요인들을 식별하였는데 공산주의자들의 반란, 전복행위, 무장분리주의, 경제침체, 마약, 불법이민, 종교적 극단주의, 多民族 사회의 종족분규 등 포괄적 내용들이 포함된다.[24] 나아가 말레이시

---

22) 그러나 형식적 주장과 달리 '지역외 국가들과의 동맹'은 반정부활동/국가전복 위협에 대처한다는 명분하에 허용되고 있다.

23) 비군사적 조치들이 강조되었으나 군사적 요소가 무시된 것은 아니며, 국내요인들을 부각시킨 것은 공산주의 활동, 경제악화 등에 따른 정권생존적 측면이 강하며 국제적 환경 역시 고려되었다. Mely Carballero-Anthony, "Revisioning Human Security in Southeast Asia," *Asian Perspective*, Vol.28, No.3, 2004, p.160.

24) Muthiah Alagappa, "Comprehensive Security: Interpretations in ASEAN Countries," in Robert A. Scalapino et al.(eds.), *Asian Security Issues: Regional and Global* (Berkeley: University of California,

아는 인도네시아와 같이 포괄안보의 실현을 국내 안정과 지역안보로 연계시키고자 하는 경향이 강하다. 싱가포르 역시 '총체적 방위(total defense)'라는 개념을 통하여 포괄안보에 접근하고 있는데 여기에는 심리적/정신적 (psychological) 방위, 사회적(social) 방위, 경제적(economic) 방위, 민방위(civil defense), 군사적(military) 방위 등 다섯 가지 구성요소를 가진다. 이러한 포괄안보적 입장은 브루나이, 필리핀, 태국에서도 유사하다.[25] 베트남의 ARF와 CSCAP 등을 통한 포괄안보 입장도 매우 참여적이다. 즉 강한 경제력, 적정 수준의 방위역량, 협력의 확대로 국가적 포괄안보 증진을 기대하며, 국가탄력성 강화와 재건을 최우선으로 삼는다. 한편 '상호안보(mutual security)'를[26] 모색하며 발전에 도움이 되는 외부환경의 중요성을 인식하고 대외관계 다변화와 다자주의를 지향한다. 미얀마, 캄보디아, 라오스도 중국과의 관계를 중시하는 가운데 베트남과 거의 동일한 입장을 취하고 있다.

위에서 살펴본 동남아시아 국가들의 포괄안보에 대한 입장은 군사문제를 배제하지는 않는 가운데, 안보 개념에 정치·경제·사회·문화 부문을 포용하는 의미를 담고 있으며, 다음의 5가지의 특징으로 요약된다.[27]

첫째, 정권안정을 가장 중요시하며, 둘째, 국내안정의 주요수단으로 경제

Institute of East Asian Studies, 1988), pp.58−62, p.63, p.67−68; Noordin Sopiee, "Malaysia's Doctrine of Comprehensive Security," A Paper Prepared for the Conference on East Asian Security: Perceptions and Realities, in Seoul, 25−27 May 1984; David Dewit(1994), p.4에서 재인용.

25) Mely Carballero−Anthony(2004), p.161; 태국은 포괄안보에 대하여 국내 정치안정, 군사력 불사용을 전제로 한 지역협력과 외부간섭 없는 국가발전을 지지한다. 특히 인간·사회·경제안보 부문의 협력을 통한 연계성을 강조한다.

26) 상호안보는 1987−1989년 미국 브라운대학 '외교정책발전연구소'와 소련 과학아카데미 산하 '미국 및 캐나다 연구소'에 의하여 연구되었다. Richard Smoke and Andrei Kortunov(eds.), *Mutual Security: A New Approach to Soviet−American Relations* (New York: St. Martin's Press, 1991); 한용섭, "평화와 군사안보," 하영선 편(2002), pp.215−216에서 재인용; 상호안보는 공동안보와 유사하다. 그러나 공동안보가 핵전쟁 방지를 목표로 전통적 안보위협에 중점을 둔 반면, 상호안보는 경제의존·안보 상호의존·비군사적 분야 협력 등에 보다 중점을 두는 경향을 보인다.

27) Muthiah Alagappa, *Asian Security Practices: Material and Ideational Influences* (Stanford, California: Stanford University Press, 1998), p.624; Mely Carballero−Anthony(2004), pp.161−163.

발전을 강조하고, 셋째, 국내안정을 동남아 지역안정으로 연계시키고자 하며, 넷째, 사실상 정치・경제・사회문화 분야가 군사안보 분야와 통합되며, 다섯째, 포괄안보 개념이 국가 중심적으로 이루어짐으로써 지역적(regional), 세계적(global) 수준으로 확대되지는 못하고 있다는 점이다. 이런 맥락에서, ASEAN 국가들의 포괄안보는 전통적인 억지・세력균형 대신에 비전통적 위협에 대처하기 위한 신뢰구축・예방외교 등 규범 형성(norm−building)으로 협력적 관계 발전을 추구하는 특색을 보인다.

지금까지 일본과 ASEAN 국가들의 포괄안보 입장은 다음의 주장들과 CSCAP의 연구결과가 결합되어 포괄안보에 대한 의미를 구체화시킬 수 있다.

먼저, 한용섭은 맥(Andrew Mack)과 커(Pauline Kerr)의 주장을 인용하여 1990년대 ASEAN에서 시작한 지역 다자간 안보협력(ARF)이 포괄안보 개념에 입각하며 군사적 수단보다 비군사적 수단을 통한 안보증진을 중요시한다고 주장한다.[28] 흐시웅(James C. Hsiung)도 포괄안보를 비군사적/비전통적 차원에서 접근하여 1990년대 말 경험한 경제안보(economic security), 빈곤・물 부족・전염병・마약・종족갈등・불법이민・인간밀수 등 인간안보(human security, human development), 자연재해・자원고갈・환경파괴・해적행위 등 환경안보(environmental security)로 구분하고, 이러한 포괄적 문제들이 一國의 노력으로는 극복되기 어렵고 다수국가들의 공동협력으로 해결이 모색되어야 한다고 언급한다.[29]

포괄안보에 대한 구체적인 현실적용은 1991년 부잔(Barry Buzan)의 연구

---

28) Andrew Mack and Pauline Kerr, "The Evolving Security Discourse in the Asia−Pacific," *The Washington Quarterly*, Vol.18, No.1, 1995, pp.391−408; 한용섭, "평화와 군사안보," 하영선 편(2002), pp.222−224; 한용섭, "동아시아 안보공동체의 조건, 과제 그리고 전망," 한용섭 외, 『동아시아 안보공동체』(파주: 나남출판, 2005), p.323.

29) James C. Hsiung, *Comprehensive Security: Challenge for Pacific Asia* (Indianapolis: University of Indianapolis Press, 2004), pp.3−11, pp.35−39; 흐시웅은 해양해적행위와 인도네시아의 산불을 아태지역의 특유한(endemic) 환경안보 요소로 본다.

로부터 확산되었다. 즉, 그는 안보를 포괄적으로 규정함에 있어서 정치안보
(political security)·군사안보(military security)·경제안보·사회안보(societal
security)·환경안보로 구분하였다. 정치안보와 군사안보는 소위 전통적 안
보에 해당하며, 경제안보·사회안보·환경안보는 비전통적 안보에 해당한
다. 정치안보는 국가의 제도적 안정성·정부체제·합법성을 부여하는 이념
이며, 군사안보는 공세능력과 방어능력의 상호작용과 국가 상호간 의도에
관한 인식의 문제와 관련된다. 경제안보는 자원에 대한 접근·재정·수용
할 만한 수준의 복지와 국력을 유지하기 위해 필요한 시장과 관련되고, 사
회안보는 발전상태의 지속가능성·언어·문화·종교·민족정체성·관습
등이며, 환경안보는 필수적인 기반체제로서 국지적/지구적 생물권(planetary
biosphere) 유지와 관련된다고 주장한다.30)

포괄안보에 대한 CSCAP의 논의는 7가지로 요약된다.31)

첫째, 포괄안보를 잠정적으로 공동안보·협력안보를 포용하는 넓은 개념
으로 규정하고, 다양한 위협에는 다양한 형태의 대응책이 필요하며, 공식·
비공식적 협의가 확대되어야 함을 인정하였다.

둘째, 의제의 다양성과 대응의 문제로, 환경·경제·난민·마약·해적·불
법이민 등에 강제력 사용은 찬반의견이 대립하였다. 군사적 대응을 거부해야
한다는 ASEAN 국가들 및 중국 참가자들의 의견과, 군사적 요소를 최후의 수
단으로 선별적으로 강구해야 한다는 서방 참가자들의 입장이 합의점을 찾지
못하였다. 또, 많은 이슈들을 포함시킬 경우 대응력 약화 문제가 제기되었다.

셋째, 협력안보와의 관계이다. 협력안보는 협의과정상 '국가 중심성(the
centrality of the state)'과 '국익 우선주의(the primacy of state interests)'를

---

30) Barry Buzan, *People, States and Fear: An Agenda for International Security Studies in the Post－Cold War
Era,* 2nd Edition (Boulder: Lynne Rienner Publishers, 1991), pp.19－20.

31) CSCAP의 '포괄안보 및 협력안보 실무그룹'은 1995년 3월 웰링턴 회의와 8월 쿠알라룸푸르 회의
에서 심층 검토하였다.

인정하고, 다양한 조치들을 협력적으로 추진하여 가장 큰 공동이익을 얻는다. 협력안보는 포괄안보와 지역/소지역 수준에서 밀접히 연관되고, 포괄안보는 목적달성을 위해 협력적 수단을 필요로 함을 확인하였다.

넷째, 포괄안보의 활용 범위이다. 개별국가 수준을 넘어서서 地域과 世界 수준에도 적용 가능한가에 대하여 합의를 이루지 못하였다. 개별국가 수준에서는 문제를 다룰 제도/기구들을 가지고 있기 때문에 가능하지만, 지역 수준에서는 특정 이슈들이 협력적으로 다루어질 수는 있으나, 강력하고 공식적인 정책기구나 제도가 없이는 불가능하다는 미국 등 서방 참가자들의 의견이 있었다. 특히, 서방 참가자들은 포괄안보 개념과 협력안보 개념을 지역 차원에서는 구분해야 한다는 점을 강조하였다.

다섯째, 안보의 유럽형 모델이 아태지역에 적용 가능한가에 대하여 논의가 있었다. 미국·EU 등 참가자들은 CSCE도 범위 면에서 포괄적이며 광범위한 안보 문제들을 다루는 포럼으로부터 발전해 왔음을 상기하고, CSCE/OSCE의 교훈인 명확한 규범(norms), 원칙(principles), 제도(institutions)의 설립은 아시아에도 유용함을 주장하여 합의를 이루었다. 그러나 ASEAN 국가의 참가자들은 제도화에는 다양한 의견을 반영하고 불위협, 차별금지, 투명한 개방지역주의 등을 요구하였다.

여섯째, ARF와 APEC의 제도화(institutionalization)에 대하여, 대부분의 아시아 참가자들은 너무 빠른 제도화를 반대하고, 점진적으로 자신들에 맞게 발전시키는 것을 선호하였으며, 서방 참가자들은 APEC과 ARF가 포괄안보를 다루는 능력을 보유할 수 있을 것인가에 대해서는 의문을 제기하였다. 이와 관련, 남중국해 문제가 군사·경제·환경 부문의 포괄적 안보 문제를 안고 있는 대표적 사례로 행동규약(COC)이라는 제도의 실현으로 해결되어야 한다는 데 다수 의견이 있었다.

일곱째, 포괄안보의 이론적·실천적 한계와 문제점을 논의하였다. 즉 포

괄안보가 아직 내용, 설명력, 실천 규범적 수준에서 명쾌하게 규명되지 못
하고 있음을 지적하고 포괄안보의 범위(scope)와 강제력 사용을 포함하여 적
용 수준에서 추가 논의가 필요하다는 점을 인식하였다.

上記한 포괄안보에 대한 논의들을 요약하면 <표 2-2>와 같으며, '포괄
안보 일본형,' '포괄안보 ASEAN형,' '포괄안보 북미·서구형' 등은 위에서
설명한 주장과 특징을 고려하여 저자가 명명하였다.

〈표 2-2〉 포괄안보 개념/내용 및 평가

포괄안보 개념 및 내용	성격 평가
정치·군사·경제·사회·환경 안보로 규정(Buzan)	−전통적 안보(정치·군사) 개념에 여타 非전통적(非군사적) 안보 개념 확대
경제·인간·환경 안보로 규정(Hsiung)	−군사안보를 포괄안보 개념에서 배제 −비군사적 안보만 포괄안보에 포함
일본의 총합안보(Dewitt) −경제·군사·정치 등 포괄 −국내·양자·범세계 차원 확대	* 포괄안보 일본형 −미·일동맹 포함 광범위한 개념 −정치외교·경제 등 비군사적 수단 강구 −개념의 모호성·융통성·다양성 내재
ASEAN의 포괄안보(Dewitt, Carballero-Anthony) −반외세·비동맹 성격 내포 −군사보다 경제·사회문화·정치 분야 강조	* 포괄안보 ASEAN형 −내부지향적, 국가 중심적 접근 −군사문제를 배제하지는 않지만 비군사적 조치 부각
ASEAN의 지역 다자안보협력 정책은 포괄안보 개념에 입각함(Mack, Kerr, 한용섭)	−군사적 수단보다 정치·사회·경제 정책 등 비군사적 수단 강조
포괄안보가 협력안보·공동안보 개념을 포괄하는 것으로 규정(CSCAP) −환경·경제·난민·마약·해적·인권 등 다양한 비군사적 의제 想定 −규범·원칙·제도의 설정 및 준수 필요성 −포괄안보 적용 범위(scope)에 이견(개별국가: 가능, 지역 수준 적용: 의문 제기) −최후 선별적 군사적 수단 강구에 찬반대립 (ASEAN: 반대, 북미/西歐/일본: 찬성)	* 포괄안보 ASEAN型/日本型/北美·西歐型의 혼재 −비군사적 대응책으로 강조(ASEAN) −완만한 제도화/점진주의 채택(ASEAN/중국) −명확한 '포괄안보' 용어정의 애로(일본, 북미/서구) −규범·원칙·제도 중시(북미/서구) −인권/강제력 사용 가능성(북미/서구)

이를 종합하면, 포괄안보는 아직 개념과 적용에 있어서 모호성이 존재하
지만 다음과 같은 평가와 설명이 가능하다.

첫째, 포괄안보는 전통적/비전통적(비군사적) 안보 개념을 포함하지만 사실상 비군사적 영역에 한정된다는 점에서 군사력 사용 문제가 쟁점이 된다.[32]

둘째, 적용범위(scope) 면에서 정의가 불분명하다. 전통적/비전통적 위협에 대처한다는 의미 외에 일본이 동맹정책을 포함한 광범위한 적용을 하는 반면, ASEAN 국가들은 내부지향적이고 국가 중심적 적용에 국한하며, 통제 수단이 없거나 약한 지역기구/협의체에서 어떻게 포괄안보를 적용할 것인가의 문제가 미해결이다.

셋째, 포괄안보는 다양한 의제, 완만한 제도화와 점진주의에 따른 조치의 신속성과 효율성이 문제 되고, 규범·원칙·제도의 설정과 준수가 요구되고 있다.

따라서 포괄안보는 전통적 안보와 비전통적(비군사적) 안보 문제에 모두 적용되는 개념이지만 최후 수단으로 군사력 사용 여부, 적용범위와 방법의 모호성, 의제의 다양성, 점진적 제도화 등으로 아직까지 지역 수준에서는 명확한 개념화에 이르지 못한 상태이다. 따라서 다음에 설명하는 수단·방법·절차를 강조하는 협력안보 개념에 의하여 보완될 필요가 있다.

3) 협력안보(cooperative security)

협력안보 개념에 대해서는 그 출현 시기부터 다양한 시각이 나타난다. 冷戰의 역사성을 중시하는 학자들은 탈냉전의 산물로 무력 불사용과 공동안

---

32) 2008년 이후 소말리아 해적에 대한 군사력 동원은 시사적이다. 즉, 2008년 UN安保理는 결의 1814, 1816, 1838, 1846을 통하여 유엔헌장 제7장과 국제법/유엔해양법협약(UNCLOS)에 따라 아덴만(Gulf of Aden) 등 소말리아 인근 해역에서 회원국들의 海空軍을 동원한 안전항행 지원, 해적소탕 등 군사행동을 승인하였다. 아울러, 2009년 12월 2일까지 1년간 소말리아 領海內로까지 추적할 수 있도록 하였다. UNSC, "Resolution 1838(2008)" Adopted by the Security Council at its 5987th meeting, on 7 October 2008; "Resolution 1846(2008)" Adopted by the Security Council at its 6026th meeting, on 2 December 2008, at http://www.un.org/Docs/sc/unsc_resolutions08.htm(검색일: 2009.2.15) 참조. 현재 미국, 영국, 프랑스, 캐나다, 덴마크, 네덜란드, 스페인 등 NATO 국가들과 인도, 러시아, 일본, 중국, 한국 등이 이 활동에 참가하고 있다.

보와 같은 이상주의적 개념으로 평가하는 반면, 코헨(Richard Cohen)과 같이 협력안보를 집단안보 개념을 포함하여 廣義로 해석하는 학자들은 18세기로까지 그 기원을 확대시켜 그 원천이 유럽이고 수단/방책으로서 강제력의 사용을 당연시한다.

따라서 협력안보는 '강제력 사용을 금지하는 협력안보 개념'과 '강제력 사용을 허용하는 협력안보 개념'으로 구분된다.

먼저, '강제력 사용을 금지하는 협력안보 개념'의 범주에는 1995년 OSCE 출범 이전의 CSCE의 不可侵 思想과 ASEAN의 무력위협 및 사용 금지에 입각한 원칙 등 대화와 협의를 통한 문제해결 주장들이 반영되어 있다. 이상주의적 공동안보, 포괄안보 ASEAN형, 1990년대 후반에 등장한 중국형 협력안보 개념인 '新安全觀(new security concept)' 등 '狹義의 협력안보' 개념들이 해당되며 협력안보를 공동안보와 동일시하는 경향을 지닌다.

대표적 주장은 펱쉐라(Heinz Vetschera)의 협력안보에 대한 狹義的 해석으로 CSCE의 입장에서 나타나는데, "강제력 사용을 배제하고 투명성, 개방성, 예측가능성 등으로 오해와 誤算을 예방하며 화해와 협력을 통한 분쟁해결을 모색하는 개념"으로 설명하고, 대표적인 집단방위기구가 NATO, 집단안보기구가 UN, 협력안보기구가 CSCE라고 주장하였다.[33]

호주 외무장관 에반스는 퇴임 후 1994년 기고문에서 "협력안보는 대결 대신에 협의, 억지 대신에 재보장(reassurance), 제재보다는 예방, 일방주의보다는 상호의존을 추구한다."고[34] 주장하는데 이는 이전의 공동안보 주장과 동일하다.

---

33) Heinz Vetschera, "Instruments of Cooperative Security in the CSCE Framework," An updated version of the author's lecture on "Regional Security Arrangements—The CSCE Experience with Confidence—Building, Crisis Mechanisms and Conflict Prevention" at the Second Ginosar Conference organized by the Jaffee Center for Strategic Studies, Tel Aviv University, 5—11 January 1993, updated in Vienna in 1994, pp.2—4, p.40.

34) Gareth Evans, "Cooperative Security and Intra—State Conflict," Foreign Policy, No.96, Fall 1994; Richard Cohen and Michael Mihalka, *Cooperative Security: New Horizons for International Order, The Marshall Center Papers*, No.3 (Garmisch—Partenkirchen, Deutschland: The George C. Marshall

1993년 민족통일연구원은 협력안보가 예방외교(preventive diplomacy) 성격이 강하며 침략행위에 대한 법적/제도적 구속력과 강제력이 없으며, 적을 상정하지 않는 공동안보와 동일한 것으로 파악하며,[35] 이철기도 협력안보를 공동안보 개념을 계승한 것으로 내용 면에서 동일한 것이라 주장한다.[36]

듀일은 협력안보가 1990년 9월 유엔총회에서 클라크(Joe Clark) 前 캐나다 외무장관에 의하여 시작된 '북태평양 협력안보대화'(NPCSD) 구상의 핵심으로 다자간 프로세스로서 억지보다 재보장을 추구하고 잘하면 쌍무동맹을 교체할 수도 있으나 최소한 쌍무동맹과 공존할 수 있고, 군사적·비군사적 안보를 증진시키는 역할을 하며, 공동안보와 거의 동일한 것으로 인식될 수도 있는 개념으로 본다. 협력안보와 공동안보는 적대국과 우호국들 모두에게 개방되며 抑止 사고방식을 초월하여 행동할 필요성과 비군사적 요소들(non-military elements)을 통합하는 광범위한 의미의 안보 개념이다. 그러나 협력안보는 다자제도를 발전시키는 데 있어서 보다 점진적인 접근을 추구하며, 지역안보에 있어서 현존하는 兩者關係 또는 세력균형체제의 가치를 인정하는 보다 신축성을 가진 개념으로, 적절한 제도화된 다자주의의 상태가 이루어질 때까지 임시적이고(*ad hoc*), 비공식적이며, 유연성 있는 협의과정을 허용한다. 또 협력안보 프로세스의 핵심이 '대화의 습관을 수립하는 것'과 다수의 참여를 포용하는 것이며, 비정부 차원의 대화인 트랙-Ⅱ를 적극 활용하는 것이다.[37]

European Center for Security Studies, 2001), p.4; 에반스는 협력안보를 포괄적 다차원적 안보접근법으로 보며 점진적인 문제해결·非군사적 해결·非국가행위자 인정, 대화습관의 중요성을 강조한다. Gareth Evans, *Cooperating for Peace* (Maryborough: Allen and Unwin, 1993), p.16; 변창구 (1996), pp.261-262.

35) 民族統一硏究院 國際硏究室, "東北亞地域에서의 多者間 安保協力體 形成展望과 對應策," 硏究報告書 93-07, 1993, pp.11-12.

36) 이철기, "集團安保·集團防衛·協力安保의 性格에 관한 理論的 比較 考察,"『開發論叢』第5輯, 1996년 4월, p.166, pp.172-175.

37) 이 점에서 듀일은 협력안보와 공동안보가 유사한 특성으로 혼용되고 있으나, 그 차이는 "공동

아카라(Amitav Acharya)는 비공식성, 기구최소화, consensus,[38] 점진주의와 인식공동체(epistemic community), 안보공동체(security community), 아세안 방식(ASEAN Way) 등을 통하여 협력안보 개념을 인식한다.[39]

중국형 협력안보 개념인 '新安全觀'은 1996년 러시아·카자흐스탄·키르기스스탄·타지키스탄 등과 '상하이 5국(Shanghai-5) 회의'를 구성하여 국경문제 해결과 신뢰구축조치 등 관계 개선을 추진하면서 구체화된 개념으로, 2001년 우즈베키스탄을 포함하여 '상하이협력기구(SCO)로 승격 시 적용되었다. 新安全觀의 주요내용은 1950년대 周恩來 외교부장/총리가 1954년 '인도차이나 문제에 관한 제네바회의'와 1955년 반둥(Bandung) '아시아-아프리카 국가들의 비동맹회의'에서 제시한 '평화공존 5원칙'의 정신에 입각하고,[40] 자위적 핵전략과 '핵 선제 불사용 정책(the policy of no first use of nuclear weapons)', '방어적 국방정책(中國的國防)'을 강조한다.[41] 이러한 정신과 정책하에서 唐家璇 외교부장은 2002년 7월 제9차 ARF 외무장관회의, 2002년 9월 유엔총회 연설 등에서 안보는 제로섬 게임이 아니며, 상호신뢰, 상호이익, 평등, 협력/조정을 통한 冷戰思考 척결을 주장하며, 동맹정책과 군사력의 위협과 사용에 의한 안보정책을 구시대적 유산으로 비난

(common)이라는 단어보다 협력(cooperation)이라는 개념을 사용할 때, 역내 국가들 간 안보정책의 다양성(a greater diversity)이 존재함을 드러낼 수 있다.”고 주장한다. David Dewitt and Paul Evans(eds.), *Conference Report: The Agenda for Cooperative Security in the North Pacific* (Toronto: York University, 1993), pp. ⅩⅩⅩⅤ - ⅩⅩⅩⅥ; Davit Dewitt(1994), pp.7-9.

38) consensus는 1982년 유엔해양법회의에서 '공식적 반대 없음(absence of any formal objection)'으로 규정한 바 있다. 이는 투표 시 다수결이 가능하고 공식적인 명확한 반대가 없는 상황을 의미하며, 종종 unanimity(만장일치)와 동일한 의미로도 사용된다.

39) Amitav Acharya(2002), pp.8-13 참조.

40) '평화공존 5원칙'은 ① 영토보전 및 주권 상호존중, ② 상호 불침범, ③ 내정 불간섭, ④ 평등 및 상호이익, ⑤ 평화공존으로 구성된다.

41) "China to continue to pursue new security concept for world peace," *People's Daily Online*, December 27, 2004, at http://english.peopledaily.com.cn/200412/27/eng200412 27168809.html(검색일: 2008.8.23); "White Paper: China's national defense policy purely defensive in nature," *People's Daily Online*, December 29, 2006, at
http://english.peopledaily.com.cn/200612/29/eng20041229_336866.html(검색일: 2008.8.23).

하고, ARF와 SCO에서의 중국의 적극적 역할을 강조하였다.[42) 이러한 맥락
에서 閻學通과 류동원은 新案保觀이 군사동맹 개념과 상이함을 주장한다.[43)

이상의 강제력 불사용 주장들은 군사력에 일종의 혐오감을 나타내고 아
태지역의 정체성·문화적 관습 등 다양성을 반영한 이상주의적/구성주의적
시각이 부각되고 있다. 나아가 전통적 집단방위/집단안보 개념과 협력안보
를 명확히 구분하며, 장기적으로는 집단방위/집단안보 개념들을 대체할 制
度(機制)로 협력안보를 인식한다.

'강제력 사용을 허용하는 협력안보 개념'에는 '포괄안보 日本型', '포괄안
보 北美/西歐型'과 집단안보·집단방위·인간안보·각종 안정증진 조치 등
廣義의 '집단안보형 협력안보'가 해당된다. 협력안보 개념에서 강제력 사용
은 UN 집단안보기능의 연장선상에서 인식하고 이러한 개념은 UN 설립 이
전부터 유럽과 북미의 전통에서 유래하는 것으로 思惟하는 매우 현실적인
입장이다. 따라서 UN 헌장상의 안보위협에 대해서는 다국적군이든 동맹군
이든 사용이 가능하다는 입장을 취한다.

---

42) "People's Republic of China Mission to the United Nations Statement by H. E. Tang Jiaxuan,
Minister of Foreign Affairs of The People's Republic of China and Head of the Chinese
Delegation," at the General Debate of the 57th Session of the United Nations General Assembly,
New York, 13 September 2002, at
http://www.un.org/webcast/ga/57/statements/020913chinaE.htm(검색일: 2008.8.23);
"China Offers New Security Concept at ASEAN Meetings," *News & Views*, August 1, 2002, at
http://www.chinahouston.org/news/2002801072011.html(검색일: 2008.8.23); "Commentary China
Offers Working Model of New Security Concept," By Tang Jiaxuan,
Chicago Sun-Times, January 11, 2003, at
http://www.chinaconsulatechicago.org/eng/zxtg/t39988.htm(검색일: 2008.8.23);
Permanent Mission of the People's Republic of China to the United Nations, "China's Position
Paper on the New Security Concept," 22 April 2004, at http://www.china-un.org/eng/xw/
t27742.htm(검색일: 2008.8.23) 참조.

43) 軍事同盟과 新安全觀의 차이는 다음을 참조하라. 閻學通, "亞太地域的協力安全," 『東亞季刊』
第30卷, 第2期, 1999년 4月, p.102; 류동원, "중국의 다자안보협력에 대한 인식과 실천: 상하이
협력기구(SCO)를 중심으로," 한국국제정치학회, 『국제정치논총』 제44집 4호, 2004, p.130; 특히
新安保觀(新安全觀)은 假想敵 不想定, 정치경제 강조, 武力 不使用 등을 특징으로 하는데, 이
는 서방에서 주장하는 '狹義의 협력안보' 개념과 일치한다. 그러나 실제 적용에 있어서는 SCO에
서 보는 바와 같이 집단안보 성격을 지닌다.

놀란(Janne E. Nolan)은 카터(Ashton B. Carter), 페리(William J. Perry), 스타인브루너(John D. Steinbruner) 등의 협력안보 연구를 기초로 하여[44] 범세계적 개입(global engagement) 차원에서 접근하였다. 즉, "완전히 발전된 협력안보제도는 전개 군사력의 규모·집중(concentration)·기술적 배치·운용 연습 등을 위한 적합한 표준을 설정하고 적용할 수 있으며, 협력안보질서는 모두를 아우르는 법적인 레짐(all-encompassing legal regime)이나 군비통제 협정 등을 반드시 필요로 하는 것은 아니나 대개 중복되고, 기존의 합의에 따라 상호간에 형성되어 있는 제도로부터 시작된다."고 본다.[45] 아울러 협력안보제도는 ① 핵전력에 관한 협정 체결 등 핵무기의 엄격한 통제와 안전조치 수립, ② 범세계적 불법무기 확산으로 국제적 불안정 상황을 악화시키는 방위산업을 전환시키는 레짐, ③ 방어적 배비에 입각한 전력 규모와 구성(composition)을 규율할 수 있고, 위험한 기술의 이동을 규제할 수 있는 협력협정, ④ 국제적으로 지지를 받는 효과적이고 합법적인 간섭(intervention) 개념의 적용과 최후수단으로 다수국가가 참가하는 군사력 사용의 제한적 허용, ⑤ 선진기술 확산을 포함하여 합의된 감시활동으로 투명성과 상호이익의 증진 등 요소로 구성된다고 주장하며, 협력안보레짐은 침략행위 발생 시 이를 패퇴시킬 다국적군(multilateral forces)을 조직할 능력을 가져야 한다고 강조한다.[46] 이러한 능력은 억지효과뿐만 아니라 약소

---

44) Ashton B. Carter, William J. Perry, and John D. Steinbruner, *A New Concept of Cooperative Security* (Washington D.C.: The Brookings Institution, 1992), pp.7-10 참조.

45) Janne E. Nolan, "The Concept of Cooperative Security," in Janne E. Nolan(ed.), *Global Engagement: Cooperation and Security in 21st Century* (Washington D.C.: The Brookings Institution, 1994), pp.4-10.

46) 이 점에서 냉전 후 미국은 非擴散(non-proliferation)/對擴散(counterproliferation) 등 외교군사정책에 있어서 국제적 연합(international coalitions)에 크게 의존하고 있다. 미국과 NATO의 비확산 정책 및 국제적 대확산 정책 수행을 위한 입장에 관해서는 다음을 참조. Joanna Spear, "Organizing for International Counterproliferation, NATO and U.S. Nonproliferation Policy," in Janne E. Nolan, Bernard I. Finel, and Brian D. Finlay(eds.), *Ultimate Security: Combating Weapons of Mass Destruction* (New York: The Century Foundation Press, 2003), pp.203-228.

국들을 보호하는 근거를 제공하며, 군사력의 사용은 최후의 수단으로만 강구되어야 한다는 의미를 지닌다.[47]

한용섭도 '協力安保'를 탈냉전의 안보 개념으로 파악하고, 놀란의 주장을 인용하여 탈냉전기에 발생한 걸프전에서 다국적군이 이라크군을 첨단무기로 완전 제압함으로써 지역 내지 세계적 차원에서 침략자를 응징하는 선례를 만들었다고 언급한다. 그는 이것이 정치적·경제적 상호의존성 증대와 더불어 무력에 의한 침략은 자기 파괴적이고 엄청난 손실을 보게 된다는 인식을 확산시켰다면서, 협력안보 개념이 공동안보보다 침략수단 동원을 더 어렵게 하는 전쟁예방 조치들이라 주장한다.[48]

미국 의회는 2005년 미국·캐나다·멕시코의 '상호안보와 안전(mutual security and safety)'을 위한 '北美 協力安保法(North American Cooperative Security Act)'을 의결하고 국무부·국토안보부·국방부가 관련 조치를 이행토록 하였다. 주요내용은 전통적 안보와 비전통적 안보를 포괄하면서 비전통적 안보 분야에 중점을 두고 있다. 즉, 3국 정부 간 상호안보와 안전증진을 위해 정보교환 협력을 확대하고, 신속 안전한 상품/화물 수송 및 국경통과, 이민 및 관세, 에너지 정책, 테러리즘 대응(핵/방사능 및 bio-terrorism), 돈세탁 방지, 경찰 간 협력 및 '비상대응 관리체제협력(emergency management cooperation)' 증진 등이다.[49] 이 법을 통하여 국무부·국토안보부·국방부가 합동으로 협력안보에 대응토록 지침을 부여함으로써 협력안보 개념이 전통적·비전통적 안보 부문을 포괄하고 政治外交의 영역뿐만 아니라 內務 및 國防의 영역임을 분명히 한다. 또한 협력안보를 理想主義에 입각한

---

47) Janne E. Nolan(1994), p.16.

48) 한용섭, "평화와 군사안보," 하영선 편(2002), pp.219-221.

49) "North American Cooperative Security Act," H.R. 2672, 109th Congress 1st Session, May 26, 2005, at http://www.govtrack.us/data/us/bills.text/109/h/h2672.pdf(검색일: 2008.5.22); "North American Cooperative Security Act," S. 853, 109th Congress 1st Session, April 20, 2005, at http://www.theorator.com/bills109/s853.html(검색일: 2008.5.22).

평화적 문제 해결 차원을 넘어 능력과 행동이 수반되는 개념으로 명문화한 점이 특징이다. 이는 9·11 사태 후 미국의 변화된 세계전략으로 아프가니스탄/이라크전쟁 등에서 협력안보 개념이 강제력을 사용하는 집단안보 개념에 근거함을 의미한다.

코헨(Richard Cohen)은 거의 OSCE에서 배타적으로 사용하던 협력안보라는 용어와 달리, 강제력이 있는 고유한 협력안보 모델로 NATO를 거명하고[50] 협력안보의 이상적이고 모호한 개념을 타파하고 구체적인 조치를 취해 나가야 하며, NATO가 집단안보기구로 활동해야 함을 강조한다. 그 예로 UN의 승인이 없었지만 보스니아―헤르체고비나(Bosnia―Herzegovina)와 코소보(Kosovo)에서 국제적 안정을 회복한 사례를 들고 있다. 그는 협력안보가 냉전 종식의 산물이 아니며, 18세기 말 칸트(Immanuel Kant)의 '영구평화론(Perpetual Peace)'에서 출발하였고, EU도 협력안보기구로 변화하기 시작하였으며, 협력안보 모델은 ① 개인안보(Individual Security)/인간안보(Human Security)를 핵심으로 하여 ② 집단안보, ③ 집단방위, ④ 안정증진(Promoting Stability) 활동으로 확장되는 4개의 동심원으로 구성된다고 주장한다.[51] 코헨의 협력안보 모델 특징은 현실주의적 입장에서 전통적 안보의 가치를 인정하는 가운데 세계화 시대에 새롭게 부상한 안보의 가치와 접근방법들을 융합하여 '협력안보' 개념을 실용성 있는 제도로 확장시키는 데 의미가 있다.

지금까지 협력안보 논의를 정리하면 <표 2―3>과 같으며, 공동안보 개념을 수용할 뿐만 아니라, 포괄안보 개념에 실천력을 제공하는 것으로 구체

---

50) 북대서양협력위원회(NACC)/유럽―대서양 동반관계 위원회(EAPC), NATO―러시아 상설합동위원회(PJC), NATO―우크라이나 합동위원회, 지중해 국가들과의 대화 등 워싱턴 조약 제6조를 벗어난 안정증진 활동들이 해당된다. Richard Cohen, "Cooperative Security: From Individual Security to International Stability," in Richard Cohen and Michael Mihalka, *Cooperative Security: New Horizons for International Order* (Garmisch―Partenkirchen, Deutschland: George C. Marshall Center, 2001), pp.15―17.

51) Richard Cohen(2001), pp.9―15.

적인 설명력을 갖는다. 특히 강제력 사용을 허용하는 협력안보 개념은 집단
안보 개념과 동일한 의미로 다자간 안보협력을 多國籍軍 운용으로 구체화
하는 동향을 보인다.

〈표 2-3〉 협력안보 개념의 다양성(요약)

	구분	주장 내용	평가
강 제 력 사 용 금 지	-이상주의형 공동안보 -포괄안보 ASEAN型 -중국형 협력안보 ※ 狹義의 협력안보	-무력 불사용, 대화/협력을 통한 분쟁해결(Vetchera) -헬싱키체제식 지역 공동안보체제 구축(Gorbachev) -협의, 再保障, 예방, 상호의존 강조(Evans) -假想敵 불상정, 강제력/구속력 부재, 세력균형 체제를 보완/대체하는 공동안보 개념(민족통일 연구원) -공동안보를 계승한 새로운 안보 개념(이철기) -공동안보 類似, 투명성 증진, 再保障, 군사· 비군사적안보 증진, 양자체제/세력균형체제 인 정, 임시적/비공식적/신축성 있는 제도(Dewitt) -비공식성·기구최소화·consensus·점진적 발전 등 아세안 스타일(Acharya) -同盟反對, 冷戰思考 척결 등 新安全觀(中國)	-전쟁을 반대 하는 기제로 인식 -사회문화적 특수성/관례/정체 성 등을 중시하는 비공식적 기제로 인식 -미국/西方에 대항적 기제로 활용
강 제 력 사 용 허 용	-포괄안보 日本型 -포괄안보 北美/西歐型 -집단방위/집단안보 -안정증진 활동 등 ※ 廣義의 협력안보 개념 (집단안보형 협력안보)	-대규모 전쟁수단 축적 방지, 제도화된 협력적 개입, 핵무기통제 및 안전조치, WMD확산방지 레짐, 국제지지를 받는 효과적/합법적 간섭 적용, 투명성/상호이익 제고, 多國籍軍 활용(Nolan/ 한용섭) -북미의 상호안보: 전통적·비전통적 안보위협 대처(North American Cooperative Security Act) -협력안보의 명확한 개념정의 부재, 18C 칸트의 '영구평화론'까지 협력안보 소급, NATO가 강 제력 있는 고유한 협력안보 모델, 인간안보· 집단안보·집단방위·각종 안정증진 활동 등 을 포함하는 NATO와 EU의 협력안보 역할 강 조(Cohen).	-협력안보가 집단안보 개념을 포함하는 것으로 인식 -민주평화론적 집단안보로 인식

　　지금까지의 논의를 통하여 다자주의와 신안보협력이론에 대한 세부적 내
용들을 파악하였다. 그러나 여기서 다자안보협력이론을 논함에 있어서 분명
히 해야 할 경험적 입장들을 이해해야 하는데, 이는 다자안보협력의 효시인
유럽의 관점들로 아태지역 다자안보협력 추진에 참고할 만한 내용들이다.

아울러 다자안보협력을 추진함에 있어서 構成國家/所屬民들의 기초적인 思想과 생활방식 등 배경의 一體性이 얼마나 중요한가를 보여 주는 실례이기도 하다. 따라서 다자안보협력의 최종 목표인 안보공동체 또는 경제통합을 위해서는 다음과 같은 전제가 필요하다.

다. 안보공동체 및 경제통합 이론 적용의 전제조건

일반적으로 다자간 안보기구/협의체 연구에는 新안보협력이론의 연장선에서 안보공동체이론과 지역통합이론에 대한 검토가 필요하다. 이는 다자간 안보협력의 최종 목적은 '분쟁이 없고 평화로운 지역의 안보공동체 또는 지역통합체'의 설립을 상정하기 때문이다. 그러나 현재 ARF에는 유럽과 달리 다음과 같은 제약으로 안보공동체이론과 지역통합이론을 적용하기는 어려우며 그 이유는 다음과 같다.

첫째, 도이취(Karl W. Deutsch) 등의 안보공동체이론은 성공적인 다원형 안보공동체(pluralistic security community) 조건으로 ① 정치적 의사결정 관련 주요한 가치들의 일체성(compatibility) ② 구성국가 상호간 폭력에 의존하지 않는 역량, 의사소통, 습관, 제도의 수립 ③ 상호간 행동의 예측가능성(predictability of behavior) 등이[52] 강조되는데 ARF 27개국 간에는 아직 이러한 조건을 만족시킬 여건이 되지 못하였다. 아울러 미할카(Michael Mihalka)의 EU가 추구하는 자유민주적 안보공동체(a liberal democratic security

---

52) 도이취는 다원형 안보공동체의 예로 미국이 지원하는 NATO를 상정하였다. 또한 다원형 안보공동체의 존립은 무력에 의한 변화를 추구하지 않고, 약소국은 보다 강한 국가에 의한 공격을 걱정하지 않으며, 보다 큰 국가는 약소국이 敵國과 군사적으로 결합(동맹)되는 것을 우려하지 않기 때문이라고 본다. Karl W. Deutsch, Sidney A. Burrell, Robert A. Kann, Maurice Lee Jr., Martin Lichterman, Raymond E. Lindgren, Francis L. Loewenheim, Richard, and W. Van Wagenen, *Political Community and the North Atlantic Area: International Organization in the Light of Historical Experience* (Princeton, New Jersey: Princeton University Press), 1957, p.9, pp.65－69.

community)에 가입하는 회원국들에 요구하는 주요한 세 가지 자격요건, 즉 ① 자유민주주의 발전의 진전(progress toward becoming a liberal democracy), ② 시장경제 발전의 진전(progress toward engaging a market economy), ③ EU 공동법규를 채택하고 준수할 노력의 진전(progress toward adopting the EU's common law, the *acquis communitaire*) 등을53) 고려 시도 여전히 ARF 참가국들은 이 모든 자격요건을 충족하기는 어려우며, 아직 채택하고 준수할 만한 공동법규라는 것도 불분명한 상황이다. 또한 홀스티(K. J. Hosti)가 도이취 등의 연구를 간명하게 해설한 내용, 즉, 많은 거래와 빈번한 교류관계(constant interaction)를 가지는 2개 또는 그 이상 국가들의 모임인 다원형 안보공동체는 협력을 위한 공식기구를 필요로 하지 않으나, 소속 국가들 간에 서로 평화로운 관계를 예상하고 혹시 분쟁이 발생하더라도 위협·억지·강제력(force) 대신에 타협·회피(avoidance)·裁定(awards)으로 해결하는 특징을 가진다. 아울러 그는 안보공동체 존립의 표시계(indicators)로 2개 이상 정치단위체들의 정책입안자들이나 사회(societies)에서 ① 상호간 전쟁가능성을 배제하고, ② 서로를 목표로 한 군사력 증강에 資源을 할당하는 것이 정지되어(cease) 있다는 점을 강조한다.54) 이 점에 있어서도 ARF 참가국들은 현재 상황에서 이 조건들을 충족시키지 못한다. 따라서 안보공동체이론은 아태지역 다자안보협력 연구에서 時機尙早的 이론에 속한다.

둘째, 지역통합이론 역시 다음과 같은 제한으로 ARF를 위한 이론 검토에

---

53) Michael Mihalka, "Cooperative Security: From Theory to Practice," in Richard Cohen and Michael Mihalka, *Cooperative Security: New Horizons for International Order* The Marshall Center Papers, No.3 (Garmisch－Partenkirchen, Deutschland: The George C. Marshall European Center for Security Studies, 2001), p.50.

54) 미국·캐나다가 대표적인 다원형 안보공동체이며, 합병형 안보공동체는 群小王國·도시국가·교황영지 등을 통일한 이탈리아, 13개 주를 연방으로 통합한 미국, 스코틀랜드·웨일즈·아일랜드·잉글랜드를 합친 영국, 수백 개의 공국·왕국·군소 도시국가들을 통일한 독일의 예에서 볼 수 있다. K. J. Holsti, *International Politics: A Framework for Analysis,* 5th Edition (Englewood Cliffs, New Jersey: Prentice Hall, 1988), pp.435－436.

서 제외된다. 즉, 하스(Ernest Haas)가 주장한 지역통합의 3가지 조건인 ①
다원주의적 사회구조(pluralistic social structure), ② 경제 및 산업발전 수준
이 높을 것(substantial economic and industrial development), ③ 이념적 동질
성(common ideological patterns)을55) 지닐 것 등을 고려 시 아직 아태지역에
서 지역통합 논의는 불가능한 상황에 있다.

ARF 현실에서 '안보공동체 및 경제통합 이론 적용'이 어렵다는 가장 큰
이유는 이 지역이 '紛爭問題'로 얽혀 있으며, 域內國家들의 총체적 역량
(capacity)이 신장되어 분쟁의 평화적 해결 여건이 조성되기 以前에는 不可
하기 때문이다.56)

이러한 맥락에서, 아태지역에서 안보공동체와 지역통합의 실현을 위해서
는 '평화를 위한 화해와 전쟁으로부터 해방' 문제가 극복되어야 하는데, 비
록 서양적 시각이긴 하지만, 맥스 싱어(Max Singer)와 아론 윌대브스키
(Aaron Wildavsky)의 '평화지대'와 '혼란지대' 연구로부터 동남아/동북아/남
아시아 지역은 현실적으로 '혼란지대'라는 制約을 재확인할 필요가 있다.

1990년대 냉전 종식 후, 맥스 싱어와 아론 윌대브스키는 세계를 '평화지
대(Zones of Peace)'와 '혼란지대(Zones of Turmoil)'로 구분하여 안보와 세계
질서(world order)를 연구하였다. 이들의 연구는 새로운 思考를 요구하는 변
화하는 시대일수록 군사/과학 등 모든 분야에서 양(quantity)보다 질(quality)
의 우수성이 중요하다고 강조하면서57) 인간 역사에서 매우 특수한 경험으

---

55) Ernst Haas, "International Integration: The European and the Universal Process," *International
Organization*, Vol.15, No.3, 1961, pp.377－378; 최진우, "지역통합의 국제정치이론," 우철구 · 박건
영 편, 『현대 국제관계이론과 한국』(서울: 사회평론, 2004), pp.266－267.

56) 미국 등 서방국가들이 이 지역의 안보공동체나 지역통합을 주도하기는 어렵다. 따라서 중국 · 일
본 · 한국 · 인도 · ASEAN 등 지역 국가들이 협력에 입각한 先導的 노력을 추진해야 하나 현실
적으로 紛爭 問題와 다양한 制約 등 障碍를 안고 있다.

57) 소수의 현대 민주주의 국가들이 세상의 거의 모든 권력(power)을 가지는 이유로 良質의 기술에 입
각한 힘의 중요성, 즉 근육의 힘(muscle power)을 압도하는 두뇌의 힘(brainpower), 물질적 자원
(resources)보다 智力(mind and imagination), 엄격한 중앙 통제와 계획경제체제보다 우월한 自由下
의 통제받지 않은 질서(uncontrolled order of freedom)를 강조한다. George Gilder, *Microcosm* (New

로 평화지대와 혼란지대라는 두 개의 개념적 구분을 설정하였다. 보다 구체적으로는 자유 민주주의와 진정한 시장경제가 지배하는 세계의 15% 인구를 포용하는 서유럽, 미국, 캐나다, 일본, 호주, 뉴질랜드가 '평화·민주주의 지대(Zones of Peace and Democracy)'에 속하며 그 외의 85%의 인구를 가진 舊소련 지역, 아프리카, 아시아, 남미 등을 '혼란·미개발 지대(Zones of Turmoil and Development)'로 구분하였다. '평화·민주주의 지대'는 풍요, 자유, 성숙한 민주주의, 질서, 和平이 있는 지역이며 이들 국가들은 서로 간에 확고한 신뢰를 가지고 그들 간에 전쟁이 일어날 것을 기대하지도 염려하지도 않는다. 반면에 '혼란·미개발 지대'는 빈곤, 폭정, 권위주의, 미성숙한 민주주의, 무질서와 혼란, 전쟁 등이 빈발한 지역으로 이들 국가들은 대내적 혼란과 대외적 경계심으로 매우 불안정한 국가들이다.[58] 이는 오늘날 ARF 참가국들의 國家定向과 국가 간 상호관계를 구분할 수 있을 근거가 될 뿐만 아니라, 서방국가들과 개발도상국가들의 상황을 가늠할 수 있는 기준을 제공한다.[59]

아울러 싱어와 윌대브스키는 정치군사적 중요 요소로 핵무기에 대하여 언급하는데, 21세기에도 핵무기에 관한 '평화·민주주의 지대' 優位의 질서에 근본적인 변화를 초래하지는 않겠으나 '혼란·미개발 지대' 群小國家들의 핵개발로 인하여 많은 곤란(trouble)과 큰 재앙(great tragedy)을 불러올 것을 우려한다. 핵무기 자체가 근본적으로 악(fundamentally evil)이지만 以前의 억지를 위한 '필요 악(necessary evil)'으로부터 비극을 가져올 '불필요한 악(unnecessary evil)'이 될 가능성이 높음을 진단한다.[60] 이를 ARF 참가

York: Simon and Schuster, 1989); Max Singer and Aaron Wildavsky, *The Real World Order,* Revised Edition (Chatham, New Jersey: Chatham House Publishers, 1996), pp.3−5, p.14.

58) Max Singer and Aaron Wildavsky(1996), pp. x iii − 15.

59) 싱어와 윌대브스키의 주장은 다분히 서양중심적 思考에 입각한다. 그러나 이들의 주장이 객관성을 가지는 가장 큰 이유는 9·11 사태와 이라크/아프가니스탄 전쟁, MD 등을 둘러싼 갈등, 범세계적 경제침체 등에도 불구하고, 평화지대 국가들은 자유민주주의로 一體性을 보이는 반면, 혼란지대 국가들은 思想的으로 분열/갈등이 존재하기 때문이다.

60) Max Singer and Aaron Wildavsky(1996), pp.63−79.

국들을 대상으로 적용해 보면 <표 2-4>와 같다.

<표 2-4> 평화지대와 혼란지대의 ARF 참가국들

구분	평화·민주주의 지대 (Zones of Peace and Democracy)	혼란·미개발 지대 (Zones of Turmoil and Development)
ARF 참가국	6개국: 미국·EU·일본·캐나다·호주·뉴질랜드	21개국: ASEAN 10개국·중국·러시아·인도·파키스탄·한국·북한·몽골·파푸아뉴기니·스리랑카·방글라데시·티모르레스테
안보/질서 상황	풍요, 자유, 성숙한 민주주의, 질서, 화평	빈곤, 폭정, 미성숙한 민주주의, 권위주의, 무질서, 혼란, 전쟁
핵무장 국가	공식인정 核國(3): 미국·EU(영국·프랑스)	공식인정 核國(2): 러시아·중국 비공식 核國(3): 인도·파키스탄·북한
핵확산 관련 입장	외교/군사적 노력 증진: 강제력에 의한 제재와 미사일 방어(MD)를 통한 장거리 미사일과 WMD 억지	-동남아 비핵지대(SEANWFZ) -핵확산 방지노력에도 불구하고 핵확산 초래(인도, 파키스탄, 북한)

출처: Max Singer and Aaron Wildavsky(1996), pp.3-15, pp.63-79 참조하고, 동남아 비핵지대 (SEANWFZ) 등 핵 및 비확산 문제를 추가함.

평화·민주주의 지대 국가들은 사실상 다원형 안보공동체로서 일본을 제외하고는 모두 아시아 이외 지역인 북미/유럽/오세아니아에 위치하고 있으며 사실상 세계를 지배하고 있다. 세계인구 총 65억 명 중 15% 정도의 인구(10억 명)로 세계 총 GDP의 72%를 차지하고 1인당 평균소득은 36,000달러를 상회하는 반면, 혼란·미개발 지대 국가들 중 한국·싱가포르·브루나이 등을 제외한 여타 18개국은 6,000달러 이하의 소득으로 대체로 혼란·미개발 지대 국가들의 전형적인 형태를 유지하고 있다.[61] 즉 평화·민주주의 지대 국가들의 풍요, 자유, 성숙한 민주주의, 질서, 和平과는 대조적으로, 대부분의 국가들이 빈곤, 폭정, 미성숙한 민주주의, 권위주의, 무질서,

---

61) World Bank, *Key Development Data and Statistics, World Development Indicators, 2007*, at http://web.worldbank.org/WBSITE/EXTERNAL/DATASTATISTICS/0,contentMDK:20535285~menuPK:1192694~pagePK:64133150~piPK:64133175~theSite PK:239419,00.html(검색일: 2008.4.30); 김신행·김태기, 『국제경제론』 제4판(서울: 법문사, 2008), pp.2-3 참조.

혼란, 전쟁의 우려와 두려움 속에 있다. 그러나 핵무기를 통한 自國의 안보 강화와 외부로부터의 두려움 해소 노력은 ARF 설립 이후 1998년에 인도·파키스탄이, 그리고 2006년에 북한이 비공식 핵무장국가가 되었는데, 이는 혼란·미개발 지대 국가들에서 핵확산이 추진될 것이라는 싱어와 윌대브스키의 주장을 뒷받침하고 있다. 오늘날 평화·민주주의 지대 국가들이 PSI를 통한 대량살상무기 확산방지와 MD를 통한 적극적 미사일 방어를 강구하는 가운데, 혼란·미개발 지대 국가들은 싱어와 윌대브스키가 看過한 동남아 비핵지대(SEANWFZ)가 1995년 12월 설립되고 조약이 1997년 3월 발효되었으나 인도·파키스탄·북한의 핵확산을 방지하는 데는 역부족이었다. 또한 동남아 국가들이 기존의 공식 핵 5대 강대국에 협력의정서 체결을 독려하고 있으나, 이들 국가들이 미온적 입장을 취하고 있음에 따라, ARF 지역에서의 핵확산 증진은 '불필요한 악(unnecessary evil)'에 대한 우려가 존재한다. 아울러 이러한 '불필요한 악'에 대하여 핵 강대국들의 책임 또한 인정하지 않을 수 없는데, 이들 국가들이 '핵무기를 보유한 국가들'에게 점차 수용적 태도를 취해 나가는 한계를 가지기 때문이다.[62]

　이러한 관점에서, 갈등관계가 散在하고 있는 아태지역에서 전통적 안보협력이론(집단방위, 집단안보)의 중요성은 여전히 중요한 의미를 지니며, 新안보협력이론과의 상호보완적 관계 속에서 이 지역의 평화와 안정에 기여하게 된다.

---

62) 핵보유 국가들에 대한 점진적인 유화적 입장은 '核의 정치적 영향력' 때문이다.

2. 전통적 안보협력이론

전통적 관점에서 安保(security)는 '위협의 상대적인 不在 상태(the relative absence of threat)'를 의미하며, 국제관계에서 '무력투쟁(armed conflict) 위협, 즉 분쟁에 대한 상대적인 위협의 不在로 식별될 수 있다.[63] 따라서 제2차 세계대전 이후 위협을 최소화하기 위한 본격적인 노력인 집단방위와 집단 안보체제는 일반적으로 주권국가가 분쟁위협에 강제력으로 대처하는 방법이며 인접국들간 또는 역사적으로 깊은 안보 연관성을 가진 국가들 간에 적극 고려되는 특징을 보인다.

가. 집단방위(collective defense)

集團防衛 개념은 유엔헌장 제7장 51조를 근거로 한다. 즉 "UN 회원국에 대하여 군사공격(armed attack)이 감행된 경우, 안보리가 국제평화와 안보를 유지하기 위한 필요한 조치를 강구할 때까지, '고유한 개별 또는 집단 자위권(the inherent right of individual or collective self−defence)' 행사는 유엔헌장에 위배되지 않는다."는[64] 조항은 적의 공격으로부터 자구책으로 정당방위를 인정하는 내용이다. 이의 대표적인 사례들이 UN 설립 후 NATO을 비롯하여 정치적 이념을 공유하는 국가들간 군사동맹 형태로 발전하였다.

---

63) Heinz Vetschera, "International Law and International Security: The Case of Force Control," pp.144 −165 in the *German Yearbook of International Law,* Vol. ⅹⅹⅸ(Berlin: Duncker & Humblodt, 1982), p.146; Heinz Vetschera, "Instruments of Cooperative Security in the CSCE Framework: Confidence Building Measures, Emergency Mechanisms and Conflict Prevention," at the Second Ginosar Conference, 5−11 January, 1993, organized by the Jaffe Center for Strategic Studies, Tel Aviv University, updated in Vienna in October 1994, p.2.

64) Department of Public Information, United Nations, *Charter of the United Nations and Statute of the International Court of Justice* (New York: United Nations, 1985), p.15.

집단방위 안보협력의 특징은 '외부의 적으로부터 공격을 받을 경우 조약당사국 또는 회원국들은 자국이 피격된 것과 동일하게 합력하여 행동을 취한다.'는 것과 동시에 평상시에도 戰爭 抑止(deterrence)를 위해 假想敵을 상정한 작전계획을 수립하고 훈련을 실시하는 등 안보협력 스펙트럼에서 가장 대결적인(confrontational) 성향을 지닌다. 그러나 1990년대 탈냉전 이후 NATO는 집단방위체제를 유지함과 동시에 공식적으로 집단안보 기능을 보강하여 체질적 변화를 단행하였으며, WTO는 해체되었고, 여타의 동맹체들도 假想敵이 불분명한 경우에는 기능이 약화되거나 평화유지, 재난구호, 위기관리, 인도주의적 지원 등으로 임무가 변화되고 있는 추세이다. 이 점에서 9·11 사태시 유엔안전보장이사회(UNSC)의 결의는 집단방위에 대한 기존의 의혹을 해소하는 큰 시사점을 우리에게 제공한다. 즉, 2001년 9월 UNSC 결의안 1368과 1373을 통과시킴으로써 유엔헌장 7장의 '고유한 개별 및 집단 자위권(inherent right of individual or collective self−defense)을 테러공격자들에게 적용'하는 것을 승인하고, '모든 국가들은 긴급히 공동 협력하여 테러범들(perpetrators), 테러를 조직한 자들(organizers), 그리고 이를 지원한 자들(sponsors)을 색출할 것'을 요구한 바 있다.[65] 이 결의안은 유엔헌장 51조를 非國家 행위자(non−state actor)에 적용한 최초의 사건으로, 이전까지 이 조항은 오직 국가들에만 적용되어 왔다는 점에서 집단방위 개념의 집단안보 개념으로의 확대 해석과 개인/단체로부터 연유한 위협을 포함하여 모든 위협에 집단방위 개념의 적용이 가능하다는 변화 추세를 반영한 것이다.

---

65) UNSC Resolution 1368(2001), Adopted by the Security Council at its 4370th Meeting, on 12 September 2001, S/RES/1368(2001); "reaffirming the inherent right of individual or collective self−defense as recognized by the Charter of the United Nations as reiterated in Resolution 1368," UNSC Resolution 1373(2001), Adopted by the Security Council at its 4385th Meeting on 28 September 2001, S/RES/1373(2001), at
http://un.org/Docs/scres/2001/SC2001htm(검색일: 2007.8.20).

나. 집단안보(collective security)

集團安保 개념은 UN 고유의 全 세계를 대상으로 하는 특권적 기능으로 침략행위를 감행한 국가가 있을 경우 전체 회원국이 유엔안보리 決議에 따라 UN군으로 침략국을 힘으로 응징하는 것을 대표로 하는 의미이다. 그러나 집단안보 개념은 다양하게 사용되기도 하는데 집단방위 개념을 포함하기도 하고, 국가들 간 군사안보적 제휴(concert)나 협력(cooperation)을 집단안보로 넓게 개념화하기도 한다. 이 점에서 미할카는 집단안보가 '시스템(system) 내에서 침략행위를 감행한 一國에 대하여 여타국들이 공동으로 행동하는 것에 동의하는 일종의 안보체제(security system)'로 정의하며, 사실상 유엔의 집단안보 기능은 오늘날 평화유지(peace-keeping)를 대표하는 협력안보 노력이라고 주장한다.[66] 집단안보의 특징은 침략행위가 발생될 때까지 假想敵을 상정하지 않는다는 점이다. 따라서 사전에 전쟁 대비를 위한 준비가 UN 차원에서는 없으며,[67] 전쟁발발시 회원국들의 군대를 모집하여 연합군으로 대처한다는 개념으로 전쟁 참가와 지원/협력에 있어서 卽應性, 지휘권과 통제 문제, 군수 및 보급 지원의 문제 등 회원국 간 갈등과 부조화가 문제 될 수 있다. 또한 UN 安保理 5개 상임이사국들의 전원찬성이 있어야 한다는 점에서 실질적으로 효과적인 대처에 시간적으로 늦고, 거부권(veto) 남발로 성사가 어려운 약점이 있다.[68] 아울러 UN의 집단안보 기능은 평시의 평화협력 기능으로부터 전시에 전쟁협력 기능으로 전환되어야

---

66) Michael Mihalka, "Cooperative Security in the 21st Century," *Connections, The PfP Consortium Quarterly Journal,* Winter 2005, pp.113-114, at http://www.cfc.forces.gc.ca/Profreading/mihalka.pdf(검색일: 2007.3.5); Michael Mihalka(2001), pp.42-47.

67) 국가별 운영 중인 UN 상비제도(stand-by arrangement)는 평화유지를 위한 목적이다.

68) UNSC 승인하 침략국 응징을 위한 전투군이 파견된 예는 1950년 한국전쟁과 1991년 걸프전쟁이다. 한국전 시는 駐UN 소련대사 말리크(Yakov Alexandrovich Malik)가 중화민국(대만)의 안보리 대표권을 문제 삼아 불참하였기에 가능했고, 걸프전 시는 西方 지원으로 '新生 러시아'가 수립되는 시기였기에 가능하였다.

하는데 이는 제도적으로 용이하지 않으며 이러한 UN 역할의 二重性은 실제 행동에 있어서는 한계를 노정시킨다. 즉 침략행위 발발시 강대국들의 협조가 없을 경우 침략자 응징에 대처할 수 없으며, 집단방위(동맹) 기능에 그 역할을 위임하거나 매우 제한된 평화유지 기능에 급급할 수밖에 없다. 따라서 집단안보는 안보 스펙트럼에서 대결과 협력의 중간지점에 위치한다.

요약하면, 집단방위와 집단안보 개념은 공동영역(common spheres) 내에서 회원국들의 안보이익 보호를 위한 공식적인 공약(formal commitment)을 보유한다. 즉 NATO · CENTO · SEATO · 바르샤바동맹(Warsaw Pact, WTO) 등의 집단방위 개념은 외부지향적(outward)인 것으로 외부로부터의 공동영역 내로 진입하는 침략군을 응징하고자 한다. 또 UN의 집단안보 개념은 내부지향적(inward)으로 주권국가들 그룹 내에서 침략행위시 이를 응징하여 안보를 확보하려는 것이다.[69] 이러한 관점에서 1990년대 발칸반도의 보스니아 헤르체고비나와 코소보에서의 NATO 군사작전과 2001년 아프가니스탄 전쟁, 2003년 이라크 전쟁은 비록 미국 주도의 전쟁이지만 NATO가 참가하여 공동영역 밖으로 힘을 투사한 것으로 집단방위 개념을 초월한 소위 UN 영역의 집단안보 기능을 대행한 것으로 이해되고 있다.

3. 신안보협력이론과 전통적 안보협력이론과의 관계

앞서 언급한 러기의 다자주의는 동맹(集團防衛)과 集團安保를 배제한 개념으로 신안보협력이론과 맥을 같이한다. 특히, 狹義의 협력안보 개념을 주장하는 펠쉐라(Heinz Vetschera)의 입장은 매우 함축적이다. 그는 안보협력

---

69) Richard Cohen(2001), pp.5 - 7.

을 對決安保와 協力安保로 구분하고, 對決安保에 집단방위와 집단안보 개념을 포함시킨다. 즉 개별 및 집단방위(individual or collective self-defense) 개념에 입각한 조직을 NATO와 같은 多者同盟體 및 雙務同盟體로 규정하고, 집단안보 개념에 입각한 조직으로 UN을 예로 든다.[70] 따라서 안보협력 개념이 集團防衛(collective defense)→集團安保(collective security)→協力安保(cooperative security) 順으로 발전할수록 협력(cooperation)이 증대되고 대결(confrontation)이 감소된다고 설명한다. 반대로 協力安保→集團安保→集團防衛 順으로 안보협력이 변화할 경우 對決이 증대되고 協力이 감소된다고 주장하는데, 이는 오늘날 공존하고 있는 안보협력체들이 독자적인 활용보다는 상호보완적으로 활용되고 있는 현실에서 의미가 있다.

이를 보다 구체적으로 표현하면 <그림 2-1>과 같다.[71]

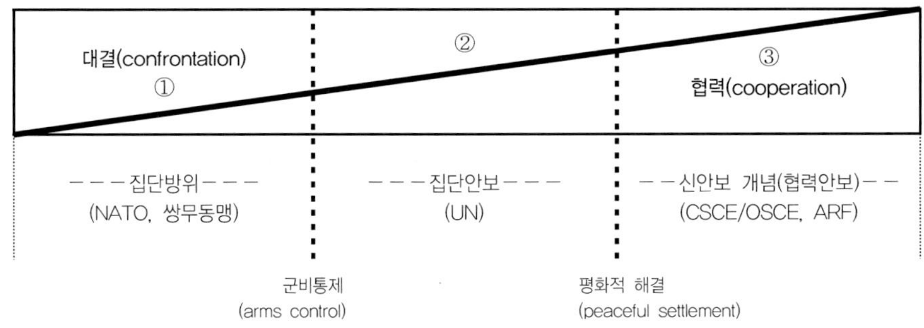

〈그림 2-1〉 안보협력개념별 대결 및 협력 수준

이 그림에서 보는 바와 같이 3개의 직사각형 ①, ②, ③을 가로지르는

---

70) Heniz Vetschera(1994), pp.2-3; 펱쉐라는 UN이 잠재적 침략국에 대해 연합군(united force) 사용으로 위협하는 것을 대결전략(a basically confrontative strategy)으로 보지만, 통상 분쟁의 평화적 해결(peaceful settlement of disputes)을 포함하여 평화관계 증진을 목표로 대결적 안보정책과 협력적 안보정책(confrontative and cooperative security policy) 요소들을 혼용한다고 첨언하고 있다. Heinz Vetschera(1994), p.3.

71) Heinz Vetschera(1994), pp.2-3 참조. 저자가 1994년 'CSCE 조직 및 운영실태 연구'를 목적으로

굵은 斜線의 위쪽은 대결(confrontation) 영역을, 아래쪽은 협력(cooperation) 영역을 의미한다. 왼편의 전통적인 억제에 기초한 집단방위 개념으로부터 오른편으로 집단안보 및 신안보 개념(협력안보)으로 이동시 사선의 윗부분인 대결(confrontation)의 영역은 점점 작아지며, 협력(cooperation)의 영역은 점점 커진다. 반면에 오른편의 신안보 개념(협력안보)으로부터 왼쪽으로 집단안보 및 집단방위 개념으로 변화시 사선의 아랫부분인 협력(cooperation)의 영역은 점점 축소되고 대결(confrontation) 영역은 점점 커진다. 이 의미는 집단방위(collective defense) 개념은 ①의 직사각형에서 보는 바와 같이 사선의 윗부분인 대결(confrontation) 영역은 가장 크고, 사선 아랫부분인 협력(cooperation)의 영역은 가장 작다. 신안보 개념(협력안보, cooperative security)은 ③의 직사각형에서 보는 바와 같이 사선의 윗부분인 대결(confrontation) 영역은 가장 작고, 사선 아랫부분인 협력(cooperation)의 영역은 가장 크다. 한편 집단안보(collective security) 개념은 ②의 직사각형에서 보는 바와 같이 사선의 윗부분인 대결(confrontation) 영역과 사선 아랫부분인 협력(cooperation)의 영역이 대등하다는 것을 개념적으로 보여 준다. 아울러 다자안보협력의 군사 분야인 군비통제(arms control)와 정치 분야인 평화적 해결(peaceful settlement)은 개념상 집단방위로부터 집단안보 및 신안보협력(협력안보) 전반에 걸쳐 기능하지만 군비통제는 對決局面이 協力局面보다 클 때부터 가능하며, 평화적 해결은 협력 영역이 대결 영역보다 우세할 때 비로소 활성화된다. 이 점에서 군비통제는 冷戰이 한창이던 1970년대에도 미국과 소련 간에 전략무기제한협상(SALT) 타결이 가능하였고, 1980년대 말 1990년대 초의 독일통일과 동부 유럽의 변화는 화해와 협력여건의 증진에서 평화적

비엔나의 CSCE 사무국과 오스트리아 국제문제연구소(AIIA)에 연수시 펠쉐라의 주장과 토의내용을 보완하여 도표화하였다. 당시 펠쉐라는 CSCE 사무총장 호이네크(Wilhelm Höynck)의 수석보좌역으로 협력안보이론에 입각한 CSBM · 위기관리 · 비상조치 메커니즘 · 분쟁예방 등 안보협력 업무를 담당하였다. 이원우, "多者安保協力體 설립시 軍事對應方案 硏究," 합동참모본부, 『合參 제8호』, 1996년 7월, pp.84-85 참조.

해결로 귀결되었음을 보여 준다.

이상의 설명은 집단방위 및 집단안보 개념이 의도된 전쟁(intended war)의 억제와 대비를 전제로 한 안보 메커니즘인 반면, 신안보(협력안보) 개념은 대결적 방식에 의한 안정을 추구하는 생각을 자제하고, 분쟁 발생의 예방과 분쟁의 위험감소를 위한 협력증진(promoting cooperation)을 목표로 함을 재확인해 준다. 따라서 협력안보정책은 분쟁의 예방과 분쟁의 확대를 방지하기 위해 증진된 투명성(transparency)과 개방(openness)을 통한 예측가능성을 증진시킨다. 이는 국가간 교류협력의 결핍이나 오해로 발생할 수 있는 우발분쟁(accidental war or conflicts)을 방지하는 데 기여하고 있다. 아울러 집단방위나 집단안보와 같은 대결안보 개념은 현존질서 파괴행위에 대하여 강제력에 의한 제재수단을 강구하는 체제로서 '침략자(aggressor)가 누구이며, 어떻게 제재할 것인가?'에 관심을 가지나, 협력안보 개념은 강제적 제재력은 없으나 다자협의를 통하여 문제를 해결하는 형태로 전쟁의 위험(danger of war)이 무엇이며, 어떠한 평화적 수단으로 문제를 해결할 것인가에 역점을 둔다. 이 점에서 퓐쉐라의 狹義의 협력안보(cooperative security) 개념은 대결안보(confrontation) 개념과 확연히 구별되는 개념이나 아직까지 국제안보정책에 있어서 상호보완적인 제도(yet complementary instruments)임을 지적하고 대결안보(집단방위/집단안보) 개념은 의도된 침략(intended aggression)을 억제하기 위하여 고안되었으나 우발분쟁(accidental war)을 예방할 수 없고, 협력안보 개념은 우발분쟁(accidental war)을 방지하기 위하여 고안되었으나, 의도된 침략(intended aggression)을 억제하지 못함을 강조한다.[72]

對決安保 또는 전통적 안보(傳統安保)는 적대개념을 기본으로 하여 假想敵 또는 미래의 假想敵을 상정하고 끊임없이 의심을 가지는 안보 개념이

---

72) Heinz Vetschera(1993), pp.2－3; 이원우(1996), pp.84－85; 이원우, "지역 다자안보협력 현황과 발전전망," 공군대학, 『공군평론(Air Review)』 제104호, 1999년 6월, pp.263－266 참조.

며, 協力安保는 화해와 긴장완화를 바탕으로 敵이 아닌 친구로서의 국가
관계를 추구함으로써 現狀을 維持하면서 공동의 발전과 변화를 도모한다.
安保도 대화와 협력을 통하여 추구하고 군사력을 사용하지 않는다는 전제
하에서 특정국가의 위법행위나 적대행위를 참가국 다수가 바로잡고자 하는
노력이 포함되며 군비통제의 기본인 공세력의 규제·방어형 전력구조의 배
비·군사 투명성과 예측가능성·多者間 기능통합의 활성화 등을 추구하는
것으로 多者間 안보협력의 핵심을 이루며, 지역 및 국제 안보협의체나 안
보협의기구가 여기에 속한다. 이들 개념들을 요약하면 <표 2-5>와 같다.

<표 2-5> 전통안보와 신안보 개념 내용 요약

傳統安保	집단방위(Collective Defense)	NATO, 舊WTO, 한미/미일동맹 등(假想敵)
	집단안보(Collective Security)	UN(敵對行爲國을 敵으로 응징)
新安保	공동안보(Common Security)	대화/협상으로 군사적 誤解/誤算 방지
	협력안보(Cooperative Security)	화해/협력, 豫防外交, 安心을 통한 安保
	포괄안보(Comprehensive Security)	경제, 환경, 인권 등 非軍事的 요소 중시

출처: Heinz Vetschera, "Instruments of Cooperative Security in the CSCE Framework—Confidence Building Measures, Emergency Mechanisms and Conflict Prevention," at the Second Ginosar Conference, 5-11 January, 1993. pp.2-3 참조. 펠쉐라는 狹義의 협력안보 개념만을 新安保로 상정하고, 전통안보를 대결안보로 설명한다.

참가국 國家定向과 상호관계이론

여기서는 홀스티(K. J. Holsti)의 國家定向理論, 부잔(Barry Buzan) 등의 지역안보복합체이론에 근거한 세력관계(분포) 및 우호/적대 패턴(분쟁 상황), 웬트(Alexander Wendt)의 사회구조에 대한 유형화된 개념들, 그리고 코헤인(Robert Keohane)과 나이(Joseph Nye)의 상호의존론, 싱어(Marshall R. Singer)의 원조/교역 의존론을 정리하여 다자안보협력에 있어서 구조적 차원의 논의와 분석에 활용하고자 한다.

1. 國家定向(nation's general orientation)이론

국가정향은 '정책결정자의 개인성향을 포함하여 그 나라의 역사적 전통과 역사, 지정학적 위치, 국내적 요구, 국제사회의 세력구조, 외부 위협 등 다양한 요소로 구성되며 전체로서의 민족집단 또는 국가집단의 행동성향

내지 태도'를 의미한다. 국가정체성을 이루는 국가의 정향을 홀스티는 외부 세계를 향한 국가의 일반적인 태도(attitudes)나 公言(commitments)으로 '國內外的 목적을 달성'하고 지속적인 위협에 대처하기 위한 '근본적인 전략 (fundamental strategy)'으로 본다. 국가의 일반적 전략 또는 정향은 어떤 한 가지 결정으로부터 나타나지 않고 '목적·가치·이익을 대내외 환경의 조 건들과 특성에 적응시키기 위한 지속적인 노력 속에서 형성되는 일련의 축 적된 결정들(cumulative decisions)'로 설명한다. 이러한 국가 전체의 행동성 향 또는 태도는 그 나라의 외교노선을 결정하고 국제문제 개입 수준과 범 위를 결정한다.[1] 역사적·지리적 그리고 국내외적 조건 속에서 형성된 정 향은 3가지로 나타나는데 그것들은 ① 고립주의(isolation), ② 비동맹/중립 주의(nonalignment or neutralism), ③ 연합/동맹(coalitions and alliances) 노선 이다.[2] 그러나 고립주의는 오늘날 어느 국가도 채택하기 힘든 정향에 속하 고, 비동맹/중립주의는 주변 강대국들의 인정이나 보장 없이 독자적으로 선 택한 정책으로 18세기부터 노골화된 서유럽의 식민통치를 경험한 국가들이 제2차 세계대전 이후 東西 냉전시대 兩陣營의 갈등과 전쟁 위협으로부터 정치·군사적 연루(involvement)를 회피하고자 취한 정책이다.[3] 비동맹/중립 주의 정책은 개발도상국들이 가장 용이하게 취할 수 있는 정책인데 이는 국내정치적 조건이나 필요와 밀접히 연계되어 있으며, 강대국들로부터 정 치·군사·경제적 침투와 간섭을 배제하는 한편, 행동의 자유를 통하여 과 거 東西 兩陣營으로부터 지원을 얻어 내는 유리한 정책으로도 기능하였다.

---

1) K. J. Holsti(1977), p.109; 전웅(1987), p.157; K. J. Holsti(1988), p.93.

2) Holsti(1988), pp.93-115.

3) 비동맹/중립주의 정책은 1947년 뉴델리 개최 아시아 각료회의와 1948년 소련공산권에서 탈퇴한 티토 대통령의 '강대국 패권 반대 및 약소국들의 독자적 역할 강조'로 시작되고, 1950년 네루 수 상이 '인도는 UN에서 적극적 역할과 함께 어떠한 군사동맹에도 가입하지 않을 것'을 언급한 데서 유래를 찾는다. 그 후 1955년 인도네시아 반둥회의에서 아시아/아프리카 29개 약소국들이 비동맹/ 중립주의 노선의 반식민·민족자결·세계평화주의라는 이념정향을 표명하였다. 비동맹이론에 대 해서는 다음을 참조. 신명순, 『第3世界政治論』(서울: 법문사, 1989), pp.13-18.

특히 UN 등 국제기구에서의 단체행동은 그들의 입장을 옹호하지 않을 수 없는 세력화를 이루는 경향을 보기기도 한다. 비동맹/중립주의 노선의 국가들은 대부분 강대국들간 세력균형을 교묘히 이용함으로써 생존에 유리한 방향을 찾아가고 있는데, 이는 비동맹/중립주의가 중립(neutrality)이 가지는 강대국과 주변국의 보장 기능이 없기 때문이며, 불가담을 전제로 대립하는 세력들로부터 이익을 추구하는 불변적 행태를 보인다.[4] 연합/동맹 定向에 대해서는 이미 B.C. 4세기 戰國時代의 '합종연횡(合縱連衡)'의 古史에서도 나타나는 것으로, 힘의 결합을 통하여 抑止와 상대를 제압하는 목적을 달성하고자 하는 전략이다. 외교적 연합(diplomatic coalitions)과 군사동맹을 모색하는 국가들은 그들 자신의 능력만으로는 위협을 억지하거나 이익을 수호할 수 없고, 국가의 목적을 달성할 수 없음을 인정하기 때문에 유사한 목적을 가진 국가들과 서로가 의존할 수 있는 공약(commitments)을 하게 된다.[5] 연합과 동맹은 혼용되기도 하는데 페더(Edwin Fedder)는 동맹을 연합의 하위개념으로 간주하며, 울퍼스(Arnold Wolfers)는 동맹을 '2개국 이상의 국가 간 상호군사 원조의 맹약'으로 홀스티(O. R. Holsti)는 '2개국 이상의 국가들 간 국가안보에 협력하기 위한 형식적 협정'으로 규정한다.[6] 따라서 동맹은 국가안보 수단이고 불충분한 군사력을 보완하기 위해 추진되고 군사지원, 동맹군 주둔, 작전계획/작전운용성의 통일 등이 이루어지며, NATO와 같이 상호보장용이 있는가 하면 강대국이 약소국을 일방적으로 지원하는 비대

---

4) '중립(neutrality)'은 군사적 적대행위 관련 '국가의 법적 지위(legal status)'를 보장하는 의미를 가진다. 서구 강대국들이 스위스(1815년)·벨기에(1831년)·룩셈부르크(1867년)를 중립화한(neutralized) 바 있고, 오스트리아(1955년)·라오스(1962년)는 서구 강대국들과 소련간 협정에 따라 중립을 유지하거나 경험한 바 있다. Holsti(1988), pp.96−97 참조.

5) 전웅(1987), p.191; Holsti(1988), p.101.

6) Edwin Fedder, "The Concept of Alliance," *International Studies Quarterly,* Vol.12, 1968, pp.65−86; Arnold Wolfers, "Alliance," *International Encyclopedia of Social Science,* Vol.1, p.339; O. R. Holsti, "Alliance and Coalition Diplomacy," in James N. Rosenau, Kenneth W. Thompson and Gavin Boyd(eds.), *World Politics: An Introduction* (New York: Free Press, 1976), p.339; 전웅 (1987), pp.191−192에서 재인용.

칭형도 있다. 오늘날 동맹은 廣義의 연합(coalition)이라는 의미에 포함되어 널리 사용된다. 이는 아프가니스탄과 이라크 전쟁 등에서 여러 국가들의 軍을 포괄하여 연합군(coalition forces)라고 명명하는 데서도 나타난다.

홀스티의 국가정향이론 중 고립주의를 제외하고 비동맹/중립주의와 연합/동맹 노선의 활용 측면을 고려하여 정리해 보면 <표 3-1>과 같다.

<표 3-1> 홀스티의 국가정향 구분(고립주의 제외)

定向	주요 해당 국가	특징	활용 측면
비동맹/중립 주의 노선	① 식민지 경험국가(약소국들) ② 동서냉전/양진영 불개입 국가 (제3세계)	ㅡ국내정치 및 국내적 필요에 활용 ㅡ강대국의 정치/군사/경제적 침투 배제	ㅡ과거 동서 양진영으로부터 보다 많은 지원을 확보하는 정책으로 활용 ㅡUN/국제기구에서 단체행동 및 세력화(NAM) ㅡ불가담 전제로 강대국간 세력균형을 이용하여 생존/이익 추구
연합/동맹 노선	① 힘의 결합으로 위협 억지/이익수호를 원하는 국가 ② 유사목적을 가지고 호혜적 상호의존을 원하는 국가	ㅡ상호군사원조맹약(Arnold Wolfers) ㅡ국가안보협력협정(O. R. Holsti) ㅡ군사적 지원, 동맹군 주둔, 상호작전계획과 용병/작전운용성 통일	ㅡ상호보장용(NATO) ㅡ비대칭동맹(강대국과 약소국間) ㅡ同盟을 포괄하는 聯合(coalition) 개념 보편화(예: 이라크전쟁 등)

출처: K. J. Holsti(1988), pp.93-115; 전웅(1987), pp.180-192; 신명순(1989), pp.13-18 참조.

이상의 논의들을 요약하면 대체로 다음과 같이 개념화가 가능하다.

첫째, 비동맹/중립주의 노선을 취하는 국가들은 과거 식민지 국가들일뿐만 아니라 오늘날도 연합/동맹 노선을 취하는 국가들로부터 위협과 침투 우려를 가지고 있으며, 강대국간 세력균형과 불가담을 통하여 생존과 이익을 추구하는 약소국들이다.

둘째, 연합/동맹 노선을 취하는 국가들은 호혜적 상호의존과 힘의 결합(정치, 군사, 경제 등)을 통하여 주도권을 장악하고 있는 대부분의 강대국/선진국들이다.

오늘날 비동맹/중립주의 노선의 국가들이 주로 동남아시아를 비롯한 未開發 지역의 성장과정에 있는 국가들(개발도상국)이라는 점과 연합/동맹 노선의 국가들이 미국·EU·일본·러시아·중국 등 선진국/강대국이라는 사실은 이를 뒷받침한다. 이런 맥락에서 국가정향이론은 다음의 지역안보복합체이론, 구성주의 사회구조이론, 경제관계이론 등에서 나타나는 국가들의 성향을 반영하고 밀접한 관련성을 지닌다.

2. 지역안보복합체이론(RSCT)

지역안보복합체이론은 지역 국가들 간의 상호관계와 (초)강대국들의 침투를 다루며, 세계체제와 지역체제 중첩의 문제, 안보부문별 우선순위 문제, 안보부문들을 연계시키는 연구 등이 계속되고 있는 이론이다. 그러나 지금까지 연구만으로도 지역국가들간 안보관계를 분석하는 데 탁월한 틀을 제공하고 있으며,[7] 그 중심사상은 간명하다. 즉, 안보위협은 주로 멀리서 오기보다는 가까운 데서 온다는 것이며 안보상호의존(security interdependence) 관계는 통상 地域을 기초로 집합체를 형성하며 이를 안보복합체(security complex)로 정의한다.[8] 특히, 냉전 후 1＋4＋지역국가들의[9] 안보상황에서 안보화(securitization)

---

7) 부잔은 1983년에 남아시아와 중동에, 1986년에 남아시아에 다시 적용하였으며, 1988년에는 동남아에 적용한 바 있다. 1991년에는 냉전 후 유럽에 적용한 후, 정치·군사 부문을 다룬 고전적 안보복합체이론을 수립하고, 1998년에는 웨버·윌드와 함께 경제·사회·환경 부문을 추가로 발전시켰다. 2003년에는 웨버와 함께 1＋4＋지역국가들이라는 개념틀로 정교화하였다. Barry Buzan (1991), pp.186－229; Barry Buzan, Ole Wæver, and Jaap de Wilde(1998), pp.10－15; Barry Buzan and Ole Wæver(2004), pp.40－42.

8) Aaron L. Friedberg, "Ripe for Rivalry: Prospects for Peace in a Multipolar Asia," *International Security,* Vol.18, No.3, 1993, pp.5－33; Barry Buzan and Ole Wæver(2004), p.4.

9) 미국(초강대국)＋4개 강대국(중국, EU, 일본, 러시아)＋다수의 지역국가들을 의미한다. Barry Buzan and Ole Wæver(2004), p.3, p.40.

라는 개념을 통해 안보를 정치의 특별한 형태로 적용할 수 있도록 하였다.[10)]
지역안보복합체이론의 주요내용은 <표 3-2>와 같다.

〈표 3-2〉 지역안보복합체이론상의 상호관계 분석기준

구분	특성	분석 기준
RSC 형태	- 지리/역사/문화적 배경 - (초)강대국의 개입	- 표준형 - 중심화형 - 강대국형 - 초복합체형
세력관계	- 세력균형 - 동맹 패턴 - 외부세력의 침투효과	- 단극/양극/삼극/다극체제
우호/적대 패턴	- 대립 패턴: 외부도전과 내부문제들로 갈등 * 내부문제: 역사·정치·경제적 상황 등 - 분쟁 패턴 * 역사·문화·종교·지리/환경 등 요소를 추가적으로 고려	① 분쟁형성(홉스형 사회구조) ② 안보레짐(로크형 사회구조) ③ 안보공동체(칸트형 사회구조)
국가 유형	① 연성국가(weak states) /前근대국가(premodern states) ② 중성국가(middle states) /근대국가(modern states) ③ 강성국가(strong states) /근대以後국가 (postmodern states)	- 국가견고성(정부제도와 시민사회 간 정치사회적 결속력) 강약에 따라 연성/중성/강성국가로 구분 - 세부 유형 · premodern states: 저수준의 정치사회결속력, 미발달된 정부구조, 약소국가/실패국가, 제3세계 국가들, 안보화가 매우 쉬움 · modern states: 강한 영토성, 주권 강조(근대국가모델), 대부분의 정상국가들, 독립/자주/정체성 강조, 안보화가 쉬움 · postmodern states: 자본주의 핵심부, 높은 수준의 제도화, 정치/경제/문화의 상호작용, 개방적 다원주의, 시민사회 활동 매우 활발, 안보화가 어려움

출처: Stephen D. Krasner, *Defending the national interest: raw materials investments and U.S. foreign policy* (Princeton: Princeton University Press, 1978), pp.55-56; Barry Buzan, Ole Wæver, and Jaap de Wilde(1998), pp.11-20; Barry Buzan and Ole Wæver(2004), pp.22-54, p.62 참조.

---

10) '안보(security)'를 정치가 설정한 규칙/틀을 넘어 일종의 특별한 종류의 정치이거나 정치보다 상위의 것으로 인식한다. 이론상 안보 스펙트럼은 非정치화 상황→정치화(politicized) 상황→안보화(securitized) 상황으로 연계되며, '非정치화 상황'은 국가로 하여금 公的인 논의나 결정이 불필요하며, '정치화 상황'은 公的인 정책·정부의 결정·자원의 배분이 필요한 분야이고, '안보화 상황'은 ① 존재에 관한 위협(existential threat)으로 인식되는 문제로, ② 비상조치(emergency measures)가 요구되고, ③ 정상적인 정치적 절차로서의 행동이 정당화(justifying actions)되는 것을 의미한다. Barry Buzan, Ole Wæver, and Jaap de Wilde(1998), pp.5-7, pp.23-26.

지역안보복합체의 형태는 동남아·중동·남미 등 '표준형' 외에 中心化型, 강대국형, 超복합체형(supercomplex)이 있다. '중심화형'에는 북미에서 보는 바와 같이 (초)강대국이 지역 내에 위치할 경우 이 복합체는 우선적으로 강대국들간 세계적 역학관계와 병행하여 지역 수준의 힘이 작동한다는 것이며, '제도화된 중심화형 지역안보복합체(centered institutional RSC)'에는 EU가 해당된다. 강대국형은 1+4 체제하에서 동아시아에서처럼 지역안보복합체 내에 2개 이상의 강대국이 세력을 분할하고 있다면 지역 내부의 역동성은 세계적 수준의 안보 역동성에 중대한 요인을 제공한다. 초복합체형은 동남아 안보복합체, 동북아 안보복합체, 남아시아 안보복합체 등 여러 개가 합쳐진 것을 의미하며 1개국 이상의 강대국들이 존재하여 상대적으로 높고 지속적인 지역간 안보역동성(security dynamics)을 생성시키는 안보복합체이다.

아울러 부잔과 웨버는 냉전후 아시아지역의 안보복합체를 크게 5가지로 구분한 바 있는데 ① '아시아 超복합체(Asian supercomplex)', ② '동아시아 지역안보복합체(East Asian RSC)', ③ '동남아 하부복합체(Southeast Asian subcomplex)', ④ '동북아 하부복합체(Northeast Asian subcomplex)', ⑤ '남아시아 지역안보복합체(South Asian RSC)' 등이 그것들이다.[11]

지역안보복합체는 근본적으로는 분쟁형성(confliction formation) 상황이며, 안보레짐(security regime)을 거쳐 안보공동체(security community)와 지역통합으로 발전하기까지 인접국들간 관계는 敵의 개념에 가깝다.

<그림 3-1>은 이를 설명하는 지역안보복합체 스펙트럼이다.

---

11) 아시아 超복합체는 동북아＋동남아＋호주＋남아시아 지역을 포괄하는 광역의 복합체이다. 동아시아 지역안보복합체는 동북아＋동남아＋호주를 포함하는 복합체이다. 여기서 하부복합체(subcomplex)는 지역안보복합체와 동일하며, 차이점이라면 보다 큰 지역안보복합체 내에 존재한다는 점이다. 동남아 하부복합체와 동북아 하부복합체는 냉전시에는 각각 분리된 지역안보복합체였으나, 냉전 후 동북아와 동남아 지역이 동아시아 지역안보복합체(East Asian Regional Security Complex)로 확장을 통한 외부적 변환(external transformation)으로 합병되었다. 그러나 여전히 동북아와 동남아는 지역안보복합체로서 특성이 존재한다. Barry Buzan and Ole Wæver(2004), pp.59-61, pp.93-99, p.492.

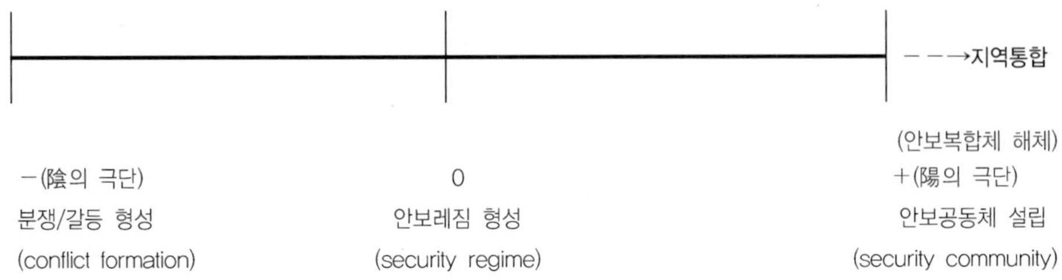

출처: Barry Buzan, Ole Wæver, and Jaap de Wilde(1998), p.12 설명을 참조.

즉, 陰(-)의 영역의 최극단에 분쟁/갈등의 형성(conflict formation)이 위치하며 여기서의 상호관계는 두려움, 대항(rivalry), 위협의 상호인식 등이 나타난다.[12] 중앙에는 안보레짐(security regime)이 위치하는바 국가들은 아직까지 서로를 잠재적인 위협으로 간주하지만 안보딜레마를 줄이고 안심을 위한 보장제도(reassurance arrangements)를 만들게 된다.[13] 그러나 아직 분쟁/갈등 구조에서 이탈하지 못한 상태이다. 스펙트럼의 陽(+)의 영역 가장 우측에는 다원형 안보공동체(pluralistic security community)가 설립되며, 국가들 상호간에 무력을 사용하거나 위협하지 않는다. 아울러 지역통합이 이루어지면 안보복합체는 해체되어 또 다른 큰 단일의 행위자가 된다.[14] 여기에, 구성주의자 웬트의 사회구조를 유형화하여 비교하면 <그림 3-2>와 같다.

---

12) Dieter Senghaas, *Konfliktfomationen im Internationalen System* (Frankfurt: Suhrkamp Verlag, 1988); Raimo Väyrynen, "Regional Conflict Formations: An Intractable Problem of International Relations," *Journal of Peace Research,* Vol.21, No.4, pp.337-359; Barry Buzan, Ole Wæver, and Jaap de Wilde(1998), p.12에서 재인용.

13) Robert Jervis, "Security Regimes," *International Organization*, Vol.36, No.2, pp.357-378; Barry Buzan, Ole Wæver, and Jaap de Wilde(1998), p.12.

14) Karl W. Deutsch et al. *Political Community and the North Atlantic Area: International Organization in the Light of Historical Experience* (Princeton, New Jersey: Princeton University Press, 1957), pp.117-158; Barry Buzan, Ole Wæver, and Jaap de Wilde(1998), p.12 참조.

<그림 3-2> 지역안보복합체(RSC) 형태 관련 웬트의 사회구조와 비교

陰의 영역(-)	중앙(0〈零〉의 영역)	陽의 영역(+)
분쟁형성(conflict formation)	안보레짐 (security regime)	안보공동체 (security community)

※ 부잔 등의 RSC를 웬트의 사회구조와 비교 시 '분쟁형성'에서 약간 넓고 '안보레 짐'에서 약간 좁음: 이는 부잔 등의 입장보다 웬트가 분쟁영역을 경쟁/협력 영역보 다 더욱 좁게 인식함을 의미하며, 전체적으로는 유사하다.

홉스형 사회구조 (분쟁/투쟁)	로크형 사회구조 (경쟁)	칸트형 사회구조 (협력)

출처: Barry Buzan and Ole Wæver(2004), p.50, pp.53-55 참조.

  지역안보복합체이론에서 전 세계는 배타적 지역안보복합체들(RSCs)과 고립/격리국(insulator states)[15] 그리고 세계적 행위자들로 구분되며, 외부의 개입은 침투(penetration)와 압도(overlay)로[16] 분석되고, 무정부 구조하에서 지

---

15) 고립/격리국(insulator)은 지역안보복합체들 사이에 위치하는 국가 또는 소형 복합체(mini-complex)를 말하며, 아시아 지역에서는 미얀마, 몽골, 아프가니스탄이 해당된다. 미얀마는 동아시아 안보복합체(East Asian RSC)와 남아시아 안보복합체 간의 고립/격리국이며, 몽골은 '동아시아 RSC'와 'Post-Soviet Great Power RSC' 간에, 아프가니스탄은 '남아시아 RSC'와 'Post-Soviet Great Power RSC' 간에 insulator로 규정된다. 네팔은 고립/격리국(insulator)과 완충국(buffer)이 혼합되어 있다. 고립/격리국과 유사한 개념인 완충국은 안보복합체 내에 있는 국가 또는 소형복합체로서 강력한 안보화(securitization)의 중심이 되는 곳에 위치하며 경쟁 세력들(rival powers)을 분리시키는 역할을 한다. 즉, 네팔은 '남아시아 RSC'와 '동아시아 RSC' 사이에서 인도와 중국을 분리시킨다. Barry Buzan and Ole Wæver(2004), pp.97-100, p.350, pp.489-490.

16) 壓倒(overlay)는 지역의 안보역동성을 불능화시킨다. 즉 세계체제와 지역체제가 중첩되어 세계체제만 부각되고 지역체제는 無力化되는 현상으로 (초)강대국의 힘에 의하여 여타의 안보 動學들은 별 의미가 없어지는 것이며, 대규모 軍의 주둔 등 강력한 간섭전략으로 능력 면에서 지역을 압도한다. 일반적인 개입(intervention)은 지역안보복합체를 활성화시키지만, 압도는 지역 국가들을 복속화(subordinate)하고 말살시키기도(obliterate) 한다. 압도의 예가 과거 유럽 열강들의 식민지들과 제2차 세계대전 후 美·蘇 초강대국에 의해 유럽의 안보역동성(security dynamics)이 침몰되었

역안보복합체 표준형의 필수적 구조와 특징은 두 종류의 관계, 즉 ① 세력관계(power relations)와 ② 우호/적대 패턴(patterns of amity and enmity)으로 규정된다. '세력관계'는 세력균형, 동맹 패턴이며, 여기에 외부세력들의 침투효과가 추가될 수 있다. '우호/적대 패턴'은 통상 분쟁관계나 '대립 패턴'을 의미하며 여기에 세계적 행위자들을 일방으로 하고 국내요인들을 다른 일방으로 하여 확장해 나갈 수 있다. 국내적 요인들은 역사·정치·물질적 상황 등의 혼합에 의해 생성된다. 다시 말해, 세력관계는 지역의 세력균형 개념과 세력들 간의 연계관계로 파악되며 국제체제에서와 같이 단극(unipolar), 양극(bipolar), 삼극(tripolar), 다극(multipolar) 등의 범위로 분석될 수 있으며, 이는 세계적 수준의 세력들로부터 지역 세력들을 구별하는 데 필수적이다. 우호/적대 패턴은 실질적으로는 사회적으로 구성된 구조의 차원(socially constructed dimension of structure)으로서 역사적인 실체로 분배되는 것이며, 우호/적대 변인(variable)에 유용한 구성주의적 노력을 적용한다.17) 즉, 웬트의 무질서하의 사회구조(social structures of anarchy) 思想인 ① 홉스형(Hobbesian) 사회구조, ② 로크형(Lockean) 사회구조, ③ 칸트형(Kantian) 사회구조는 그 체제를 어떤 역할(적, 경쟁자, 친구)로 지배하는가에 기초를 두고, 그 역할이 얼마나 깊이 내부적으로 관여되는가는 외부세력의 압력, 이익과 손실 문제, 합법성에 대한 믿음 등으로 살피는 것이며, 여기에 분쟁 패턴을 예상하기 위해서는 역사, 문화, 종교, 地理/환경 등 다양한 배경으로부터 영향을 받는 우호/적대관계를 분석해야 한다.18)

지역안보복합체이론에서 국가의 유형은 연성국가(weak states), 중성국가(middle states), 강성국가(strong states)의 스펙트럼을 가진다. 연성국가와 강

던 적이 있었다. Barry Buzan, Ole Wæver, and Jaap de Wilde(1998), pp.12－13.

17) Barry Buzan, and Richard Little, *International Systems in World History* (Oxford: Oxford University Press, 2000); Barry Buzan and Ole Wæver(2004), pp.47－50.

18) Alexander Wendt(1999), p.247, p.258, pp.246－308; Barry Buzan and Ole Wæver(2004), p.50.

성국가의[19] 스펙트럼은 국력의 강약(weak/strong powers)에 관한 것이 아니고, 시민사회와 정부제도간 사회정치적 결속력 정도에 관한 것으로, 사실적 의미로는 국가견고성(stateness) 수준에 관한 것이다.[20] 국가견고성 관련 네틀(J. P. Nettl)은 '국가제도의 구심점(the institutional centrality of the state)'이라고 하여 국가존립의 기초임을 강조한다.[21] 후쿠야마(Francis Fukuyama)는 민주주의와 경제발전 以前에 국가를 가져야 하는데, 국가견고성을 외부자들(outsiders)로부터 제공받을 경우 자체적으로 강한 제도를 창출하려는 국내행위자들의 능력을 약화시키고, 국가건설에 외부의 영향력이 강할 경우 장기적 의존(dependence)을 가져와, 궁극적으로 국민들에게는 국가가 비합법적인(illegitimate) 것으로 간주될 수 있다고 주장한다.[22] 따라서 모든 국가는 국가견고성/정치사회적 결속력이라는 스펙트럼을 따라 위치하게 되며, 강한 국가일수록 보다 더 내부적으로 결속되어 있고, 대부분의 위협은 국경선 밖으로부터 연유한다. 보다 약한 국가일수록 경험적 주권(empirical sovereignty)의 방식에서 많은 결핍이 나타나고, 어떤 의미에서는 국가견고성이 매우 낮다. 이들 국가들은 자국의 안보를 위해 경쟁하는 국가하위(substate) 행위자들의 다양성으로 국가가 내부적으로 분열되어 있고, 모든 종류의 외부위협

---

19) 연성국가는 저수준의 사회정치적 결속력을 가진 나라로 일반적으로 높은 수준의 내부적인 정치폭력(political violence)이 존재한다. 반면에 강성국가는 높은 수준의 사회정치적 결속력을 가지므로 내부적으로 정치폭력은 매우 저수준에 불과하다.

20) Barry Buzan(1991), pp.96-107; Stephen D. Krasner, "Policy-making in a Weak State," *Defending the National Interest: Raw Materials Investments and U.S. Foreign Policy* (Princeton: Princeton University Press, 1978), pp.55-56; Kalevi J. Holsti, *The State, War, and the State of War* (Cambridge: Cambridge University Press, 1996). 잭슨은 국가견고성(stateness)을 '경험적 주권(empirical sovereignty)'이라 부른다. Robert H. Jackson, *Quasi-States: Sovereignty, International Relations, and the Third World* (Cambridge: Cambridge University Press, 1990; Barry Buzan and Ole Wæver(2004), p.22 참조.

21) J. P. Nettl, "The State as a Conceptual Variable," *World Politics*, July 1968, p.583, p.559; Peter Evans, "The Eclipse of the State?: Reflections on Stateness in an Era of Globalization," *Final Draft*, University of California, Berkeley, April, 1997, p.1, at http://sociology.berleley.edu/faculty/evans/evans_pdf/eclipse.pdf(검색일: 2007.7.21).

22) Francis Fukuyama, "Building Democracy after Conflict: Stateness First," *Journal of Democracy*, Vol.16, No.1, January 2005, pp.85-86.

에 취약하며 극단적으로 취약해지면 실패국가(state failure)가 되며, 이는 '경험적 주권(국가견고성)'의 붕괴로 나타난다. 이 스펙트럼은 지역의 안보역사(security history)를 검토하는 데 설명적(explanatory) 레버리지를 제공한다.[23] 연성국가와 강성국가 스펙트럼은 다음의 3가지 형태로 분류되어 널리 사용될 수 있다. 즉, <그림 3-3>과 같이 근대 이전(premodern), 근대(modern), 근대 이후(postmodern) 국가들로 구분되며, 지역안보복합체 비교에 사용된다.[24]

<그림 3-3> 국가의 유형 구분

'연성국가, weak states' 저수준의 사회정치적 결속력	'중성국가, middle states' 강력한 정부의 사회 통제	'강성국가, strong states' 자본주의 핵심부/많은 제도 창출
Premodern 국가들	Modern 국가들	Postmodern 국가들
－제3세계 국가들(아프리카, 아시아 등) －많은 취약성(vulnerabilities) －안보화(securitization)가 쉬움	－고전적 웨스트팔리안 이상형 －강한 영토성(territoriality) －내외적으로 많은 안보화 유발	－웨스트팔리안 모델로부터 변화 －전통적 위협의 비안보화, 정체성·이주(migration)·세계경제체제/환경시스템 등 새로운 안보의제 등장

출처: Barry Buzan and Ole Wæver(2004), pp.20-26 참조.

근대 이전(premodern) 국가들은 아프리카, 아시아 등 개발도상국(제3세계 국가)들이며 정부조직의 미발전, 교육환경의 열악 및 각종 제도의 미비 등 많은 취약성을 내포하고 있어서 저수준의 사회정치적 결속력을 나타내며 안보화(securitization)가 쉽게 일어나는 불안정성을 보이는 연성국가들(weak states)이다.

근대(modern) 국가들은 고전적인 웨스트팔리안 이상형으로 강한 영토성

---

23) Barry Buzan and Ole Wæver(2004), p.22.

24) Hans-Henrik Holm, and Georg SØrensen(eds.) *Whose World Order?: Uneven Globalization and the End of the Cold War* (Boulder: Westview Press, 1995); James Caporoso, "The European Union and Forms of the State: Westphalian, Regulatory or Post-Modern?," *Journal of Common Market Studies*, Vol.34, No.1, pp.29-52; Robert Cooper, *The Postmodern State and the World Order* (London: Demos Paper, 1996); Barry Buzan, Gerald Segal, "The Rise of the 'Lite' Powers: A Strategy for Postmodern States," *World Policy Journal*, Vol.13, No.3, pp.1-10; Barry Buzan and Ole Wæver(2004), p.22에서 재인용.

(territoriality)을 근거로 강력한 정부의 사회통제가 이루어지며 이로 인해 대내외적으로 많은 안보화(securitization)가 유발되는 중성국가들(middle states)이다.

근대 이후(postmodern) 국가들은 서유럽을 중심으로 한 EU 소속 국가들이 대표적 사례이며 자본주의 핵심부에 위치하고 개방을 투사하며 많은 제도를 창출하는 특징이 있다. 웨스트팔리안 모델의 변화 발전된 모습으로 전통적 위협의 비안보화(desecuritisation) 경향과 함께 정체성(identity), 이주(migration), 세계경제체제와 환경시스템의 안정 유지 등 새로운 안보 의제가 등장하는 사회정치적 결속력이 강한 강성국가들(strong states)을 의미한다.

오늘날 3가지 국가유형의 핵심적 이슈 중의 하나가 세계화(glottalization)인데 근대 이전 국가들은 국제적 기준의 설정이 그들 국가들을 무능력한 것으로 규정하는 위협으로 보며, 불평등과 자치능력의 훼손 등 대혼란을 초래할 것으로 우려한다. 근대(modern) 국가들은 배제(exclusion)와 편입(inclusion)이라는 두 가지 상반된 위협을 가지는데 배제의 위협은 근대 이후(postmodern) 국가들에 인접한 국가들이 느끼는 것으로 핵심(core) 국가들로부터 二等 국가로의 차별과 지원/이익의 박탈을 두려워한다. 편입의 위협은 토착문화(indigenous culture)와 개발계획간의 갈등, 외부영향력과 침투(penetrations)에 관련된 국내적 분란을 의미한다. 핵심국가들과의 경제적·정치적 관계의 대가로 개방(openness), 주권 및 정체성의 침해 등 '문명표준(standards of civilization)'의 요구에 노출되고, 소유권·인권·통화(currency)·다당제 민주주의·자본과 상품의 이동장벽 해소 등 법적 개혁을 강요받는다. 근대 이후(postmodern) 국가들에 있어서 세계화는 이익의 主動力이지만 이주(migration), 테러리즘, 경제순환(economic circles), '민주적 결함들(democratic deficits)', 주권문제 등에 역시 나름대로의 위협을 느끼고 있다.[25]

---

25) Barry Buzan and Ole Wæver(2004), p.25 참조.

3. 경제상호관계이론

경제부문의 상호관계 검토에는 대등한 상호의존관계(symmetric interdependence)와 불평등한 상호의존관계(asymmetric interdependence/dependence)에 대한 이해가 전제되어야 한다. 즉, 선진국(강대국) 간에는 대등한 상호의존관계가 적용되고, 선진국(강대국)과 개발도상국(약소국) 간에는 대개 불평등한 의존관계가 형성되어 국제정치경제에서 쟁점으로 부각된다. 세계화/자유화된 경제관계에서도 이 두 가지 경제적 상호관계는 엄존하고 있으며, 경제안보가 정치·군사안보를 좌우하는 현실에서 더욱 민감한 기능을 수행하게 된다.

상호의존에 대하여 코헤인(Robert Keohane)과 나이(Joseph Nye)는 비용과 이익 관계를 이용하여 상호연관성(interconnectedness)과[26] 구별하고 '민감성(sensitivity)'과 '취약성(vulnerability)'을[27] 고려함으로써 국가간 관계에서 구조적 영향력을 찾아내고자 한다. 즉, 의존의 불평등(asymmetries in dependence) 문제로 이익 분배의 모호성과 강대국과 약소국간 비용에 대한 불균형한 상호의존이 형성되어 행위자들간 관련 이슈들에 결정권과 자원의 통제를 좌우하게 되는 '영향력(sources of influence)' 또는 '힘(source of power)'이 작동하게 된다고 본다. 매우 드문 예이나 사실상 '純全한 依存(pure dependence)'

---

26) '상호연관성'은 중대한 비용효과(costly effects)가 발생되지 않는 관계이며 '상호의존'과 구별한다. 상호의존은 자율성(autonomy)을 제한하기 때문에 비용문제가 발생하며, 이익과 비용문제로 상호 의존을 파악한다. Robert Keohane and Joseph Nye(2001), pp.7－9.

27) '민감성(sensitivity)'은 '당면 상황을 변화시키기 위한 정책수립 이전에 외부로부터 비용효과(costly effects)로 나타나는 부담(liability)'을 의미하며, 1970년대 석유위기 시 일본이 화급한 민감성을 표출한 반면, 상대적으로 대외 의존도가 낮은 미국은 한참 뒤에야 민감성을 보인 것이 그 예이며, 경제적·사회적·정치적 파급효과로 나타난다. 취약성(vulnerability)은 '당면문제 해결을 위한 정책수립 이후에도 외부에서 부과된 사태를 극복하는 과정에서 겪어야 하는 행위자 각자의 부담(an actor's liability)'이며, 석유를 수입하는 국가들이 각각 35% 대외 의존도를 가진다면 油價引上에 동일한 민감성을 가진다고 볼 수 있으나, 국내 대체자원(alternative)이 있는 국가보다는 없는 국가가 더 취약하고, 대체자원의 상대적 이용가능성(availablity)과 비용성(costliness)으로부터 영향을 받는다는 것이다. Robert Keohane and Joseph Nye(2001), pp.10－11.

관계를 상호의존이라 위장하는(disguised) 경우는 더욱 심각한 힘과 영향을 받는 상황이 될 수 있다.[28] 순전한 의존 상황은 이익만 수용하고 비용을 거의 지불하지 못하는 상황이다.

오늘날 선진국들간 상호의존도 사실은 미국과의 불평등한 상호의존으로부터 변화되었다. 다시 말해, 제2차 세계대전으로부터 1960년대 말까지 자본주의 세계경제는 미국 중심의 패권경제체제였으며, 미국은 일본 및 서유럽국가들과 '불평등한 상호의존관계'에 있었다. 불평등한 상호의존관계에서 나타나는 현상은 의존도가 낮은 국가는 의존도가 높은 국가로부터 자원을 지배하고, 결과에 영향을 미치는 협상과 결정을 할 수 있는 힘을 가지게 된다.[29] 그러나 당시 패권국으로서 절대적 힘의 우위에도 불구하고 미국은 국제문제를 다루는 데 있어서 독자적 행동보다는 서유럽 국가들 그리고 일본과 협력을 중요시하였다. 그 핵심적 조치가 이들 국가들과의 이익을 고려한 국제레짐 형성을 주도한 것이며, 그 이유는 미국이 경제선진국들의 모든 결정과 행위를 통제하기가 어려웠고, 영국·프랑스·서독·일본 등과 함께 협조로 합의를 도출해 내는 자본주의 세계경제 共同管理의 필요성 때문이었다. 이것이 IMF, World Bank, BIS, OECD, G−7 등의 발전을 가져왔고, 미국중심의 세계경제 공동관리의 축이 어려움 속에서도 유지되고, 선진국들간 '불평등한 상호의존관계'로부터 '평등한 상호의존관계'로 발전하는 계기가 되었다. 이 점에서 미국의 힘과 영향력은 비록 그 강도는 약해졌다 할지

---

28) Robert Keohane and Joseph Nye(2001), p.9.

29) 1956년 10월 이집트 나세르(Gamal Abdel Nasser) 대통령이 영국과 프랑스 공동소유의 수에즈(Suez) 운하를 국유화하고 원유·식량 등 유럽의 생명선인 이 운하에 유럽국적 선박의 통행을 금지시켰다. 미국의 동맹국인 영국과 프랑스는 이집트를 무력으로 응징하고자 하였으나 미국은 '불평등한 상호의존관계'에서 발생되는 힘, 즉 兩國에 석유공급 중단을 위협하여 무력행사를 중단시키고, 유엔표결에도 이집트 입장을 지지하는 소련에 동조하여 1956년 11월 2일 64:5로 영국과 프랑스의 적대행위를 중지시켰다. Robert O. Keohane and Joseph S. Nye, *Power and Interdependence* 2nd(ed.) (Glenview, Illinois: Scott. Foresman and Company, 1988), p.11; 송영우, 『국제정치경제론』 (서울: 건국대학교출판부, 2002), pp.360−363에서 재인용.

라도[30] 오늘날 그대로 유지되고 있는데 이는 유럽 선진국들과 일본과의 밀접한 상호의존관계의 발전, 국제금융체제의 지배, 무기기술을 포함한 각종 첨단기술력의 독점적 보유, 중동의 원유 등 지하자원과 식량자원의 장악 등을 유지할 수 있기 때문이다.[31]

가. 평등한 상호의존관계

일본과 유럽 선진국들의 지속적인 對미국 옹호정책은 1971년 브레튼우즈 체제 붕괴시 BIS를 통한 金공동출자연합(a gold pool) 구성으로 미국의 금을 보호하고 특별인출권(SDR)을 통하여 달러가치를 유지하면서 미국의 국제수지 적자도 지원하여 '상호보완적인 관계'로 발전하였다. 1980년대 우루과이 라운드 협상을 개시하면서 세계무역과 경제활성화를 위해서는 선진국들이 협력해야 함을 인식하였고, 1990년대 중반 이후에는 이들 선진국들의 경제 상호의존관계가 너무나 밀접하여 갈등관계 초래시 역효과가 매우 크다는 점을 체득하였다. 이 점에서, G−7 경제선진국들은 분리될 수 없는 경제체제를 형성하게 되었고, 세계의 정치·경제적 리더십을 위하여 협력체제 강화로 상호간 정책을 긴밀히 조정하게 되었다.[32] 그 이유는 냉전체제 붕괴, 세계무역기구(WTO) 발족, 중국경제력의 급성장, 舊공산권 국가들에 대한 원조 확대, EU·NAFTA 등 배타적 지역경제기구와 다양한 양자간 FTA 체

---

30) 미국은 1947년 당시 세계 GNP의 50%를 점하였으나 2006/2007년 현재 세계 GNI의 약 28%를 점하고 있다.

31) 미국은 제2차 세계대전 이후 자본주의 국가들에게 석유를 안정적으로 공급해 왔다. 이는 패권지위에 필요한 SLOC 장악과 중동지역의 안정적 지배 및 管理 노력으로 설명된다.

32) Robert Gilpin, *The Political Economy of International Relations* (Princeton, New Jersey: Princeton University Press, 1987), pp.135−136; Robert Putnam and Nicholas Bayne, *Hanging Together: Cooperation and Conflict in the Seven−Power Summit* (Cambridge: Harvard University Press, 1987), pp.2−3; 송영우 (2002), pp.366−387 참조.

결 등으로 세계경제에 대한 협력과 관리 필요성이 더욱 요구되었기 때문이다. 나아가, 2007년 미국에서 시작된 비우량주택담보대출(subprime mortgage) 문제로 야기된 금융불안과 서방국가들의 경기침체 우려는 2008년 4월에 개최된 G-7 재무장관들과 중앙은행 총재들의 합동회의에서 '금융 및 경제 안정성을 저해하는 달러화 약세에 공동 대응하며, 세계경제를 위협하는 금융회사들의 구조조정(regulation)을 적극 지원'하기로 하였는데[33] 이 역시 세계경제의 공동관리를 위한 상호의존 노력에 속한다. 또한, 2008년 11월 미국발 금융위기에 대처하기 위한 'G-20 워싱턴 회의'도[34] 중국·러시아 등의 참가에도 불구하고 미국중심의 세계경제체제를 그대로 유지할 수밖에 없는 현실을 반영하는 공동대응의 일환이었다.

이처럼 상호의존이란 '한 체제 내에서 큰 변화나 사건이 발생하면 체제 내 다른 곳에서도 반작용이 일어나거나, 또는 어떤 큰 문제가 나타나는 관계를 가지고 있는 상태'를 의미하며,[35] 국제사회에서 利害關係를 공유하는 국가들은 상호의존관계를 형성하게 되고, 이 관계는 서로의 이익을 위해 협조적 행위를 나타내게 된다.[36]

---

33) AP, "Paulson: 'Expect more bumps' ahead," April 12, 2008, at http://money.cnn.com/ 2008/04/12/news/economy/bc.apfn.creditcrisis.ap/index.htm?cnn＝yes(검색일: 2008.4.14).

34) G-20은 G-7(미국·일본·독일·영국·프랑스·이탈리아·캐나다), 아시아 4국(중국·한국·인도·인도네시아), 중남미 3국(브라질·아르헨티나·멕시코), 아프리카 및 중동 2국(남아공·사우디), 기타 4국(호주·러시아·터키·EU의장국)으로 구성된다.

35) Bruce Russett, and Hrvey Stars, *World Politics: The Menu for Choice* (San Francisco: W. H. Freeman and Company, 1981), pp.399-402.

36) 여기서 '협조적 행위'는 어떤 국가가 자국의 이익과 손실에만 관심을 두는 것이 아니고, 타국의 이익과 손실에 자국의 이익과 손실을 조화시키려는 노력·태도·정책 등을 포함한다. 송영우(2002), pp.353-355.

나. 불평등한 의존관계

불평등한 의존은 선진국과 개발도상국간 관계로 구조적으로 형성된 '경제관계의 불균형/불평등' 문제이다. 근대 세계체제는 자본주의에 의해 경제적 통일체를 이루는 체제이며,[37] 자본주의 세계체제는 지리적 노동분업을 창출하고, 중심부(center)－반주변부(semi－periphery)－주변부(periphery)로 구조화되어 각각 고유한 생산형태 및 노동양식과 정치적 통제양식을 가지게 되었다.[38] 나아가 세계체제는 세계경제, 세계시장과 동일한 의미를 가지고, 월러스타인(Immanuel Wallerstein)에 따르면 1970년대 초 이후 미국의 헤게모니 세계체제(hegemonic world－system)는 약화되고 일본·독일 등 경쟁세력들이 세계경제 중심부에 진입한 '다중심체제(multi－centric system)'이다.[39]

아울러 20세기 말 사회주의 국가들의 붕괴는 종속이론의 유효성을 반감시켰으나, 경제강대국과 개발도상국에 대한 비교에서 종속관계는 여전히 유효성을 지니고 있다.[40] 이는 대등한 국가들간 자유주의 상호의존모델이 활용되는 만큼이나 그 적용에 타당성을 가지는데, 오늘날은 기술과 정보지식

---

37) Immanuel Wallerstein, "A World－System Perspective on the Social Science," in *The Capitalist World－Economy* (Cambridge: Cambridge University Press, 1979), pp.157－160; 김기정, "세계체제론," 이상우·하영선 공편, 『현대국제정치학』(서울: 나남출판, 2003), p.79.

38) 중심부는 강대국, 반주변부는 중심부와 주변부의 혼성국가(hybrid state), 주변부는 약소국을 형성하게 되며 이 세 지역은 세계자본주의의 주어진 조건에 의하여 각각 상이한 정치적 기능을 수행한다. 즉, 주로 중심부는 자본집약적 상품 생산, 주변부는 노동집약적 원료 생산, 반주변부는 중심부와 주변부의 특징을 공유한다. Immanuel Wallerstein, The *Modern－System: Capitalist Agriculture and the Origins of the European World－Economy in the Sixteenth Century* (New York: Academic Press, 1974), pp.86－87; 김기정, "세계체제론," 이상우·하영선 공편(2003), p.80.

39) Terence K. Hopkins and Immanuel Wallerstein, et al., *The Age of Transition* (London: Pluto Press, 1996); 이수훈(2004), pp.71－72에서 재인용.

40) '종속' 개념은 新마르크스주의와 경제민족주의를 결합한 산토스(Theotonio Dos Santos)의 '어떤 국가가 다른 국가 경제의 발전과 확대에 제약받는 경제를 가지고 있는 상태'로 규정된다. Theotonio Dos Santos, "The Structure of Dependence," *American Economic Review*, No.60, 1970, p.231; 서울대학교 사회과학대학 경제과학연구회, 『한국 자본주의의 전개와 그 성격』(서울: 한울, 1986), p.51; 송영우(2002), p.395.

의 지배현상이 대표적이며, 국제정치경제 분석에는 '상호의존과 의존/종속(interdependence and dependence)'의 종합적 시각이 필요하다. 이는 자유민주주의와 시장경제를 택하는 국가들 간 의존을 보편적 상호의존(interdependence)으로 인식하는 반면, 계획경제하에 있거나 시장경제를 채택하였더라도 전제왕정이나 군사정부, 准독재체제를 유지하고 있는 개발도상국들은 '심각한 의존'을 종속으로 개념화하기 때문이다. 따라서 상호의존 개념은 국가들의 협조적 행동에 근거하는 상호관계를 칭하는 것이며, 서방선진국들 간 대등한 상호관계에서 나타나는 현상이다. 한편, 종속(심각한 의존)개념은 선진국과 개도국 간의 지배와 복종(일방적 의존)의 불평등한 관계를 의미하는데 저개발국의 경제적·정치적 목표의 성취가 전적으로 국제체제 내 중심권인 선진국들의 행위 여하에 달려 있다고 보는 것이다.[41] 이 점에서 원조의존(aid dependence)과 교역의존(trade dependence)의 문제는 경제적 불평등을 확인할 수 있는 지표가 된다.

원조의존(aid dependence)의 문제는 1947년부터 시작된 마셜플랜(Marshall Plan)으로[42] 대표되는 미국의 서유럽 경제지원(특히 서독)으로 의존관계를 형성하였는데 이를 승계한 것이 1961년 설립된 경제협력개발기구(OECD)이다.[43] 자유민주주의를 신봉하는 선진경제국가들로 구성된 OECD는 자본주의 경제의 지속적인 발전뿐만 아니라, 공적개발원조(ODA)를 통한 약소국

---

41) 박경서(2004), pp.106-116 참조.

42) 공식명칭은 '유럽경제부흥프로그램(European Recovery Program)'이며 1947년 6월 국무장관 George C. Marshall 주도로 추진되어 약 175억 달러가 지원되었다. 이는 공산주의 봉쇄와 경제회복을 위해 원조를 외교정책수단으로 사용한 최초 사례이며, 유럽의 정치적·경제적·사회적 내구력을 강화하고 자유경제체제를 통하여 미국 상품을 구매할 수 있는 능력을 배양하는 것이었다. Henry Kissinger, Diplomacy(New York: Simon & Schuster, 1994), p.453; Charles W. Kegley, Jr. and Eugene R. Wittkopf, *American Foreign Policy*, 5th(ed.) (New York: St. Martin's Press, 1996), p.140; 송영우, 『국제정치경제론』(서울: 건국대학교출판부, 2002), pp.355-356에서 재인용.

43) OECD는 Marshall Plan 하에서 미국/캐나다의 원조를 관장하기 위해 1947년 설립된 유럽경제협력기구(OEEC)로부터 임무를 이양받았다.
http://www.oecd.org/pages/0,3417,en_36734052_36761863_1_1_1_1_1,00.html(검색일: 2008.4.1).

지원 등으로 빈곤의 퇴치와 함께 자유민주주의의 확산을 도모하는데, 개도국들에는 원조 의존으로 나타난다.

나아가, 보다 시장친화적인 경제의존관계는 교역의존도($\frac{\text{총교역량}}{GDP} \times 100$)로 구체화되는 교역의존으로 나타난다. 원조의존과[44] 교역의존에 관해서는 마셜 싱어(Marshall R. Singer)가 주장한 내용들을 <표 3-3>과 같이 요약하여 활용하고자 한다.

〈표 3-3〉 원조의존과 교역의존의 기준

1. **원조의존:** 　어떤 국가가 GDP의 10% 정도 이상을 특정 1국의 원조에 의존할 경우 2. **교역의존** －총교역량의 $\frac{1}{3}$ 이상을 1국과 거래할 경우. 특히 대외교역의존도가 20% 이상이면서 어느 1국과 교역량이 전체교역량의 $\frac{1}{3}$ 이상을 차지할 경우 －대외교역의존도가 20% 이상이고 그 중 어느 한 나라와의 교역의존도가 20% 이상을 차지할 경우 －대외교역의존도가 20% 이상이면서 이 중 어느 1국에 10% 이상을 의존하고 또 다른 1국에 10% 이상을 의존할 경우

출처: Marshall R. Singer, *Weak States in a World of Powers: The Dynamics of International Relationships* (New York: The Free Press, 1972), p.256, pp.208-247 참조.

4. 검토된 관련 이론들의 활용 방침

지금까지 검토한 이론과 개념 그리고 세부 논의사항들은 다음과 같은 수준에서 활용하고자 한다.

첫째, 國家定向理論은 비동맹/중립주의, 연합/동맹 노선을 지향하는 ARF

---

44) 원조 의존 관련 경제원조(economic aid)는 ① 약소국의 정권 유지를 지원하고, ② 受援國(recipient)이 供與國(donor)에 얽매이게 되며, ③ 정치·군사 등 여타의 결속관계를 산출하게 된다. Marshall R. Singer(1972), pp.248-258.

참가국들의 특징과 변화 동향을 검토하여, 동아시아와 남아시아의 국제정치에서 끊임없이 대두되는 강대국과 약소국, 선진국과 개발도상국 문제와 연합/동맹관계를 둘러싼 異見과 대립을 반영하는 이론적 기초를 제공한다.

둘째, 지역안보복합체이론/사회구조이론은 지역안보복합체(RSC) 형태, 세력관계(power relations), 우호/적대관계(분쟁 상황), 국가유형(state types) 등을 통하여 참가국들의 정치·군사·사회문화·환경 분야 상호관계 검토에 이용한다. 즉, 표준형·중심화형·강대국형·超복합체형 등으로 구분되는 지역안보복합체이론을 적용하여 ARF 특성 이해를 증진시킨다. 세력균형/동맹패턴/외부세력의 침투효과 등으로 형성되는 세력관계는 지역의 역학구도를 파악하는 데 활용한다. 연성국가(前근대국가)·중성국가(근대국가)·강성국가(근대 以後 국가)로 구분되는 국가유형들은 ARF 참가국들의 내부 결속력과 국가견고성을 가늠할 수 있다. 위의 논의로, ① 분쟁형성(홉스형 사회구조), ② 안보레짐(로크형 사회구조), ③ 안보공동체(칸트형 사회구조)로 구분되는 안보복합체 스펙트럼으로부터 ARF의 정체성을 규명할 수 있을 것이다.

셋째, 경제상호관계이론은 참가국들간 대등한 상호의존과 불균형한 의존 상황을 인식하게 되며, 사회문화 및 환경 분야로부터 연유하는 '빈곤의 문제'가 ARF라는 제도의 경제관계에서 어떠한 사실로 나타나는지 분석할 수 있을 것이다.

以上의 이론적 배경하에서, ARF의 구조적 제약과 문제점들을 발견하고자 한다.

아울러 앞서 논의한 다자안보협력이론으로부터 오늘날 ARF에 적용된 이론과 향후 ARF 제도화를 위해 적용이 요구되는 이론을 탐색하고자 하며, 新안보협력이론들은 ARF 15년간의 발전과정과 주요 활동, 그리고 他 제도와의 비교를 통하여 ARF의 제도적 문제점과 한계를 식별하는 데 기여할 것이다.

종합하면, 'ARF 연구를 위한 이론 검토'는 동원된 이론들이 상호보완작용을 통하여 ARF의 이론적·제도적 한계와 구조적 제약을 규명하는 기초가 된다. 이는 지금까지 ARF 연구들이 제도적 수준에 局限되던 점을 극복하고, 이론적·제도적·구조적 관점으로 연구영역을 다양화하여, 보다 구체적인 ARF의 문제에 접근함으로써, 다자안보협력(제도)을 보는 시각을 확대시켜 나가고자 한다.

Ⅳ. ARF의 발전과정과 주요 의제

앞의 이론 검토를 기초로 하여, 여기서는 ARF 발전과정과 주요 활동, 지난 15년간의 주요 의제를 살펴봄으로써 ARF의 實際를 제도적 측면에서 고찰하고자 한다.

1. 발전과정

1993년 7월 설립 결정으로부터 15년의 발전과정은 다자안보협력이론의 적용, 동남아 우호협력조약(TAC)을 바탕으로 하는 아세안 방식에 입각한 제도 발전, 대화와 협력을 통한 신뢰구축과 예방외교 등 주요 활동으로 구성된다.

가. 발전경과

ARF의 발전경과는 다자안보협력이론의 적용과 제도발전으로 함축할 수 있는데, 다자안보협력이론의 적용은 ARF 의장성명서로부터, 제도발전은 동남아 우호협력조약(TAC)의 영향으로부터 구체화되고 있다.

1) ARF에 적용된 다자안보협력이론

ARF는 의장성명서(Chairman's Statement)에서 공동안보·포괄안보·협력안보에 기초하고 있음을 언급하고 있으며, 이들을 구분하여 접근하고 있다.

첫째, ARF 합의사항 중 '공동안보'에 관한 언급은 2000년과 2003년 두 차례 등장하는데 2000년 7월 제7차 ARF 외무장관회의 의장성명서 언급사항은 다음과 같다.[1]

> "……세계화에 대응함에 있어서 공동안보(common security)에 영향을 미치는 다양한 도전에 대처할 수 있는 참가국들의 개별적·집단적 역량 강화가 필요하다는 인식을 공유하였다. ……세계화의 경제적·사회적·정치적 영향력에 대하여…… ARF와 같은 제도 내에서 협력을 강화해 나가는 것이 평화와 안보 증진에 필수적임을……."

1982년 팔메위원회가 핵무기 위협에 대응하여 공동안보를 주장한 것처럼, 2000년 의장보고서는 아태지역의 안보 여건을 반영한 중요한 문제로 경제·사회·정치적 세계화의 영향력에 포괄적 대화와 협력으로 대처해야 함을 언급하고 있다. 이는 ARF가 공동안보를 포괄안보의 연장선상에서 인식함을 의미한다. 아울러 2003년 의장보고서는 다음과 같이 주장한다.[2]

---

1) "Chairman's Statement the Seventh ASEAN Regional Forum," Bangkok, Thailand, 27 July 2000; ASEAN Secretariat(2003), p.254.

2) "Chairman's Statement the Tenth Meeting of ASEAN Regional Forum," Phnom Penh, 18 June 2003, p.1, at http://www.aseansec.org/14845.htm(검색일: 2005.3.14).

> "······안보대화와 협력을 위한 ARF의 핵심적 역할을 재확인하였다. ······ARF가 적응을 위하여 시간적 조절을 유지해야 하며, 보다 큰 의미의 공동안보(a greater sense of common security)를 발전시키고, 보다 효과적인 지역안보 틀(a more effective regional framework)을 건설함으로써······ 평화·안정·번영에 기여할 것을······."

여기서 공동안보 개념은 협력안보 및 포괄안보를 포용하거나 동일한 의미로 언급하고 있으며, 평화와 안정을 위한 목표이자 수단으로 이를 활용해야 함을 주장한다. 그러나 어떤 수준과 방법으로 발전시킬 것인가에는 개념적 모호성이 있다.

둘째, ARF 의장성명서, 신뢰구축조치에 관한 회기간 지원그룹회의(ISG-CBM) 등에서 다섯 번 등장하는 '포괄안보' 언급 중 주요내용은 다음과 같다. 1995년 제2차 외무장관회의에서 "ARF는 군사문제(military aspects)뿐 아니라 정치·경제·사회 및 여타의 문제들을 포함하여 다루는 포괄안보 개념(concept of comprehensive security)에 입각함"을 확인하였다.[3] 1997년 '신뢰구축조치에 관한 회기간 회의'에서는 "아태지역의 다양성으로 인하여······분쟁의 평화적 해결, 안보의 포괄적 관점(the comprehensive view of security) 등에 기초하여 노력해야 한다."는 입장을 명시하고 있다.[4] 1998년 제5차 외무장관회의에서는 "ARF가 포괄적 방식(comprehensive manner)에 입각한 안보 문제 접근을 지속해 왔으며, 핵심적인 군사 및 방위 관련 문제에 초점을 맞추는 한편, 지역안보에 중요한 영향을 미치는 非군사적 문제들도 다루기로 하고 해양안보, 해양에서의 법과 질서, 해양환경의 보호와 보존이 포괄안보 규칙하에서(under the rubric of comprehensive security) 검토되어야 하는 중요한 문제들임을 강조"한 바 있다.[5] 2002년 제9차 외무장관

---

3) "Chairman's Statement the Second ASEAN Regional Forum," Bandar Seri Begawan, Brunei Darussalam, 1 August 1995; ASEAN Secretariat(2003), p.10.

4) "Summary Report of the ASEAN Reional Forum Inter-sessional Support Group Confidence Building Measures," Beijing, China, 6-8 March 1997; ASEAN Secretariat(2003), p.89.

5) "Chairman's Statement the Fifth ASEAN Regional Forum," Manila, Philippines, 27 July 1998;

회의에서는 아태지역 안보환경을 검토한 후 '포괄적 방식으로(in a comprehensive manner)' 안보 문제에 접근함이 중요함을 재확인하였다.[6] 따라서 포괄안보 개념은 분쟁의 평화적 해결 등 전통적 안보와 해양안보, 테러리즘 등 다양한 비전통적 위협에 대처해 나가는 데 초점을 맞추고 있다.

셋째, '협력안보' 관련, 2002년 제9차 외무장관회의 의장성명서는 ARF가 협력안보대화체임을 명시하고 있다.[7]

> "……ARF가 아태지역의 주요 협력안보대화체(the main cooperative security forum)로서 지역안보 우려 사항에 대한 중요한 기여, 신뢰구축 조치 이행, 예방외교에 관한 연구 작업 등을 계속하고…… 참가국들 간 대화와 이해(understanding)를 보다 강화하여 안보 상황 변화에 따른 지역 평화와 안정에 이바지해야 한다는 입장을 표명하였다."

여기서 ARF는 지역안보 우려사항 해소, 신뢰구축 증진, 예방외교 발전, 지역의 평화와 안정 유지 등을 위해 협력안보대화체임을 강조함으로써 수단/방책으로 협력안보를 활용한다는 의미를 지닌다.

以上의 외무장관회의 의장성명서 등에서 나타나는 내용들을 종합하면, ARF가 러기와 카포라소의 다자주의 개념에 입각하고, 공동안보·포괄안보·협력안보 개념을 따르며, 전쟁을 반대하고 무력사용을 不許하는 '이상주의적 공동안보,' '포괄안보 ASEAN형,' '狹義의 협력안보' 개념을 채택하는 다자안보대화체로 규정할 수 있다. 이러한 적용이론은 동남아 국가들의 전통인 아세안 방식과 밀접히 연계되어 제도발전 全 과정에 작용하게 된다.

ASEAN Secretariat(2003), p.129, pp.136－137, p.150.

6) "Chairman's Statement the Ninth ASEAN Regional Forum," Bandar Seri Begawan, Brunei Darussalam, 31 July 2002; ASEAN Secretariat(2003), p.357.

7) "Chairman's Statement the Ninth ASEAN Regional Forum," Bandar Seri Begawan, Brunei Darussalam, 31 July 2002; ASEAN Secretariat(2003), p.355.

2) 제도발전

ASEAN은 외부로 대화를 확대하는 수단으로 ASEAN－PMC를 활용해 왔으며,[8] 1991년에는 ASEAN－PMC 틀을 이용한 아태지역 정치안보 문제를 논의할 제도 구축이 제의되고 합의에 도달하였다. 이 합의는 1992년 1월 제4차 ASEAN정상회의에서 '싱가포르 선언'으로 승인되고,[9] 1992년 제46차 유엔총회에 '동남아우호협력조약(TAC) 결의안'을 상정·통과시킴으로써, 지역 행동규약(code of conduct)의 설립과 분쟁의 평화적 해결, 역내 예방외교 발전, 동남아 공동체 구축에 기여할 수 있는[10] 여건을 조성하였다. 그 후, ASEAN 정상들의 지침을 토대로 1993년 5월 ASEAN－PMC－SOM에서 ARF 설립을 위한 세부논의가 진행되었고, 1993년 7월 제26차 ASEAN 외무장관회의(AMM)에서 공동성명을 통하여 1994년 7월 방콕에서 개최되는 최초 ARF에 ASEAN－PMC 13개국과 중국·러시아·베트남·라오스·파푸아뉴기니 등 5개국을 추가로 초청하는 데 합의하였다.[11]

ARF는 설립 시 독립적인 법적 근거를 갖지 못하고 ASEAN을 母胎로 출범했으며, 동남아우호협력조약(TAC)을 援用하고, 이는 1994년 ARF 제1차 외무장관회의 의장성명서 제6조에서 확인된다.[12]

"외무장관 회의는 국가들의 관계를 규율할 행동규약(code of conduct)으로서, 그리고 지

---

8) ASEAN은 경제/안보적 이유로 域外 대화/협의(Dialogue and Consultation)를 강화해 왔으며 호주와 1974년, 뉴질랜드와 1975년, 미국·일본·캐나다·EC/EU와는 1977년, 한국과는 1991년, 인도와는 1995년, 중국·러시아와는 1996년 이래 협력을 다져 왔다.

9) 싱가포르 선언 제3조, "Singapore Declaration of 1992", Singapore, 28 January 1992 at http://www.aseansec.org/1163.htm(검색일: 2008.1.12).

10) 공동성명 제5조 "Joint Communique of the Twenty－Sixth ASEAN Ministerial Meeting", Singapore, 23－24 July 1993, at http://www.aseansec.org/2009.htm(검색일: 2008.1.12) 참조.

11) 공동성명 제8조, "Joint Communique of the Twenty－Sixth ASEAN Ministerial Meeting", Singapore, 23－24 July 1993 at http://www.aseansec.org/2009.htm(검색일: 2008.1.12).

12) "Chairman's Statement the First ASEAN Regional Forum," Bangkok, Thailand, 25 July 1994.

따라서 ARF의 제도발전 과정에서 행동규약인 TAC의 내용과 의미는 중
요하며, 주요내용은 다음과 같다.[13)]

첫째, 지역 평화와 안정을 위한 정의(justice)의 존중, 법의 지배(rule of
law), 지역 탄력성(regional resilience) 증진과 우의, 상호협력을 천명하고 있다.

둘째, 동남아 域內外 평화애호국가들과의 협력 필요성을 확인하면서, 경제・
사회・기술・과학・국제평화/안정과 관련된 분야와 공동이익 분야에서 협력을
강조한다. 특히, 조약 제2조는 당사국들이 지켜야 할 기본원칙(fundamental
principles)으로 ① 독립・주권・평등・영토보전・국가정체성에 대한 상호존중,
② 외부의 개입・전복・강압으로부터 자유로운 국가존립 권리, ③ 상호간 국
내문제 불간섭, ④ 평화적 수단에 의한 분쟁과 異見의 해결, ⑤ 무력의 사용
과 위협 포기, ⑥ 효율적인 국가간 협력 증진 등을 제시하고 있다.

셋째, 조약 제10조는 영토보전・주권・정치 및 경제적 안정에 대한 위협
을 반대하고, 조약 제11조는 내부의 전복활동(internal subversive activities)과
외부의 간섭 등을 배제하기 위한 국가탄력성 증진을 재확인한다.

넷째, 조약 제13・15・16조는 분쟁의 평화적 해결을 위해 무력 위협/사
용을 중단할 것과, 모든 분쟁은 우호적 협상을 통하여 해결되어야 하며, 분
쟁당사국들의 동의를 전제로 주선(good offices)・중재(mediation)・협의
(inquiry)・조정(conciliation) 등을 통한 문제해결을 언급한다.

---

13) 1976년 2월 발리에서 체결된 TAC는 前文, 5개 章, 20개條로 구성되었다. "Treaty of Amity and
Cooperation in Southeast Asia," Bali, 24 February 1976, in ASEAN Secretariat, *Text of the Treaty of
Amity and Cooperation in Southeast Asia and Related Information* (Jakarta: ASEAN Secretariat, 2005),
pp.1－23 참조. TAC 수정의정서(1987.12.5., 1998.7.25.)에 따라 가입이 개방되어 1989년 파푸아뉴기
니를 시작으로 2003년부터 2008년 7월까지 미국・EU・캐나다를 제외한 모든 참가국들이 가입하였
다.

다섯째, 유엔헌장·비동맹10원칙(1955.4.25.)·방콕선언(1967.8.8.)·쿠알라룸푸르선언(1971.11.27.)의 내용과 정신을 존중, 준수할 것을 확인한다.

이러한 내용을 고려시 ARF의 규범으로서 TAC가 가지는 장점과 한계가 지적될 수 있다. 장점은 동남아 약소국들이 강대국들을 포함하여 역외 국가들에게 ASEAN의 규범을 확대 적용함으로써 분쟁예방과 분쟁의 평화적 해결 및 경제·사회·문화적 협력에 기여한다는 점이다. 이는 강대국 중심의 아태질서를 약소국들이 변화시킬 수 있는 긍정적인 조치가 아닐 수 없다. 그러나 단점이자 한계는 ASEAN이 비동맹/중립주의 노선을 강조하고, 인권탄압과 권위주의 정권 등에 대해서도 외부의 간섭을 배제하는 ASEAN의 규범이 여타국에 쉽게 호응될 수 있는 것이 아니라는 점이다. 아울러 TAC는 이행 측면에서 조약이 가지는 법적 효력이 미약한 특성을 지님에 따라 ASEAN이 아닌 ARF 참가국들을 규율하기에는 한계가 있다.

ARF 프로세스는 ASEAN 회의 모델인 7월부터 다음 해 7월까지를 會期로 운영하는 방식에 따라 발전되었다(* ARF 회기 개념은 <부록 1>을 참조하라). 여기서는 주요회의 결정사항들과 참가국 확대 및 차등적 지위, ARF 회의체들의 임무와 기능을 통하여 발전과정을 살핀다. 지금까지 총 15개 회기중 6개 회기에서 ARF 의제 全般에 걸친 주요결정과 발전구조가 형성되었다(* ARF 연표는 <부록 2>를 참조하라).

첫째, 제2차 회기(1994.7 - 1995.8)에서 ARF의 전체적인 운용방향이 설정되었다.[14] ① ARF를 개방된 대화와 협의 그리고 안보위험을 줄이기 위해 상이한 관점들을 논의하고 調和시키는 대화체(forum)로 발전시키며, 군사문제뿐만 아니라 정치·경제·사회 및 여타 문제들을 포함하여 다루는 포괄안보 개념에 입각하고 있음을 확인하였다. ② 참가국들의 동등한 참가와

---

14) "Chairman's Statement the Second ASEAN Regional Forum," Bandar Seri Begawan, Brunei Darussalam, 1 August 1995 참조.

협력이 요구되며, ASEAN은 1차적인 추진력(driving force)으로서 책임을 수행하고, 모든 참가국들이 편안함을 느끼는 속도(a pace comfortable to all participants)를 유지하며, 신뢰구축 증진(promotion of confidence building)→예방외교 발전(development of preventive diplomacy)→분쟁문제 접근노력(elaboration of approaches to conflicts)[15] 등 3단계로 점진적 발전을 추진해 나가기로 하였다. 2단계 '예방외교'는 1단계와 주요 사안에서 중복되는 분야로 1단계와 병행 발전시켜 나가며, 3단계는 ARF의 종국적 목표로 '분쟁문제 접근 노력'을 ARF 과정에 통합시키기 위한 논의를 계속해 나가기로 하였다. 아울러 전원합의(consensus)를 의사결정방식으로 채택하였다. ③ 참가국은 ASEAN 회원국, ASEAN 옵서버 국가, ASEAN의 협의 및 대화상대국(consultative and dialogue partners of ASEAN)으로 구성하기로 하였다. ④ 운영기구(organization)로 매년 ARF 고위관리회의(SOM) 이후 ASEAN 각료회의(AMM)), ARF 외무장관회의(FMM), 확대외무장관회의(ASEAN−PMC)를 순차적으로 개최하고, 2개의 트랙(track)으로 운영하며, 트랙−Ⅰ 활동은 ARF 참가 정부들에 의하여 수행되고, 트랙−Ⅱ 활동은 모든 참가국이 인정하는 전략연구소나 관련 非정부기구들에 의하여 수행되는 활동을 의미한다. 이 2개의 트랙을 효율적으로 연계시키는 문제는 ARF 의장이 담당하기로 하였다. ⑤ ARF 외무장관회의로 검토보고와 건의를 하는 ARF−SOM 의장(차관/차관보급)을 지원하기 위하여 政府間 수준에서 다음과 같은 회의를 개최하기로 하였다. 즉, 안보인식 교환과 방위정책문서들에 관한 대화 등이 이루어지는 '신뢰구축조치에 관한 會期間 지원그룹회의(ISG−CBM)'와 평화유지 등 전문 협력활동에 관한 '회기간 회의(ISM)'를 두며, ISG와

---

15) 1995년 3월 참가국들에 회람된 ARF 개념서에는 제3단계를 '분쟁해결 발전(Development of Conflict−Resolution)'으로 명기하여 분쟁해결에 의지를 담고 있었다. 그러나 1995년 5월 SOM 시 중국이 異意를 제기하여 의미가 약화되었다. "The ASEAN Regional Forum: A Concept Paper," ASEAN Secretariat(2003), p.16; 이서항, "ARF 발전방향: 동아시아 다자안보협력체 실태 분석과 관련하여," 외교안보연구원, 2005년 1월, p.9 참조.

ISM은 ASEAN과 非ASEAN 1개국에 의해 공동 개최되고, ARF-SOM과 차기 ARF-SOM 사이에 열리며, 결과를 SOM에 보고하기로 하였다.

둘째, 제3차 회기(1995.8 - 1996.7)에서는 내부규정에 대한 합의가 이루어졌다. 즉, 참가국의 범위와 기준이 정해졌는데 가입승인 문제, ARF가 包容할 지리적 한계, 참가국들이 준수해야 할 지도원칙과 기준이 수립되었다. 광활한 아태지역의 특성상 ARF 관할지역을 동아시아(동북아＋동남아)와 오세아니아로 하였다. 그리고 단기 내에 ARF 활동 영역을 확대하지 않으며, 참가국 확대는 신중히 결정하기로 하였다.16) 나아가, "ARF는 모든 참가국들의 관점과 ASEAN 국가들의 특별한 필요와 이익(special needs and interests)의 관점을 고려해야 한다."고 합의하여, ASEAN 主導 원칙과 동남아 국가들의 특수한 입장을 배려하도록 하였다. 신규 참가국 관련 4가지 기준(criteria)도 제시되었는데, ① 주권국이어야 하며, ARF 목표 달성에 협조적으로 기여해야 하고, 기존의 결정사항·성명·선언 등을 존중하고 준수할 것에 동의해야 하며, ASEAN 회원국은 자동적으로 ARF 참가국이 된다. ② 신규 참가국은 지리적으로 동남아·동북아·오세아니아의 평화와 안정에 영향을 미칠 수 있는 국가로 한정하였다. ③ 참가국 확대는 통제 가능한 범위 내에서 점진적으로 이루어져야 하고, ④ 참가 신청서는 ARF 의장에게 제출되어야 하며 SOM에서 협의 후 외무장관회의에서 참가가 최종 승인된다는 것이었다.17)

셋째, 제7차 회기(1999.7. - 2000.7.)에는 초국가적 범죄에 관한 전문가회의 개최가 결정되고, 불법이민·소형무기/경무기 불법거래·해적·인신매매·마약 등 초국가적 범죄 문제에 ARF가 적극 대응해 나가야 한다는 입장이 정리되었다.18)

---

16) 이 규정은 2003년 추가확대 합의로 2004년부터 파키스탄 등이 가입하게 된다.

17) "Chairman's Statement the Third ASEAN Regional Forum," Jakarta, Indonesia, 23 July 1996; ASEAN Secretariat(2003), pp.30 - 32.

18) "Chairman's Statement the Seventh ASEAN Regional Forum," Bangkok, Thailand, 27 July 2000 참조.

넷째, 제8차 회기(2000.7. − 2001.7.)에서는 ① 일본이 작성한 'ARF 의장 역할 증진에 관한 문서(Paper on the Enhanced Role of ARF Chair),' ②한국과 말레이시아가 작성한 'ARF 전문가/명사 관련 권한위임사항에 관한 문서(Paper on the Terms of Reference for ARF Experts/Eminent Persons)'를 채택하였으며, ③ 싱가포르가 작성한 '예방외교의 개념과 원칙에 관한 문서(Paper on the Concept and Principles of PD)'를 일단 채택하고 계속하여 논의해 나가기로 하였다. 아울러 軍/國防官吏들의 참가 중요성에 관심을 표명하고, ARF−SOM에서 ISG의 정규적 행사로 건의한 '국방관리오찬회의(Defense Officials Luncheon)'를 승인하였다.[19]

다섯째, 제9차 회기(2001.7. − 2002.7.)는 9 · 11 사태의 여파로 테러리즘에 전쟁을 선포하고 관련 국제협약/의정서 가입/비준을 촉구하였다. 아울러, 테러리즘에 대한 재정지원 차단조치, 테러리즘 및 초국가적 범죄에 관한 회기간 회의(ISM−CTTC) 설립, 對테러리즘 전쟁에서의 양자/지역/국제협력 강화, ASEAN 차원의 테러리즘 업무 추진, 테러공격 사후관리 필요성 등 다양한 對테러 공약이 수립되고 이를 우선 과제로 추진할 것이 합의되었다.[20] 아울러 의장국(브루나이)이 제기한 9개 건의사항을[21] 중점 추진해 나가기로 하였다.

---

19) "Chairman's Statement the Eighth ASEAN Regional Forum," Hanoi, Vietnam, 25 July 2001 참조.

20) "Chairman's Statement the Ninth ASEAN Regional Forum," Bandar Seri Begawan, Brunei Darussalam, 31 July 2002 참조.

21) 브루나이가 2002년 5월 ARF−SOM를 통하여 'ARF의 향후 발전방향 건의' 형식으로 제의한 9가지이며, 2002년 7월 31일 제9차 ARF−FMM에서 승인되었다.
　① 국제 테러리즘 관련 즉각적 조처, 협력, 역량 강화
　② 국제 테러리즘에 대하여 정보공유, 경찰 간 협력, 자금차단 조치 증진
　③ 국제 테러리즘과 초국가적 범죄에 관한 회기간 회의(ISG−CTTC) 설립
　④ ARF 의장역할 증진 및 ASEAN 사무국에 ARF 의장 지원역할 부여
　⑤ 전문가/명사(EEP) 명부 활용 발전
　⑥ 신뢰구축조치(CBM) 강화
　⑦ 國防對話에 관한 싱가포르 개념서에 기초하여 안보/국방 官吏들의 참여 확대
　⑧ ARF와 ASEAN 전략문제연구소(ISIS) · CSCAP · 여타 기구들과의 연계활동 증진
　⑨ 2001년 채택된 예방외교 개념/원칙에 관한 문서의 세부 후속조치 마련

여섯째, 제12차 회기(2004.7. ─ 2005.7.)에서는 제1단계(신뢰구축)로부터 제2단계(예방외교)로 발전을 시작하는 의미에서 '신뢰구축 및 예방외교에 관한 회기간 지원그룹회의(ISG ─ CBM and PD) 설립이 결정되고, 2004년 12월 인도양에서 발생한 쓰나미의 영향으로 재난구호 메커니즘 설립 추진이 합의되었다.[22]

따라서 설립으로부터 2005년 9월까지는 제1단계인 신뢰구축단계에 해당되며, 2005년 10월 '신뢰구축조치 및 예방외교에 관한 회기간 지원그룹회의(ISG ─ CBM and PD)'가 시작됨으로써 현재는 신뢰구축과 예방외교가 동시에 추진되는 제2단계(예방외교)가 진행 중이다.

<표 4─1>은 18개국으로 출범하여 오늘날 27개 참가국으로 확대된 과정과 참가국들간 차등적 지위를 보여 준다.

ARF는 외형적으로 평등성을 지향하지만 ASEAN/대화상대국/부분대화상대국/기타 참가국의 지위는 실질적으로 차등적이다. 즉, 대화상대국은 ASEAN ─PMC에 참가할 수 있으나, 여타 국가들은 참가할 수 없으며, ARF 외무장관회의(FMM)와 고위관리회의(SOM)는 매년 ASEAN 국가들에서만 개최된다.

---

22) "Chairman's Statement the Twelfth Meeting of the ASEAN Regional Forum," Vientiane, Laos, 29 July 2005 참조.

〈표 4-1〉 ARF 참가국 확대와 차등적 지위

연도 \ 구분 / 지위		ARF 참가국 확대
1차 회의(1994.7.)	ASEAN(6)	인도네시아, 말레이시아, 필리핀, 태국, 싱가포르, 브루나이
	ASEAN대화상대국(7)	미국, 일본, 한국, 캐나다, 호주, 뉴질랜드, EU
	ASEAN협의상대국(2)	중국, 러시아
	ASEAN 옵서버국(3)	베트남, 라오스, 파푸아뉴기니
	계	18개국
2차 회의(1995.8.)	ASEAN(1)	베트남이 옵서버에서 ASEAN 가입(지위 승격)
	ASEAN 옵서버국(1)	캄보디아
	계	19개국
3차 회의(1996.7.)	ASEAN대화상대국(3)	중국, 러시아, 인도(* 중·러 자격승격, 인도 가입)
	ASEAN 옵서버국(1)	미얀마
	계	21개국
4차 회의(1997.7.)	ASEAN(2)	라오스·미얀마 ASEAN 가입(지위 승격)
	계	21개국
5차 회의(1998.7.)	추가가입 없음	21개국
6차 회의(1999.7.)	ASEAN(1)	캄보디아 ASEAN 가입(지위 승격)
	기타 참가국(1)	몽골 가입
	계	22개국
7차 회의(2000.7.)	기타 참가국(1)	북한 가입
	계	23개국
8차 회의(2001.7.) / 9차 회의(2002.7.) / 10차 회의(2003.6.)	추가가입 없음	23개국
11차 회의(2004.7.)	ASEAN 부분대화상대국/ Sectoral Dialogue Partner(1)	파키스탄 가입[23]
	계	24개국
12차 회의(2005.7.)	기타 참가국/ASEAN 의장 Guest국(1)	티모르레스테 가입[24]
	계	25개국
13차 회의(2006.7.)	기타 참가국(1)	방글라데시 가입
	계	26개국
14차 회의(2007.8.)	기타 참가국(1)	스리랑카 가입
	계	27개국 (15차 회의/2008.7. 참가국 同一)

출처: 1994-2008년 "Chairman's Statement of the ASEAN Regional Forum(FMM)" at
http//www.aseanregionalforum.org; 외교통상부, 『아세안지역안보포럼 개황』(서울: 외교통상부, 2003.5.), p.6, pp.24-25;
http://www.aseansec.org(검색일: 2007.8.29); http://hindu.com/2004/07/06/stories/2004070603381000.htm;
http://english.people.com.cn/200607/26/eng20060726_286740.html;
http://www.gov.cn/misc/2006-07/29/content_349276.htm(검색일: 2007.8.30) 참조.

<표 4-2>는 ARF 프로세스의 발전과정에서 형성된 각종 회의체들이다.

ARF 외무장관회의(FMM)는 최고의사결정회의체로 매년 7월경에 ASEAN 의장국에서 1회 개최되며 SOM으로부터 건의된 내용들을 최종 검토·승인하며, 업무 전반을 평가하고, 차기회기 업무를 확정할 뿐만 아니라 지침과 방향을 제시한다. 아울러 역내 정치안보 상황에 대한 참가국 공동의 관심사항을 '의장보고서(Chairman's Statement) 형식으로 발표한다.

외무차관보급 회의인 고위관리회의(SOM)는 매년 5월경 ASEAN 의장국에서 1회 개최되며 회기간 업무실적을 종합하고 ISG로부터 건의된 각종 회의의 논의결과를 검토후 FMM으로 보고한다. 참가국 확대 문제를 포함하여 사전 검토 및 조율이 필요한 내용은 반드시 SOM의 합의를 거쳐 FMM으로 보고토록 되어 있다.

---

23) 파키스탄은 1992년 인도와 함께 ASEAN 부분대화상대국(Sectoral Dialogue Partner)이 되었으나, 인도가 1996년 대화상대국으로 승격되어 ARF에 가입한 것과는 달리, 2004년 7월 '부분대화상대국' 자격으로 ARF에 가입하였다.
http://hindu.com/2004/07/06/stories/2004070603381000.htm;
http://english.people.com.cn/200607/26/eng20060726_286740.html;
http://www.gov.cn/misc/2006-07/29/content_349276.htm(검색일: 2007.8.30).

24) 티모르레스테는 2002년 5월 독립 후 ASEAN 가입을 위해 노력 중이나, 아직 ASEAN 옵서버 지위도 얻지 못하였다. 2006년 7월 Hose Ramos-Horta 총리는 "ASEAN 가입에 5년 이상 소요될 지도 모른다."는 언급을 한 바 있다.

25) ARF는 '외무장관회의'를 가리키는 용어이다. 그러나 ARF 프로세스의 각종 회의가 다양화됨에 따라 용어를 구체화하여 외무장관회의를 ARF-FMM으로, 고위관리회의를 ARF-SOM 등으로 사용하고 있다. 따라서 여기서는 외무장관회의를 ARF, ARF-FMM 또는 FMM으로 병용하기로 한다.

<표 4-2> ARF 프로세스 각종 회의체 임무와 기능

구분	회의명	주요 임무 및 기능	기타
외무각료회의	ARF, ARF-FMM 또는 FMM	· 최고 의사결정 회의체 · ARF-SOM 건의사항을 최종검토/승인, 당해회기 평가 및 차기회의 업무방향 제시 · 역내 정치안보상황 관련 입장 표명	연 1회/1일간
외무차관보급회의	ARF-SOM	· 회기간 업무실적 종합 및 검토 후 ARF-FMM으로 보고 · ISG/ISM 및 각종 회의 건의사항과 참가국 확대문제 등 검토, 협의 및 조율	연 1회/2일간
외무부 국장/과장급 업무종합 실무회의	ISG-CBM/ISG-CBM and PD	· 신뢰구축조치, 예방외교 관련 논의 및 이행사항 점검/검토 · ISM, 각종 전문가회의, 국방관련 회의 종합 · 차기회기 업무계획 SOM으로 보고	회기중 2회/매회 3일간
국장/과장급 전문분야 실무회의	ISM-SARCC/ISM-PKO /ISM-DR/ISM-CTTC	· 회기 중 합의된 공통이슈를 체계적으로 논의하여 협력방안 모색 및 연속성을 제고하기 위한 회의	ISM별 회기중 1-2회/2-4일간
전문가회의 (세미나/워크숍 /심포지엄 등)	신뢰구축, 예방외교, 재난구호, PKO, 해양안보, 초국가적 범죄, 군수산업전환, 경제안보, 테러리즘, 마약문제, 비전통적 안보위협, 전략물자 수출통제, 비확산, 소형무기/경무기(재래식무기)불법거래, MD, 에너지안보, 휴대용방공무기, 민군관계발전 등	· 각종 전문적 정보·지식·상황을 공유하고 의견을 수렴하기 위한 회의 · 정부측 인사들이 대부분이나 필요시 해당 정부가 인정하는 비정부 인사도 참가 가능	회기중 다수 개최/2-4일간
國防人士 관련 회의(세미나/워크숍/심포지엄 등)	국방대학총장회의, 안보정책회의, 국방대화, 國防官吏會議, 전쟁법세미나, 國防官吏협력세미나 등	· 국방/군 인사들이 참가하여 국방 및 안보 현안에 대한 신뢰구축 제고 방안들을 협의 · 친선/교류를 통한 군사적 신뢰와 협력 증진	· 회기중 4-8회/매회 1-4일간

외무부 국장/과장급 업무종합 실무회의인 회기간 지원그룹회의(ISG)는 年 2회 열리며 1회는 ASEAN 국가에서, 1회는 非ASEAN 국가에서 공동 개최된다. ISG는 신뢰구축과 예방외교 전반에 걸친 논의를 진행하고 이행사항을 점검하며, ISM과 각종 전문가회의 및 국방 관련 회의결과를 종합하여 SOM으로 보고한다. 참가국 확대를 포함하여 차기 연도 업무수행 계획 등 참가

국들간 협의가 필요한 전반적인 내용들이 이 회의에서 조율된 후 건의된다.

참가국 정부의 국장/과장급 전문 분야 실무회의인 ISM은 특정 사안에 대한 중점논의를 위해 설립되었으며, 지금까지 탐색구조 조정 및 협력, 평화유지활동, 재난구호, 對테러리즘 및 초국가적 범죄에 관한 회기간 회의 등을 개최해 오고 있다. 2008년 5월 미얀마의 대형 사이클론과 중국 쓰촨성의 대지진 등을 고려시, 앞으로 재난구호협력에 대한 협력이 더욱 촉진될 것으로 예상된다.

각종 전문가 회의는 신뢰구축, 예방외교, 재난구호, PKO, 해양안보, 초국가적 범죄, 군수산업의 민수 전환, 테러리즘, 마약문제, 비전통적 안보위협, 전략물자 수출통제, 비확산, 소형무기/경무기 불법거래 방지, 에너지 안보, 휴대용방공무기 통제, 민군관계 발전, ARF 전문가 양성 프로그램 등 다양한 분야에서 각종 정보·지식·최근상황 등을 공유하고 의견을 수렴하기 위한 회의이다. 선험사례들 중심으로 논의되며 참석자들이 정부인사들이지만 민간전문가도 참가가 가능한 회의이다.

국방인사 관련 회의는 국방대학총장회의, 안보정책회의, 국방대화, 국방관리회의, 전쟁법 세미나 등이 있으며 國防/軍 인사들이 참가하여 국방 및 안보현안에 대한 관심사와 신뢰구축 제고 방안들을 논의한다.

나. 주요활동

ARF의 주요활동은 ① 국가별 안보인식 교환(exchanges on security perceptions), ② ISG와 ISM을 통한 다양한 협력활동 증진, ③ ARF 의장역할 증진(enhanced role of ARF Chairman), ④ 참가국들의 전문가/名士 명부(register of experts and eminent persons) 등록 및 활용, ⑤ 연례안보상황평가서(ASO) 발간, ⑥ 안보문제 관련 자발적 배경설명(voluntary background

briefing on regional security issues), ⑦ 예방외교(preventive diplomacy) 개념
과 원칙의 적용 등 7가지로 이루어져 왔다.

첫째, '국가별 안보인식 교환'은 참가국들이 안보상황에 대한 입장을 솔
직하게 전달함으로써 여타국들이 정책방향을 이해하고 異見을 좁히는 노력
과 공동협력을 강구해 나가고 있다. 즉, 대화의 습관과 협의 방법을 제도화
하고 정보를 교환하며, 군사 부문을 포함하는 諸分野 협력과 신뢰증진을
모색하는데 주된 역량을 투입하고 있다. 이를 위해 각종 회의·세미나·워
크숍을 계획하고 후원하는 것으로 구체화된다.

둘째, 'ISG와 ISM을 통한 다양한 협력활동 증진'은 외무장관회의(FMM) 검
토보고와 고위관리회의(SOM)를 보좌하기 위하여 회기간 실무이행 조직인 ISG
와 ISM을 활용하였다. 1996년부터 시작된 '신뢰구축조치에 관한 會期間 지원
그룹회의(ISG-CBM)'는 안보인식 교환과 국방대화 등 회기간 모든 업무를 총
괄하고, '회기간 회의(ISM)'는 평화유지, 재난구호 등 협력활동을 관장한다.
2001년 9·11 테러 사태 이후 ISM에 '對테러리즘 및 초국가적 범죄에 관한
회기간 회의(ISM-CTTC)'가 신설되었다. 아울러 2005년에는 ARF 프로세스가
예방외교로 발전하는 의미에서 ISG-CBM 회의를 '신뢰구축조치 및 예방외교
에 관한 회기간 지원그룹(ISG-CBM and PD)' 회의로 승격하였다.

셋째, 'ARF 의장 역할 증진'은 신뢰구축과 예방외교를 위해 ARF 의장(회
의 주최 ASEAN 국가 외무장관)의 周旋(good offices) 역할을 강화하기 위한
조치이며 1999년 7월 제6차 ARF의 결정에 따라, 의장은 증진된 역할을 수
행해 나가기로 하였다. ARF 의장은 외무장관회의(FMM)와 차기 FMM 사이
의 기간에 정보공유의 연결고리(conduit) 역할을 수행하고, 참가국들이 자발
적 수준에서 관련 정보 교환이 가능하도록 하였다.26) 일본이 초안을 작성하

---

26) "Chairman's Statement the Seventh ASEAN Regional Forum," Bangkok, Thailand, 27 July 2000,
ASEAN Secretariat(2003), pp.252-253 참조.

여 2001년 7월 제8차 외무장관회의에서 채택한 'ARF 의장역할 증진에 관한 문서'는 보편적으로 인정되는 국제법과 국가관계, 특히 유엔헌장, 평화공존 5원칙, TAC, 주권평등, 영토보전, 내정 불간섭 등 원칙에 따라, 차기 FMM까지 주선과 조정역할 등 ARF 발전의 계속성과 효율성, 상호이해 증진을 의장이 추진할 것을 강조하고 있다.[27] 이를 위해 2005년 제12차 ARF에서는 의장을 지원하기 위해 ARF Net 유지[28] 및 인터넷 홈페이지의 발전 (www.aseanregionalforum.org), 결정사항과 최신현황을 포함하여 ARF의 합의사항 기록을 보완하는 것이 중요함을 강조하였다. 이 점에서, 그간 ARF 의장국 외무부와 ASEAN 사무국이 지원해 오던 ARF 의장 보좌 업무를 2004년 7월부터 ARF Unit이 수행하고 있음은 매우 바람직하며, 문서 및 인터넷 관리/유지, 각종 회의 참석 등의 업무를 담당하고 있다.[29] 현재 ARF Unit에는 3명이 충원되어 있으며, 체계적인 ARF 의장보좌와 원활한 참가국들과의 의사소통을 위해서는 인원보강 조치가 시급하다.[30] 2005년에는 ARF 사업·활동·결정 사항의 이행 목적으로 'ARF 기금 설립 권한위임사항 (Terms of Reference for the Establishment of the ARF Fund)'과 이를 위한 표준양식(standard format)을 채택하였는데[31] 이 역시 의장의 역할을 강화하

---

27) "Chairman's Statement the Eighth ASEAN Regional Forum," Hanoi, Vietnam, 25 July 2001, ASEAN Secretariat(2003), pp.298－299.

28) ARF Net는 ARF 참가국 정부인사들간 의사소통 컴퓨터망이다.

29) ARF Unit은 ASEAN 사무국 부속으로 2004년 제11차 FMM에서 결정되었다. "Chairman's Statement the Eleventh Meeting of ASEAN Regional Forum," Jakarta, 2 July 2004, at http://www.aseansec.org/16245.htm(검색일: 2005.3.14); "Chairman's Statement the Twelfth Meeting of the ASEAN Regional Forum(ARF)," Vientiane, 29 July 2005, p.10; "ARF Unit," at http://www.aseansec.org/16509.htm(검색일: 2005.3.15) 참조.

30) ASEAN 사무국의 경우, 250여 명의 정책담당관·분야별 전문가·행정지원요원 등이 충원되어 있으며 사무총장 휘하에 29개 위원회, 122개의 기술자문그룹이 정상회의·각료회의·상설위원회를 지원하며, 각종 장관급회의와 각종 ASEAN 활동을 지원한다. 필자의 질의(2007.4.5.)에 대한 답신, Pratap Parameswaran, Head, ARF Unit, ASEAN Secretariat, e－mail at "pratap@aseansec.org"(수신일: 2007.4.9.); "Profile: Association of South－East Asian Nations," at http://news.bbc.co.uk/2/asia－pacific/country_profiles/4114415.stm(검색일: 2007.8.31) 참조.

31) "Chairman's Statement the Twelfth Meeting of the ASEAN Regional Forum(ARF)," Vientiane, 29

는 수단에 해당한다. 또한 '여타 지역 및 국제 안보기구들과의 결속과 트랙 1 및 트랙2간 연계 강화를 위해 태국이 제안한 개념서'를 통하여 ARF 의 장역할을 증진시키고 있다. 이 개념서는 2005년 7월 제12차 ARF 외무장관 회의에서 승인되었으며, 트랙1과 트랙2 간 연계 강화는 주권·내정 불간섭 원칙에 기초한 전원합의와 모든 참가국들이 편안한 수준에서 고려하고, 형식과 절차 면에서 트랙2는 CSCAP과 ASEAN-ISIS를 대상으로 하며, 동시에 제11차 ARF에서 채택한 ARF-EEP 운영지침에 따라 EEP를 예방외교 연구를 위한 주요 트랙2 자원으로 활용하기로 하였다.[32] 2007년에는 2005년부터 논의되어 오던 'ARF 의장 後援人에 관한 위임사항'을 채택하였는데, 이는 비상시 ARF 의장에 의해 구성되는 특별그룹(adhoc group)'으로 후원인 3명(troika)은 차기 ARF 의장국 외무장관, 非아세안 ARF 국가 외무장관 1명, 直前 ARF 의장국 외무장관으로 구성된다.[33] 이로써 ARF 의장의 역할은 가용한 다양한 자원을 활용할 수 있게 되고, 외부 국제/지역기구들과의 연계를 통하여 會期間 ARF의 기능을 계속적으로 유지시켜 나가는 데 기여할 수 있게 되었다. 그러나 以上의 내용들은 ARF가 ASEAN에 의존한 제도로 발전될 수밖에 없는 한계로도 지적되고 있다.

넷째, '참가국들의 전문가/名士 명부 등록(ARF Register of Expert/Eminent Persons) 및 활용'이 한국과 말레이시아의 초안 작성에 근거하여 2001년 제8차

July 2005, p.10; "Chairman's Statement of the Thirteenth ASEAN Regional Forum," Kuala Lumpur, Malaysia, 28 July 2006, p.10.

32) "A Concept Paper on Enhancing Ties between Track Ⅰ and Track Ⅱ in the ARF, and between the ARF and Other Regional and International Security Organizations," Kuala Lumpur, Malaysia, 28 July 2006; "Chairman's Statement of the Thirteenth ASEAN Regional Forum," Kuala Lumpur, Malaysia, 28 July 2006, p.10.

33) ARF 의장의 후원인에 관한 권한위임사항은 2005년 라오스 개최 제12차 ARF에서 '의장 後援人 (Friends of the Chair)' 설립에 합의하고, 필리핀이 '권한위임사항(TOR)'을 작성하였다. "Terms of Reference(TOR) of the Friends of the ARF Chair," at http://www.40amm.org.ph/amm_moreinfo_9.asp(검색일: 2008.1.7); "Chairman's Statement 14th ASEAN Regional Forum," Manila, the Philippines, 2 August 2007, p.9.

외무장관회의에서 합의되었는데, 그 내용은 참가국별 5명 이내로 自國籍 人士들(EU는 소속 회원국 인사)을 추천하며 전문적 조언과 특정 사안에 대한 심층 연구를 할 수 있게 하였다.34) 이에 따라 제1차 전문가/명사(EEP) 회의가 2006년 6월 제주도에서 개최되었으며, 제2차 회의가 2007년 2월 마닐라에서 개최되어 ARF의 제도화 필요성과 향후 발전방향 등에 대한 건의서를 제출한 바 있다.

다섯째, 연례안보상황평가서(ASO)가 1998년 7월 제5차 외무장관회의에서 발간이 결정되어 2000년 제1차 ASO를 발간하였고, 매년 참가국들의 자발적 자료제출에 의거 의장국에서 原案대로 발간하고 있다. ASO는 참가국들 간 안보상황에 대한 입장확인, 신뢰, 투명성 증진에 기여한다.35) 2007년도 ASO에는 미국, 중국, 러시아, 호주, 캐나다, EU, 한국, 북한, 인도, 인도네시아, 태국, 필리핀, 싱가포르 등 13개국이 자료를 제출하였다.36)

여섯째, '지역 안보 문제에 대한 자발적 배경 설명'은 1998년 7월 제5차 외무장관회의에서 결정되어 안보브리핑이 ISG 본회의 등에서 있었으나 국방관리대화/국방관리회의/안보정책회의(ASPC) 등이 신설되어 이 회의체들에서 역할을 담당하고 있다.

일곱째, '예방외교 개념과 원칙 발전'은 1998년부터 연구가 본격화되어 싱가포르가 초안을 준비하고 1999년 ASEAN이 종합 검토하였으며,37) 2001년 7월 제8차 외무장관회의에서 '예방외교의 개념과 원칙에 관한 문서(Paper on the Concept and Principles of PD)'로 일단 채택되었고, 일부 미진한 내용은 추가 보완해 나가기로 하였다. 문서의 주요내용은 다음과 같다.

---

34) "Chairman's Statement the Eighth ASEAN Regional Forum," Hanoi, Vietnam, 25 July 2001, ASEAN Secretariat(2003), p.299.

35) "Chairman's Statement the Seventh ASEAN Regional Forum," Bangkok, Thailand, 27 July 2000, ASEAN Secretariat(2003), p.253.

36) "Annual Security Outlook 2007," at http://www.aseanregionalforum.org/Default.aspx? tabid＝300(검색일: 2008.6.24).

37) "Chairman's Statement the Sixth ASEAN Regional Forum," Singapore, 26 July 1999; ASEAN Secretariat(2003), pp.192－199.

예방외교를 "직접 관련된 모든 당사국의 동의로 주권국들에 의해 취해지는 합의(consensus)에 의한 외교·정치적 조치로 지역평화와 안정을 위협하는 분쟁예방, 무장투쟁 격화 방지, 역내 분쟁 및 무력충돌 최소화에 있다."고 규정하였다. 운영개념은 "분쟁예방, 무력충돌 격화 방지, 분쟁의 지리적 확산을 방지하는 것이며 신뢰구축 노력과 행동규약의 제정, 대화채널 강화, ARF 의장 역할 증진 등으로 실현 가능하다."고 주장한다. 아울러 추진원칙으로 "무력 불사용, 분쟁의 평화적 해결, 내정 불간섭, 실용주의, 융통성과 합의(consensus), 협의, 조정 등 ASEAN의 경험을 적용"하고 아태안보협력이사회(CSCAP)가 건의한 8원칙, 즉 ① 외교/평화적 방법으로 협상, 조정, 중재 역할 수행, ② 비군사적, 비강압적 활동(군사력, 경제제재 불사용), ③ 분쟁/위기 초기단계에서 적시적인 예방조치, ④ 중립, 정의, 공평에 입각한 신뢰에 의거 추진, ⑤ 협의와 전원합의 원칙 준수, ⑥ 관련 당사국의 동의에 의한 자발적 조치 유도, ⑦ 국가간 분쟁에 적용, ⑧ UN 헌장, 평화공존 5원칙, 우호협력조약(TAC) 등과 주권존중, 평등, 영토통합, 내정 불간섭 등 보편적으로 인정되는 국제법/관련 규범에 따라 추진할 것을 명시하고 있다.[38]

이상의 내용들은 다음과 같이 다양한 회의 개최로 뒷받침되고 있다.

1993년 7월 ARF 설립 결정으로부터 2008년 7월까지 정부 차원에서 개최된 회의 수는 총 176회로 다양한 회의·세미나·심포지엄·워크숍·훈련 및 연습 프로그램 등이 있었다(* 제1차∼제15차 회기까지 회의 개최 현황은 <부록 3>을 참조하라).

국가별 개최 현황은 <표 4-3>과 같다. 즉, 싱가포르 20회, 말레이시아 17회, 태국 13회, 필리핀 13회, 중국 13회, 인도네시아 12회, 브루나이 10회, 인도 9회, 일본 8회, 미국 8회, 한국 8회, EU 7회, 호주 7회, 베트남 7

---

38) "Chairman's Statement the Eighth ASEAN Regional Forum," Hanoi, Vietnam, 25 July 2001, ASEAN Secretariat(2003), p.299.

〈표 4-3〉 참가국별 회의개최 현황(1993.7.~2008.7.)

구분		국가별 회의유치 횟수	회의개최 총횟수/비율	
			총 176회	비율(100%)
ASEAN	싱가포르	20	106	60%
	말레이시아	17		
	태국	13		
	필리핀	13		
	인도네시아	12		
	브루나이	10		
	베트남	7		
	캄보디아	7		
	라오스	6		
	미얀마	1		
非ASEAN	중국	13	70	40%
	인도	9		
	미국	8		
	일본	8		
	한국	8		
	EU	7		
	호주	7		
	뉴질랜드	4		
	러시아	3		
	몽골	2		
	캐나다	1		
	파푸아뉴기니	0	—	
	북한	0	—	
	파키스탄	0	—	
	방글라데시	0	—	
	티모르레스테	0	—	
	스리랑카	0	—	

출처: http://www.aseanregionalforum.org/Library/tabid/58/Default.aspx(검색일: 2007.9.15);
"List of ARF Track I Activities(By Inter-sessional Year)" at http://www.aseanregionalforum.org/PublicLibrary/
ARFActivities/ListofARFTrack I Activities/tabid/93/Default.aspx(검색일:2008.6.23) 참조.

회, 캄보디아 7회, 라오스 6회, 뉴질랜드 4회, 러시아 3회 등으로 나타났다.
이를 ASEAN 국가들과 非ASEAN 국가들로 구분해 볼 경우, ASEAN 국가들이 총 106회로 60%를 차지하고, 非ASEAN 국가들이 70회를 실시하여 40%를 기록하였다. 그러나 ASEAN 국가들이 의무적으로 개최하는 FMM과 SOM 등을 고려하고, 非ASEAN 국가들 중 파푸아뉴기니·북한·파키스탄·방글라데시·티모르레스테·스리랑카 등 6개국이 단 1회도 自國에서 회의를 개최하지 못한 점을 감안 시 非ASEAN 11개국과 ASEAN 10개국은 ARF 참여 및 기여에 있어서 거의 대등한 역할을 수행한 것으로 평가된다.

여기서 주목할 만한 사실은 ASEAN 국가 중에는 싱가포르·말레이시아·태국·필리핀·인도네시아가 가장 많은 회의를 유치하였으며, 이들 국가들은 1967년 ASEAN 元會員國들로 역내 세력균형적 역학관계를 중시하는 가운데 다자안보협력에 적극적으로 참여하는 국가들이다. 非ASEAN 국가는 중국이 가장 적극적이며 인도, 일본, 미국, 한국, EU, 호주가 의미 있는 역할을 하고 있다. 이를 통하여 기존 주류 참가국들은 다자안보협력 필요성을 공감하고 있고, 유치한 회의 종류를 보면 해당 국가들이 어떤 분야에 관심이 있는지를 확인할 수 있다.

<표 4-4>는 참가국들의 회기별 회의 개최/활동 현황을 분석한 것으로 거의 의무적으로 수행하는 FMM, SOM, ISG를 제외하면 ARF 참가국들의 관심 분야가 식별된다.

〈표 4-4〉 제1~15차 회기별 활동 현황(1/2)

* ( ): 회의개최 수

부문	회기 활동	1차	2차	3차	4차	5차	6차	7차	8차
정치	각료/고위官吏회의 (ARF/SOM)	태국(2)	브루나이(2)	인도네시아 (2)	말레이시아 (2)	필리핀(2)	싱가포르(2)	태국(2)	베트남(2)
정치	신뢰구축/ 예방외교/EEP			일본, 인도 네시아	중국	브루나이, 호주	미국, 태국	일본, 싱가포르	한국, 말레이시아, EU
정치	비확산/MD								
정치	인력전문화 프로그램						미국	브루나이	
군사	軍/국방/안보정책					필리핀	호주, 한국	호주(2), 중국, 몽골	중국(2)
군사	탐색구조			미국	싱가포르				
군사	평화유지/민군협력			말레이시아	뉴질랜드(2), 말레이시아 (2)		EU, 일본		한국
군사	지뢰/재래식 무기/소형무기								캄보디아
경제	경제안보								
경제	에너지안보								
사회	재난구호				뉴질랜드	태국, 러시아	러시아, 태국, 중국	베트남, 태국	싱가포르
사회	테러리즘/초국가적 범죄							싱가포르	한국, 말레이시아
환경	해양안보/오염 및 투기 방지 등						미국		인도, 미국

<표 4-4> 제1~15차 회기별 활동 현황(2/2)

부문	회기 / 활동	9차	10차	11차	12차	13차	14차	15차
정치	각료/고위官吏회의 (ARF/SOM)	브루나이(2)	캄보디아(2)	인도네시아(2)	라오스(2)	말레이시아(2)	필리핀(2)	싱가포르(2)
	신뢰구축/예방외교/EEP	인도, 베트남, 브루나이	뉴질랜드, 라오스	중국, 미얀마, 일본	캄보디아, EU	미국, 필리핀, 한국	인도네시아, EU, 필리핀	캐나다, EU, 브루나이
	비확산/MD					싱가포르(2), 태국		
	인력전문화 프로그램							
군사	軍/국방/안보정책	태국, 일본, 브루나이	한국, 중국, 러시아, 캄보디아(2)	인도 인도네시아(2)	몽골, 중국, 라오스(3), 싱가포르	말레이시아(3), 베트남	필리핀(3), 말레이시아	싱가포르(2), 호주
	탐색구조							
	평화유지/민군협력	인도		브루나이	일본		인도, 말레이시아, 베트남	싱가포르
	지뢰/재래식 무기/소형무기					캄보디아		말레이시아
경 제	경제안보	베트남						
	에너지안보						EU	싱가포르
사회	재난구호		싱가포르			인도네시아, 필리핀	중국	인도네시아, EU, 호주
	테러리즘/초국가적 범죄	미국, 태국	말레이시아, 일본, 호주	필리핀	태국, 한국, 중국(2)	중국, 필리핀	싱가포르, 태국, 미국, 인도	인도네시아, 한국, 중국
환경	해양안보/오염 및 투기 방지 등		인도		말레이시아, 싱가포르	인도, 일본	싱가포르(2)	인도, 인도네시아

출처: "List of ARF Track Ⅰ Activities(By Inter-sessional Year)" at
http://www.aseanregionalforum.org/PublicLibrary/ARFActivities/ListofARFTrackⅠActivities/tabid/93/Default.aspx(검색일:2008.6.23) 참조.

15년간 개최한 회의를 부잔 등이 분류한 포괄안보 5개 부문(정치·군사・경제・사회・환경)으로 구분하여 분석한 결과는 다음과 같다. 먼저 정치 분야로 비확산/미사일 방어(MD)에 관하여 싱가포르와 태국이, ARF 전문 인력 양성에는 미국과 브루나이가 관심을 가졌다. 군사 분야의 국방/안보정책 분야에는 미국과 EU를 제외한 대부분의 국가들이 관심을 가지며, 탐색구조에는 미국과 싱가포르가, 평화유지 및 민군협력에는 미국・중국・러시아를 제외한 대부분의 국가들이 관심을 가졌다. 지뢰제거에 대해서는 캄보디아와 말레이시아가 적극적이다. 경제부문에서는 베트남이 경제안보, 에너지 안보에는 EU와 싱가포르가 관심을 가지고 있다. 사회부문으로 재난구호에는 태국・러시아・베트남・인도네시아・싱가포르 등이 적극적이다. 테러리즘/초국가적 범죄와 관련해서는 거의 모든 국가가 관심을 가지지만, 테러리즘에는 미국・말레이시아・태국・필리핀・싱가포르・한국 등이, 중국은 마약문제에 적극적이었다.

환경 분야에는 미국・인도・말레이시아・싱가포르・인도네시아・일본이 적극적이었다.

이상의 내용들을 요약하면 다음과 같은 특징이 식별된다.

제1~5차 회기(1993.7.－1998.7.)는 정치・군사안보 위주 사회안보에 관심과 노력이 나타나기 시작한 기간이며, 구체적으로는 제4차 회기(1996.7.－1997.7.)부터 사회안보에 관심이 나타났고, 뉴질랜드・태국・러시아가 재난구호에 적극적 활동을 하였다.

제6~10차 회기(1998.7.－2003.6.)는 정치・군사・사회・환경 안보에 대등한 관심과 활동이 이루어졌으며, 경제안보에 제한적인 활동이 있었다. 아시아 경제위기에도 불구하고 경제안보에 관한 논의는 베트남이 주관한 한 차례의 '아태지역 경제안보 세미나'에 불과하였다. 사회안보는 테러리즘과 초국가적 범죄 분야에서 급증하였다.

제11~15차 회기(2003.6.－2008.7.)는 정치・군사・사회・환경 안보에 대등한 관심과 활동이 이루어졌으나, 테러리즘과 초국가적 범죄(위협) 및 재난구호 등 사회안보에 다양한 논의가 확대되고 해양안전·해양보호 등 환경안보 활동이 부각된 시기였다. 특히, 경제안보에 관심이 제고되어 EU와 싱가포르가 '에너지 안보 세미나'를 개최하는 등 논의를 확대해 나가기로 하였다.

ARF 15년 역사(1993.7.－2008.7.)에서 ASEAN 국가들은 대부분 이 지역의 정치·군사 부문 활동에 많은 관심을 가졌으며, 특히 군사안보 활동에는 말레이시아·싱가포르·필리핀이 가장 적극적이었다. 인도네시아·말레이시아·태국·필리핀·싱가포르·베트남 등은 사회안보(재난구호, 테러리즘/초국가적 범죄 등) 분야에 활발히 활동하였다. 싱가포르와 말레이시아는 해상안전/해상오염 방지 등 환경안보에 노력하였고 베트남·싱가포르는 경제안보 활동에 기여하였다. 이 기간 중 대부분의 非ASEAN 국가들도 지역의 정치·군사 안보에 관심을 가지는 가운데, 중국이 군사 부문에 가장 많은 활동을 하였다. 그러나 미국과 EU는 군사안보의 핵심을 이루는 국방/안보정책 논의에 미온적인 특징을 나타내었다. 사회·환경안보 활동에는 미국·일본·인도가 적극적이었고, 이 중 인도는 환경안보에 가장 큰 기여를 하였다. 사회안보 활동에는 중국·러시아·호주·한국·뉴질랜드 등이 참가하였으며, 중국은 사회안보에 가장 적극적이었으며, 경제안보에는 EU가 관심을 가졌다.

종합하면, <표 4－5>에서 보는 바와 같이 정치(37.5%) 및 군사(32.4%) 분야에 가장 많은 논의를 하였고, 사회(21.6%), 환경(6.8%), 경제(1.7%) 분야 순으로 관심도가 표출되었다. 아울러 FMM/SOM이 ASEAN 국가들에서만 개최되는 점을 고려시 ASEAN 국가들과 非ASEAN 국가들은 대등한 역할을 수행한 것으로 평가된다.

〈표 4-5〉 15년간 안보부문별 회의개최 결과 종합

구분	안보부문				
	정치 (CBM/PD/EEP/MD /군축/비확산 등)	군사 (국방정책/SAR/PKO/ 민군협력/재래무기)	경제 (경제안보/에너지안보)	사회 (재난구호/테러리즘/초 국가적 범죄)	환경 (해양안보/해양오염 및 투기방지 등)
ASEAN 국가들	48	32	2	19	5
非ASEAN 국가들	18	25	1	19	7
계(176회/100%)	66회(37.5%)	57회(32.4%)	3회(1.7%)	38회(21.6%)	12회(6.8%)
평가	−지역분쟁, 군축/비확산 등 약 70% 를 정치/군사 분야 논의에 치중함 −기존의 군사 분야 논의 미흡이라는 연구결과와 달리 실제로는 정치 분야 다음으로 다양하고 많은 활동이 있었음이 확인됨		−가장 논의가 미약 * 쌍무적/APEC/ ASEAN−PMC 경제논의 영향	−정치/군사 부문 다음으로 논의 활발 −테러리즘/초국가적 범죄(위협)에 관심 증대	−미약하나마 해양 안보/해양보존 활동 논의

2. 주요의제

ARF의 주요의제는 앞서 살핀 ARF 발전과정과 주요활동의 중요한 세부 논의사항으로 남중국해 등 지역분쟁 분야, 군축/비확산 분야, 초국가적/비전통적 안보 분야로 함축된다. 이론적 차원에서 보면 지역분쟁 분야는 현상유지적 입장이 강조되는 협력안보 측면의 논의이며, 군축/비확산 분야는 공동안보적 시각이 반영되고, 초국가적/비전통적 안보 분야는 다양한 포괄안보적 수준의 협의사항들에 해당된다.

가. 지역분쟁 분야

ARF에서 지역분쟁 관련 논의는 남중국해 문제, 한반도 문제,[39] 미얀마의

---

39) ARF에서 한반도 문제는 정전협정의 준수, 북한 핵문제와 미사일 문제의 평화적 해결, 대화를 통한 항구적 평화정착, 6자회담의 중요성 등이 중립적 입장에서 언급되며, 당사국들의 자제와 협력

민주화 및 인권탄압이 매번 등장하는 사안들이며 그 외에 1990년대에는 캄
보디아 내전과 사회불안정 문제, 1990년대로부터 2000년대 중반까지 인도네
시아의 영토통합(territorial integration) 문제,40) 동티모르(티모르레스테) 불안
정, 남아시아의 갈등, 남태평양 피지와 솔로몬제도의 정치불안, 파푸아뉴기니
부갠빌(Bouganville) 분리독립 분쟁, 그리고 2006년 태국의 쿠데타와 政情不
安, 2008년에는 태국과 캄보디아 間 국경지역의 프레아 비히어(Preah Vihear)
회교사원을 둘러싼 분쟁문제가 심각히 논의되었다. 지역에 영향을 미치는 국
제분쟁에 관해서는 1990년대 말에 코소보와 유고사태가 논의되었고, 2000년
대에 들어와서는 아프가니스탄 전쟁, 이라크 전쟁, 중동문제(이스라엘·팔레
스타인·레바논) 등이 비중있게 다루어지고 있다. 여기서는 ARF에서 논의되
는 지역분쟁의 핵심으로 남중국해 문제를 살핀다. 한반도 문제는 북한 핵문
제가 핵심을 이루므로 군축/비확산 분야 논의에 포함시켜 언급한다.

　남중국해 문제는 중국·베트남·필리핀·말레이시아·브루나이·대만이
직접적 분쟁관계에 있으며, 인도네시아가 중국과의 EEZ 중첩 논쟁 가능성을
안고 있는 간접 당사자로41) ARF 지역분쟁 논의 중 핵심을 이룬다. 이 문제
는 석유·천연가스와 풍부한 어족자원 그리고 해상교통로의 중요성 등으로
누구도 양보의사를 보이지 않고 있다. 중국이 1990년 이후 '주권문제는 차후
에 논의하고 공동개발을 하자'는42) 주장에 대해서도 베트남·필리핀·말레
이시아 등 관련국들은 底意를 의심하고 동참에 유보적이며 매우 신중하게
접근하고 있다. 이는 1990년대까지 가열되었던 무력충돌과 강제점령이 2000

　　을 당부하는 수준에 머무르고 있다.

40) 1990년대 말 2000년대 초 인도네시아의 동티모르, 암본, 아체, 이리안자야(西파푸아) 지역에서의
　　분리독립 분쟁에 ASEAN 국가들은 주권과 내정 불간섭을 옹호하였다.

41) 인도네시아를 간접당사자라 함은 천연가스 개발지역 나투나 군도(Natuna Islands)와 뒤에서 언급
　　할 중국의 소위 '혀 모양의 선'이 중첩되기 때문이다. 이 문제로 1995년 인도네시아 외무장관이
　　급히 중국을 방문하는 등 갈등이 있었다.

42) 1990년 8월 李鵬 총리는 스프래틀리 군도 자원 공동개발을 제의하였으며, 이는 현재 스프래틀리
　　群島 점령상황이 중국에게 불리하기 때문이기도 하다.

년대에 들어와 중국과 ASEAN간 '남중국해에서 당사국들의 행동에 관한 선언(DOC)'으로 분쟁이 일시 자제되고 있으나, 법적인 효력을 가진 행동규약이 아니라는 점에서 가장 높은 분쟁가능성을 지닌 곳이라는 점에 이견이 없다.

ARF 의장성명서(Chairman's Statement)에 등장하는 남중국해 문제는 1994년 5월 ARF 고위관리회의(SOM)에서 '남중국해에서의 잠재적 분쟁관리에 관한 일련의 워크숍(Workshop Series on Managing Potential Conflicts in the South China Sea)'이[43] 신뢰구축과 예방외교 증진에 기여한다는 언급으로부터 시작된다.[44] 이 워크숍의 건의를 기초로 ASEAN 국가들은 중국에 남중국해 문제를 ARF에서 논의할 것을 촉구하고, 미국·EU 등은 항해자유와 국제법에 따른 평화적 해결을 강조하였다. 이에 중국은 ASEAN의 주장을 무시할 수 없게 되고, 중국으로서는 1995년부터 이 문제의 양자적 해결 원칙은 여전하지만 다자적 논의를 부분적으로 수용하는 입장을 보였다. 이후 의장성명서에는 남중국해에 대한 관련국들의 '중첩된 주권 주장(overlapping sovereignty claims)'에 우려를 표명하고, 당사국들이 국제법과 1982년 유엔해양법협약(UNCLOS), 1992년 'ASEAN의 남중국해에 관한 선언(the ASEAN's 1992 Declaration on the South China Sea)'에 포함된 원칙 준수와 평화적 해결 필요성 주장이 등장한다.[45] 1998년 'ASEAN과 중국간 고위관리급 협의'를 계기로 서방국가들이 국제법과 UNCLOS에 따른 분쟁의 평화적 해결과 자유항해를 재강조하면서,[46] 중국과 필리핀간 긴장 고조에 우려와 관심을 표명하였다.[47]

---

43) 1990년 발리(Bali) 개최 이후 연례적으로 열리며 남중국해 문제의 평화적 해결을 조언한다. 인도네시아의 주도와 캐나다 국제개발원(CIDA)의 재원지원으로 관련국들의 政府/軍/민간전문가들이 개인 자격으로 참가하는 트랙2 논의이지만 2002년 '남중국해에서 당사국들의 행동에 관한 선언(DOC)' 창출에 공헌하였다.

44) "Summary Record of the ASEAN Regional Forum Senior Officials Meeting(ARF−SOM)," Bangkok, Thailand, 23−25 May 1994; 외교통상부 외교정책실, 『아세안지역안보포럼(ARF) 주요문서집』(서울: 외교통상부, 2002.7.), p.82

45) "Chairman's Statement the Second ASEAN Regional Forum," Bandar Seri Begawan, Brunei Darussalam, 1 August 1995; ASEAN Secretariat(2003), pp.13−14; "Chairman's Statement the Third ASEAN Regional Forum," Jakarta, Indonesia, 23 July 1996; ASEAN Secretariat(2003), p.33.

이에 도출된 합의는 당사국들에 自制를 당부하고 ① ASEAN과 중국 간 고위급 협의, ② ARF에서의 정기적인 입장 교환, ③ 지속적인 '남중국해에서의 잠재적 분쟁관리에 관한 비공식 워크숍'을 통한 노력들을 지속할 것을 확인하고 '남중국해에 관한 지역 행동규약' 채택을 촉구하고 있다.[48]

ASEAN 국가들은 남중국해 문제에 관해 다자대화는 부적절하다는 중국의 주장에도 불구하고, 서방국가들의 지지를 염두에 두고 적극적으로 이 문제에 접근하였으며, 2002년 7월 제9차 외무장관회의에서는 "남중국해에 관한 행동규약 채택이 지역의 평화와 안정을 증진시킨다."는 내용을 포함시켰다. 나아가 중국과 긴밀히 협의하고자 하는 ASEAN의 결의와 유엔해양법협약을 포함한 국제법의 諸원칙에 따라 당사국들이 분쟁의 평화적 해결을 위해 노력할 것을 권고하고 있다.[49] 그 결과, ASEAN 국가들은 남중국해 문제를 ARF에서 논의하는 것을 공식화하고, 2002년 11월에 중국과 '남중국해에서의 당사국간 행동에 관한 선언(DOC)'을 채택함으로써 당사국들이 역내 평화와 안전에 영향을 미치는 행동을 자제할 것과 당사국들간 신뢰구축 및

---

46) "Chairman's Statement the Fifth ASEAN Regional Forum," Manila, Philippines, 27 July 1998; ASEAN Secretariat(2003), p.132.

47) 1999년 3월 방콕 개최 ISG-CBM 회의 시 공동의장 보고서는 '필리핀과 중국간 전문가 회의와 ASEAN과 중국간 고위관리회의가 상호이해와 건설적 대화를 통하여 좋은 결과를 찾아내길 희망'하고 있다. "Co-Chairmen's Summary Report of the Meeting of the ARF Inter-sessional Support Group on Confidence Building Measures," Bangkok, Thailand, 3-5 March 1999; ASEAN Secretariat(2003), pp.211-212; 공동의장 보고서가 上記 내용을 담게 된 배경은 필리핀과 중국이 1995년 Mischief Reef(美濟礁) 점령문제를 두고 심각히 대립하였기 때문이다. 필리핀은 구조물 건설이 군사시설이라고 주장하고 중국은 '어민대피소(fishermen's shelter)'라 답변하였다. 1999년 7월 외무장관회의에서 필리핀은 행동규약 체결을 주장하고, 미국은 행동규약이 불가할 경우 非아세안 국가들의 '多者 賢人그룹(multilateral wise men's group)' 운영방안을 제기한 바 있다.

48) "Chairman's Statement the Sixth ASEAN Regional Forum," Singapore, 26 July 1999; "Chairman's Statement the Seventh ASEAN Regional Forum," Bangkok, Thailand, 27 July 2000; ASEAN Secretariat(2003), p.194, p.256; ASEAN 국가들은 항해자유 보장과 남중국해 행동규약 체결을 주장하고, 일본 등 서방국가들은 남중국해 문제를 ARF에서 계속 논의할 것과 평화적 해결 노력을 강조하여 ASEAN 입장을 지원하였다.

49) "Chairman's Statement the Ninth ASEAN Regional Forum," Bandar Seri Begawan, Brunei Darussalam, 31 July 2002, in ASEAN Secretariat(2003), pp.360-361.

협력적 행동을 위한 수단과 방법의 모색이 중요함을 강조하고 있다. 나아가 DOC 내에서 고위관리회의(SOM)를 개최하여 DOC 이행을 검토할 실무그룹(Working Group)회의 설립을 이끌어내게 되었다.[50] 현재 ASEAN 국가들은 DOC를 남중국해 지역 행동규약으로 발전시키기 위해 노력하고 있으며, ARF는 DOC 정신에 부합하는 UNCLOS와 국제법의 원칙들을 통하여 自制와 분쟁의 평화적 해결, 안정과 평화유지 등을 강조해 오고 있다.[51] 이러한 노력의 일환으로 2005년 3월 '스프래틀리 군도에서의 해양 지진파탐사에 관한 중국·필리핀·베트남 국유 석유회사들 간의 공동 협약(Joint Accord among the National Oil Companies of China, the Philippines and Vietnam on Conducting Marine Seismic Activities in the Spratly Islands)'이 체결되었으며, 이는 본격적인 탐사 前段階로 지진파를 이용하여 석유매장량을 추정하는 연구를 석유매장 유력지역 143,000여㎢에 대하여 실시하는 것이었으며, 2006년 7월 의미있는 결과를 얻지 못하고 조기에 일단락되었다.[52]

지금까지 진전된 남중국해 문제를 종합하면, 1992년 당시 아세안 6개국 외무장관들이 마닐라에서 '남중국해에 관한 ASEAN 선언'을[53] 채택한 이후 ASEAN은 남중국해 문제의 평화적 해결을 위해 自制하고, 국제법적 영향력을 가지는 '행동규약(COC)'의 체결이 중요함을 강조하고 있다. 이러한 노력

---

50) "Chairman's Statement the Eleventh Meeting of ASEAN Regional Forum," Jakarta, 2 July 2004, at http://www.aseansec.org/16245.htm(검색일: 2005.3.14).

51) "Chairman's Statement 15th ASEAN Regional Forum," Singapore, 24 July 2008, at http://www.aseanregionalforum.org/PublicLibrary/ARFChairmansStatementsandReports/tabid/66/Default. aspx(검색일: 2008.8.2). 동일한 주장이 2003년 이후 반복되고 있다.

52) 실제탐사인 굴착은 포함되지 않았다. http://www.chinaconsulatechicago.org/eng/xw/t187607.htm(검색일: 2007.8.8); http://english.peopledaily.com.cn/200503/15/eng2005315_176845.html; http://english.peopledaily.com.cn/200511/17/eng20051117_221802.html(검색일: 2007.8.8); Ministry of Foreign Affairs of Malaysia, Annual Security Outlook(ASO) 2006(Kuala Lumpur: MFA, 28 July 2006), p.70 참조.

53) "ASEAN Declaration on the South China Sea(1992)," Manila, Philippines, 22 July 1992 at http://www.aseansec.org/5233.htm(검색일: 2007.10.8).

은 1997년 12월 16일 쿠알라룸푸르에서 당시 ASEAN 9개국 頂上들과 중국 江澤民 主席 간에 '아세안과 중국의 정상회의 공동성명'을 통하여[54] ARF에서의 협력 증진, 경제위기에 따른 안정 노력, 평화적 수단에 의한 분쟁과 異見의 해결, 특히 남중국해 분쟁에 있어서 협의와 협상을 통한 해결에 동의하였다. 그 후, 2002년 11월 4일 프놈펜에서 중국 王毅 외교부 부부장과 10명의 ASEAN 외무장관들이 서명한 '남중국해 당사국들의 행동에 관한 선언(DOC)'을 채택함으로써 남중국해 분쟁에 있어서 무력의 사용과 위협이 없이 평화적 수단(협의·협상)에 의한 해결을 도모하고, 특히 無人島·暗礁·暗沙·沙洲 등에 사람을 定住시키는 행위 등 현재의 상황을 복잡하게 하거나 악화시켜 평화와 안정을 저해하는 행동을 자제해 나가기로 하였다.[55] 이 선언은 완전한 '남중국해에서의 행동규약'을 향한 초보적 합의로 국제법적 권능을 가지는 행동규약은 아니며 양측간 自制와 現狀維持를 바탕으로 안정과 평화를 위한 조치였다. 따라서 ASEAN 국가들은 1992년 7월 마닐라 개최 제25차 아세안 각료회의(AMM) 이후 매년 남중국해 행동규약 설립 문제를 계속하여 촉구해 오고 있다.[56]

이러한 배경하에서 중국의 입장은 남중국해 문제를 現狀維持하면서 해결을 미래로 미루는 결정을 하였으며, ARF에서 남중국해 문제의 언급을 허용하되 민감한 세부문제는 중국－ASEAN간 협의한다는 선에서 타결을 보았다. 따라서 지금까지의 선언이나 성명 등은 ASEAN 국가들의 요구를 수용하고 대화를 통해 논의해 보자는 정도의 합의에 불과하며, 중국이 주장해

---

54) "Joint Statement of the Meeting of Heads of State/Government of the Member States of ASEAN and the President of the People's Republic of China," Kuala Lumpur, Malaysia, 16 December 1997, at http://www.aseansec.org/5476.htm(검색일: 2007.10.8).

55) "Declaration on the Conduct of Parties in the South China Sea," 4 November 2002, Phnom Penh, the Kingdom of Cambodia, at http://www.aseansec.org/13163.htm(검색일: 2007.10.8).

56) "Joint Communique 25th ASEAN Ministerial Meeting," Manila, Philippines, 21－22 July 1992, at http://aseansec.org/1167.htm(검색일: 2007.11.13).

오고 있는 남중국해 80%에 달하는 주권/관할권 주장에는 변화가 없음을 분명히 하고 있다. 그 이유는 만약 중국이 남중국해 문제를 ARF에서 논의할 수 없음을 주장하고 以前의 주장대로 양자관계로만 해결하길 원했다면 아마도 ARF는 존재 意義를 상실했을 가능성이 높았기 때문이다. 그 이유는 1995년과 1999년 ARF에서 필리핀과 중국간 대립에서 표면화되었던 것처럼, 서방국가들의 남중국해에 대한 이익과 ASEAN의 사활적 이익이 걸린 문제를 중국이 무시할 경우, 다자논의/다극체제 정책 자체가 손상을 입는 결과를 초래하기 때문이었다. 그러나 중국이 남중국해 영유권에 대한 변하지 않은 입장에 있음을 보여 주는 활동이 2007년 11월 西沙·中沙·南沙 群島를 관할할 縣級의 三沙市 설립계획으로 나타났다.57) 따라서 현재 남중국해에서의 분쟁위험성은 본질적 변화가 없고, 다만 분쟁을 자제하는 상황에 있는 것으로 평가할 수 있다. 이 문제는 뒤에서 보다 상세히 언급하고자 한다.

나. 군축/비확산 분야

　군축/비확산 분야 논의는 1990년대로부터 현재까지 NPT·CWC·BWC 등 대량살상무기 비확산체제에 대한 支持와 준수 촉구, 북한 핵문제와 미사일기술 확산 문제에 대한 우려와 평화적 해결 요구, 1995년에 서명되고 1997년에 발효된 동남아 비핵지대(SEANWFZ) 조약의 중요성과 핵강대국들과의 의정서 체결 요구, 1996년 서명된 포괄핵실험금지조약(CTBT)의 조기 비준, 핵분열물질 생산금지조약(FMCT)의 조기 실현 및 이란 핵개발에 대한 우려가 주로 논의되고 있다. 아울러 1995년 프랑스의 남태평양에서의 핵실험, 1998년 인도와 파키스탄의 핵실험, 2006년 북한의 핵실험 등에 대해

---

57) 2007.11.20. 홍콩明報는 海南省지방정부가 國務院에 요청/승인을 받았다고 보도하였다.

강한 유감을 표시하고, 핵실험 전면금지를 촉구하고 있으며, 대인지뢰금지 협약(Ottawa Convention)의 성실한 이행을 강조하고 있다.

　이러한 맥락에서, 21세기 들어와 심화되는 천연에너지 감소로 原電 건설이 추진되고 있는 동남아 국가들의 상황과,58) 안보 여건에 따라 핵무기 확산에 대한 우려가 제기될 수 있는 동북아의 사정은 군축/비확산 논의 필요성을 증진시키고 있다.

　군축/비확산에 관한 의장성명서(Chairman's Statement) 주요내용은 1995년 8월 제2차 외무장관회의로부터 등장하는데, 1994년 10월 21일 체결된 제네바합의(AF)의 완전한 이행과 이행기구인 한반도 에너지 개발기구(KEDO)에 대한 국제적 지원을 강조하고 있다. 또한, 핵무기 비확산의 중요성을 강조하면서 1996년까지 포괄핵실험금지조약(CTBT)을 마무리할 것과 핵실험 금지를 강력히 촉구하고, 남태평양 비핵지대와 같은 비핵지대들이 핵 비확산 레짐 강화에 기여함을 언급하였다.59)

　1996년에는 1995년 12월 방콕에서 동남아 수뇌들에 의해 서명된 동남아 비핵지대 조약의 중요성을 강조하고, 남태평양에서의 프랑스 핵실험 종료를 확인하면서, 아태지역에서 핵실험이 없어져야 함을 천명하고, 범세계적 對人地雷(anti-personal mines) 제거에 적극 동참을 호소하였다.60)

　1997년에는 3월 27일 동남아 비핵지대조약의 발효와 G-5와 의정서 가입을 위한 협의가 진행 중임을 확인하였다. 아울러, CWC의 발효를 환영하면서 조기 비준을 촉구하였다.61) 또한, CTBT의 압도적 지지를 환영하면서

---

58) 인도네시아, 태국, 베트남, 미얀마, 말레이시아 등의 원자력 발전 추진과 싱가포르의 반대 입장 등에 대해서는 다음을 참조. Geoffrey Gunn, "Southeast Asia's Looming Nuclear Power Industry," *The Asia-Pacific Journal: Japan Focus,* February 11, 2008, at http://japanfocus.org/products/details/2659(검색일: 2008.9.17).

59) "Chairman's Statement the Second ASEAN Regional Forum," Bandar Seri Begawan, Brunei Darussalam, 1 August 1995; ASEAN Secretariat(2003), p.14.

60) "Chairman's Statement the Third ASEAN Regional Forum," Jakarta, Indonesia, 23 July 1996; ASEAN Secretariat(2003), pp.32-33.

핵확산 방지와 核國들의[62] 핵군축 노력 필요성을 강조하였다. KEDO에 대한 ARF의 지원을 재확인하면서, 대만 핵폐기물의 국경통과 문제에 대하여 국제 안전기준을 따라야 하고, 폐기물 처리 및 저장소가 不備한 국가들에 폐기물 수출을 금지해야 함을 확인하였다.[63]

1998년에는 KEDO 활동에 전면적인 지지를 표명하고 재정적 어려움에 국제적 기여를 요청하였으며, 대인지뢰의 사용·저장·생산·이전 금지와 폐기를 규정한 대인지뢰금지협약(Ottawa Convention)의 완결에 만족을 표명하였다. 또, 지뢰와 불발탄(unexploded ordinances) 제거 및 희생자 지원을 위한 국제적 협력을 증진할 것에 합의하고 태국과 캄보디아가 지뢰제거훈련 지원을 제안한 것을 환영하였다. 核國들이 조기에 SEANWFZ 의정서에 가입할 것을 희망하고, CWC 이행성과에 만족을 표명하였다. CTBT 서명과 비준 국가 수가 증가하고,[64] 영국과 프랑스가 비준한 것을 환영하였다. 아울러, 핵분열성물질(fissile material for nuclear weapons) 생산을 금지하는 조약에 대하여 군축회의(CD)가 즉각적인 협상을 개시할 것을 촉구하고, 핵국들이 궁극적인 핵무기 제거를 위한 노력을 수행해 줄 것을 요청하였다. 1998년 6월 6일 유엔안보리 결의 1172를[65] 상기하면서 핵무기 확산 예방에 기여할 것을 강조하고, 남아시아에서의 핵실험에 대하여 깊은 우려를 표명하였다. 아울러 인도와 파키스탄이 핵실험 전면중단과 함께 NPT와

---

61) 현재 ARF 참가국 중 CWC 미가입국은 북한이며, 미얀마는 서명만 하고 비준하지 않았다.

62) 핵국(核國)은 NPT에서 공식 인정하는 G-5(미·러·영·중·프)를 의미한다.

63) "Chairman's Statement the Fourth ASEAN Regional Forum," Subang Jaya, Malaysia, 27 July 1997; ASEAN Secretariat(2003), pp.69-71.

64) ARF 참가국 중 CTBT 미가입국은 인도·파키스탄·북한이며, 비준하지 않은 국가는 미국·중국·인도네시아·태국·미얀마·브루나이·스리랑카·파푸아뉴기니·티모르레스테이다.

65) 인·파 핵실험 관련 핵/미사일 기술과 물질 등의 수출금지, NPT 준수, 남아시아 핵경쟁 방지, 추가핵실험 自制와 대화 촉구 등을 언급하고 있다. UNSC Resolution 1172(1998), adopted by the Security Council at its 3890th meeting, S/RES/1172(1998) on 6 June 1998, at http://www.un.org/Docs/scres/1998/scres98.htm(검색일: 2008.9.1).

CTBT에 지체 없이, 전제조건이나 유보 없이(without delay, conditions, or reservations) 가입할 것을 주장하였다.[66]

1999년에는 CTBT 조기 가입과 비준 및 NPT 미가입국들의[67] 조기 가입을 촉구하고, 제네바 군축회의(CD)가 조기에 시작되어 신속히 핵무기 제조를 목적으로 하는 핵분열물질 생산금지조약(FMCT) 협상을 최우선적으로 마무리할 것을 주장하였다. 1998년 8월 북한이 탑재물발사(payload launch)와[68] 여타의 미사일 관련 활동들에 우려를 표명하고, 제네바 합의와 KEDO 사업 이행을 강조한 바 있다.[69]

2000년에는 핵무기 비확산에 기여하는 SEANWFZ 위원회와 SEANWFZ 상임위원회의 가동과 IAEA와의 대화를 높이 평가하였다. 탄도미사일 방어체제가 주는 영향과[70] 대량살상무기 및 투발수단의 비확산 관련 문제들이 논의되고, 2000년 4월 개최된 NPT 검토회의 결과에 따라 모든 국가들이 CTBT에 서명/비준할 것을 촉구하였다. 핵무기 보유국가들에 전면적인 핵무기 제거 목표를 향해 노력할 것을 요망하고 NPT 미가입국의 가입을 강조하였다. 북한에 미사일 시험발사 중지를 촉구하고 KEDO를 포함한 제네바 합의의 완전한 이행을 권고하였다.[71]

2001년에는 동남아 비핵지대조약 관련 조약당사국들과 핵국들(G-5) 간

---

66) "Chairman's Statement the Fifth ASEAN Regional Forum," Manila, Philippines, 27 July 1998; ASEAN Secretariat(2003), pp.133-134.

67) ARF 참가국 중 NPT 미가입국은 인도와 파키스탄이며 북한은 탈퇴 상황이다.

68) payload launch는 미사일과 인공위성의 두 가지 의미를 모두 포함한다.

69) "Chairman's Statement the Sixth ASEAN Regional Forum," Singapore, 26 July 1999; ASEAN Secretariat(2003), pp.195-196.

70) 중국은 TMD/NMD 문제가 군비경쟁을 야기하고 관련국의 주권과 영토를 위협한다면서 반대입장을 분명히 하였다. 미국은 TMD에 극단적 입장은 자제돼야 하며 NMD는 적극적 방어 개념에 기초하여 포괄적인 군축/비확산 전략으로 추진되는 것이라 언급하였다. 일본은 이 문제보다 역내 국가들의 탄도미사일 확산을 우려해야 한다고 주장하였다.

71) "Chairman's Statement the Seventh ASEAN Regional Forum," Bangkok, Thailand, 27 July 2000, ASEAN Secretariat(2003), p.257.

에 하노이에서 직접대화를 가진 것을 환영하였다. 아울러 '몽골의 안전보장에 관한 안보리 상임이사국들의 공동성명(the P5 Joint Statement)'을 환영하고 몽골의 비핵지위(the Nuclear—Weapon—Free Status)를 지지하였다. WMD와 투발수단의 확산 관련 문제 및 미사일 방어체제(missile defense systems)의 영향에 대하여 추가적으로 논의하였다. 범세계적 비확산 레짐의 초석으로 NPT를 지지하면서, 모든 국가들이 CTBT에 서명/비준할 것과 NPT에 가입할 것을 요구하고, 현재의 핵실험 중지를 지속할 것을 주장하였다. 또한 FMCT 협상의 즉각적인 개시와 핵국들이 핵무기 제거 목표를 향해 노력할 것을 요청하고, 생물 및 독성무기 금지협약(BTWC/BWC)을[72] 강화하는 검증 의정서의 조기종결을 위해 신속히 의정서 협상에 임할 것을 촉구하였다.[73]

2002년에는 NPT가 핵군축을 위한 기초임을 재확인하고 NPT, IAEA 안전규정, NPT 안전협정의 추가의정서 가입을 촉구하였다. 지속적인 핵실험 중지필요성과 핵무기의 전면제거 노력을 재강조하고, CWC와 BWC의 보편성(universality) 증진이 중요함을 피력하였다.[74]

2003년에는 대량살상무기와 투발수단 확산 위험에 공동 노력하고 NPT, IAEA 안전협정, 안전협정 추가 의정서들, BTWC/BWC, CWC를 포함한 군축/비확산협정들의 보편성 증진을 강조하였다. 핵실험 중지의 지속을 요청하고, 투발수단 억제 노력의 중요한 이정표로 2002년 11월 발효된 '탄도미사일 확산 방지에 관한 헤이그 행동규약(Hague/International Code of Conduct Against Ballistic Missile Proliferation)'을 환영하였으며,[75] ARF 참가

---

72) ARF 참가국 중 BWC 미가입국은 미얀마이다.

73) "Chairman's Statement the Eighth ASEAN Regional Forum," Hanoi, Vietnam, 25 July 2001; ASEAN Secretariat(2003), pp.303－304.

74) "Chairman's Statement the Ninth ASEAN Regional Forum," Bandar Seri Begawan, Brunei Darussalam, 31 July 2002; ASEAN Secretariat(2003), pp.363－364; 보편성은 대량살상무기협약 가입국과 미가입국간 발생하는 이행의무 차이로 인한 가입국의 불이익을 해소하기 위해 미가입국의 조기 가입과 상응하는 이행 필요성을 의미한다.

75) ARF 참가국중 MTCR 가입국은 미국·일본·한국·호주·뉴질랜드·캐나다·러시아이며, HCOC/ICOC

국들이 이 규약의 준수를 확대할 것을 촉구하였다. 소형무기/경무기 분야에서 2003년 7월 제1차 UN 隔年회의 성공을 치하하고 '소형무기/경무기의 불법거래 예방 및 척결 노력을 권고하였다.76) 한반도 비핵화 관련 북한입장을 청취하고,77) NPT 탈퇴 결정을 철회할 것을 강조하였다.78)

2004년에는 대량살상무기/투발수단 확산을 방지하기 위한 협력 중요성을 강조하고 '비확산에 관한 ARF 성명'을79) 채택하였다. 아울러 국제적으로 인정되는 비핵지대들에 대한 支持입장을 재확인하면서, 동남아 비핵지대조약 의정서에 핵국들이 조기 가입할 것을 재강조하였다. 6자회담의 말 對 말(Words for Words), 행동 對 행동(Action for Action) 원칙 이행이 실천되길 촉구하였다.80)

2005년에는 NPT의 합법성을 재확인하면서 2005년 검토회의에서 논의된 사안들과 추가적인 NPT 강화 노력 필요성을 언급하고, 핵무기 국가들과 동남아 비핵지대조약 당사국들 간의 의정서 협의 필요성을 강조하였다.81)

2006년과 2007년에는 대량살상무기와 투발체제가 테러분자들에게 넘어갈 것을 우려하고, 동남아 비핵지대조약 의정서에 관한 계속되는 협의 중요성

에는 MTCR 가입국에 추가하여 필리핀·파푸아뉴기니·티모르레스테가 참가하고 있다. 중국은 미국과 합의로 1992년부터 부분적으로 미사일 확산방지에 기여하고 있다.

76) "Chairman's Statement the Tenth Meeting of ASEAN Regional Forum," Phnom Penh, 18 June 2003, at http://www.aseansec.org/14845.htm(검색일: 2005.3.14).

77) 북한은 핵문제가 미국의 핵위협(악의 축, 선제공격) 때문이며 북경회담시 대담한 제안을 하여 '상호 동시에 실천하는 조치들(simultaneous and action-oriented measures)'이 추진되고 있다고 주장하고, 미·북 양자대화 필요성을 강조하였다.

78) 미국은 북한이 IAEA 핵안전협정, 제네바 합의 등을 위반하고 핵농축 프로그램을 가동중이며, 북핵문제는 범세계적 비확산 문제라고 언급하였고, 일본은 검증 가능하고 불가역적인 방법으로 핵프로그램을 폐기하길 강조하였다.

79) 테러리스트들에게 대량살상무기/투발수단 관련 물질의 移轉을 방지하는 것과 유엔안보리 결의 1540을 支持하고, 불법 핵·화학·생물학무기의 移轉방지 조처를 강조하고 있다. "ASEAN Regional Forum Statement on Non-Proliferation," Jakarta, 2 July 2004.

80) "Chairman's Statement the Eleventh Meeting of ASEAN Regional Forum," Jakarta, 2 July 2004, at http://www.aseansec.org/16245.htm(검색일: 2005.3.14).

81) "Chairman's Statement the Twelfth Meeting of the ASEAN Regional Forum(ARF)," Vientiane, 29 July 2005, p.6.

을 재확인하였다. 2005년 9월 6자회담에서 전원합의로 채택된 '한반도 비핵화 공동성명' 지지를 확인하면서, 2006년 7월 북한의 미사일 시험발사에 우려를 표명하고, 2006년 7월 15일 유엔안보리결의 1695에[82] 따라 미사일 시험을 중지할 것을 촉구하였다.[83]

2007년에는 영변 핵시설의 폐쇄를 검증한 IAEA 보고서에 有意하고, 모든 핵 프로그램의 완전한 신고와 모든 핵시설의 不能化 공약을 이행한다는 북한 발표를 환영하였다. 6자회담 관련, 2005년 9월 19일 공동성명서와 '행동 對 행동' 원칙에 따른 2007년 2월 13일의 합의를 성실하고 완전하게 이행한다는 것을 공약한 2007년 7월 18-20일 북경회의 합의사항을 재확인하였다.[84]

2008년에는 북핵문제의 검증 가능한 비핵화를 향한 2005년 9·19 공동성명의 완전한 이행을 통한 관계정상화를 지지하고, 2007년 합의에 따른 핵신고와 효과적인 검증/감시체제 설립을 재강조하였으며, 이란 핵문제의 포괄적 해결노력을 촉구하였다.[85]

지난 15년간의 군축/비확산 분야 논의는 NPT/CTBT, CWC, BWC/BTWC, 미사일 투발수단 등 대량살상무기 비확산과 핵실험 금지 및 대인지뢰 금지 등 군축/비확산체제에의 결의사항 이행을 매년 재확인하고 있다. 아울러 2005년 설립된 동남아 비핵지대는 핵확산방지를 위한 대표적인 조치로, 비

---

82) 일본이 '탄도미사일 발사, 핵·화학·생물무기 투발수단으로 이용가능성'을 제기하고 미사일 발사 중지, NPT로 복귀, 9·19 공동성명 이행, 관련 기술/물질/제품 移轉금지를 촉구하고 있다. United Nations Security Council, Resolution 1695(2006), Adopted by the Security Council at its 5490th meeting, on 15 July 2006, at http://www.un.org/Docs/sc/unsc_resolutions06.htm(검색일: 2008.8.3); http://daccessdds.un.org/doc/UNDOC/GEN/N06/431/64/PDF/N0643164.pdf?OpenElement(검색일: 2008.8.3).

83) "Chairman's Statement of the Thirteenth ASEAN Regional Forum," Kuala Lumpur, Malaysia, 28 July 2006, pp.2-7; "Chairman's Statement 14th ASEAN Regional Forum," Manila, the Philippines, 2 August 2007, pp.5-6.

84) "Chairman's Statement 14th ASEAN Regional Forum," Manila, the Philippines, 2 August 2007, p.2.

85) "Chairman's Statement 15th ASEAN Regional Forum," Singapore, 24 July 2008, at http://www.aseanregionalforum.org/PublicLibrary/ARFChairmansStatementsandReports/tabid/66/Default.aspx(검색일: 2008.8.2).

록 핵국들이 의정서를 체결하지 않아 불완전한 상태이지만 군축/비확산 노력의 긍정적 성과로 인정되고 있다.

그러나 이러한 군축/비확산 노력에도 불구하고 인도·파키스탄·북한으로의 핵확산과 NPT/CTBT 불가입, 미사일 능력 신장에 대하여 ARF의 역할은 無力하였다.

이러한 맥락에서, ASEAN이 강하게 주장하게 된 것은 동남아 비핵지대에 대한 의정서 체결이며, 의정서 체결에 난관이 있다는 점을[86] 이용하여 강대국들이 경쟁적으로 ASEAN의 이익에 기여하지 않을 수 없는 방향으로 나아가고 있다. 또한, 미국·중국·인도네시아·태국·미얀마·브루나이·스리랑카·파푸아뉴기니·티모르레스테가 CTBT에 불비준하고, 미얀마가 BWC에 불가입과 CWC에도 비준하지 않은 사실, 그리고 대부분의 동남아 국가들이 미사일 확산방지에 미온적인 점 등은 군축/비확산 분야에서 풀어야 할 과제로 남아 있다.

다. 초국가적/비전통적 안보 분야

ARF에서 초국가적/비전통적 안보 분야 협의는 주로 테러리즘, 초국가적 범죄에 대응하는 차원에서 전개되었다. 테러리즘은 ARF 외무장관들의 특정 종족·종교·국가와 연결시키지 않아야 한다는 거듭된 주장에도 불구하고 이슬람이라는 문명권과 연계되어 있다는 인식이 확산되고 정치적 이질감과 종족간 종교간 반감으로 표출되고 있다. 아울러 확산되고 있는 마약·해적·인신매매·돈세탁·불법이민·컴퓨터 범죄·소형무기 불법거래 등은 참가국들이 적극적인 대응을 약속하지만 근절이 어려운데, 그 이유는 초국

---

86) G−5 국가들이 SEANWFZ 의정서를 체결할 경우, 미국은 미7함대의 작전이 불가능해지고, 여타 국가들도 핵전력이 남중국해를 통과하지 못하는 행동의 자유를 잃게 된다.

가적 범죄들이 고질화·지능화 되어 있고 상호 연계되어 있으며 근본적으로 빈곤과 개별국가들의 허술한 법체계와 무관하지 않다.

1) 테러리즘(terrorism)

테러리즘은 9·11 테러 사태로 대두된 의제로 가장 활발한 논의가 진행된 분야이다. 의장성명서(Chairman's Statement)에 나타나는 주요내용은 다음과 같다.

2001년 10월 ARF 議長國 브루나이에 의하여 발표된 對테러 성명을[87] 상기하면서 全 참가국이 UNSC 결의 제1373호를[88] 수용하였음을 환영하고, 테러리즘 국제협약과 의정서에 조기 가입과 비준을 촉구하였다.[89] 유엔안보리 결의 1373호는 '평화 위협, 평화 훼손, 침략행위에 관한 행동'을 규정한 UN 헌장 제7장을 근거로 활동할 것을 결의한 것으로 국제 테러리즘을 국가적 범죄행위로 간주한다는 의미를 지닌다.[90] 이와 같은 맥락에서, 議長國이 발표한 '테러리즘 재정 억제 조치에 관한 ARF 성명'을[91] 이행/검토해

---

87) 9·11 테러행위를 비난하고, 테러리즘의 근본원인 해결, 책임자를 추적·체포·징벌하며, 추가 테러공격 예방에 노력할 것을 언급하고 있다.
http://www.aseanregionalforum.org/PublicLibrary/ARFChairmansStatementsandReports/StatementbytheChairmanoftheASEANRegionalFo/tabid/108/Default.aspx(검색일: 2007.8.5).

88) UNSC 결의안 제1373호는 유엔헌장 제7장에 입각하여 테러행위 자금차단, 모든 직간접 테러지원 금지, 이를 위한 국가간 긴밀한 정보교환 및 테러분자/테러단체/테러연계망 색출을 위한 공동협력을 담고 있다. United Nations Security Council, Resolution 1373(2001), adopted by the Security Council at its 4385th meeting, on 28 September 2001.

89) "Chairman's Statement the Ninth ASEAN Regional Forum," Bandar Seri Begawan, Brunei Darussalam, 31 July 2002; ASEAN Secretariat(2003), pp.357－358.

90) UN 헌장 제7장은 집단적 안보행위의 精髓로 경제·통신·외교적 제재(41조), 군사적 제재(42조), 개별적·집단적 자위권(51조) 등의 내용이 포함되어 있다. Department of Public Information, United Nations, *Charter of the United Nations and Statute of the International Court of Justice* (New York: UN, 1985), pp.13－15 참조.

91) 2002년 3월 말레이시아와 미국 공동주관 워크숍 결과로 정보공유, 테러 국제협약/의정서 가입/비준, 국제재정기관들(IFIs: International Financial Institutions)·돈세탁에 관한 財政行動 태스크 포스(FATF: Financial Action Task Force on Money Laundering) 등 국제협력 강화, 테러자금 차단/돈세탁 방지 정

나가기로 하였다.[92) 또한, 對테러리즘 및 초국가적 범죄에 관한 회기간 회의(ISM－CTTC) 설립을 환영하였다.[93)

2003년에는 발리(Bali/인도네시아)·리야드(Riyadh/사우디아라비아)·카사블랑카(Casablanca/모로코)에서의 테러를 규탄하고 테러리즘에 대응한 모든 조치들을 취해 나가기로 하였다. 2002년 8월 1일 ASEAN과 미국, 그리고 2003년 1월 28일의 ASEAN과 EU간 공동선언들을 환영하고 테러리즘과의 전쟁에서 확실한 협력을 추진하기로 하였다.[94) 2003년 3월 21－22일 말레이시아 사바(Sabah) 카람부나이(Karambunai)에서 미국과 말레이시아가 공동 주관한 ISM－CTTC의 계속 추진을 강조하고, ISM－CTTC에서 제의한 대로 '국경 안전에 관한 ARF의 협력적 對테러리스트 행동 성명'을[95) 채택하였으며, 국경지역 안전에 대하여 구체적이고 협력적인 對테러조치들을 강화하기로 하였다. 휴대용 방공무기체계(MANPADS)가 테러리스트 수중에 들어갔을 때 위협을 우려하고 이러한 무기들의 확산 억제에 주력하기로 하였다.[96) 쿠알라룸푸르에 '對테러리즘 동남아 지역 센터(SEARCCT)'가 이러한 여건하에서 설립되었으며,[97) 미국은 말레이시아를 기술적 측면에서 지원하고 있고 테러리즘을

책 지원 등 동참을 촉구하고 있다. "ARF Statement on Measures against Terrorist Financing," Bandar Seri Begawan, Brunei Darussalam, 30 July 2002; ASEAN Secretariat(2003), pp.371－374.

92) "Chairman's Statement the Ninth ASEAN Regional Forum," Bandar Seri Begawan, Brunei Darussalam, 31 July 2002; ASEAN Secretariat(2003), p.358;

93) "Chairman's Statement the Ninth ASEAN Regional Forum," Bandar Seri Begawan, Brunei Darussalam, 31 July 2002; ASEAN Secretariat(2003), p.358.

94) "Chairman's Statement the Tenth Meeting of ASEAN Regional Forum," Phnom Penh, 18 June 2003, at http://www.aseansec.org/14845.htm(검색일: 2005.3.14).

95) 테러리즘이 돈세탁·무기밀수·마약 등 초국가적 범죄와 연계되어 있고, 치명적인 물질의 불법 이전과도 관련되어 있음을 강조하고 정보교환, 사법공조 등을 통한 협력증진을 주장한다. "ASEAN Regional Forum Statement on Cooperative Counter－Terrorist Action on Border Security," Phnom Penh, 18 June 2003, at http://www.aseansec.org/14845.htm(검색일: 2005.3.14).

96) "Chairman's Statement the Tenth Meeting of ASEAN Regional Forum," Phnom Penh, 18 June 2003, at http://www.aseansec.org/14845.htm(검색일: 2005.3.14).

97) SEARCCT는 2003년 발족된 말레이시아 외무부 산하기구로 테러리즘의 원인/기원/테러조직/사후조치 연구 등을 수행하고 있으나, 테러리즘을 세계화의 부산물로 보고 '분명한 정의' 등이 필요

차단하는 역할과 對테러 전문요원 양성을 목적으로 활동하고 있다.98)

2004년에는 2003년 발리에서 개최된 제2차 ASEAN과 인도 간 정상회의에서 '국제 테러리즘 퇴치 협력을 위한 공동선언'에 서명한 것과, 2004년 7월 1일 자카르타에서 개최된 10＋호주 회의에서 '국제 테러리즘 퇴치 협력을 위한 ASEAN과 호주 간 공동성명,' 제11차 ARF 기간 중 '국제 테러리즘 퇴치 협력을 위한 ASEAN과 러시아 간 공동선언' 서명 등을 확인하였다.99) 2004년 2월 발리에서 개최된 인도네시아와 호주가 공동주최한 '對테러리즘에 관한 발리 지역국가 장관회의'에서는 테러리즘 퇴치를 적극 실현하자는 것을 공약하였다. 2004년 7월 3일 인도네시아 센마랑(Senmarang)에 있는 '경찰협력을 위한 자카르타 센터(JCLEC)'의100) 공식 開所를 환영하였으며 테러리즘에 대처할 경찰능력을 증진하고 운용능력 향상을 위해 寄附를 권장하였다. 2004년 3월 30~31일 필리핀 마닐라에서 개최된 제2차 ISM－CTTC에서 건의한 '국제 테러리즘에 대한 운송안전 강화에 관한 ARF 성명'을101) 채택하고, 테러분자들의 위협으로부터 안전을 확보하는 데 구체

하다고 주장한다. Keynote Address by YB Datuk Seri Syed Hamid Albar, Minister of Foreign Affairs at the Official Launching of the Establishment of the South East Asia Regional Centre for Counter－Terrorism(SEARCCT), Putrajaya, Tuesday, 1st July 2003, at
http://domino.kln.gov.my/kln/statemen.nsf/0/569814e350d1949448256d5800147562?OpenDocument;
http://zimmer.csufresno.edu/~haralds/LECTURENOTES/crim109/SEARCCT.htm.(검색일: 2008.6.22).

98) Embassy of the United States of America, "Southeast Asia Counterterrorism Center Now Fully Operational," *Official Text,* Jakarta Indonesia, 9 October 2003, at
http://www.usembassyjakarta.org/press_rel/counter－terrorism.html(검색일:2008.6.22) 참조.

99) "Chairman's Statement the Eleventh Meeting of ASEAN Regional Forum," Jakarta, 2 July 2004, at http://www.aseansec.org/16245.htm(검색일: 2005.3.14).

100) JCLEC는 정책/행정업무는 자카르타에서 수행하지만 훈련센터는 경찰대학이 위치한 센마랑과 메가멘둥(Mega Mendung)의 反테러 센터를 이용하며, 현재 호주·일본·미국·EU 등이 기금과 전문인력을 제공하고 있다. JCLEC, "ARF Foreign Ministers welcome JCLEC's Formation," Tuesday, 17 May 2005, at http://www.jclec.com/index.php?option＝com_content&task＝view&id＝44&Itemid＝2(검색일: 2008.6.22)

101) '육상·해상/수상·공중·파이프라인 운송/수송 안전확보'를 위해 諸 국제협약을 준수하고 국제해사기구(IMO)의 의무규정과 2004년 7월 1일 합의된 '국제 선박 및 항구 안전(ISPS: International Ship and Port Security) 규정(Code)', 국제민간항공기구(ICAO)의 기준을 이행하며, 국가간 원활한 경찰/정

적인 협력조치들을 강조하였다.102)

2005년에는 2004년 11월 30일 비엔티안 개최 ASEAN＋일본 정상회의에서 '테러리즘과의 전쟁에서 협력을 위한 공동선언'을 채택하고, 2005년 7월 27일 비엔티안에서 아세안과 한국 간에, 그리고 2005년 7월 29일 아세안과 뉴질랜드 그리고 아세안과 파키스탄간 '국제 테러리즘과의 전쟁 협력을 위한 공동선언'을 채택하였다. 유엔 안보리 결의 1540의 채택이103) 非國家 행위자들로의 WMD 확산을 방지하며, 모든 국가들에 전면적인 이행을 촉구하였다.104) 2006년 7월 11일 뭄바이에서의 테러공격을 강력히 비난하고, 테러리즘은 기원, 동기, 목적과 상관없이 평화/안정과 국제공동체의 이익에 위협임을 재확인하였으며, 어떠한 특정 종교나 종족과 연합되어 있지 않다는 점에 同意하였다. 말레이시아 등 일부 외무장관들은 테러리즘의 근본원인(root causes) 해결의 필요성을 강조하고 他 종교와 문화에 대한 무차별적 공격을 방지하기 위하여 문명간 理解를 확대해야 함을 강조하였다.105)

2007년에는 필리핀 세부(Cebu)에서 개최된 제12차 아세안 정상회의에서 '對테러리즘에 관한 아세안 헌장(the ASEAN Convention on Counter

---

보기관 협력과 테러용의자 정보교환, 무기/폭약/대량살상무기의 테러분자들로 移轉방지 및 휴대용 방공무기체계(MANPADS)의 통제, 운송시설의 보호 등 협력을 강조하였다. "ARF Statement on Strengthening Transport Security against International Terrorism," Jakarta, Indonesia, 2 July 2004.

102) "Chairman's Statement the Eleventh Meeting of ASEAN Regional Forum," Jakarta, 2 July 2004, at http://www.aseansec.org/16245.htm(검색일: 2005.3.14).

103) United Nations Security Council, Resolution 1540(2004), adopted by Security Council at its 4956 meeting, on 28 April 2004, at http://daccessdds.un.org/doc/UNDOC/GEN/N04/328/43/PDF/N0432843.pdf?OpenElement(검색일: 2008.6.22).

104) "Chairman's Statement the Twelfth Meeting of the ASEAN Regional Forum(ARF)," Vientiane, 29 July 2005, p.6.

105) "ASEAN Regional Forum Statement on Cooperation in Fighting Cyber Attack and Terrorist Misuse of Cyber Space," Kuala Lumpur, 28 July 2006; "ASEAN Regional Forum Statement on Promoting a People－Centered Approach to Counter Terrorism," Kuala Lumpur, 28 July 2006; "Chairman's Statement of the Thirteenth ASEAN Regional Forum," Kuala Lumpur, Malaysia, 28 July 2006, pp.5－8.

Terrorism)'의 성명과 테러리즘을 퇴치하고자 하는 ASEAN의 공약을 분명히 하였다. 특히 'UN의 범세계 對테러리즘 전략(United Nations Global Counter Terrorism Strategy)'을 적극적으로 이행할 것과 對테러리즘에 있어서 국제 법적 기초의 강화가 지속되어야 할 필요성을 강조하였다. 2007년 5월 싱가포르에서 개최된 제5차 ISM－CTTC 관련 싱가포르·일본·러시아 공동의 장들의 노력을 환영하고, 건의사항인 '對테러리즘과 초국가적 범죄에 관한 ARF 협력방안(ARF Cooperation Framework on Counter Terrorism and Transnational Crime)'을 승인하고, '2004년 유엔안보리 결의 1540의 國家的 이행을 지원하는 ARF 성명'을 채택하였다.106) 아울러 '수출통제 최고사례에 관한 문서(paper on Best Practices in Export Control)'를 승인하였는데 이는 싱가포르에서 2005년 11월 17－19일 개최된 'ARF 수출허가 전문가 회의 (ARF Export Licensing Experts Meeting)' 결과를 반영한 것이었다.107)

2008년에는 테러리즘 퇴치 관련 文明間, 文化間 대화 증진 필요성과 시민사회, 언론 등의 참여를 주문하였다.108)

ARF 논의중 테러리즘 분야는 가장 많은 성명서 등이 채택되었는데, ASEAN 과 非ASEAN 국가들간 對테러리즘 공동대처 협력이 17개의 선언/성명 형태로109) 강조되었다. 그러나 특정 종족/종교/국가를 테러리즘과 연계시키는 현실

---

106) 2007년 2월 샌프란시스코에서 개최된 '유엔안보리 결의안 1540 이행 워크숍'의 건의사항으로 WMD/투발수단 확산 방지 및 제거 노력에 대한 개별국가 수준의 책임, 안보리 1540 위원회(SC Committee on 1540)와의 협력, 결의안 이행을 위한 ARF와 같은 지역기구들의 역할 등을 OSCE 사례와 CSCAP 연구검토 등을 중심으로 강조하고 있다. "ASEAN Regional Forum Workshop on Implementation of United Nations Security Council Resolution 1540," San Francisco, USA, February 13－15, 2007.

107) "Chairman's Statement 14th ASEAN Regional Forum," Manila, the Philippines, 2 August 2007, p.8.

108) "Chairman's Statement 15th ASEAN Regional Forum," Singapore, 24 July 2008, at http://www.aseanregionalforum.org/PublicLibrary/ARFChairmansStatementsandReports/tabid/66/Defaul t.aspx(검색일: 2008.8.2).

109) 주요 성명 및 선언들은 다음과 같다.
① 테러리즘 재정 억제 조치에 관한 ARF 성명(2002.7.)
② ASEAN과 미국 간 反테러리즘선언(2002.8.)

등 구조적 문제점과 문명간 갈등은 극복하기 어려운 과제로 남아 있다.

2) 초국가적 범죄/위협 문제

초국가적 범죄에 대한 우려는 1998년부터 논의되기 시작하여 2000년부터 전문가 회의·세미나/워크숍 형태로 협의가 진행되어 동남아의 현실적인 사회문제에 접근하였다. 의장성명서(Chairman's Statement)에 언급된 주요내용은 다음과 같다.

2000년에는 초국가적 범죄(transnational crime) 특히 해적행위, 여성과 아동 등 인신매매, 불법이민, 소형무기 불법거래, 마약생산과 밀거래의 심각성, 돈세탁·부패·컴퓨터 범죄 등에 양자·지역·국제적 협력이 중요함이 강조되었다.110)

2001년에는 초국가적 범죄가 경제발전과 복지를 위협하게 되며, 마약의 생

---

③ ASEAN과 EU 간 反테러리즘선언(2003.1.)
④ 국경 안전에 관한 ARF의 협력적 對테러리스트 행동 성명(2003.6.)
⑤ ASEAN과 인도 간 국제 테러리즘 퇴치 협력 공동선언(2003)
⑥ 국제 테러리즘 퇴치 협력을 위한 ASEAN과 호주 간 공동성명(2004.7.)
⑦ ASEAN과 러시아 간 공동선언(2004.7.)
⑧ 국제 테러리즘에 대한 운송안전 강화에 관한 ARF 성명(2004.7.)
⑨ 아세안과 일본 간 테러리즘과의 전쟁 협력을 위한 공동선언(2004.11.)
⑩ 아세안과 한국 간 국제 테러리즘과의 전쟁 협력을 위한 공동선언(2005.7.)
⑪ 아세안과 뉴질랜드 간 국제 테러리즘과의 전쟁 협력을 위한 공동선언(2005.7.)
⑫ 아세안과 파키스탄 간 국제 테러리즘과의 전쟁 협력을 위한 공동선언(2005.7.)
⑬ 테러리즘과의 전투 및 여타 초국가적 범죄에 대한 협력 증진에 있어서 정보공유·정보교류·문서통합 및 보안에 관한 ARF 성명(2005.7.)
⑭ 아세안과 캐나다 간 국제 테러리즘 퇴치 협력 공동선언(2006.7.)
⑮ 사이버 공격 및 사이버 공간에서의 테러리스트들의 오용 퇴치 협력에 관한 성명(2006.7.)
⑯ 文明間 대화에 관한 ARF 성명(2007.8.)
⑰ 2004년 유엔안보리 결의 1540의 국가적 이행을 지원하는 ARF 성명(2007.8.)

110) "Chairman's Statement the Seventh ASEAN Regional Forum," Bangkok, Thailand, 27 July 2000; ASEAN Secretariat(2003), p.259 참조; 캄보디아는 불법이민 문제가 경제적 이유로 발생하기 때문에 초국가적 범죄가 아니며, 인신매매를 초국가적 범죄로 다루어야 한다고 주장하였다. 태국은 2020년까지 동남아를 '마약 없는 지대(Drug Free Zone)'로 만들 것을 설명하고, 인도는 마약 생산국(저개발국)뿐만 아니라 소비국(선진국)의 노력도 중요하다는 입장을 제시하였다.

산과 밀매에 신속한 대처를 촉구하면서 해적행위, 불법이민, 소형무기 불법거래, 돈세탁, 사이버 범죄 등에 적극적 대응과 강화된 협력을 요청하였다.[111]

2003년에는 아태지역 해상 해적행위의 증가에 심각한 우려를 표명하면서 이에 대처하는 협력적 조치들을 이행할 것을 공약하는 '해적행위 및 여타 해양안보 위협 대처 협력에 관한 ARF 성명'을 채택하였다. 2002년 11월 프놈펜에서 발표된 '비전통적 안보문제 분야 협력에 관한 ASEAN과 중국의 공동선언(Joint Declaration of ASEAN and China on Cooperation in the Field of Non-Traditional Security Issues)'을 지지하였다. 또한 2003년 4월 발리에서 개최된 '제2차 인간밀수·인신매매·관련 초국가적 범죄에 관한 지역 각료회의(the Second Regional Ministerial Conference on People Smuggling, Trafficking in Persons and Related Transnational Crime)'를 환영하고 합의사항 이행을 권고하였다.[112]

2004년에는 1월 방콕에서 개최된 '초국가적 범죄에 관한 동남아 국가연합 각료회의(AMMTC)' 공동커뮤니케와 제1차 AMMTC＋3(한국, 중국, 일본)의 공동커뮤니케를 환영하였다. 나아가 제1차 AMMTC＋3회의에서 '비전통적 안보 문제 분야 협력에 관한 ASEAN과 중국간 양해각서' 서명을 지지하였는바, 이는 ASEAN과 중국간 비전통적 안보 분야에서 협력을 구체화하고 운용적 조처들을 제공하는 것이기 때문이다. 또한 2002년 2월과 2003년 4월 발리에서 개최된 '인간밀수, 밀매 및 관련 초국가적 범죄에 관한 지역 국가 장관회의(Bali Regional Ministerial Conference on People's Smuggling, Trafficking in Persons and Related Transnational Crime)'에 따른 실질적 활동들도 계속되어야 함에 동의하였다.[113]

---

111) "Chairman's Statement the Eighth ASEAN Regional Forum," Hanoi, Vietnam, 25 July 2001; ASEAN Secretariat(2003), p.305.

112) "Chairman's Statement the Tenth Meeting of ASEAN Regional Forum," Phnom Penh, 18 June 2003.

113) "Chairman's Statement the Eleventh Meeting of ASEAN Regional Forum," Jakarta, 2 July 2004, at http://www.aseansec.org/16245.htm(검색일: 2005.3.14) 참조.

2005년에는 2004년 9월 '마약문제 대처를 위한 세미나'가[114] 중국 쿤밍에서 개최되고, '비전통적 안보 분야 협력증진 세미나'가[115] 해남도 산야(Hainan Sanya)에서 개최되었다. 또한 2004년 12월 26일 쓰나미(tsunami) 관련 항구적인 인도양에서의 '쓰나미 조기경보체제' 설립을 요구하였으며, 재난 감소(disaster reduction)에 있어서 지역 협력의 중요성을 피력하였다. 이 점에서 2005년 1월 28-29일 태국 푸켓에서 개최된 '쓰나미 조기경보체제에 관한 지역협력 각료회의(Ministerial Meeting on Regional Cooperation on Tsunami Early Warning Arrangements)'의 결과에 주목하고, 중장기적으로 유엔 후원하 재난구호상비제도(stand-by arrangements for disaster relief) 설립을 추진하고, 2005-2006년 회기에 'ARF 재난구호에 관한 회기간 회의(ISM-DR)'를 다시 개최하기로 하였다. 인간밀수와 밀매 문제를 심각히 우려하고, 개별국가가 발리 프로세스의 실질적 협력에 노력할 것을 당부하였다.[116]

2006년 5월에 족자카르타(Jogjakarta)와 자바(Java) 중심부를 강타한 지진과 2006년 7월 17일 인도네시아 자바 남부 연안을 덮친 쓰나미의 피해를 상기하면서 재난대처에 관한 '효고 행동협약'의 이행을 포함하여[117] ARF

---

114) 불법마약 재배를 차단할 수 있는 代案的 발전기회 부여, 국제사회의 자본/기술 지원, 사회·경제·교육체계 발전 강화, 정보교환·정책협력 등을 건의하고 있다. "The ASEAN Regional Forum Seminar on Alternative Development," *Summary Report,* 7-8 September 2004, Kunming.

115) 비전통적 안보 문제에 ① 정보교환 ② 협력 강화 ③ 행동계획 발전 ④ 조기경보체제 설립 ⑤ JCLEC/ILEA/SEARCCT 등을 통한 정규적인 정보교환·요원교육·경험공유 ⑥ 세부연구 강화 ⑦ 대중참여 증진 ⑧ 연례 보고서 발간 등을 건의하였다. "ASEAN Regional Forum Seminar on Enhanced Cooperation in the Field of Non-traditional Security Issues," *Chair's Summary Report,* Sanya, China, 7-8 March 2005.

116) "Chairman's Statement the Twelfth Meeting of the ASEAN Regional Forum(ARF)," Vientiane, 29 July 2005, pp.3-7.

117) ISDR(International Strategy for Disaster Reduction), "Hyogo Framework for Action 2005-2015: Building the Resilience of Nations and Communities to Disasters," *World Conference on Disaster Reduction,* 18-22 Jan. 2005, Kobe Hyogo, Japan, at http://www.unisdr.org/wcdr/intergover/official-doc/L-docs/Hyogo-framework-for-action-english.pdf(검색일: 2008.6.22). 2005년 효고(兵庫)행동협약은 재난 관련 개인적·사회적·경제적·환경적 취약성 극복을 위한 전략적·체제적 방안들을 제시하고 있다.

참가국들이 응급준비·구호·재활·재건에 있어서 유엔과 지역/국제 파트너들과 공동으로 노력해야 함을 강조하였다.[118] '소형무기와 경무기의 불법거래를 방지하고 퇴치하며 척결하기 위한 유엔 행동계획'과 유엔결의 60/81의 이행에 ARF의 강력한 공약을 표명하였다. 이 점에서 2005년 11월 2－4일 프놈펜에서 개최된 '소형무기와 경무기에 관한 CBM 세미나'에서 제기된 건의사항들의 중요성을 강조하였다.[119] 아울러, 2005년 8월 1－2일 인도네시아 바탐(Batam)에서 개최된 말라카 해협 연안국 외무장관회의에서 연안국들의 주권과 국제공동체의 합법적 이익(legitimate interests) 간에 균형을 유지하며, 항해의 자유·환경보호·해양안보를 목적으로 하는 말라카 해협의 管理에 관한 기본원칙들을 재확인하였다.[120] 나아가 3개 연안국과 태국의 국방참모총장들이 4개국 軍 간의 해양안보협력 증진을 위해 2005년 8월 1－2일 쿠알라룸푸르에서 회의를 열고 말라카 해협 감시체제를 강화한 것을 치하하였다.[121] 제5차 ISM－DR이 2005년 11월 30일부터 12월 2일까지 인도네시아 반둥(Bandung)에서 개최되었으며, 호주·인도네시아·말레이시아·미국·중국이 자발적으로 추가적인 재난구호 업무를 조정하는 선도적 역할을 하기로 한 데 주목하고, '재난관리 및 비상대응에 관한 ARF

---

118) "Chairman's Statement of the Thirteenth ASEAN Regional Forum," Kuala Lumpur, Malaysia, 28 July 2006, p.2.

119) 캄보디아와 EU(영국)가 공동 주관하였으며 소형무기/경무기의 移轉統制 강화, 정보교환 확대, 불법중계(illicit brokering) 단속, 표식(marking), 등록(registration), 안전조치(security measures), 선진국들의 기술/재정 지원, 유엔 행동계획(UN Programme of Action) 적극 동참 등이 강조되었다. "Co－chairs' Summary Record of ASEAN Regional Forum(ARF) Seminar on Small Arms and Light Weapons," 2－4 November 2005, Phnom Penh, Combodia; "Chairman's Statement of the Thirteenth ASEAN Regional Forum," Kuala Lumpur, Malaysia, 28 July 2006, pp.5－6.

120) 말라카 해협 감시에 대한 지원요청이 있었으며, 가장 큰 기여는 서태평양과 인도양을 관할하는 7함대가 수행하고 있다. U.S. Naval Forces Central Command Public Affairs, "U.S. Navy Ships Return Fire on Suspected Pirates," March 18, 2006, at http://www.navy.mil/search/display.asp?story_id＝22784(검색일: 2008.6.27) 참조.

121) "Chairman's Statement of the Thirteenth ASEAN Regional Forum," Kuala Lumpur, Malaysia, 28 July 2006, pp.6－7.

성명'을 채택하였으며,[122] 브루나이와 중국이 주관하여 2006년 4월 26−28일 북경에서 개최한 제4차 ISM−CTTC의 건의 사항들을 승인하였다.[123]

2007년에는 싱가포르에서 2007년 1월 'ARF 해양안보 연안훈련' 실시를 환영하고, 향후 여타 구체적이고 실질적인 활동들을 기대하면서 연안국들 간 협력으로 해적행위가 말라카에서 대폭 감소한 것에 주목하였다. 에너지안보가 중요하다는 점을 인식하고, 2006년 10월 5−6일 벨기에 브뤼셀(Brussels)에서 열린 '에너지 안보에 관한 제1차 ARF 세미나'를[124] 환영하였다. '재난구호협력에 관한 ARF 일반지침(ARF General Guidelines on Disaster Relief Cooperation)'을 채택하고, 2008년에 소규모 도상연습(desktop exercise)으로 표준운영절차를 수립하기로 한 호주와 인도네시아의 구상과, 미국과 필리핀의 2009년 재난구호연습 계획을 환영하였다.[125]

2008년에는 미얀마를 덮친 사이클론과 중국 쓰촨성 대지진 등으로 자연재해와 재난구호에 대한 협력이 강조되고, '인도적 지원 및 재난구호를 위한 ARF 전략지침'을 고위관리회의에서 발전시켜 나가도록 하였다.[126]

초국가적 범죄/위협 분야는 중국·동남아시아가 직면하고 있는 심각한

---

122) 쓰나미, 지진, 홍수 등 천재지변에 유기적 연계를 통해 재난을 예측/예방하며, 사전 준비를 통한 대처/구호능력 신장을 논의하였다. "ASEAN Regional Forum Statement on Disaster Management and Emergency Response," Kuala Lumpur, 28 July 2006.

123) "Chairman's Statement of the Thirteenth ASEAN Regional Forum," Kuala Lumpur, Malaysia, 28 July 2006, p.8.

124) EU와 싱가포르가 주관하였으며 '파이프라인 보호, 유가급등에 따른 대책, 대체에너지 개발, 동남아 국가들의 원자력 발전소 추진 문제, 말라카 해협의 안전' 등을 논의하였다. "ASEAN Regional Forum Seminar on Energy Security," Co−Chairs' Summary, Crowne Plaza Hotel, Brussels, Belgium, 5−6 October 2006.

125) "Chairman's Statement 14th ASEAN Regional Forum," Manila, the Philippines, 2 August 2007, pp.5−7.

126) 재난대비훈련/인도적 지원에 군/민방위자산 활용이 논의되었으며, ARF 재난구호 연습 '자발적 대응 시범(VDR: Voluntary Demonstration of Response)'을 승인하였다. "Chairman's Statement 15th ASEAN Regional Forum," Singapore, 24 July 2008, at
http://www.aseanregionalforum.org/PublicLibrary/ARFChairmansStatementsandReports/tabid//66/Default.aspx
(검색일: 2008.8.2).

이슈로 다양한 회의들이 개최되고 양자/다자간 성명서와 선언 등을[127] 통하여 문제해결을 촉구하고 있다. 또한, 해적방지와 해양오염 방지 등을 위한 해양안보연습도 시작되었으며, 재난구호연습 등도 계획되고 있어, 초국가적/비전통적 위협에 대한 대응이 지속될 것으로 보인다. 그러나 대규모 자연재해 대응에는 西方國家들의 지원이 요구되고, 마약·인신매매 등 초국가적 범죄는 빈곤·관습 그리고 서방세계의 수요 등이 연관되어 척결에는 많은 시간과 노력이 소요될 것으로 예상된다.

以上의 15년간 의장성명서에 나타난 주요 사실들을 통하여 부각된 실태는 ARF가 주로 동남아 문제 해결에 매여 있다는 점이며, '대화의 場'으로 역할이 한정되는 한계를 보여 주었다. 이 점에서 유사 기구/협의체들과의 비교를 통하여 보다 현실적인 ARF의 제도적 문제점에 접근할 필요가 있다.

---

127) 주요 선언/성명, 문서는 다음과 같다.
　① 비전통적 안보 문제 분야 협력에 관한 ASEAN과 중국의 공동선언(2002.11.)
　② 해적행위 및 여타 해양안보 위협 대처 협력에 관한 ARF 성명(2003.6.)
　③ 비전통적 안보 문제 분야 협력에 관한 ASEAN과 중국 간 양해각서(2004.5.)
　④ 2004년 12월 26일 지진과 쓰나미 재해의 여파에 관한 응급구호·재활·재건·예방을 강화하는 행동에 관한 선언(2005.1.)
　⑤ 재난관리 및 비상대응에 관한 ARF 성명(2006.7.)
　⑥ 재난구호협력에 관한 ARF 일반지침(2007.8.)

V. ARF와 유사 기구/협의체들과의 제도 비교

ARF와의 제도 비교는 CSCE/OSCE · CICA · SCO와 같은 정부간 다자안보기구/협의체와의 비교, CSCAP · NEACD와 같은 비정부간 다자안보협의체들과의 관계, 그리고 정부간 다자경제협의체 APEC의 역할 등을 통하여 ARF의 제도화 수준을 검토 · 평가하고자 한다.

1. 정부간 다자안보기구/협의체들과의 비교

정부간 다자안보기구/협의체들과의 비교는 CSCE/OSCE, CICA, SCO와의 기본원칙 비교, 제도발전의 차이점, 제도화 수준 평가를 통하여 고찰한다.

가. 기본원칙 비교

　다자안보기구나 협의체는 설립시 합의한 협정/의정서/선언 등에 나타나는 기본원칙이 매우 중요하다. 이는 국가들의 처신을 제어하는 근거가 될 뿐 아니라 참가국들의 우호협력 정신을 담고 있기 때문이다. 특히, 이 기본원칙은 국가정상들에 의하여 채택되고 의회승인 절차를 거칠 때 보다 확산된 對內外 지지를 확보할 수 있다.

　CSCE/OSCE와 ARF 참가국들이 각각 준수해야 할 기본원칙의 차이는 주권존중, 내정 불간섭, 평화적 수단에 의한 분쟁해결, 국가간 협력 증진 등 다자안보 일반원칙 외에 CSCE/OSCE는 '인권 및 사상·양심·종교/신념의 자유를 포함한 기본적 자유 존중과 국제법상 모든 의무의 성실한 이행'을 포함하고 있다. 아울러 무력사용 관련 유럽은 '무력 위협 또는 사용의 억제(refraining from the threat or use of force)'를 언급하는 반면, ARF는 동남아 우호협력조약(TAC)에 따라 '군사력의 위협 또는 사용의 포기(renunciation of the threat or use of force)'를 따르도록 하여 보다 강한 군사력 사용금지를 주장한다. 유럽은 근거 규정이 '헬싱키 최종의정서(유럽안보협력회의 최종의정서, Helsinki Final Act)'이며, OSCE의 주도적 역할을 EU와 NATO 회원국들이 담당함으로써 안보 문제에 관한 의존적 협력을 증진시켜 나가고 있다. 아울러 정치군사 안보를 강화하는 노력으로 '유럽안보에 관한 OSCE 헌장(the OSCE's Charter on European Security),' '정치군사 분야에 관한 행동규약' 및 '비엔나 CSBM 문서들'에 근거하고 있다. 아울러 OSCE 참가국들간 분쟁과 우발사태 가능성이 상존하지만 평화유지 파견단들(missions)을 통하여 분쟁예방에 이바지하고 있다. CSCE는 설립시 최종의정서에 미국 포드(Gerald R. Ford) 대통령, 소련 브레즈네프(Leonid Brezhnev) 서기장 등 35개국 수뇌들이 서명하였다는 점도 특징이다. 이는 1994년 ARF가 외무장관회의 수준에서 출범한 것과 제도적 차원에서 차이를 보인다. 헬싱키 최종의정서는 사실상 제2차 세계대전을 마무리 짓고 국경선을 확정하는 평화조약 성격을 지닌 반면, ARF는 영토분쟁 관계는 뒤로 미루고 지역의 평화·안정을 도모하는 협력을 시작한다는 점이 대비된다(* CSCE/OSCE와 ARF의 기본원칙 비교는 <부록 4>를 참조하라).

'아시아 교류 및 신뢰구축조치에 관한 회의(CICA)'는 카자흐스탄 나자르바에프(Nursultan Nazarbayev) 대통령이 1992년에 CSCE와 유사한 지역 안보협의체를 설립할 것을 CSCE 정상회의와 제47차 UN총회에서 제의함으로써 등장하였는데, 'CICA 회원국 간 關係 指導原則에 관한 선언(Declaration on the Principles Guiding Relations between the CICA member states)'이 수년간의 연구와 검토회의를 거쳐[1] 1999년 9월 외무장관이사회에서 기본규율체제로 채택되고, 2002년 6월 알마티(Almaty) 개최 제1차 정상회의에서 재확인되었다.[2]

CICA를 ARF와 비교시 특징적 차이는 ① 회원국간 頂上 차원에서 결의된 회의체라는 점, ② 文明間 대화와 포용력 있는 교류의 중요성 및 가시적인 CBM 주장, ③ 군축 및 군비통제 추진, ④ 경제·사회·문화 협력 강조, ⑤ 인권/기본적 자유보장 등이 부각된다. 이 중, ARF가 추진 중인 文明間 대화/교류협력/CBM을 제외하면, ARF가 향후 지역협력체로서 보완해야 할 요소들에 해당된다.

상하이협력기구(上海合作組織, SCO)는 '상하이-5'로부터 2001년 승격되었는데,[3] 국경지역에서의 군사적 신뢰구축조치/군축 논의로부터 경제를 포

---

1) 1992년 제의 후 2차례의 전문가 회의(1993.3./1993.8.), 고위관리회의(1994.10.), 특별실무회의(1997.3.), 2차례의 차관급 회의(1996.2./1997.12.)를 거쳤다.

2) 알마티 강령은 CICA의 핵심문서로 지도원칙 재확인, 세계화, WMD, 테러리즘, 마약문제, 분리주의 대응, 안보협력, CBM, 기구/제도화 문제 등을 명시하고 있다. "Almaty Act," Bureau of Political-Military Affairs, U.S. Department of State, Washington D.C., June 4, 2002, at http://www.state.gov/t/ac/csbm/rd/22638.htm(검색일: 2008.4.20).

함한 포괄적 논의 기구로 확대되었다. 2001년 'SCO 설립에 관한 선언 (Declaration on the Establishment of the SCO)'과 2002년 'SCO 헌장(SCO Charter)'에 따른 기본원칙을 ARF와 비교시 주요 특징은 ① 頂上會議를 통하여 기본원칙을 수립하였으며, ② 중국형 협력안보정책인 '新安全觀(新案保觀)'이 적극 반영되어 있다는 점이다. 즉, 상호신뢰, 상호이익, 평등, 협력, 문명의 다양성 존중 및 공동발전, 군축과 협력안보, 동반자 관계에 입각한 새로운 국가관계를 추구하고, ③ 서방에 대한 견제로서 비동맹 유지 및 특정 국가/機構에 대한 敵對 금지 등이다. 이는 냉전종식후 중국이 '위협국'이 아닌 '평화애호국'으로서의 이미지 제고를 위한 21세기 외교안보정책을[4] SCO에 그대로 반영한 것이지만, 西方에 대항하는 의미도 담고 있다(* CICA · SCO와 ARF의 기본원칙 비교는 <부록 5>를 참조하라).

나. 제도발전의 차이점

ARF와 CSCE의 제도발전 비교는 ARF와 균형을 맞추기 위하여 CSCE도

---

3) 상하이-5는 1996-1997년 중국·러시아·카자흐스탄·키르기스스탄·타지키스탄이 접경지역에서의 군축조약과 군사적 신뢰구축 증진을 위한 조약으로 형성되었다. 1996년 4월 '국경지역 군사적 신뢰 심화에 관한 조약(Treaty on Deeping Military Trust in Border Regions)'을 상하이에서 체결하고, 1997년 4월에 모스크바에서 '국경지역 군사력 감축 조약(Treaty on Mutual Reduction of Military Forces in Border Regions)'에 서명하였다. 이 두 개의 조약은 중국 주도로 국경지역의 군사력 감축, 완충지대 설치, 군사적 충돌방지를 위한 실질적 조치를 취한 것으로 5개국 수뇌에 의하여 체결되었으며 긴밀한 안보협력을 추진해 가는 원동력이 되었다. 2001년 1월 우즈베키스탄이 가입하여 이 6개국은 2001년 6월 15일 상하이에서 상하이협력기구(SCO)를 발족시켰다.

4) 중국은 1978년 개혁개방 이후 도광양회(韜光養晦)를 통하여 '再起'를 다짐하고, 2003년 유소작위(有所作爲)는 도광양회로부터 형성된 實力에 대한 자신감을 표현하였다. 즉 '나름대로 중국의 주어진 역할을 수행해 나가는 책임과 관여'의 실천 의지를 담고 있다. 2005년부터 시작된 '화해세계(和諧世界)' 정책은 도광양회, 유소작위의 정신으로부터 '세계와 조화로운 관계 발전'을 선언한 것으로 대외관계의 多邊化와 국제적 책임, 그리고 그간의 '화평굴기(和平屈起)' 논쟁에서 보듯이 '中國威脅論'에 대한 '中國平和論'을 부각시킨다. 그러나 중국의 '主權尊重과 領土保全'이라는 전제하에 추진되는 화해세계는 여전히 경쟁적/갈등적 문제의 해결 수단과 방법에 구체성이 모호하다.

설립후 15년이 되는 1990년까지를 고려하였다. ARF가 CSCE 창설후 약 20년후 설립된 냉전후 안보공백 해소의 산물이라면, CSCE는 냉전시 東西間 협상의 결과였다는 점에서 차이가 난다. 의제에 있어서도 ARF는 정치안보 문제 위주의 논의인 반면 CSCE는 정치안보 · 경제/과학기술/교육 · 사회(인도주의적 교류협력, 가족상봉 등 포함) · 문화 · 환경 등 포괄적 협력과 발전을 추진하였다. CSCE는 독자적인 사무국과 관련 기구들을 설립하고 있으며 군사력의 규제가 가능한 활동들을 실천한 반면, ARF는 ASEAN에 의존하여 신뢰구축/예방외교를 위한 초보적 논의와 활동을 하고 있는 점이 비교된다 (* ARF와 CSCE의 15년간 제도발전 차이는 <부록 6>을 참조하라).

ARF와 CICA간 제도발전의 차이는 CICA가 사무국을 설립하고 정상회의를 운영하는 등 ARF보다는 다소 진전된 조직과 회의체를 구성하고 있으나, 전체적으로 ARF와 유사한 다자안보대화체의 형태를 갖추었으며 다음과 같은 특징을 나타낸다. 설립 이래 인권, 환경, 인도적 문제(재난 · 난민 등), 세계화, 테러리즘, 마약, 소형무기 불법 거래, 분리주의 및 극단주의 반대 공동협력 등을 추진하고 있으며, 범세계적 WMD 제거, 중앙아시아 비핵지대 설립, 재래식 무기 감축, 국제 군비통제/군축 및 우주공간에서의 군비경쟁 방지에 관한 다자간 협상 중요성 등을 강조하고 있다. 아울러 정치 · 군사 · 경제 · 환경 · 인도주의 · 문화 분야 CBM 이행 등을 천명함으로써 포괄적 차원의 안보에 접근하고 있다. 사무국을 카자흐스탄 알마티에 설립함으로써 각종 회의를 지원하고 연중 신뢰구축조치와 안보현안을 점검, 확인해 나갈 수 있는 체제를 형성하였다. 한편 아프가니스탄, 이라크 등에서의 對테러전쟁/WMD 확산방지 등에 대하여 미국 등 서방에 반대하는 입장도 표명하고 있는데 이는 '주권국가에 대한 내정간섭 차원의 테러전쟁과 UN 헌장에 부합되지 않는 무력사용 반대' 등으로 나타나고 있으며, 이는 러시아와 중국의 영향력이 크게 작용하고 있다는 의미도 지닌다. 또한 CICA는 상이한 문화, 전통을 지닌 독특한 문명과 문화간 대화 증진 중요성을 강조하는 가운데 느슨하나마 신뢰구축조치 목록(catalogue)을 자발적 수준에서 양자/다자간에 추진할 수 있도록 함으로써 분쟁의 평화적 해결과 분쟁예방/위기관리 기능을 제고시키고 있다. 그러나 CICA는 중앙아시아, 중동, 남아시아, 동북아 국가 등 아시아 대륙의 다양한 문제들을 논의한다는 점을 고려시, 매우 느슨한 형태로 운영될 가능성이 높다. 즉, 인도와 파키스탄, 이스라엘과 이란 및 팔레스타인 등 종교, 문화, 역사적으로 대립되는 세력들이 다수 참여하고 있어서 실질적인 지역 안보기구로 발전하기에는 많은 난관과 문제점이 노정되고 있다. 현재 옵서버 자격인 미국, 일본, 인도네시아, 말레이시아, 베트남 등이 중앙아시아의 전략적/경제적 중요성(석유/천연가스) 등을 감안하여 ARF에 상응하는 수준으로 참가를 추진하고 있으며, 동시에 CICA가 최초부터 신뢰구축조치를 분쟁의 평화적 해결 및 군비통제/군축과 상호보완적인 관계로 설정함에 따라 이 문제에 대한 관심은 더욱 높아질 것으로 보인다. 그러나 참가국들의 다양성과 갈등 구조를 고려시 실질적인 성과를 내기보다는 안보 위주 論議의 場으로 상당기간 유지될 것이며 경제·사회·문화 등 분야로의 포괄적 발전에는 한계가 예상된다. 아울러 4년마다 정상회의, 2년마다 외무장관이사회 등 완만한 접촉기회를 고려 시 느슨한 대화체로 고정될 가능성도 있다. 특히 정치와 군사를 동일시하는 광범위한 의제들로 인하여 軍이 모든 분야에 관여하는 경향을 보인다(* ARF와 CICA 간 제도발전 차이는 <부록 7>을 참조하라).

　SCO는 ARF와 비교시 정상회의를 비롯하여 매우 진전된 체제를 갖추고, 2004년에 북경에 사무국과 타쉬켄트(우즈베키스탄)에 反테러리즘기구(RATS)가 설립되어, 反테러리즘 연합훈련이 매년 개최됨으로써 매우 활력적인 지역기구로 발전하고 있다. 그러나 이러한 활동이 反西方的 경향을 나타낸다는 점이 문제로 제기되며, 2001년 설립 이래 國家頂上理事會, 국무총리이

사회, 외무장관이사회, 국가조정관이사회, 그 외 국방장관회의/국가정보장관
회의 등 각 부처/기관 회의가 정치·경제/과학기술·사회/교육·문화·환경
등 포괄적 차원에서 이루어지고 있다. 아울러, 테러리즘·분리주의5)·극단
주의6)·마약밀매 등 비전통적 안보위협에 대처하는 점 이외에도 미국의
MD와 이라크전쟁 등 국제안보의 일방주의를 비난한다. 국제정보안보(IIS)를
강조하며, 대외적으로 비동맹과 假想敵 불상정을 주장하는 가운데, 내부적
으로는 사실상 準同盟 형태로 협력을 강화하고, 중앙아시아 지역의 풍부한
에너지에 대하여 전략적 접근을 강조하는 등 NATO/서방국가들에 대해 대
항적 기구로 발전하고 있다7)(* ARF와 SCO 간 제도발전 차이는 <부록 8>
을 참조하라).

특히 '위기사태 발생시 즉각적인 협의'를 명시한 2006년 상하이 국가정
상이사회 'SCO 제5주년 선언'은 對西方 對抗的 성격을 뒷받침한다. 아울
러 국제안보에 있어서 UN의 중심적 역할을 강조하면서 초국가적 위협에
대해서는 국제사회에 동참함과 동시에 SCO 내의 대만/티베트/체첸 등 분리
주의에 집단적으로 대처하는 역할을 한다. 중국이 事務局을 유치하고 중국
형 협력안보 개념인 新安全觀(新案保觀)을 그대로 반영한 점 등 영향력을
행사함으로써 SCO는 향후도 러시아와 중국의 합동군사훈련, SCO 6개국의
反테러 군사연습 등 안보적 측면의 협력과 경제·사회·문화 등 다양한 분
야의 협력을 제고시켜 나갈 것으로 보인다. 아프가니스탄에서의 對테러 전

---

5) 분리주의에 관해 중국은 2005년 3월 제10기 전인대 3차 회의에서 제정된 '反국가분열법'으로 대
   만, 티베트, 위구르의 분리독립 움직임을 원천 봉쇄하고, 미국 등의 개입을 막는 명분으로 활용하
   고 있다. 이태환, "21세기 중국의 대외전략과 한국의 전략적 선택," 하영선 편, 『21세기 한국외교
   대전략: 그물망국가 건설』(서울: EAI, 2006), pp.166－167.

6) SCO에서 극단주의는 정권전복/탈취, 반정부활동 등을 의미한다.

7) 최종철 등도 "미·일·호주 삼각동맹과 싱가포르 등 우방국으로 구성되는 소위 '아시아 민주주의
   안보연대(Asian democratic coalition)'와 중국이 주도하는 중·러－SCO와 이란·파키스탄 등의 '반
   미－非민주주의 연대(Anti－America－non－democratic coalition)'" 간의 대립을 우려한다. 최종철 외,
   "21세기 한국의 국가안보전략," 2007년도 국회국방위원회 정책연구용역과제 연구보고서, 2007.7.
   pp.104－110.

쟁과 관련하여 미군의 우즈베키스탄·키르기스스탄의 공군기지 활용과 아
프가니스탄의 다국적군에 대하여 중국과 러시아가 지속적으로 이들 국가들
에 외군철수를 SCO 차원에서 주문함에 따라[8] 서방과 중·러가 정치적으로
격돌하는 빌미가 되며 중앙아시아 국가들의 '중앙아 비핵지대' 역시 서방국
가들의 경계 속에서 그 실현에 오랜 시간이 소요될 것으로 예상된다. 그러
나 SCO는 법적 효력을 가진 조약, 문서 등을 통해 신속한 기구화와 포괄적
협력으로 단기간내 지역기구로 성장하였으며, 이는 ARF를 ASEAN이 주도
하고, CICA를 카자흐스탄이 주선하는 것과 달리, 세계전략 차원의 균형에
관심이 있는 중국과 러시아의 적극적 노력이 집중되었기에 가능하였다. 따
라서 외형적으로 SCO는 CSCE/OSCE 형태를 취하고 있으나 사실상 舊
WTO/WPO 형태로 발전하는 특징을 보인다. 아울러 테러리즘·분리주의·
극단주의를 상정한 연합/합동훈련과 서방에 대한 전략균형 강조, 위기시 긴
밀한 협의 등으로, 중국과 러시아가 경제·사회·문화·환경 협력을 통하
여 중앙아시아 국가들을 적절히 관리하면서 대외 안보기구로서의 역할을
강화해 나가고 있다.

---

8) 2001년 10월 미국은 아프가니스탄 전쟁 개시와 함께 우즈베키스탄 Karshi-Khanabad 공군기지
(1,000여 명)와 키르기스스탄의 Manas 공군기지(1,200여 명)를 임대하여 활용하였으나, 미국이 우
즈베키스탄 內 인권탄압 문제 제기로 양국간 갈등이 심화되어 2005년 7월 철수하였으며, 현재는
키르기스스탄의 Manas 기지만을 유지하고 있다. 그러나 2009년 2월 4-5일 모스크바 개최 CSTO
정상회담전 2월 3일 키르기스스탄 바키에프(Kurmanbek Bakiyev) 대통령은 러시아 메드베데프
(Dmitry Medvedev) 대통령과 정상회담후 Manas 공군기지의 폐쇄를 주장하고 이를 의회에 회부하였
으며, 2009년 2월 20일 6개월 기한내 철수를 미국에 통보하였다. 외면상 기지폐쇄 이유가 아프가
니스탄 작전 종료 희망, 自國民 사망사고, 기지 사용료 1.74천만 달러를 포함하여 현행 年 1.5억
달러 원조액의 대폭 증액 협상 실패, 키르기스스탄 국민들의 반미감정 등을 내세우고 있으나, 사실은
러시아로부터 1.5억 달러 무상원조와 20억 달러의 차관 도입이 성사되었기 때문이며, 친러정책으로의
변화를 의미한다. "Kyrgystan says will close U.S. base, secures Russian loan, aid," February 3, 2009, at
http://en.rian.ru/world/20090203/119963381.html(검색일: 2009.2.5); "Politicians say U.S. airbase closure
weakens Kyrgyz independence," February 4, 2009, at http://en.rian.ru/world/20090204/119977487.html
(검색일: 2009.2.6); "Moscow to host, EurAsEC summits on Feb. 4-5," February 4, 2009 at
http://en.rian.ru/world/20090204/119967029.html(검색일: 2009.2.6); Reuters AlertNet, "FETURE-
Kyrgys villagers despair despair as U.S. air base closes," 24 Feb 2009, at
http://www.alertnet.org/thenews/newsdesk/LO296778.htm(검색일: 2009.2.28) 참조.

다. 제도화 수준 평가

CSCE, ARF, CICA, SCO의 제도화 수준을 정리하면 <표 5-1>과 같다.

<표 5-1> CSCE·ARF·CICA·SCO의 제도화 수준 요약

구분		CSCE(15년)	ARF(15년)	CICA	SCO
비교기간		1975-1990년	1993-2008년	1999-2008년	2001-2008년 (상하이-5: 1996-2001년)
사무국		○	×	○	○
최고 회의체		정상회의	외무장관회의	정상회의	정상회의
분야별 長官會議	군사	○	×	×	○
	경제/과학	○	×	×	○
	사회문화	○	×	×	○
	환경	○	×	×	○
근거문서		최종의정서(1975년)	동남아 우호 협력조약(1976년)	CICA 회원국 관계 지도원칙 선언(1999년)	SCO설립에 관한 선언(2001년)
CBM/CSBM		최종의정서(1975년) 스톡홀름문서(1986년) 비엔나문서(1990)	남중국해에서 당사국 행동에 관한 선언(2002)	CICA 신뢰구축 조치 목록(2004년)	국경지역 군사적 신뢰 심화에 관한 조약(1996년)
군축/군비통제		스톡홀름문서(1986년) CFE 조약(1990년)	×	×	국경지역 군사력 감축 조약(1997년)
연합/합동훈련 통제 및 실시		○ (비엔나 문서로 엄격히 제한)	×	×	○ (연례 反테러리즘 연합훈련 실시)
강제력(군사력) 사용 경험		○ (1990년까지는 없었으나, NATO를 활용하여 1998-1999년 코소보 사태 해결)	× (1999-2000년 동티모르 사태 시 무력 불사용)	×	○ 反테러리즘 본부/기구(RATS) 常時 가동 중

CSCE는 15년간(1975-1990년) 지역 다자안보협력체의 목적인 CBM/CSBM/군비통제/군축을 추진해 왔으며, 실질적 성과가 비엔나 문서와 CFE 등으로

나타났다. SCO는 1996년 상하이-5 출범시부터 CBM과 군축을 논의하여 성과를 달성하고, 연례적인 反테러리즘 훈련을 실시하는 등 활발한 역할을 수행하고 있다. CICA는 초기부터 CBM, 군축, 경제·사회·문화 협력 등을 동시에 추진하기로 하였으나, 실질적 진전은 미미하다. 이 점에서 CICA와 ARF는 초보적 CBM 수준에 머무르고 있으며, 아직 CSBM/군축/군비통제에 대해서는 논의를 확대하지 못하고 있는 상황이다. ARF는 최고의사결정기구가 외무장관회의이며 독자적인 사무국이 없는 반면, 여타 3개의 다자안보협력체는 頂上會議를 최고의사결정체로 하면서 고유의 사무국을 갖추고 있다. 특히 CSCE는 연합/합동 군사훈련을 비엔나 문서에 의거하여 엄격히 제한하고 있으며, 1990년까지는 강제력 사용 경험이 없으나 1998-1999년 코소보 사태시 NATO 군사력을 동원하여 세르비아로부터 코소보를 분리시켰다. SCO는 常時로 反테러리즘기구(RATS)를 활용하여 테러리즘·분리주의·극단주의와의 전쟁을 수행하고 있으며, 연례 회원국 연합/합동군사훈련을 실시하고 있다. 이 점에서 CSCE/OSCE와 SCO는 묵시적으로 최후의 수단으로 군사력 사용에 대한 합의를 갖춘 기구들이며, CICA와 ARF는 군사력 사용에 대한 논의 자체가 없는 다자대화체/협의체들임을 알 수 있다.

이러한 맥락에서 제도화 수준을 <표 5-2>에서 코헤인이 주장하는 '레짐의 제도화(the institutionalization of regimes)'와 크로포드(Neta C. Crawford)가 주장하는 '안보레짐 형태'에 적용해 보면,9) 다음과 같은 규정이 가능하다.

---

9) 레짐(international regime)은 '국제관계 특정 영역에 있어서 국가들에 의해 합의된 명시적/묵시적 규칙을 지닌 제도'로 러기는 이를 가장 고위의 포괄적 개념으로 국제제도/국제기구를 포함시키고 있다. 박재영, 『국제기구정치론』(서울: 법문사, 2004), p.18.

〈표 5-2〉 레짐의 제도화 및 안보레짐 수준의 적용

Robert O. Keohane		Neta C. Crawford	
레짐의 제도화 구분	주요 개념	안보레짐 형태	고려요소
공동체성 (communality)	모든 참가국(회원국)이 중심적 규범으로 제도를 수용하기 시작하는 것	無레짐 (No Regime)	① 규범적인 틀 ② 회원국들 체제 ③ 국제적 신뢰도
세부특성화(specifity)	특정절차와 규칙의 설립	제한적인 레짐(Limited Regime)	④ 공동체 의식 ⑤ 제도화 ⑥ 자민족중심주의 (ethnocentrism) 강도
자율성(autonomy)	모든 참가국(회원국)들의 동의 없이도 규칙수립 가능	강한 레짐 (Strong Regime)	⑦ 외부위협에 대한 대응방식

출처: Dominik Heller(2005), pp.136-140; Neta C. Crawford, "A Security Regime among Democracies," *International Organization*, Vol.48, No.2, Summer 1994, p.385; 변창구(1996), p.262 참조.

즉, ARF와 CICA의 제도화/안보레짐 수준은 코헤인의 분류를 따를 경우 '공동체성(communality)' 수준, 크로포드의 분류를 따를 경우 無레짐(No Regime) 또는 제한적인 레짐(Limited Regime) 초기단계에 해당하는 '취약한 레짐'이다. 이는 '낮은 수준의 안보레짐' 또는 '낮은 수준의 다자안보제도'로 규정할 수 있다.

반면에 CSCE/OSCE는 코헤인의 경우 '세부특성화(specifity)' 단계에 위치하고, 크로포드의 경우 '제한적인 레짐(limited regime)'에 해당한다. SCO는 코헤인의 경우 '세부특성화(specifity)' 단계에 위치하고, 크로포드의 경우 '제한적인 레짐(limited regime)과 강한 레짐(strong regime)'의 중간 정도에 위치하는 것으로 평가된다. 이에 CSCE/OSCE와 SCO는 '중간 수준의 안보레짐/다자안보제도'로[10] 정의할 수 있다.

ARF와 같은 '낮은 수준의 안보레짐/다자안보제도'는 고유의 지도규범과 사무국을 가지지 못하고, 정상회의가 설립되지 않았거나, 군축/군비통제 이

---

10) SCO가 CSCE/OSCE보다 강한 수준의 레짐에 속한다. SCO는 법적 효력을 지닌 협정을 중심으로 참가국들을 규율할 뿐만 아니라 NATO 형태로 발전하고 있기 때문이다.

행 미흡, 연합/합동 군사훈련 미실시 및 강제력 사용 불가 등의 한계와 취약성으로 나타난다.

따라서 ARF가 진정한 아태지역 다자안보협의체/협력체로서 발전하기 위해서는 시대적 요구를 반영하여 정상회의와 사무국 등 제도의 정비와 함께, 최후의 제한적 수단으로 강제력을 사용할 수 있는 안보 개념의 도입과 진정한 포괄안보의 관점에서 정치안보뿐만 아니라 경제/과학기술·사회문화·환경 등 제 분야가 ARF 틀 내에서 이행되어야 한다. 특히, 역내 국가들간 불화관계를 관계정상화로 전환하고 지역의 안보 문제들을 양자관계를 통한 해결이 어려울 경우, 국제법과 국제관행에 근거한 다자관계에서 논의하는 제도화가 필요하다. 이는 비록 (초)강대국들이 관련됨으로써 현실적 어려움이 있지만 ARF가 제도로서 맡아야 할 사명이다. 아울러 군사문제의 CBM과 CSBM, 군비통제/군축에 관한 세부논의가 시작되어야 하는데 민감한 사안에 대해서는 트랙2의 지원을 받을 수 있다. 나아가 1999－2000년 동티모르 사태시 이를 방조한 ASEAN과 ARF의 실패 사례를 교훈 삼아 지역안정 조치가 가능한 참가국들의 군사력을 동원할 수 있는 체제로의 발전을 위한 논의를 시작해야 한다. 이러한 일련의 중차대한 계획들을 추진하기 위하여 현재의 TAC가 아닌 CSCE·CICA·SOC에서처럼 頂上會議 수준에서 체결되는 협정 형태의 '지도규범' 설립이 절실하다. 이러한 '지도규범'의 설립으로 ARF는 장기적으로 CSCE나 SCO와 같은 유형으로 발전해 나가야 하며, 보다 구체적으로는 SCO 형태가 보다 바람직하다. 이를 위해서는 대립하는 국가들간 異見으로 여러 가지 난관이 예상되나, ARF가 ASEAN의 의존으로부터 벗어나 사무국과 정상회의를 설립할 수 있다면 불가능한 것만도 아니다. 이를 위해 비정부기구/협의체들의 더욱 활성화된 이론적·제도적 연구와 정부 차원의 실천이 요구되고 있다.

2. 비정부간 다자안보협의체들과의 관계

역내 비정부간 협의체들이 ARF에 미치는 주요한 영향력은 정부간 대화체인 ARF가 수행하지 못하는 솔직하고 보다 비공식적인 사전논의를 代行한다는 의미가 있다. 아울러 ARF가 권장하고 있는 小地域 차원의 다자안보협력 논의를 활성화하여 소지역의 정부간 대화체 설립을 선도하는 역할을 한다. 여기서는 '아태안보협력이사회(CSCAP)의 ARF에 대한 역할'과 '동북아협력대화(NEACD)의 ARF에 대한 기여'를 중심으로 살핀다. 민간학자들과 개인 자격의 외무관리/국방관리들이 참가하는 이들 비정부간 대화체는 연구나 회의 개최후 건의 형식으로 결과를 참가국 정부에 전달함으로써 다자안보정책과 개별국가의 외교정책에 반영하고 있다.

가. CSCAP의 ARF에 대한 역할

냉전종식과 더불어 아태지역 국가들간 신뢰구축/안보협력 증진을 위한 정치안보 분야 대화가 정부/비정부 수준에서 필요하다는 인식하에서 CSCAP 설립을 위한 회의가 민간연구소들을 중심으로 호놀룰루(1991.10.), 발리(1992.4.), 서울(1992.11.)에서 개최되었으며, 1993년 6월 쿠알라룸푸르 회의에서 공식 발족될 수 있었다.[11]

개정된 CSCAP 헌장에 따르면 CSCAP의 주요역할이 "아태지역의 다양한 안보 문제와 도전사항들에 대해 공동연구를 수행하고, 정치안보 관련 정부간 협의기구에 건의/제안을 하며, 다양한 협력회의와 他 국제/지역 기구들

---

11) "The Kuala Lumpur Statement," at http://www.cscap.org/index.php?page＝the－kuala－lumpur－statement(검색일: 2008.11.5) 참조.

과의 연계를 통해 정보와 경험을 공유하는 것"이라[12] 언급하고 있다. 여기
서 정부간 협의기구로 건의사항 제출은 ARF로 이루어지고 있으며, ARF는
협력안보와 포괄안보 개념, 예방외교 개념과 원칙의 설정 등에 CSCAP의
연구와 논의결과를 대폭 수용하였다. 여기에는 CSCAP의 주요 회원인
ASEAN 국가들의 '전략 및 국제문제연구소(ISIS)'가 역할을 하였으며, 이는
ASEAN-ISIS가 CSCAP의 주요멤버이자, ISIS 자체가 ARF의 트랙-Ⅱ로
활동하고 있기 때문이었다.

2008년 현재 CSCAP에는 브루나이·캄보디아·인도네시아·말레이시아·
필리핀·싱가포르·태국·베트남·호주·캐나다·중국·EU·인도·일
본·한국·북한·몽골·뉴질랜드·파푸아뉴기니·러시아·미국 등 21국으
로부터 안보 문제연구소들이 참가하고 있다.[13] 이를 ARF 참가국들과 비교
해 보면 <표 5-3>과 같다. CSCAP에 참가하는 연구소의 모든 국가들이
ARF에 참가하고 있는 점에서 정부 차원에서 곧바로 논의하기 어려운 문제
들을 CSCAP에서 논의할 수 있는 장점이 있다.

〈표 5-3〉 CSCAP과 ARF의 참가국 비교

구분	CSCAP (비정부간 대화체)	ARF (정부간 대화체)
참가국	호주, 브루나이, 캄보디아, 캐나다, 중국, EU, 인도, 인도네시아, 일본, 한국, 북한, 말레이시아, 몽골, 뉴질랜드, 파푸아뉴기니, 필리핀, 러시아, 싱가포르, 태국, 미국, 베트남	호주, 브루나이, 캐나다, 중국, 인도네시아, 일본, 한국, 말레이시아, 뉴질랜드, 파푸아뉴기니, 필리핀, 러시아, 싱가포르, 태국, 미국, 베트남, 라오스, 몽골, EU, 북한, 캄보디아, 인도, 미얀마, 라오스, 파키스탄, 티모르레스테, 스리랑카, 방글라데시
참가국가/연구소	21개국 연구소	27개국

출처: 한용섭, "동아시아 안보공동체 구축의 필요성," 한용섭 외(2005), p.18 참조; 2005년 이후 기입국 추가(* 음영표시는 CSCAP에 미참가 국가들임).

---

12) "CSCAP Revised Charter," at http://www.cscap.org/index.php?page=cscap-revised-charter(검색일: 2008.11.5) 참조.

13) 참가국별 안보 문제연구소는 다음을 참조하라. "CSCAP Member Committees," at
http://www.cscap.org/index.php?page=member-committees-page(검색일: 2008.11.1).

　CSCAP은 ARF 등 정부 수준의 안보대화를 지원하고 관련 분야 연구와 논의를 위하여 설립 초기에는 ① 해양협력, ② 초국가적 범죄, ③ CSBM, ④ 포괄 및 협력안보, ⑤ 북태평양 안보 등 5개 실무그룹(Working Groups)을 통하여 수행하였으며, 2004년 12월부터는 6개의 연구그룹(Study Groups)으로 조정하여 특정 사안들을 중심으로 연구해 나가고 있다. 2008년 현재 6개의 연구그룹은 ① 중국·일본·인도가 공동주관하는 '아태지역 해군력 증진에 관한 연구그룹(Study Group on Naval Enhancement in the Asia Pacific),' ② 호주·말레이시아·싱가포르가 공동 주관하는 '아태지역 근해 석유/가스개발 설비의 안전과 안보에 관한 연구그룹(Study Group on the Safety and Security of Offshore Oil and Gas Installations),' ③ 호주·뉴질랜드·필리핀·태국이 공동 주관하는 '아태지역의 초국가적 조직범죄에 관한 연구그룹(Study Group on the Establishment of Regional Transnational Organised Crime Hubs in the Asia Pacific),' ④ 미국과 베트남이 공동 주관하는 '아태지역 대량살상무기 대확산에 관한 연구그룹(Study Group on Countering the Proliferation of Weapons of Mass Destruction in the Asia Pacific),'14) ⑤ 일본·한국·중국이 공동 주관하는 '동북아/북태평양 다자안보 거버넌스에 관한 연구그룹(Study Group on Multilateral Security Governance in Northeast Asia/North Pacific),' ⑥ 말레이시아·호주·필리핀이 공동 주관하는 '기후변화가 안보에 미치는 영향에 관한 연구그룹(Study Group on the Security Implications of Climate Change)' 등이 있다.15)

　또한, 이들 연구그룹과는 별도로 연 1회의 총회, 연 2회의 운영위원회(steering committee)를 개최하며, 운영위원회는 참가국 연구소 모두가 참가하는 CSCAP의 최고의사결정기구이다. 각종 행정지원은 쿠알라룸푸르 소재

---

14) 미국 중심의 '수출통제전문가그룹'을 별도의 하부조직으로 가지고 있다.

15) "Study Groups," at http://www.cscap.org/index.php?page＝study－groups(검색일: 2008.11.5) 참조.

‘전략 및 국제문제연구소(ISIS)’가 사무국으로서 역할을 수행하고 있다.

이상의 논의에서 CSCAP은 ARF를 지원하는 트랙-Ⅱ로서의 역할을 수행하고 다양한 아태지역의 안보현안에 대한 연구활동을 하고 있음이 식별되었다. 그러나 운영위원회 등에서 ASEAN 국가들과 非ASEAN 국가들이 공동의장제를 채택하고 있음에도 불구하고, 사무국을 말레이시아에 두고 主導함에 따라 CSCAP이 ARF와 같이 ASEAN 중심으로 움직인다는 비난에 직면해 있으며, 이는 트랙-Ⅱ 차원의 ASEAN 중심주의를 탈피해야 하는 또 다른 문제점으로 남아 있다.16)

나. NEACD의 ARF에 대한 기여

동북아협력대화(NEACD)는 1993년 미국 캘리포니아 샌디에이고 대학교의 ‘세계분쟁 및 협력연구소(IGCC)’가 냉전 후 동북아에서의 다자적 안보논의 필요성을 제기하여 미국 에너지부와 국무부의 지원으로 설립한 트랙-Ⅱ 회의체이다. 참가대상은 미국, 한국, 북한, 일본, 중국, 러시아로부터 민간학자, 개인 자격으로 참가하는 차관보/국장급 외무관리, 국장/과장급 국방관리, 그리고 합참수준의 대령급 현역장교 등 국가별 5명 정도의 인사들이다. NEACD는 미국의 IGCC가 사무국 역할을 수행함과 동시에 한국의 외교안보연구원(IFANS), 일본의 총합연구개발기구/연구소(NIRA), 중국의 국제문제연구소(CIIS)/중국현대국제관계연구소(CICIR), 러시아 과학원 극동문제연구소 아태연구부(Center for Asia-Pacific Studies, Institute of Far Eastern Studies, Russian Academy of Science), 북한 외교부 산하 군축평화연구소 (Institute for Disarmament and Peace) 등이 국가별 협력기구로 활동하여 개

---

16) CSCAP에 대한 비판과 성과에 대해서는 다음을 참조하라. 이서항, “동아시아 다자간 안보협력체: 실태분석과 평가,” 한용섭 외(2005), pp.264-268.

별국가 입장을 회의에서 매우 잘 반영할 수 있는 여건을 갖추고 있다. 다만, 북한은 1993년 준비회의 참가 후 불참하다가 2002년 모스크바 회의 이후 외교부 관리 또는 군축평화연구소 연구원들을 회의에 참가시키고 있으며 軍人士들은 아직 참가하지 못하고 있다.

NEACD의 목적은 '동북아 국가들이 대화를 통하여 상호이해, 신뢰(confidence), 협력(cooperation)을 증진시키는 것'이며 'ARF 등 정부 차원의 다자안보대화체를 지원하고, 동북아 다자안보대화체 설립을 촉진하는 것'을 중요한 임무로 하며, 주요 발전경과는 다음과 같다.[17](* NEACD 연표는 <부록 9>를 참조하라).

NEACD의 발전경과에서 나타나는 특징은 1993년 설립으로부터 민간학자들만의 모임이 아니라 외무/국방관리와 합참수준의 현역인사들을 회의에 참가시킴으로써 정치안보와 군사안보 상황을 논의하고 군사적 신뢰구축조치(MCBM)를 강구한 점이다. 아울러 정부 수준(트랙-Ⅰ)의 다자안보대화가 곤란한 동북아 현실에서 半官半民의 대화체를 성립시켰다는 점이 부각되며, 비록 개인 자격이지만 외무/국방관리들이 사실상 정부입장을 대변하므로 국가들간 인식교환의 중요한 場이 되고, 논의사항들이 해당 정부로 보고됨으로써 간접적인 정책반영이 이루어진다. 구체적 성과로는 1995년 4월 제3차 모스크바 회의 결정에 따라 연구를 추진하여 1996년 합의된 '상호재보장조치(MRM)'로 이는 동북아 현실에서 군사적 CBM이 어려운 점을 감안하여 CBM을 포함하는 정치·경제·환경 등 포괄적 요소들을 대상으로 의견교환, 이해증진, 오해불식, 적대감 해소, 점진적 발전 등을 도모하고 있다. 나아가 MRM의 구체적 조치로 국방관리들의 회의인 '국방정보공유(DIS)' 회의가 1997년부터 실시되고 있다. 국방정보공유회의는 개별국가의 국방예

---

17) "The Northeast Asia Cooperation Dialogue," at http://igcc.ucsd.edu/regions/asia_pacific/neacddefault.php (검색일: 2008.11.7)의 제1차 회의로부터 제17차 회의결과 참조.

산, 군사독트린/군사전략, 무기체제 등 안보/국방정책의 투명성 증진에 목표를 두고 논의를 진행한다. 이는 외무관리와 민간학자 중심의 정치안보상황 인식교환이 본회의에서 이루어지는 것과 대조된다.

1997년에는 'NEACD 참가국 관계에 관한 8개 지도원칙(principles governing state－to－state relations)'에 합의하여 상호존중 정신에서 협력을 진행할 것을 다짐하였다.[18] 2001년에는 동북아 정부간 다자안보대화체를 ARF와 같은 느슨한 포럼형태로 추진할 것을 논의한 바 있으나, 현실적으로 불가능함에 공감하고 NEACD를 통한 정부조언 기능을 계속해 나가기로 한 바 있다.

2003년부터 2008년까지 주요 논의는 북한핵문제 해결을 위한 6자회담과 이에 따른 검증과 경제적 지원 문제였으며 미국의 대외정책, 자연재난, 경제협력 증진, 에너지 안보, 해양안보 및 환경보호 등 다양한 논의가 진행되었다. 특히 2006년 동경회의에서는 남북한과 미국의 6자회담 대표가 참석하여 교착상황의 6자회담을 대신하는 논의가 진행되기도 하였다.

이러한 관점에서, NEACD의 ARF에 대한 기여는 광활한 아태지역에서 동북아 국가들 간의 다자안보논의를 활성화한다는 의미를 지닌다. 이는 1994년 5월 제1차 ARF－SOM에서 한국이 제의한 '동북아다자안보대화(NEASED)'와 2003년부터 시작된 6자회담, 그리고 2007년 2월 13일 제5차 6자회담 3단계 회의에서 2005년 '9·19 공동성명' 이행을 위한 초기조치 합의로 구체화된 '동북아 평화·안보 실무그룹'의 구성 등을[19] 적극 지지함으로써 확인된다. 나아가 NEACD의 6자회담과 북한에 대한 경제지원, 에

---

18) 1997년 제7차 동경회의에서 결정된 8개 협력원칙은 ① 주권존중/영토보전/평등/상이한 체제 인정/국제적 의무 이행, ② 무력사용 및 위협 금지/평화적 분쟁해결, ③ 유엔헌장에 입각한 인권보호와 인권증진, ④ 오해예방/신뢰증진을 위해 대화/정보교환/투명성 강화, ⑤ 항해자유원칙 존중, ⑥ 경제협력 증진 및 교역/투자 확대, ⑦ 조직범죄/마약밀매/테러리즘/불법이민 등 초국가적 문제에 대한 협력 증진, ⑧ 식량지원/재난구호 등 인도주의적 지원 협력 등이다.

19) 2007년 2·13 합의 결과 ① 한반도 비핵화 실무그룹, ② 경제·에너지 실무그룹, ③ 미·북관계 정상화 실무그룹, ④ 일·북 관계 정상화 실무그룹, ⑤ 동북아 평화·안보 실무그룹 등 5개의 실무그룹이 구성되었다.

너지 안보 등 경제협력 논의는 APEC의 추진방향과 상통하고 있다.

3. 정부간 다자경제협의체 APEC의 역할

1989년 설립된 APEC은 아태지역의 경제 상호의존성 심화의 징표이자 동아시아 경제관계에 개입하고자 하는 미국의 입장이 반영되어 있고, ARF와의 관계는 밀접하며, 유럽에서 EU와 OSCE의 경제 관련 활동을 아태지역에서 수행한다는 데 의미가 있다. ARF에서 경제 관련 논의를 활성화시키지 않고 정치안보 문제에 집중할 수 있는 배경에는 APEC의 뒷받침이 있기 때문이다.

APEC이 ARF에 미치는 역할은 간접적이지만 그 설립배경으로부터 ASEAN 국가들의 단결된 입장이 상당 부분 반영되었다. 따라서 ARF도 회의체의 목표나 운영방식 등에 있어서 APEC의 영향을 많이 받았다. 즉, APEC이 느슨한 포럼(Forum)으로서 회원국간 경제적·사회문화적 이질성을 점진적으로 극복하면서 역내 경제성장에 기여해 나가고, 궁극적으로 경제공동체 형성을 목표로 한다는 점을 ARF는 정치안보 분야에 적용하였다. 이 점에서 APEC은 EU나 NAFTA처럼 조약이나 협정을 통한 경제공동체를 형성하여 배타적 지역주의를 추구하는 경제통합과는 상이하며, 정부 차원의 회의체이면서도 비공식성을 강조하는 특징을 지닌다. 따라서 APEC은 민간부문인 태평양경제협의회(PBEC), 태평양경제협력위원회(PECC), APEC 기업인자문위원회(ABAC) 등과[20] 파트너십을 강조하는 매우 느슨하고 개방적이며, 강제력이

---

20) PBEC, PECC, ABAC에 대해서는 다음을 참조. 이재기, 『APEC·ASEM·ASEAN+3 Focus』(서울: 청목출판사, 2006), pp.118-131. PBEC는 1967년 설립되어 미국, 일본, 중국, 캐나다, 한국, 호주, 러시아, 대만, 태국, 싱가포르, 인도네시아, 말레이사아 등 20여 개국에서 1,000여 개의 다국적기업 대표들이 참가하는 민간경제포럼이다. PECC는 1980년 아태지역 정부·학계·경제인들이 경제협력방안을 논의하는 민간경제기구이며, ABAC은 APEC 참가국 저명 기업인들로 APEC 정상들

없고, 배타적 지역주의를 반대하는 경제협의체이다.[21] APEC의 ARF와의 연관성과 역할을 APEC의 기본원칙과 발전경과, APEC 참가국 및 주요 회의체, 참가국들의 주요입장과 ARF와의 비교 등으로 살핀다.

가. APEC의 기본원칙과 발전경과

APEC의 지도이념 내지 기본원칙은 APEC 설립을 주도한 호주와 일본의 1960년대로부터의 논의와[22] 한국의 기여로 구체화되었다. 즉, 1989년 호주 개최 제1차 각료회의에서 합의한 '9개 항의 아태지역 경제협력 일반원칙(General Principles of Asia Pacific Economic Cooperation)'과 1991년 제2차 각료회의시 채택된 서울선언의 '경제협력의 목적·활동범위·운영방식' 등 추진원칙으로 구성된다. APEC의 기본원칙(일반원칙/추진원칙)은 APEC 참가국들의 입장을 조율한 것으로 다음과 같은 4가지로 발전되고 있다(* APEC의 경제협력 기본원칙은 <부록 10>을 참조하라).

첫째, 상이한 정치·사회·경제체제와 경제발전 수준 차이 등 다양성을 고려하여 구속력이 없는 비공식적 협의를 통하여 실질적인 공동이익을 추진해 나간다.

둘째, 경제 블록화를 배제하는 개방된 경제협의체로서 상품·서비스·자본·技術移轉 등을 촉진하여 경제 상호의존성을 강화해 나간다.

셋째, ASEAN/SPF/PECC 등 기존의 域內 정부/비정부기구들의 역할을 촉진시키고, 이들의 입장을 약화시키지 않으며 상호보완적 역할을 추진한다.

에 대한 경제자문기구이다.

21) 외교통상부, 『APEC 개황』(서울: 외교통상부, 2006.1.), pp.7－10 참조.

22) 호주와 일본의 APEC 설립 노력은 다음을 참조. Margaret P. Karns, Karen A. Mingst(2004), pp.194－195.

넷째, 경제불균형 감소를 위한 상품·서비스·투자 활성화와 인적 개발·산업협력·인프라 구축 증진, 에너지·환경·어업·관광·운송·전기통신 분야 협력을 강화하여 자유화/개방화 촉진, 민간부문의 활발한 참여를 확대해 나간다.

이러한 기본원칙하에서 지난 20년간 추진된 APEC의 발전경과는 미국·일본·캐나다·호주 등 OECD 국가들의 개발도상국들에 대한 개발원조 성격의 경제지원 및 기술지원이 주를 이루면서, 아태지역 국가들의 연례적인 다자외교의 場으로 기능해 왔다. 제도적으로는 ASEAN과 중국의 입장을 반영하여 비공식성을 인정하는 가운데, 서방국가들이 법적이고 공식적인 제도화를 주장하고 있으며, 특히 1997−1998년 경제위기로 ASEAN 방식의 결함이 부각된 후 서방의 주장은 높아지고 있다.[23]

구체적인 발전경과는 다음과 같다.[24]

1993년 싱가포르에 사무국을 설립하였으며, 동년 G−7 정상회담시 미국 클린턴 대통령이 연례 정상회의를[25] 제의함으로써 1993년 11월을 시작으로 정상회의가 정례화되었다. 1994년에는 '보고르(Bogor) 선언'을 통하여 선진국은 2010년까지 개도국은 2020년까지 무역 및 투자자유화를 완전히 달성하기로 합의하였다. 1995년에는 '오사카 행동지침'에 따라 1996년 APEC 민간기업인 자문위원회(ABAC)가 설립되어 참가국들간 민간부분 경제협력 활성화를 촉진하고 있으며 정상회의시 경제인들과 분과별 회의를 통하여 의견을 교환하고 있다. 1997년과 1998년에는 경제위기 극복을 위한 경기부양책을 승인하였다. 2000년에는 '신경제 행동계획'을 채택하고 참가국간 지식정보격차

---

23) Margaret P. Karns, Karen A. Mingst(2004), pp.196−198.

24) 외교통상부, 『APEC 개황』(서울: 외교통상부, 2003.9.), pp.121−122; 외교통상부(2006.1.), pp.16−20 참조.

25) APEC 정상회의는 편의적인 명칭이다. 대만, 홍콩 등이 참가하고 민간경제인들이 참가하는 관계로 공식명칭은 '경제지도자회의(Economic Leaders' Meeting)'이다.

해소를 위한 노력에 합의하였다. 2001년에는 9·11 사태에 따른 反테러 성명을 채택하여 공동 대응해 나가기로 하였으며, 2002년부터 2007년까지는 보고르 선언의 이행을 위한 경제자유화 촉진, WTO DDA 협상 활성화 노력, 反테러 공조, 인간안보 차원에서 조류독감 전염병 관련 보건문제와 자연재난 공동대처 등이 논의되었다(* APEC 연표는 <부록 11>을 참조하라).

특히, 2007년 9월 호주 시드니 개최 제15차 정상회의에서는 ① 기후변화 대응체제 강화, ② WTO DDA 협상의 성공적 타결 촉구, ③ 아태지역 경제통합 촉진을 위한 노력 강화 차원에서 아태자유무역지대(FTAAP) 실현방안/가능성 연구 지속과 경제통합 촉진 분야별 이행계획 추진, ④ 테러대응 등 인간안보 분야 협력 강화, ⑤ 구조개혁을 포함한 경제효율성 개선, ⑥ 신규참가국 가입 문제 논의를 2010년까지 추가 동결하기로 합의하였다. 여기서 FTAAP 문제는 2004년 및 2005년 APEC 정상회의시 ABAC에서 건의한 내용으로 2006년 정상회의에서 FTAAP 등을 포함한 지역경제통합 증진방안을 연구하기로 합의하였으며, 2007년 중국과 인도네시아 등의 조기 추진 반대로 계속 연구해 나가기로 하였다. 아울러 2005년 각료회의가 제출한 'APEC 개혁 및 재정안정성에 관한 권고'를 승인하고 APEC 개혁문제가 논의되었는데, APEC 회의체와 추진사업의 증가로 분담금을 증액하고 사무국의[26] 지원능력을 강화할 필요성이 제기되었다. 2009년부터 사무국 분담금을 현행보다 30% 증액한 총 500만 달러로 하고 전문직 사무국장(fixed-term Executive Director)을 채용할 것이 제기되었으나, ASEAN 국가들의 반대로 향후 추가 논의하기로 하였다.[27]

---

26) 사무국은 참가국 파견 20여 명으로 유지되고 있으며, 2005년 기준 사무국 운영예산 210만 달러 정도, 28개 일반사업예산 약 150만 달러, 46개 TILF 예산사업에 350만 달러 정도, 11개 APEC Support Fund 사업에 66만 달러 정도를 사용하고 있다. 현재 APEC 분담금은 미국·일본이 각각 18%로 60만 달러씩 제공하고, ASEAN 국가들이 총 5만 달러(1.5%), 한국이 20만 달러(5.95%) 정도를 분담한다. 기타 일본과 호주의 기금 제공이 중요한 재원이 되고 있다. 외교통상부 (2006.1.), p.24, p.46. 외교통상부, 『APEC 개황』(서울: 외교통상부, 2003.9.), p.9 참조.

여기서 나타나는 특징은 2001년 이후 경제협력이 2010/2020년까지 자유화 진전을 촉진하기 위한 세부조치, 에너지 안보·반부패 구조개혁·아태자유무역협정(FTAAP)·APEC 개혁 등이 논의됨과 동시에, 9·11 테러의 여파로 인간안보 문제와 북핵문제, WMD 비확산 등 경제안보에 영향을 미치는 정치안보 문제가 미국 등에 의해 제기되고 이에 대처해 나가고 있다는 점이 부각된다.

APEC의 주요사업은 ① 1993년 시애틀 정상회의(경제지도자회의) 결정사항인 무역·투자 자유화 및 원활화 추진, ② 1994년 보고르 선언에 따른 개발원조 형식의 경제·기술협력 강화, ③ 2001년 9·11 테러 사태 이후 APEC 對테러 대책반(CTTF) 설립과 테러자금 차단 실행계획 등 對테러 협력, 사이버 보안 강화, 항공안전 및 해상안전 강화 등이 논의되고, 전염병 예방과 자연재난 대응, 에너지 안보 등 인간안보 증진 문제가 추진되고 있으며, ④ 2005년 논의된 아태공동체를 위한 장기 비전 차원의 문화협력이 강조되고, ⑤ 1996년부터 정상들과 민간기업인들과의 협력이 자유로운 의견교환으로 강화되고 있다.28)

이러한 발전경과를 통하여 APEC은 세계 전체인구의 41.7%인 26억 3천만 명이 거주하는 세계에서 가장 큰 시장이며, 세계 총 GDP의 56.8%, 세계 총교역량의 45.7%를 차지하는29) 세계 최대 경제중심축이 되고 있다. 이 점에서 다양한 참가국/경제체들은 경제안보적 시각에서 적극적인 협의와 활동에 참가하고 있다.

---

27) 외교통상부, 『2007 APEC 정상회의·각료회의 결과』(서울: 외교통상부, 2007.10.), pp.5－12; "APEC Leaders' Declarations," at http://www.apec.org/apec/leaders_declaration.html(검색일: 2008.11.6); "APEC Ministerial Statements," at http://www.apec.org/apec/ministerial_statements/annual_ministerial/2007_19th_apec_ministerial.html(검색일: 2008.11.6) 참조.

28) 외교통상부(2006.1.), pp.69－96 참조.

29) 외교통상부(2006.1.), p.152.

나. APEC 참가국 및 주요 회의체

APEC의 참가국/경제체[30] 확대는 표 5-4와 같으며, 주요회의체는 다음과 같다.

<표 5-4> APEC 참가국/경제체 확대 현황

1989년(元 참가국)	참가국/경제체 확대			
	1991년	1993년	1994년	1998년
호주, 브루나이, 캐나다, 인도네시아, 일본, 한국, 말레이시아, 뉴질랜드, 필리핀, 싱가포르, 태국, 미국	중국, 홍콩, 대만	파푸아 뉴기니, 멕시코	칠레	페루, 베트남, 러시아
12개국/경제체	15개국/경제체	17개국/경제체	18개국/경제체	21개국/경제체

출처: http://www.apec.org/apec/member_economies.html(검색일: 2008.11.5) 참조.

1989년 12개국/경제체로 출범하여 1998년 이래 현재까지 21개국/경제체가 참가하고 있으며, 잠정적으로 2010년까지는 참가국 확대를 동결하고 있는 상황이나, 향후 ARF 참가국 중 APEC 미참가국들이 점진적으로 가입할 수 있을 것으로 예상된다.

주요 회의체는 경제지도자회의(정상회의) 산하에 ① 외교-통상 합동각료회의, ② 분야별 장관회의,[31] ③ APEC 기업인자문위원회(ABAC)가 있다. 경제지도자회의(정상회의)는 APEC의 비전과 경제현안에 대한 지침을 제시하고, 외교-통상각료회의는 이에 대한 실행방안을 협의한다. 아울러 외교-통상각료회의를 보좌하기 위하여 고위관리회의(SOM)를 두고, 고위관리회

---

30) APEC에서 경제체는 홍콩 · 대만을 의미한다.

31) 분야별 장관회의는 통상장관회의, 재무장관회의, 중소기업장관회의, 정보통신장관회의, 교통장관회의, 인력개발장관회의, 에너지장관회의, 관광장관회의, 보건장관회의, 과학기술장관회의, 교육장관회의, 여성장관회의, 해양장관회의, 환경장관회의, 광업장관회의가 있다. 외교통상부(2006.1.), p.14.

의 아래에 ① 경제위원회, ② 예산운영위원회, ③ 경제 및 기술협력운영위원회, ④ 무역·투자위원회를 두며, ⑤ 11개의 실무그룹과 ⑥ 7개의 SOM 특별그룹, ⑦ 11개의 소위원회에서[32] 논의를 진행하고 있다.

APEC의 주요 결정사항은 사실상 1989년 설립된 외교-통상각료회의(각료회의)에서 이루어지며, 정상회의 3일전 개최되어 2-3일간 회의를 가진 후 결과를 정상회의에 보고한다. 각료회의를 보좌하는 고위관리회의(SOM)는 각료회의 3일전 개최되어 2-3일간 논의 후 각료회의로 결과를 보고한다. 여타 분야별 장관회의와 위원회/실무그룹/특별그룹/소위원회 등은 연중 개최된다. 경제지도자회의(정상회의)는 각료회의 의결사항을 승인하고 방향을 제시하며, 기업인자문단(ABAC)과 대화를 통한 경제활성화를 도모하고 참가국/경제체들의 입장을 광범위하게 수렴한다.

다. 주요 참가국들의 입장과 ARF와의 비교

1989년 설립시부터 참가국들은 EU와 같은 규제력 있는 경제공동체를 지향하는 미국 등의 입장과, 경제발전의 차이와 다양성을 고려하여 개도국들에게 경제발전의 특혜를 부여하면서 점진적이고 개방적이며 느슨한 경제협의체로 운영하고자 하는 ASEAN의 입장이 대립하였다. 이러한 입장은 전원합의를 바탕으로 하는 APEC의 현실에서 최저수준의 협력을 용인하는 아세안방식(ASEAN Way)으로 고려되고, 여기에 호주와 한국 같은 중간 수준의 국력을 가진 국가들이 교량적 역할을 해 왔으며, 주요 참가국들의 입장은

---

32) 11개 실무그룹은 에너지/수산업/인력자원개발/산업과학기술/해양자원보존/정보통신/무역진흥/교통/관광/농업기술/중소기업 실무그룹이고, 7개의 SOM특별그룹은 對테러/보건/反부패/긴급사태대응/여성/전자상거래/문화 특별그룹이며, 11개 소위원회는 표준적합/통관절차/시장접근/서비스/투자/지식재산권/정부조달/기업인이동/경쟁정책 및 규제완화/WTO 능력배양/경제법 인프라 강화 소위원회 등이다. 외교통상부(2006.1.), p.14.

다음과 같다.[33]

미국은 아태지역의 성장잠재력과 무역 및 투자 자유화에 관심이 높으며, EU를 견제하는 방편으로 그리고 미국을 배제한 경제협력체 추진을 억제하는 차원에서 APEC를 인식한다. 따라서 미국식 경제논리를 APEC이 수용하길 기대하면서 APEC 자유무역지대 또는 경제공동체 실현을 목표로 하고 반테러, 반부패 이슈와 자동차, 화학, 생명공학, 제약 분야 협의에 관심을 가진다.

일본은 중국 및 ASEAN 개도국들에 대한 시장접근 차원에서 APEC을 중시하며 1996년 이래 무라야마(Murayama) 기금을 설치하여 매년 300-400만 달러를 사무국에 무역투자자유화촉진(TILF) 자금으로 제공하고 있다. 아울러 1997년 정상회의에서 비록 미국의 거부로 무산되었지만, 아시아금융기금(Asian Monetary Fund)에 500억 달러 또는 필요자금의 1/2을 제공하겠다고 제의하는 등 아태지역 경제활성화에 관심을 보여 왔으며, 1998년에는 'Miyazawa Initiative'로 불리는 150억 달러에 달하는 쌍무 지원계획을 제시하여 아시아 경제위기에 기여하였다.[34]

호주는 1989년 호크(Bob Hawk) 수상의 APEC 제의 이래, 아시아 외교의 활성화와 자국의 농산물 등 수출시장 차원에서 APEC을 중시하고 ASEAN 국가들 및 중국과의 경제협력을 강화하고자 한다. 아울러 2005년부터 'APEC Support Fund'를 제안하여 2005년부터 2007년까지 총 300만 호주달러를 기여하였다.

한국은 2004년 기준 총교역량의 69.8%, 對한국 투자액의 62.4%를[35] APEC 참가국/경제체들에 의존함으로써 이를 적극적으로 활용하고, 주변 4

---

33) 주요 국가들의 입장은 다음을 참조. 이재기(2006), pp.107-110; 외교통상부(2006.1.), pp.23-28; 외교통상부(2007.10.), pp.26-27.

34) Margaret P. Karns, Karen A. Mingst(2004), p.197 참조.

35) 2006년-2007년에는 총교역 67%, 해외투자 73%를 차지하여, 對한국 해외투자가 크게 증가하였다. 외교통상부, 『2008 외교백서』(서울: 외교통상부, 2008.5.), p.73 참조.

개국 정상과 정기적인 교류와 북한문제 등에 공조체제를 획득하고자 한다.

중국은 APEC이 정치적으로 민감한 非경제 이슈를 다루는 것에 반대하면서 APEC을 통한 자국의 경제 활성화와 기술이전 필요성을 강조하고 있다. 따라서 경제협력체 이상으로 발전하는 것을 경계하면서 FTAAP 추진을 반대하고 구속력 있는 협정을 추진할 단계가 아니라는 점과 이의 점진적 추진이 바람직하다고 주장한다.

ASEAN 국가들 역시 APEC이 급속히 발전할 경우 ASEAN의 결속이 약화될 것을 우려하며 점진적 발전을 기대한다. 그러나 ASEAN 국가들에 대한 주요 투자국이자, ASEAN 교역의 70%를 APEC 국가들이 차지한다는 점에서 경제이익을 적극 추구하고 있다. FTAAP를 통한 통합 노력에 대해서는 ASEAN FTA의 약화 등을 우려하면서 유보적 입장이며, 아직은 주로 경제 및 기술지원 확대를 통한 경제적 이익에 관심이 높으며 ASEAN의 특수성을 인정받고자 노력하고 있다.

APEC과 ARF에 참가하고 있는 국가/경제체들을 비교해 보면 <표 5-5>와 같다. APEC에 참가하는 국가들은 남미국가들과 대만을 제외하고는 ARF에 모두 참가(16개국)하고 있다는 점에서 APEC과 ARF의 양자관계는 매우 밀접하다.

〈표 5-5〉 아태지역 국가/경제체들의 APEC 및 ARF 참가 비교

구분	APEC	ARF
참가국/경제체	호주, 브루나이, 캐나다, 중국, 인도네시아, 일본, 한국, 말레이시아, 뉴질랜드, 파푸아뉴기니, 필리핀, 러시아, 싱가포르, 태국, 미국, 베트남, 대만, 홍콩, 멕시코, 페루, 칠레	호주, 브루나이, 캐나다, 중국, 인도네시아, 일본, 한국, 말레이시아, 뉴질랜드, 파푸아뉴기니, 필리핀, 러시아, 싱가포르, 태국, 미국, 베트남, 라오스, 몽골, EU, 북한, 캄보디아, 미얀마, 인도, 파키스탄, 티모르레스테, 스리랑카, 방글라데시
계	21개국/경제체	27개국/경제체

출처: 한용섭, "동아시아 안보공동체 구축의 필요성." 한용섭 외, 『동아시아 안보공동체』(서울: 나남출판, 2005), pp.18-19; http://www.apec.org/apec/member_economies.html(검색일: 2008.11.5)를 참조하고, 2005년 이후 변화된 내용 반영.
* 음영으로 처리한 국가/경제체들은 각각 APEC/ARF에만 참가하고 있음을 나타낸다.

4. 제도적 수준에서 식별된 문제점 및 한계

　1994년 출범 당시 ARF를 둘러싼 안보환경은 냉전종식이라는 평화무드와 는 별개로 여전히 갈등적이고 대립적인 상황하에 있었으며, 이러한 여건은 ASEAN이라는 연합체에 '委任的·仲裁的 차원의 기능'을 부여하고, ASEAN 의 특권적 지위를 용인함으로써 의존적 다자안보대화체를 형성하였다. 따라 서 ASEAN 방식이라는 독특한 제도의 수용은 불가피하였으며, 지난 15년간 정부 차원에서 176회(월평균 1회)라는 다양한 회의를 통한 노력에도 불구하 고, 참가국들간 대화와 타협을 통한 협력은 매우 느린 제한적인 활동들로 나타났다. 協議의 결과물 역시 구체적인 효력을 발생시키기보다는 개별 국 가들의 자발성과 선언적 수준에 머물러야 하는 한계를 노출시켰다. 지난 15 년간 ARF 발전과정과 他 제도와의 비교를 통해 나타난 ARF의 현실과 제도 적 한계, 그리고 구조적인 제약의 근거가 되는 문제점들은 다음과 같다.

　첫째, ARF의 현실로 나타난 성과는 네 가지이다. ① 대립하는 세력들간 에 대화와 협력을 모색하여 일정 수준 긴장을 완화시키고, ② 강대국들간 상호관계가 지역 안정에 필수적임을 강조하여, 이들 간의 불균형 관계를 ARF가 어느 정도 보완함으로써 세력균형을 유지하는 역할을 하였다. 또한, ③ 고립되고 소외되었던 역내 약소국/개발도상국들이 다자대화를 통하여 양자대화를 증진하고 국제사회에 자연스럽게 편입되는 효과를 발생시켰으 며, ④ 전통적/비전통적 안보 문제들을 대화의 場에 공개함으로써 투명성 증진과 공동협력에 어느 정도 기여하였다. 그러나 이러한 성과는 다자대화 가 주는 초보적 결과에 불과하며, 실질적이고 항구적인 분쟁예방과 공동번 영을 위한 제도로서의 역할에는 크게 못 미치는 상황에 있는데, 이는 제도 적 측면의 한계와 문제점, 구조적 제약요인 등과 연계되어 있기 때문이다.

둘째, ARF의 제도적 측면에서 부각된 한계와 문제점은 강제력을 배제한 적용이론, 설립근거의 미약, ASEAN에 과도한 의존, 제도적 미비 등으로 나타났다. ① 강제력을 배제한 적용이론 도입은 현재 ARF가 '공동안보,' '포괄안보 ASEAN형,' '狹義의 협력안보' 개념 등에 입각하며, 이는 ASEAN의 정신과 연계되어 있다. ② 설립근거 문제는 1976년의 동남아 우호협력조약(TAC)의 비동맹/중립주의 노선과 주권존중・내정 불간섭 등 國家中心主義 정신이 多者主義와 초국가적 역할을 수행해야 하는 亞太 廣域의 지역안보 제도 발전에 한계가 있다는 점이다. 특히 미국・EU 등 域外 강대국들이 우호협력조약(TAC)을 수용하기에는 힘의 투사(power projection)를 억제한다는 측면에서 현실적 무리가 따른다. ③ ARF 설립 당시 안보 여건이 ASEAN에 과도한 의존을 불가피하게 했던 것이 사실이지만, ARF에서 ASEAN 중심의 행동원칙이 계속 유지되는 것은 다자제도가 가져야 할 순회 의장직 受任 등을 억제하고, 참가국들의 평등성을 근본적으로 저해하고 있다. 나아가, 이러한 ASEAN에의 의존이 동남아 국가들의 이익을 우선시함으로써 지역협의체가 갖추어야 하는 공동이익과 평화공존의 질서유지를 그르치는 비정상적 기구로 전락될 우려가 존재한다. 이러한 경향은 ARF 참가국들간 4개의 지위구분, 남중국해 문제에 가장 높은 관심, 대만 문제의 의제반영 불가 등으로 나타난다. ④ 제도적 미비는 CSCE/OSCE, CICA, SCO, APEC 등 여타 정부 수준 지역기구들이 고유의 설립규정을 가지고, 독립된 사무국의 지원하에 頂上會議를 최고의사결정회의체로 활동하는 것과 달리, ARF는 亞太 廣域의 다자안보대화체임에도 불구하고 동남아를 규율하기 위해 설립된 조약에 근거하는 매우 '낮은 수준의 안보레짐/다자안보제도'에 머무르고 있다. 즉, 독립된 사무국(secretariat)이 없이 ASEAN 사무국 소속의 3명으로 구성된 ARF Unit을 이용하며, 외무장관회의를 頂點으로 활동하는 한계를 지닌다. 그 결과, ARF는 ASEAN이 주도하는 현재의 제도

와 체제를 넘어서기 힘들고, 의제 역시 동남아 국가들의 관심사항이 주류를
이루며, 지역분쟁이나 초국가적 위협 등 논의사항의 대부분이 동남아시아가
직접 관련되고 여타 국가들이 간접적으로 연계되는 상황으로 나타난다. 이
점에서 신뢰구축→예방외교→분쟁해결 노력이라는 3단계 발전과정, 모두에
게 편안한 발전 속도, ARF 의장의 역할 증진을 위한 제반 활동, 여타의 다
양한 ASEAN 方式 준수 등은 ARF의 현실이자 보완되어야 할 제도적 한계
로 부각되고 있다.

  셋째, ARF의 구조적인 제약의 근거가 되는 쟁점들이 15년간의 논의사항
들에서 발견되었다. 즉 지역분쟁 분야에서 한반도와 남아시아 문제 등도 논
의되고 있으나, 대부분의 주요 관심사항은 남중국해와 동남아 내부분쟁 문
제에 집중될 수밖에 없는 구조적 한계를 나타내었다. 군축/비확산 분야에서
는 수많은 논의와 공약에도 불구하고 인도·파키스탄·북한으로의 핵확산
과 WMD 투발수단의 확장을 억제하지 못하였으며, 1995년 설립된 동남아
비핵지대(SEANWFZ) 역시 아직까지 G−5 핵국들과 의정서를 체결하지 못
하여 선언적 의미에 그치고 있다. 이러한 가운데 인도네시아·태국·말레
이시아·베트남·미얀마 등 동남아 국가들의 원자력발전소 건설계획과 인
도네시아·태국·미얀마의 CTBT 불비준 등은 이 지역의 군축/비확산 문제
에 미묘한 개념차를 나타내고 있다. 테러리즘과 초국가적 위협 분야에 있어
서도, 거듭되는 반대에도 불구하고 동남아 이슬람국가들이 '테러리즘의 온
상'이라는 시각을 간과할 수 없고, 마약·인신매매·불법이민·해적·소형
무기 불법거래 등 다양한 초국가적 범죄와, 자연재난과 환경오염이 동남아
시아를 중심으로 중국 및 남아시아 지역에서 일어나고 있다. 이는 핵확산
등 군축/비확산 문제가 정치군사적 안보 차원의 문제라면, 테러리즘/초국가
적 범죄는 사회안보 수준의 문제이고, 자연재난과 환경오염은 환경안보적 시
각의 접근이 요구되는 사안들이다. 더불어 이러한 요인들에 공통으로 개입되

고 있는 빈곤의 문제는 중요한 경제안보에 해당되나 경제문제는 APEC과 ASEAN－PMC에 일임하고 있는 상황이며 ARF에서 심도 있게 논의되고 있지 못하다. 아울러, APEC 논의에서 나타난 바와 같이 중국 및 ASEAN 국가들은 선진국들로부터 원조, 기술이전, 투자확대 등 지원 위주의 경제협력을 선호하며, 경제공동체 형성이나 FTAAP 등에는 대부분 국가들이 아직 미온적이다.

이를 종합하면, ARF는 정치군사적 측면의 지역분쟁과 군축/비확산 문제, 사회적 측면의 테러리즘과 초국가적 범죄문제, 환경적 측면의 자연재해와 환경오염의 문제, 빈곤으로 인한 경제적 문제 등 소위 포괄적 차원의 안보문제들에 봉착해 있다. 이러한 문제들은 ARF에서 논의되어야 할 구체적 이슈들이자, 현실적으로는 제도적 한계와 문제점을 가진 ARF가 해결하기 어려운 구조적인 제약요인들이기도 하다. 특히, 남중국해 문제는 참가국들의 역사적 관계와 연관된 태생적이고 구조적인 쟁점으로 강대국들이 민감하게 연계되어 다수의 참가국들을 구속하고, 충돌사태 등이 발생시 ARF 존립 자체를 위협할 수 있다. 이러한 문제들은 참가국 상호관계를 통하여 보다 명확히 확인될 수 있다.

VI. ARF 참가국들의 상호관계 분석

ARF 발전과정과 유사 기구/협의체들과의 비교에서 살핀 내용들은 15년간 참가국들의 논의결과이자 ARF 현실을 반영하고 있다. 제도적 수준에서 식별된 한계와 문제점으로부터 나타난 구조적 제약은 참가국들의 상호관계 속에 내재되어 있다. 여기서는 정치·군사 분야 상호관계로 참가국들 간 세력관계와 우호/적대관계(분쟁 상황), 사회문화·환경 분야 상호관계로 종족/종교/언어문제와 초국가적 사회문제 및 환경적 취약요인을 살피고, 경제 상호관계론 등으로 문제에 접근하고자 한다.

ARF 참가국들은 앞서의 이론 검토와 논의들로부터 식별된 다음과 같은 특성을 지닌다.

첫째, 참가국들은 16세기로부터 20세기 중반까지 역사에서, 유럽국가들·일본·미국·러시아 등 과거 지배국과 동남아·동북아·남아시아·오세아니아 등의 여러 과거 종속국(식민지)들의 집합으로 구성되어 있다(* ARF 참가국들의 역사적 경험은 <부록 12>를 참조하라).

둘째, 과거 종속국들은 지배국들의 정치체제 및 법체계 등을 수용하였으며, 독립 후에는 반식민/반제국주의 정책에 따라 27개 참가국 중 18개국이 비동맹/중립주의로 외교노선을 정하였다.[1] 한편, 과거 지배국들과 지배편승 국가들은[2] 연합/동맹의 형식으로 국가정향을 표출하고 있다.[3](* ARF 참가국들의 정치·외교·법체계는 <부록 13>을 참조하라).

셋째, 과거 지배국들은 오늘날도 선진국/강대국으로 세력을 행사하는 반면 식민지의 대다수는 아직 약소국/개발도상국의 지위를 벗어나지 못하고 있다. 그러나 캐나다·호주·뉴질랜드는 선진국에 진입하였고, 한국도 선진국에 근접하고 있다. 따라서 ARF 참가국들의 정향은 약소국과 강대국, 침략/지배에 두려움을 가진 국가들과 침략/지배를 실행할 수 있는 힘 있는 국가들로 양분되는 경향을 보인다. 또한, ARF는 지리적으로 동아시아, 남아시아, 오세아니아 국가들이 참가하는 超지역복합체(supercomplex)이자 오세아니아를 포함한 동아시아 지역안보복합체로 (초)강대국들의 영향력이 크게 작용한다. ARF는 복잡하고 다양한 문제를 지닌 다자안보협력체로 참가국들의 세력관계와 우호/적대(분쟁) 패턴은 세력균형·동맹관계·대내외 갈등·분쟁 상황 등으로 나타난다. 참가국들의 국가유형 역시 연성국가/前근대국가(weak states/premodern states), 중성국가/근대국가(middle states/modern states), 강성국가/근대 以後 국가(strong states/postmodern states)로 다양화되어 있다.

---

1) 비동맹/중립주의 노선을 취하는 18개국은 인도네시아·말레이시아·태국·필리핀·싱가포르·브루나이·베트남·라오스·캄보디아·미얀마 등 10개의 ASEAN 국가들과 티모르레스테·북한·몽골·인도·파키스탄·방글라데시·스리랑카·파푸아뉴기니 등이다.

2) '지배편승국가들'은 경제·복지 면에서 성공한 국가들이나, 안보 문제에 대해서는 (초)강대국의 지원을 필요로 하며, 상호 이익을 공유하는 자유민주주의체제를 신봉한다.

3) ARF 국가 중 9개국, 즉 미국·일본·EU·캐나다·호주·뉴질랜드·한국·러시아·중국이 연합/동맹국가 정향 범주에 해당된다. 러시아도 CSTO(2002년 설립), SCO(2001년 설립) 등 연합(coalition) 형태를 선호하고 있으며, 중국 역시 비동맹(NAM)의 옵서버 국가이나 SCO, 쌍무우호협력조약 등의 형태로 연합 형태를 선호하고 있다.

1. 정치·군사분야 상호관계

정치·군사 분야의 상호관계는 동남아, 동북아, 남아시아 지역을 대상으로 부잔 등의 지역안보복합체이론에서 제시한 세력관계(power relations)와 우호/적대관계(분쟁 상황)를[4] 중심으로 살핀다.

가. 동남아시아

동남아에서 영토분쟁과 국경선 문제에 있어서 중국은 현상유지(status quo)를 위장한 권력의 增大나 誇示를 나타내고 있다.[5] 그러나 ASEAN 국가들은 현상유지정책으로 유화정책이나 시위정책보다는 국제협조정책을 지향하면서, 안보의 최후 보장으로 미국 등 域外 강대국들과 동맹정책, 역내 국가들과 제휴관계를 유지하는 가운데, 국경선 문제와 영유권 문제에 대해서는 인접국들과 다양한 갈등관계를 가지고 있다.

1) 세력관계(동맹 패턴)

미국과 EU(영국)의 영향력이 동맹 패턴을 형성하고 있으며 이러한 구조는 동남아 국가들의 비동맹 노선에도 불구하고 엄존하는 세력균형과 편승 논리를 뒷받침하고 지역 안정의 根幹을 이룬다. 미국과의 동맹관계는 필리

---

4) 세력관계와 우호/적대관계 등은 다음을 참조. Barry Buzan and Ole Wæver(2004), pp.46 – 55; Barry Buzan, Ole Wæver, and Jaap de Wilde(1998), pp.10 – 15.

5) 1970년대 이후 중국의 남중국해 도서 점령과 해군의 순찰활동 강화, 해공군력 증강 등은 동남아 약소국들에 '현상변경을 강요하는 誇示'에 가깝다. 모겐소는 국가의 대외정책패턴을 權力維持(現狀維持), 權力擴大(現狀變更), 權力誇示(현상유지나 변경을 위한 국가능력의 威勢的 표출)로 본다. Hans. J. Morgenthau, *Politics Among Nations: The Struggle for Power and Peace* (New York: Alfred A. Knopf, 1963), pp.38 – 39 참조.

핀·태국·싱가포르가 각각의 양자관계로 발전시키고 있으며, 영국은 과거 영연방국가인 말레이시아·싱가포르를 포함하여 英聯邦 호주·뉴질랜드와 함께 1971년 이후 '5개국 방위협정(FPDA)'을[6] 유지하고 있다. 이러한 '지역 외 국가들과의 동맹'은 반정부 활동 및 국가전복에 대한 국내외 위협에 대처한다는 명분하에서 인정되고 있다. 구체적으로는 이슬람 무장독립운동, 공산주의 반정부 활동, 안정적인 교역활동 보장, 영연방의 전통 등이 중요한 원인을 제공한다. 아울러 말라카 해협의 중요성을 고려 시 미국·EU 등 서방국가들의 싱가포르와 말레이시아에 대한 관심은 해상교통로(SLOC) 보호와 관련된 지리적 영향력이 여전히 중요함을 의미하기도 한다.[7]

필리핀은 1951년 체결된 '미·필방위조약'으로 국내 공산세력의 확산과 이슬람분리주의자들의 활동에 대응해 왔다. 그러나 1990년대 초 냉전 종식과 함께 필리핀 내 시민세력의 반미경향, 그리고 ASEAN의 비동맹 지지 노선 등이 복합적으로 작용하여, 필리핀 상원에서 미군의 철수가 결정되고 미국은 1992년에 철수를 완료하였다. 그 후, 1995년에서 1998년까지 필리핀은 남중국해에서 중국과의 갈등과 내부적으로 공산반군과 이슬람 분리주의자들의 테러리즘 등으로 새로이 미국과의 관계개선이 절실히 요구되었다.

---

6) FPDA는 1971년 말레이시아와 싱가포르 주둔 26,000명의 영국군이 전면 철수하면서 말레이시아와 싱가포르의 안보공백 해소를 위해 영국이 호주·뉴질랜드와 함께 외침시 방어를 약속한 것으로, 1963년 말레이연방 설립을 반대하는 인도네시아의 압력, 1965년 싱가포르의 분리독립, 베트남 전쟁의 가열, 공산주의 확대 등에 대응하기 위하여 출범하였다. 1963년 영연방(영국·호주·뉴질랜드)과 말레이시아 간의 방위협정(AMDA: Anglo-Malaysian Defense Agreement)을 대체하며 이후 계속되는 5개국 국방장관회의를 통해 협력을 강화해 가고 있다. 주변국들의 해체요구에도 불구하고 통합방공시스템(IADS: Integrated Area Defense System)을 통한 공군력 위주로 말레이시아와 싱가포르 방어를 지원하고, 1990년대 이후 그 역할을 육·해군으로 확대해 나가고 있다. Allan Crowe, *The 5 Power Defense Arrangements*(Canberra: Percetakan Konta Sdn Berhad, 2001), pp.3-8 참조; FPDA의 통합방공체제(IADS), 정치군사대화, 군사훈련 및 전통적/비전통적 위협대처, 인도네시아의 부정적 시각, ASEAN/ARF/미국과의 연계성 등에 대해서는 다음을 참조. Damon Bristow, "The Five Power Defense Arrangements: Southeast Asia's Unknown Regional Security Organization," *Contemporary Southeast Asia, A Journal of International and Strategic Affairs*, Vol.27, Number 1, April 2005, pp.1-18.

7) 李基鐸, 『國際政治史理論』(서울: 博英社, 1987), pp.16-19 참조.

그 결과 필리핀은 미국과 1998년 2월 '순회 군사방문 협정(VFA: Visiting Forces Agreement)을 체결하고 2001년 9·11 사태가 발생하자 아프가니스탄 테러리즘 전쟁에 적극 동참을 발표하였으며 클라크(Clark)기지와 수빅(Subic) 灣을, 중앙아시아로 이동하는 물량 선적, 특히 폭탄/탄약 등 무기이송시설로 제공하는 등[8] 미국과의 안보협력을 강화하였다.

태국은 제2차 대전시 일본과의 동맹, 인도차이나 전쟁시 미국과의 동맹을 통하여 생존을 위한 국가이익을 달성해 왔다. 미국과의 관계 발전은 인도차이나의 공산화 방지 등 제반 문제를 多者的으로 해결하기 위해 설립된 동남아 조약기구(SEATO)가[9] 1960년대 초 라오스 내전시 태국이 주장한 '자유 라오스(a free Laos)를 위한 개입'을 영국·프랑스 등 회원국들이 반대함에 따라 태국은 미국과의 양자동맹을 구상하게 되었다.[10] 그 결과, 1963년 '미국·태국간 특별병참협정(Thai−U.S. Special Logistics Agreement)'이 체결되었으며, 이 협정을 근거로 미국은 태국의 수송체계를 보강하고 증진시켰는데 특히 동북쪽의 공군기지들을 지원하기 위해 중요한 보급로인 타이 灣의 삿타힢(Sattaheep) 인근 高水深 항구건설을 지원하였다.[11] 현재 외국군은

---

8) 필리핀은 9·11 사태가 발생하자 아시아 최초로 테러리즘에 대응하는 국제협력을 선언하였는데, 이는 자국내 분리주의 운동과 테러리즘 등에 연관되기 때문이었다. 이에 2002년 1월 16일 당시 럼스펠드 국방장관은 약 600명의 미군이 순회훈련을 위해 필리핀 바실란(Basilan)으로 전개한다고 발표하였다. Renato Cruz De Castro, "The Revitalized Philippine−U.S. Security Relations," in See Seng Tan and Amitav Acharya(eds.), *Asia−Pacific Security Cooperation: National Interests and Regional Order* (New York: An East Gate Book, 2004), pp.154−171.

9) SEATO는 미국·영국·프랑스·호주·뉴질랜드·태국·필리핀·파키스탄 등 8개국이 1955년 2월 NATO와 같은 기구를 아시아에 설립한다는 미국 주장에 따라 방콕에 본부를 두고 설립되었으나, 월남전 패배로 1976년 해체되었다. 세부내용은 다음을 참조.
http://www.history.com/tdih.do?id=2583&action=tdihArticleCategory(검색일: 2007.8.9); Chulacheeb Chinwanno, "Thailand's Perspective on Security Cooperation in the Asia−Pacific," in Seng Tan and Amitav Acharya(2004), p.193.

10) 1961−1962년 라오스 위기시 태국은 3개 파벌 중 右派 Phoumi Nosawan 장군을 지지하고 지리적/역사적/종족적으로 연관된 라오스가 태국과 베트남, 태국과 중국 사이에서 완충국(buffer state) 역할을 해 줄 것을 희망하고, SEATO 동맹국들이 라오스 내전에 개입할 것을 주장하였으나 실패하였다. Chulacheeb Chinwanno(2004), p.194.

11) 1960년대 태국은 미국과 여러 개의 추가 양해각서를 체결함으로써 태국영토 이용을 허용하고 베

미국군 254명(육군 156명, 해군 10명, 공군 59명, 해병 29명)이 주둔하고 있다.[12] 아울러 미국 및 주변국들과 지역안보 불안에 對備한 평화유지, 재난구호, 인도주의활동 훈련인 코브라 골드(Cobra Gold) 연합훈련을 연례적으로 실시하고 있으며, 2008년에도 싱가포르, 일본, 인도네시아가 참가하여 컴퓨터 지휘소연습, 야외기동훈련, 인도주의 지원연습을 하였고, 호주·브루나이·프랑스·이탈리아·영국·방글라데시·인도·말레이시아·필리핀·몽골이 옵서버로 참여하였다.[13]

싱가포르는 필리핀으로부터 미군 철수가 한창 논의되던 1980년대 말 미국에 기지제공을 제안하고, 1990년 '기지제공 양해각서(MOU: Memorandum of Understanding)'에 합의함으로써 싱가포르 內 공군 및 해군기지 사용을 허용하였다.[14] 미·싱 양해각서에 따라 미 해군 지원시설 유지 및 병참지원요원 등 163명(해병 24명, 공군 46명, 해군 93명)이 주둔하고 있다. 아울러 FPDA에 따른 호주軍과 뉴질랜드軍의 주둔과 지원은 美·英同盟과 ANZUS와도 연결되어 말레이시아와 싱가포르에 대한 외침 발발시 미국의 지원을 상정하고 있다.[15] 이는 말레이시아가 비동맹 정책에 입각한 '평화자

트남 전쟁을 위한 군사시설을 제공함으로써 점차 미국에 국가안보를 의존하게 되었다. Chulacheeb Chinwanno(2004), pp.193－195.

12) IISS, The Military Balance 2006(London: Routledge, 2006), p.44, pp.294－297, pp398－401.

13) US Embassy Bangkok, Thailand, "Cobra Gold 2008 Exercise Announced," April 9, 2008, at http://bangkok.usembassy.gov/news/press/2008/nrot023.html(검색일: 2008.10.7). 2009년에는 태국, 미국, 싱가포르, 인도네시아, 일본이 참가예정이며, 다수의 옵서버 국가가 참관 예정이다. "Exercise Cobra Gold 2009," at http://www1.apan－info.net/Default.aspx?alias＝www1.apan－info.net/cg08(검색일: 2008.10.7).

14) 1990년의 미·싱 간 기지 양해각서(MOU)를 근거로 미국은 Payar Lebar 공군기지와 Sembawang 항을 이용할 수 있게 되었고, 필리핀으로부터 철수하는 소규모 병참부대의 주둔을 양허하였으며, 그 후 양해각서 추가합의에 따라 미 해군의 新Changi 해군기지로의 접근이 허용되었다. Chin Kin Wah, "Singpore's Perspective on the Asia－Pacific Security Architecture," in See Seng Tan and Amitav Acharya(eds.)(2004), p.177.

15) 미·호 동맹 고려시 이 입장은 유효하다. Allan Crowe, *The 5 Power Defense Arrangements*(Canberra: Percetakan Konta Sdn Berhad, 2001), pp.4－5; 현재 FPDA에 따라 호주군 115명(공군: 12명, 육군: 1개 보병중대)이 말레이시아에, 뉴질랜드 육군연락단 11명이 싱가포르에 상주하고 있다.

유중립지대(ZOPFAN)' 주창국임에도 불구하고 FPDA를 과거와 같은 군사동맹 형태는 아니라 할지라도 외부공격을 방어할 수 있는 느슨한 협의체로 인정하는 결과를 가져왔다. 이는 1994년 ARF 설립, 그리고 1999년 ASEAN이 10개국으로 확대된 후에도, 말레이시아와 싱가포르가 인도네시아의 FPDA 폐기 주장에도 불구하고 외부침략의 방어막으로 견지하는 입장을 유지해 오고 있음이 증명한다.[16] 이는 말레이시아의 세력균형 전략인데 華僑가 많은 말레이시아 입장에서 대내외 정책상 ZOPFAN은 중국에 대한 호의적 표시이고, FPDA는 서방(미국)에 대한 안전보험으로 이용하고 있다.

브루나이에는 싱가포르軍 500명(훈련단, 5/UH-1H 등)과 英國軍 1,120명(1개 대대, 훈련단, 信號情報隊, 헬기 3대 등)이 주둔하고 있으며,[17] 티모르레스테에는 현재 호주·뉴질랜드·말레이시아·포르투갈군 2,500여 명이 주둔하고[18] 군사 옵서버로 호주 3명, 브라질 2명, 요르단 1명, 말레이시아 3명, 뉴질랜드 1명, 파키스탄 1명, 필리핀 2명, 포르투갈 3명이 파견되어 있다.[19] 브루나이와 티모르레스테 주둔군들도 서방국가들과 밀접히 연관되어 있으며 동남아 안정문제에 기여하고 있다.

한편, 위에서 언급한 친서방적 군사동맹의 건재는 미얀마와 중국, 캄보디아와 중국, 라오스와 중국간의 우호협력관계(동맹)를 형성하였다. 또한 베트남 주도의 1977년 베트남·라오스, 베트남·캄보디아간 1979년의 우호협력협정 역시 내부의 반정부 및 전복활동 등을 차단하는 협력을 외형상의 근거로 한다. 그러나 이러한 양자관계는 사실상 중국과 베트남의 일방적인 지

IISS(2006), pp.43-44, pp.281-283, pp.289-292, pp398-401.

16) Allan Crowe(2001), pp.38-39, p.53; Damon Bristow(2005), p.9.

17) IISS(2006), p.263.

18) Ministry of Foreign Affairs of Malaysia, *Annual Security Outlook(ASO) 2006* (Kuala Lumpur: 28 July 2006), p.53.

19) CIA, *The World Factbook 2006(CIA's 2005 Edition)* (Washington D.C.: Potomac Books, Inc., 2006), pp.161-164; IISS(2006), p.269.

원을 기본으로 하는 것이며, 러시아와 베트남 간의 과거 동맹관계도 여전히 그 뿌리를 유지하고 있는데 사태악화시 對西方 대항동맹적 성격으로 발전할 가능성을 지닌다.

따라서 동남아에서의 세력관계(동맹 패턴)는 미국·EU 등 서방의 개입과 중국의 관여, 인도네시아의 독자노선 등 양극체제하 3각구도 형태를 보이며, 강대국들의 지원을 전제로 하는 비대칭성과 세력균형 및 편승전략에 입각하고 있다.[20]

2) 우호/적대관계(분쟁 상황)

동남아시아에서 적대적 분쟁관계는 내분 및 육상/해상 경계선 분쟁들과 중국·베트남·필리핀·말레이시아·대만·브루나이가 관련된 남중국해 문제가 있다.

첫째, 내분 및 육상/해상 경계선 분쟁은 다음과 같다.

① 인도네시아는 수마트라의 반다아체(Banda Aceh), 파푸아의 이리안 자야(Irian Jaya, 西파푸아), 중부 칼리만탄(Central Kalimantan), 말루쿠(Maluku), 중부 술라웨시(Central Sulavesi) 州에서의 무장분리주의 운동으로 국가통합에 애로가 있다.[21] 말레이시아와는 2002년 국제사법재판소 결정에 따라 시파단(Sipadan) 섬과 리기탄(Ligitan) 섬이 말레이시아로 귀속됨에 따라 석유·천연가스가 풍부한 셀레베스海(Celebes

---

20) 동맹형성에서 세력의 균형(balancing)과 편승(bandwagoning)에 대해서는 다음을 참조. Jitsuo Tsushiyama, "Ironies in Japan's Defenfse and Disarmament Policy," T. Inoguchi and P. Jain(eds.), *Japanese Foreign Policy Today* (New York: St. Marin's Press, 2000), p.141; 이상철, "한미동맹의 비대칭성: 기원, 변화, 전망," 경남대학교 정치학 박사학위논문, 2003, pp.25 − 29.

21) 2004년 12월 쓰나미로 큰 피해를 입은 아체지역은 정부와 평화협상을 통해 휴전상태에 있으나, 분리독립운동이 포기된 것은 아니다.

Sea) 해상 경계분쟁에 빠져들었는데, 2005년 3월 암발라트(Ambalat) 원유층 채굴권 관련 대립이 최고조에 달하였다.[22] 싱가포르와는 2005년에 '1973년 해양경계선 협정'을 마무리하면서 Batam 섬 북쪽은 未解決 상태로 잔류시키기로 하였다.

② 태국은 이슬람이 다수를 차지하는 나라티와트(Narathiwat), 얄라(Yala), 패타니(Pattani) 등 남부 3개 州에서 분리독립을 요구하는 무장폭동으로[23] 불안이 계속되고 있으며, 이와 관련 말레이시아와 갈등이 존재한다. 국제해양법협약(UNCLOS)에는 서명하였으나 캄보디아와의 해상 경계선 문제로 비준을 하지 못한 상태에 있다. 국경선은 말레이시아, 라오스, 캄보디아와 미해결로 남아 있다.

③ 필리핀은 현재는 잠재되어 있지만 말레이시아 Sabah 州에 대한 영유권을 주장한 바 있으며, 이는 보르네오 북부 Sabah 州가 15세기경 필리핀 남부지역을 장악하였던 '술루 술탄의 영지(Sultanate of Sulu)'였기 때문이다.[24] 현재 이 지역에서 이슬람 분리독립운동이 테러리즘 형태로 빈발하고 있다.

④ 말레이시아는 1963년 독립 후 수년간 인도네시아의 말레이시아 지배 야망 때문에 심각한 갈등과 충돌을 빚었으며, 필리핀의 Sabah 州 영유권 주장, 1965년 싱가포르의 분리독립 등 순탄치 못한 국가수립 과정을 거쳤다. 중국계 24%를 포함한 소수민족이 42%에 달하여 말레이족과 중국

---

22) 2004년 11월 인도네시아가 미국 Unocal사에 동부 암발라트 층(East Ambalat block)의 탐사/개발권을 주었으며, 말레이시아는 2005년 2월 Petronas Cargil社와 Shell Malaysia사에 채굴권을 줌으로써 개발지역이 중복되었다. 양측은 이 문제를 정부간 대화로 풀기로 하였으나, 말레이시아는 ICJ결정을 선호하고 있다. http://www.useembassyjakarta.org/econ/energy.energy_mining_march05.html(검색일: 2007.7.15).

23) 2004년 1월 이후 1천 명 이상이 이들 남부 州 폭동으로 사망하였다.
http://www.islamon line.net/English/News/2004 ─ 01/04/article03.shtml;
http//www.amnesty.org/libary/librar y/Index/ENGASA390022006(검색일: 2007.8.8).

24) 술루 술탄의 영지는 1450년부터 1899년 미국의 식민지가 되기까지 해상무역 중심지인 술루해의 섬 졸로(Jolo)를 중심으로 민다나오(Mindanao), 팔라완(Palawan), 술루海(Sulu Sea)의 群島(Basilan 등), 보르네오의 Sabah를 포함하는 이슬람 왕국이었다.

계의 종족갈등이 늘 문제 된다. 싱가포르와는 식수공급 문제, 쓰레기 폐기문제, 간척지, 교량건설, 해상 경계선 등에 대하여 분쟁이 있다. 특히 싱가포르와 페드라 브란카 섬(Pedra Branca Island)/풀라우 바투 푸티흐(Pulau Batu Putih) 영유권 문제는 국제사법재판소의 3년내 중재(arbitration)안을 兩者가 받아들였다. 브루나이와는 근해/심해저 석유탐사 및 개발문제 갈등으로 분쟁지역의 모든 유전개발이 중단된 상태이다.

⑤ 베트남은 월남전 이후 동남아 최대 군사강국이며, 1978년에는 캄보디아를 침공하여 10여 년 지배한 바 있다.[25] 중국과는 통킹 만의 해상 경계선/어업협정이 2004년 6월 마무리되었으나 이행에 지체가 있으며 육상 경계선은 계속 논의 중에 있다.

⑥ 캄보디아는 베트남·라오스·태국과 2,572㎞에 달하는 통제가 느슨한 국경선을 유지하고 있다.[26] 태국과는 해상 경계선 분쟁으로 국제해양법협약(UNCLOS)에 서명하였으나 비준을 하지 못한 상태이다. 특히 2008년 7월에는 프레아 비히어(Preah Vihear) 힌두사원의 세계문화유산 지정을 앞두고 태국 국민들의 반대시위와 국경수비대 증강 등으로 소유권 문제가 다시 제기되고 있다.[27] 베트남과는 근해 섬들에 대한 영유권을 둘러싸고 해안선분쟁이 있다.

⑦ 라오스는 태국과 메콩 江上의 섬들에 대한 문제가 미해결이며, 캄보디아와는 손실된 국경 경계표지를 재설치 중이다. 아울러 중국이 메

---

25) 캄보디아 크메르 루즈(폴포트 主導)의 失政에 대하여 베트남은 1978년 12월 공세를 감행하여 그 후 10년간 캄보디아를 무력으로 통제하였다.

26) CIA(2006), pp.94-97; CIA, "Cambodia," *The World Factbook 2008*, https://www.cia.gov/library/publications/the-world-factbook/print/cb.html(검색일: 2008.6.14).

27) 9~11세기 크메르인들에 의해 건설된 프레아 비히어(Preah Vihear) 사원은 1962년 국제사법재판소(ICJ) 소유권 분쟁에서 캄보디아가 승소하였다. 그러나 태국의 국민정서는 이를 수용하지 않고 있다. 2008년 10월 프레아 비히어 사원 인근 Keo Sikha Kiri Svara 탑(pagoda) 점령을 위해 양측 수비대간 총격전으로 부상자가 발생하고 외교적 비난전이 강화되었다. "Cambodia warns Thailand over 'hostilities'" October 4, 2008, at http://edition.cnn.com/2008/WORLD/asiapcf/10/04/cambodia.thailand.border.tention.ap/index.html(검색일: 2008.10.6).

콩강 상류에 댐을 건설함에 따라 강 수위에 영향을 미칠 것을 심각히 우려하고 있다.[28]

⑧ 미얀마는 1948년 이후 군사정부를 유지하고 있으며, 소수민족이 국민의 약 40%를 차지하는 관계로 카렌족 등 반군이 태국으로 도피하는 등 국경은 아직 미확정 상태이며, 종족간 갈등이 심각하다.[29]

⑨ 티모르레스테는 1975년 11월 독립선언을 하자마자 인도네시아의 침략을 받았고, 1976년 7월 인도네시아에 병합되었으며, 그 후 계속적인 무장독립운동으로 20만여 명이 희생되었다.[30] 인도네시아와 오에쿠시(Oekussi) 지역의 국경문제가 미해결로 남아 있고, 無人島 산호섬인 '팔라우 바텍(Palau Batek)/화투 시나이(Fatu Sinai)'에 대한 주권문제로 북부지역 해양경계선을 확정 짓지 못하고 있다.[31] 호주와도 경계선 협의를 계속하고 있으나 합의를 보지 못하고 있는데, 2005년 양국은 향후 50년간 이 문제를 연기하기로 하였다.

⑩ 파푸아뉴기니는 부갠빌(Bougainville) 섬의 분리독립운동으로 3만여 명의 사망자를 내고 9년 만에 1997년 일단 종식되었지만 여전히 갈등은 남아 있으며, 분리주의자들의 월경 문제로 치안문제를 호주에 전적으로 의존하고 있다.[32]

---

28) 라오스, 태국, 캄보디아, 베트남 등 메콩강위원회 회원국들(Mekong River Commission Members)은 메콩강 상류지역의 만완댐(완공), 다차오산댐(완공), 샤오완댐(건설 중), 누어짜두댐(건설 중), 징홍댐(건설 중), 공구차오댐(건설예정), 간란바댐(건설예정), 멩송댐(건설예정) 건설로 메콩강이 중국 통제하에 들어갈 것을 우려하고 있다. CIA(2006), pp.310－312; CIA, "Laos," *The World Factbook 2008*, at https://www.cia.gov/library/publications/the－world－factbook/print/la.html(검색일: 2008.6.14) 참조.

29) 소수민족들은 대부분 주변국인 태국·중국·인도·라오스 계통의 종족들이다.

30) CIA(2006), pp.161－164.

31) 티모르레스테의 육지영토는 15,007㎢이며 오에쿠시(Oekussi/Ambeno)는 서티모르 북쪽에 위치한다. 티모르레스테 해역에는 석유/천연가스가 풍부하고, 주변해역은 잠수함기지로 유용하여 미국, 호주 등 주변 강대국들의 지속적인 관심하에 있다.

32) CIA(2006), pp.161－164; CIA, "Papua New guinea," *The World Factbook 2008*, at https://www.cia.gov/library/publications/the－world－factbook/print/pp.html(검색일: 2008.6.14). 파푸아 뉴기니는 오세아니아에 속하지만 편의상 동남아에 포함시켰다.

둘째, 중국·베트남·필리핀·말레이시아·대만·브루나이 등 6개국이 관련된 남중국해(South China Sea) 분쟁은 다음과 같은 지리적 여건, 영유권 주장, 최근 동향 등으로부터 그 심각성이 내재되어 있다.

남중국해는 총면적이 350만㎢에 달하고, 대만해협으로부터 싱가포르에 이르는 광활한 바다이며, 1㎢가 넘는 250여 개의 섬과 암초(暗礁, reefs)·사주(沙洲, cays)·퇴 또는 탄(堆/灘, banks)·암사(暗沙, shoals)·초호(礁湖, lagoons)·환초(環礁, atolls) 등으로 구성되어 있다.33) 주요 영유권 분쟁이 발생했거나 잠재하고 있는 곳은 ① Spratly Islands(南沙群島/Truong Sa/Kapuluang Kalayaan/Kepulauan Spratly), ② Paracel Islands(西沙群島/Hoang Sa), ③ Pratas Islands(東沙群島), ④ Macclesfield Bank(中沙群島), ⑤ Scarborough Shoal(黃岩島/南巖島/Panatag Shoal/Panatag Reef) 등 5개의 群島로 대표된다.34) 이들 군도에 대한 관심은 1968년 UN 후원하에서 실시된 지진파 탐사결과 풍부한 탄화수소(hydrocarbon)층의 존재가 밝혀지면서35) 중국과 ASEAN 국가들은 적극적인 자원탐사와 개발 등36) 바다영토 확보를 위한

---

33) '남중국해(South China Sea)'는 필리핀이 'Dagat Luzon(루존 해)', 베트남은 'Bien Dong(동해)'으로 부른다. Stein Tonnesson, "Locating the South China Sea," in Paul Kratoska et al.(eds.), *Locating Southeast Asia: Geographies of Knowledge and Politics of Space* (Singapore: Singapore University Press, 2005), pp.203－233 참조.

34) Macclesfield Bank(中沙群島)는 중국이 장악하고 있으며, Scarborough Shoal(黃岩島/南巖島/Panatag Shoal/Panatag Reef)에 대해서는 필리핀이 영유권을 주장한다.

35) 남중국해 지하자원 매장량은 스프래틀리 군도/파라셀 군도 등의 확인된 자료가 없기 때문에 불분명하다. 이들 지역을 제외한 남중국해 에너지 통계는 2003년 9월 미국 에너지정보청(Energy Information Administration)에 따를 경우 석유 70억 배럴(barrels) 정도, 천연가스는 150조 3천만 세제곱 피트(cubic feet) 정도이며, 현재 이 지역 생산량은 1일 평균 석유 220만 배럴, 연간 평균 천연가스 3조 2,000만 세제곱 피트 정도에 달한다.
http://www.eia.doe.gov/emeu/cabs/schinatab.html(검색일: 2007.10.16).

36) 1970년대 인도네시아, 말레이시아, 필리핀, 베트남, 중국이 근해 석유개발을 시작하고, 중국은 1974년에 동아시아 최대생산국 인도네시아를 추월하게 되었으며 1982년에는 해외로 탐사기술지원을 확대하고 '중국국립근해석유회사(CNOOC: China National Offshore Oil Corporation)'를 설립, 석유개발과 외국회사들과의 계약을 담당하고 있다. Michael Studeman, "Calculating China's Advances in the South China Sea Identifying the Triggers of 'Expansionism'," *National War Colleague Review,* National War College, Spring 1998, p.2, at

노력을 추구하게 되었다. 그러나 Pratas Islands(東沙群島)는 1940년대 이래 대만이 점령하고 있고, 파라셀 군도(西沙群島/Hoang Sa)는 1974년 중국이 베트남으로부터 무력으로 점령한 후 Woody Island(永興島)를 요새화하고,[37] 1988년에는 스프래틀리 군도에서도 중국이 베트남 해군을 일방적으로 패배시킴으로써 관련국들간 남중국해에서의 섬/암초 등에 대한 영유권 확보 경쟁은 중국의 勢力優位下에 진행되었다. 오늘날 분쟁의 핵심은 24만㎢에[38] 이르는 스프래틀리 群島에 집중된다.

　

　남중국해 관련국들의 영유권 주장과 점유 실태는 매우 복잡하다. 중국은 남중국해에서의 역사적·전통적 영유권을 주장하며 <그림 6-1>에서 分切된 실선으로 나타나는 1940년대에 설정하였다는 '혀 모양의 선(tongue-shaped line) 또는 U 모양의 선(U-shaped line)' 안쪽의 남중국해 80%에 해당하는 관할권을 주장하는 입장에 있다.[39]

---

http://www.globalsecurity.org/miltary/librfary/report/1998/art5-sp8.htm(검색일: 2007.10.5).

37) 파라셀 군도는 1.5만㎢에 달하며 베트남이 영유권을 강력히 주장하는 곳이다. Woody Island(永興島)에는 1996년에 2.2㎞ 활주로와 항구 등이 건설되고 군사시설이 산재해 있다. Rocky Island에는 신호정보기지가 위치한다. Richard D. Fisher, Jr., "Rebuilding the U.S.-Philippine Alliance," *The Heritage Foundation Backgrounder Executive Summary*, February 22, 1999, p.5; David G. Wiencek, "South China Sea Flashpoint," The Jamestown Foundation, China Brief, Volume 1, Issue 2, July 24, 2001, p.2 at http://www.jamestown.org/print_friendly.php?volume_id=17&issue_id=630&article_id=4558(검색일:2007.10.21); http://www.umsl.edu/services/govdocs/wofact97/194.htm; http:www.cia.gov/library/publications/the-world-factbook/geos/pf.html(검색일: 2007.10.17).

38) 스프래틀리 군도의 크기에 대해서도 관련국들간 합의가 없다. 단적인 예로 베트남은 18만㎢ 정도로 파악하는 데 비해 중국은 80만㎢ 정도로 주장한다.

39) http://www.eia.doe.gov/emeu/cabs/schinatab.html(검색일: 2007.10.16), '혀 모양의 선'은 대륙붕의 연장선, 즉 수심 200m까지의 해저 등심선(isobath)을 따른다. 해저 등심선 규정은 1945년 트루만 선언(Truman Proclamation)이나 1958년 '대륙붕에 관한 제네바 협약(Geneva Convention on the Continental Shelf)'에서는 200m까지 연안국의 관할권을 인정한 선례가 있으나 1982년 UN 해양법 협약(UNCLOS)에서는 폐기된 내용이다. Daniel J. Dzurek, "The Spratly Islands Dispute: Who's On First?," IBRU(International Boundaries Research Unit), *Maritime Briefing*, Vol.2, No.1, 1996, p.12; Monique Chemillier-Gendreau, *Sovereignty Over the Paracel and Spratly Islands*, H.L. Sutcliffe and M. McDonald(trans.) (Hague: Kluwer Law International, 2000), p.8.

South China Sea Islands

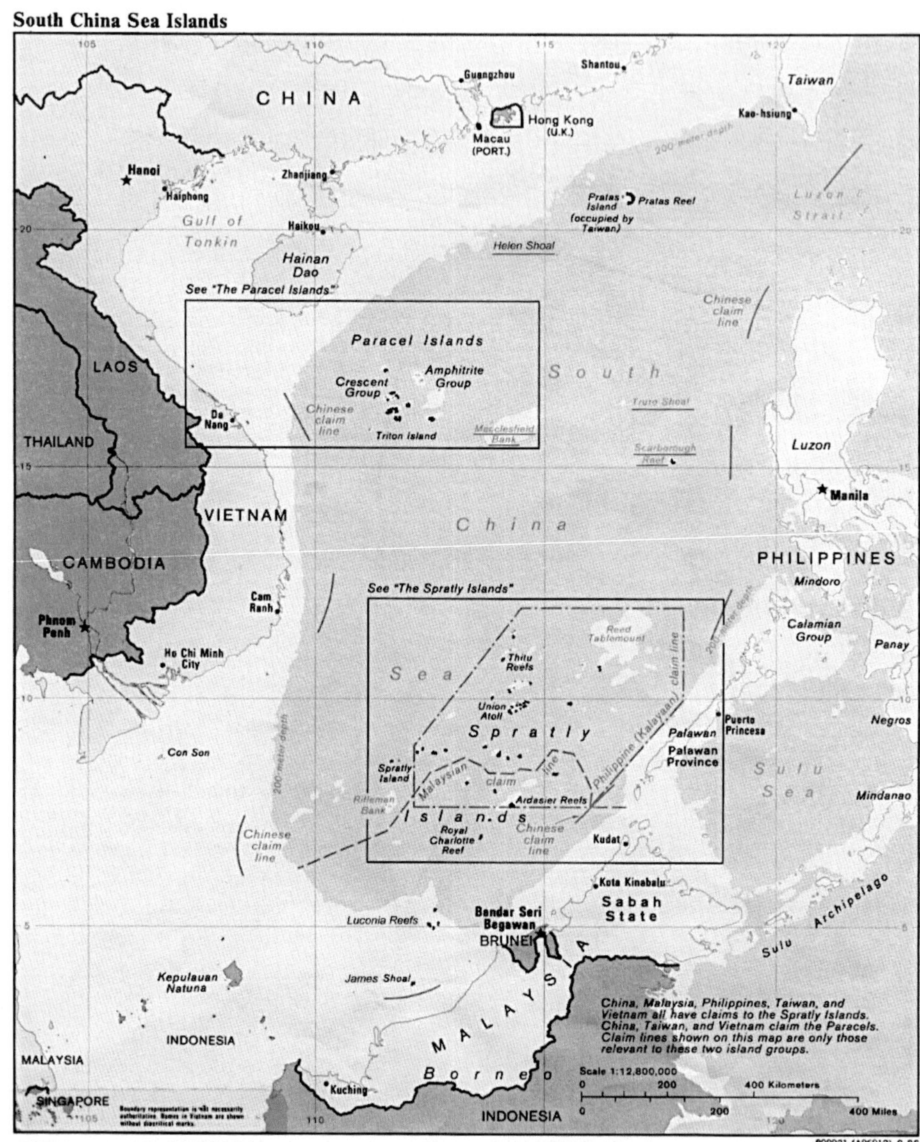

출처: http://upload.wikimedia.org/wikipedia/commons/a/a4/Schina_sea_88.png(검색일: 2007.10.3)

아울러 필리핀의 근접성에 입각한 권리주장, 말레이시아의 대륙붕 연장선 주장, 베트남의 歷史性과 대륙붕 연장선 주장 등도 나름대로 국제법상 타당한 논리를 가지며, 다른 한편으로는 실효적 지배를 공고히 하고자 先占地域을 군사 요새화하고 활주로·헬기장·통신시설·기상대 등 시설물을 구축하고 있다.

대만은 스프래틀리 군도 최대 섬인 Itu Aba(太平島)에 흙과 식물 등을 이식하여 인간이 생존하는 섬으로 개조하여 공원을 조성하고, 군사기지를 구축하였다.

베트남은 1974년/1988년 해상전투 패배경험으로 점령지역을 군사 요새화하였다. 필리핀은 Thitu Island(Pag-Asa)에 전초기지를 설치하고 1.4km 활주로를 가진 공항을 건설하였다.[40] 중국이 1995년 점령한 Mischief Reef(美濟礁)까지의 거리는 중국 본토에서 800마일(1,482km), 필리핀에서 150마일(278km)이다.

말레이시아는 <그림 6-2>에서 보는 바와 같이 물에 잠겨 있는 Swallow Reef (*Terumbu Layang Layang*)에 인공 섬을 조성하고 활주로/공항을 건설하여 호텔, 스쿠버장 등 시설을 갖춘 관광지로 개발하였다.[41]

---

40) 항공기는 장착중량/기상 등에 따라 이착륙거리에 차이가 있으나 통상 수송기/전투기를 고려시 1.2 km 이상의 활주로는 군사용으로 고려될 수 있다.

41) Swallow Reef의 공항 활주로는 고도 3m에 콘크리트 포장으로 길이 1,064m(3,490ft), 폭 28m(93ft)이며 ICAO식별부호(ID)는 RP10이다. 정확한 위치는 7°22´15.70˝N, 113°50´35.20˝E이며, 말레이시아 정부가 관리하고 착륙비용 및 착륙허가(diplomatic clearance)가 필요하다. http://www.worldaerodata.com/wad.cgi?id=PG00004(검색일: 2007.10.3); Joshua P. Rowan, "The U.S.-Japan Security Alliance, ASEAN, and the South China Sea Dispute," *Asian Survey*, Vol.xlv, No.3, May/June 2005, p.420.

출처: http://www.globalsecurity.org/military/world/war/spratly.htm
(검색일: 2007.10.3)

중국은 1988년 베트남과 해전을 치른 Fiery Cross Reef에 항구와 활주로를 건설하고 해양관측소를 설치하였다. 특히, 1995년에는 Mischief Reef(美濟礁)를 점령하고 <그림 6-3>에서 보는 바와 같이 헬기착륙장으로 추정되는 시설물을 완성하였다.[42]

---

42) Richard D. Fisher, Jr.(1999), p.5 참조.

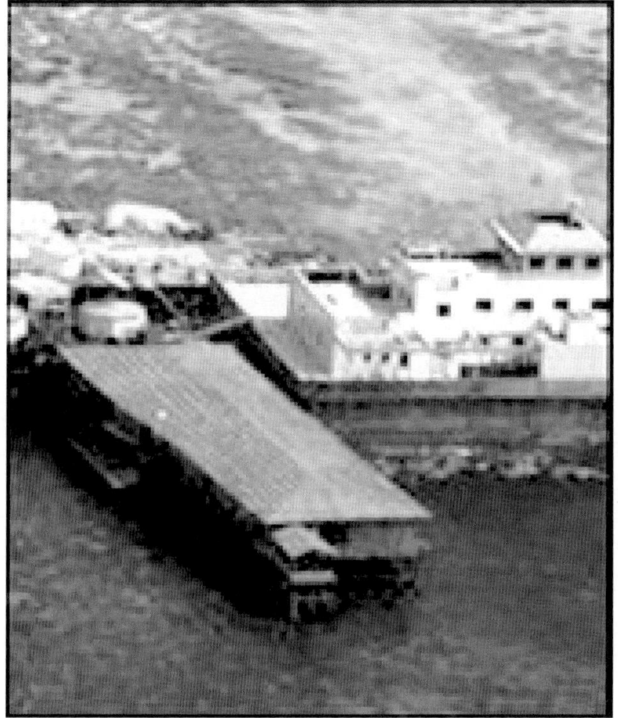

출처: http://www.globalsecurity.org/military/world/war/spratly.htm
(검색일: 2007.10.3)

스프래틀리 군도 분쟁당사국들의 점령 및 영유권 주장을 요약하면 <표 6-1>과 같다.

<표 6-1> 스프래틀리 群島 점령/지배 현황과 영유권 주장

점령국	실효적 점령/지배 (個數 및 總 陸地面積)			대표적 점령지 (國際名稱/地方名稱)	영유권 주장(既 점령국)
필리핀	섬(island)	7	10	제2위 섬: Thitu Island(37.2 ha.)/Pag asa 제3위 섬: West York Island(18.6 ha.)/Likas 제5위 섬: Northeast Cay (12.7 ha.)/Parola	일부지역 영유권 주장 * 46개 섬/지형물 Itu Aba 섬(대만), Amboyna 沙洲(베트남), Namyit 섬(베트남), Sand 沙洲(베트남), Sin Cowe 섬(베트남), Sin Cowe East 섬(베트남), Southwest 沙洲(베트남), Spratly 섬(베트남), Pigeon 暗礁(베트남), South 暗礁(베트남), Ardasier 暗礁(말레이시아), Erica 暗礁(말레이시아), Investigator 暗沙(말레이시아), Mariveles 暗礁(말레이시아), Mischief 暗礁(중국), Subi 暗礁(중국) 및 동경 116° 동쪽 스프래틀리 群島의 모든 지형물(features, 20개)[43]
	암초(reef)	2			
	돌섬(islet)	1			
	총면적	83.89 ha.			
대만	섬	1	2	제1위 섬: Itu Aba Island (46 ha.)/太平島	전체지역 영유권 주장 (94개 섬/지형물)
	암초	1			
	총면적	46 ha. 정도			
베트남	섬	7	26	제4위 섬: Spratly Island(13 ha.) /Dao Truong Sa Nimyit Island(5.3 ha.) /Dao Nam Yet	전체지역 영유권 주장 (94개 섬/지형물)
	암초	16			
	堆/灘(bank)	3			
	총면적	40 ha. 미만			
말레이시아	인공 섬	1	9	Swallow Reef(6.2 ha.) /Terumbu Layang Layang	일부지역 영유권 주장 * 12개 섬/지형물 ―Commodore Reef(필리핀) ―Amboyna Cay 및 Braque Canada Reef(베트남)
	암초	7			
	암사(shoal)	1			
	총면적	6.2 ha.			
중국	암초	8		Mischief Reef/美濟礁 Fiery Cross Reef/永署礁 Gaven Reef/南薰礁 Subi Reef/渚碧礁	전체지역 영유권 주장 (94개 섬/지형물)
	총면적	1 ha. 이하			
브루나이	없음 (그러나 1984년 이래 Louisa Reef와 Rifleman Bank를 自國管轄에 포함)			없음	공식 주장은 없음 * 2개 지형물 영유권 含意 Louisa Reef(말레이시아), Rifleman Bank(베트남)

출처: Joshua P. Rowan, "The U.S.―Japan Security Alliance, ASEAN, and the South China Sea Dispute," *Asian Survey*, Vol.xlv. No.3. May/June 2005. pp.419―429; http://en.wikipedia.org/wiki/Spratly Islands(검색일: 2007.10.3) 참조.

---

43) 동경 116° 동쪽의 모든 지형물은 필리핀 해군이 통제하고 있는 지역으로 暗沙(shoal), 暗礁(reef),

24만㎢에 달하는 스프래틀리군도 전체지역의 섬과 지형물은 총 94개이며 이 중 55개가 당사국들에 旣점령되었으며, 필리핀이 해상 통제하고 있는 동경 116도 以東의 20개 지형물, 소속이 불분명한 19개의 지형물이 있다. 현재 스프래틀리 群島의 섬과 地形物들(暗礁, 堆/灘, 돌섬 등)에 대하여 6개 당사국들은 서로 중복되는 영유권을 주장하는 상황에 있다.

먼저, 필리핀은 현재 섬 7개·암초 2개·돌섬 1개를 포함하여 10곳을 실효적으로 점령/지배하고 있으며 육지 총면적은 83.89헥타르(ha.)에 달한다. 7개의 섬 중에는 스프래틀리 군도에서 제2·3·5위를 차지하는 섬들이 포함되어 있다. 스프래틀리 군도 총 94개 섬/지형물 중에서 46개의 섬/지형물에 대하여 영유권을 주장하고 있으나 제1위 섬인 Itu Aba를 臺灣이 점령하고, 베트남에서 Amboyna Cay·Namyit 섬 등 9개를 차지하고 있으며, 말레이시아가 Ardasier Reef·Erica Reef 등 4개를 旣점령하고, 중국이 Mischief Reef와 Subi Reef를 실효적으로 지배하고 있다. 한편 필리핀은 동경 116° 동쪽의 自國 방향에 위치한 20개의 해상 지형물들(features)에 대한 영유권을 주장하고 해군이 통제하고 있는 상황이다. 이를 종합하면 필리핀은 臺灣·베트남·말레이시아·중국에 영유권 문제를 제기하고 있는 입장이다.

臺灣은 현재 스프래틀리 군도 최대 섬인 Itu Aba(太平島)와 암초 1개를 점령하고 있으며, 총 육지면적은 46헥타르(ha.) 정도에 달한다. 스프래틀리 군도 전체지역에 대한 영유권을 주장하고 있으나, 사실상 현재의 점령 및 지배 상황을 고수하고자 하는 경향이 강하다.

베트남은 현재 제4위 섬 Spratly를 포함하여 7개의 섬과 暗礁 16개, 堆/灘(bank) 3개 등 26곳을 점령하고 있으며, 육지면적은 40헥타르(ha.) 미만이다. 스프래틀리 군도 전체지역의 영유권을 주장하는 베트남은 중국·필리핀·대만·말레이시아에 異意를 제기하고 있는 상황이다.

堆/灘(bank), '위가 평평한 海山(tablemount)' 등 20개에 달한다.

말레이시아는 Swallow Reef에 조성한 인공섬과 7개의 암초 및 1개의 暗沙(shoal) 등 9곳을 점령/지배하고 있으며, 육지 면적은 본토에서 운송하여 건설한 인공섬의 넓이가 6.2헥타르(ha.)에 이른다. 12개의 섬과 지형물에 대한 영유권을 주장하는 말레이시아는 현재 Commodore Reef를 필리핀이, Amboyna Cay(沙洲)와 Braque Canada Reef(暗礁)를 베트남이 강제 점령하고 있다고 비난한다.44) 이로써 말레이시아는 필리핀·베트남에 영유권 문제를 제기하고 있다.

중국은 필리핀과 아직도 논란 중에 있는 Mischief Reef를 포함하여 8개의 暗礁를 점령/지배하고 있으며 육지면적은 1헥타르(ha.) 미만이다. 스프래틀리 군도 전체 지역에 대한 영유권을 주장하는 중국 입장에서 볼 때, 필리핀·베트남·말레이시아에 영유권 문제를 제기하는 상황이다. 대만에 대해서는 묵인하고 있으며 '활주로 건설 계획' 등 영향을 미치는 행동이 있을 경우에만 입장표명을 하고 있다.

브루나이는 1984년 배타적 경제수역(EEZ) 선포시 Louisa Reef와 Rifleman Bank를 자국 영역에 포함시키고 1988년 발간한 지도에 350해리(NM)의 대륙붕을 적용시켰으나 공식적인 영유권 주장은 하지 않고 있다.45) 현재 Louisa Reef는 말레이시아가, Rifleman Bank는 베트남이 이미 점령/지배하고 있는 상황이다.

위에서 언급한 상황을 종합하면, 육지영토 확보 차원에서는 필리핀이 가장

---

44) 말레이시아가 주장하는 12개 섬/지형물 중 효과적으로 점령/지배하고 있는 곳은 ① Ardasier Reef, ② Dallas Reef, ③ Louisa Reef, ④ Mariveles Reef, ⑤ Royal Charlotte Reef, ⑥ Swallow Reef, ⑦ Erica Reef, ⑧ Investigator Shoal, ⑨ Luconia Reef 등이다. Joshua P. Rowan(2005), p.420.

45) Louisa Reef는 高潮時 2개의 작은 바위만 부분적으로 보이는 암초이다. Rifleman Bank는 영국이 보르네오 섬의 경계를 선언한 1954년 법령(decree)에 근거하는 것으로 보르네오 대륙붕 內에 이 堆/灘이 포함된다는 의미이다. 그러나 1988에 브루나이 발간 지도의 350해리 대륙붕 문제는 '대륙붕의 자연적인 연장선은 중단되지(uninterrupted) 않아야 한다.'라는 유엔해양법협약(UNCLOS)과는 부합되지 않는다. Mark J. Valencia, Jon M. Van Dyke, and Noel A. Ludwig, *Sharing the Resources of the South China Sea*(Honolulu: University of Hawaii Press, 1997), p.38; Joshua P. Rowan(2005), pp.419－420.

넓은 지역(83.89헥타르)을 차지하고 있으며, 대만(46헥타르)과 베트남(40헥타르), 말레이시아(6.2헥타르)가 그 뒤를 이으며, 중국은 매우 저조한 영토(1헥타르 미만)를 확보하고 브루나이는 점령지가 없는 상황이다. 점령/지배하고 있는 섬과 지형물들의 수를 백분율로 살펴보면 55개 점령지 중 베트남이 26개로 47%를, 필리핀이 10개로 18%를, 말레이시아는 9곳으로 16%, 중국은 8곳으로 15%, 대만은 2개로 3%를 차지하고 있다. 아울러 스프래틀리 군도에는 아직도 소유가 불분명하거나 어느 국가에도 전혀 점령되지 않은 지형물 등이 19개 존재하고 있다. 이는 광활한 남중국해에서 조석간만의 차이로 나타났다가 사라지는 거의 물에 잠긴 작은 암초나 사주들이 해당된다. 여기서 섬이나 암초의 크기 등을 무시하고 個數로 환산해 보는 이유는 사실상 남중국해에서 영토의 의미는 매장된 천연자원과 해양의 넓이를 확보하는 의미가 크기 때문이다. 위에서 언급한 내용들을 종합하면 <표 6-2>와 같다.

〈표 6-2〉 스프래틀리 군도 점령지역/영토분쟁관계 종합

구분 (占有 個數/%)	국가별 (占有 個數/%)	분쟁국가 (강제점령 주장 個數)	占領地 육지면적(%)	기타
ASEAN (45개/82%)	필리핀 (10개/18%)	베트남(9), 대만(1), 말레이시아(4), 중국(2)	83.89ha.(47.4%)	동경 116° 以東 지형물 20개 통제중
	베트남 (26개/47%)	필리핀(10), 대만(2), 말레이시아(9), 중국(8)	40ha.(22.6%)	
	말레이시아 (9개/16%)	필리핀(1), 베트남(2)	6.2ha.(3.5%)	
	브루나이 (0개/0%)	말레이시아(1), 베트남(1)	—	−소속불명 지형물: 19개
非ASEAN (10개/18%)	중국 (8개/15%)	필리핀(10), 대만(2), 베트남(26), 말레이시아(9)	1ha. 미만(0.5%)	
	대만 (2개/3%)	필리핀(10), 베트남(26), 말레이시아(9), 중국(8)	46ha.(26%)	
※ 스프래틀리 群島 섬/지형물 94개 중 현재 점령지역 55개, 육지면적 177.09ha.				
평가	○ ASEAN 국가들: 45개(82%), 중국/대만: 10개(18%) 점유 −육지영토: ASEAN 국가들 130.09ha(73.5%), 중국 1ha(0.5%), 대만(26%) ○ ASEAN 국가들과 중국간 그리고 ASEAN 국가들 간에도 분쟁 심각 ※ 남중국해 문제는 ASEAN과 ARF내 영토분쟁의 핵심사안			

여기서 중요한 사실은 ASEAN 국가들이 스프래틀리 군도를 점령지형물 개수로는 82%, 면적으로는 73.5%를 장악하고 있다는 점이며, 중국으로서는 강제력 동원 없이는 불리한 점유상황을 극복할 방법이 없다. 이에, ASEAN은 유리한 입장을 행동규약 체결로 고착시키고자 하며, 서방국가들의 지원과 ARF를 활용하여 중국과의 충돌을 억제하고 있다. 아울러 ASEAN내 관련 4개국 간에 충돌이 발생시 ASEAN 자체의 존립에도 영향을 미칠 수 있으므로 남중국해 문제는 ASEAN과 ARF를 拘束하는 민감한 이슈가 된다.

최근 남중국해 관련 동향은 중국의 적극적인 영유권 확보 노력과 ASEAN 국가들의 경계심으로 나타나고 있다. 즉, 21세기 들어와 중국의 아세안 국가들에 대한 유화정책과 경제협력 강화 등은 중국평화론을 내세운 和諧世界 정책의 일환으로 중국식의 교묘한 遲延戰略이기도 한데, 이에 ASEAN 국가들은 매우 신중히 대처해 나가고 있다. 중국의 이러한 전략은 베트남과의 정상회의와 그 후 일련의 사실에서 나타났다. 2007년 11월 19일 溫家寶 국무원 총리가 싱가포르에서 베트남 총리 느구엔 탄 둥(Nguyen Tan Dung, 阮晉勇)과 회담시 "접경 영토문제는 원만히 해결되어야 하며, 北部灣(통킹만) 以外 지역의 경계획정 문제와 공동개발 회담도 서서히 추진하여, 논쟁(분쟁)은 떨쳐 버리고 공동개발로 남중국해 문제를 호혜적으로 처리해 나간다."는 원칙을 강조한 바 있다.[46] 그러나 2007년 11월 20일에 중국 國務院이 최근 海南省 지방정부의 제의를 받아들여 <그림 6-4>에서 보는 바와 같이 西沙·中沙·南沙 群島를 관할할 縣級의 三沙市 설립을 비준하였다는 明報의 보도가 있었다.[47] '해남성이 爭議海域을 관할할 三沙市 건설을

---

46) 明報新聞網, "妥善解決邊界領土問題, 緩步推進北部灣外海域劃界和共同開發談判, 按照 '擱置 爭議 共同開發'的原則處理好南海問題," 2007.11.20., at
http://www.mingpaonews.com/20071120/caa2.htm(검색일: 2007.11.21); 이것은 2007.11.20~21. 싱가포르 개최 제13차 ASEAN 정상회의/제11차 ASEAN+3 정상회의/제3차 동아시아 정상회의(EAS)에 앞서 ASEAN-중국 정상회의 계기에 중국·베트남 회담 내용이다.

준비 중'이라는 題下에서, 중국 육지 960만㎢의 약 1/4의 크기인 3개 군도 지역을 三沙市가 관할하게 됨을 강조하고, 향후 三沙市를 위한 後勤補給基地(병참·보급·총무·행정 사무 담당)를 文昌市가 담당하고 부두지원기지(碼頭供給基地)를 淸瀾에 건설할 예정이며 '여행노선 개발 투자를 추진(推動投資 關旅遊線)'하기로 했다는 내용이었다.[48]

〈그림 6-4〉 三沙市의 관할구역

출처: 홍콩 明報. at http://www.mingpaonews.com/20071120/caa1h.htm(검색일: 2007.11.21).

---

47) 2007.11.20. 홍콩 明報에 의하면, 이 내용은 2007.10.26. 해남의 文昌市委員會 書記 謝明中으로부터 확인되었다(據悉, 文昌市委書記謝明中上月26日在市委全體會議中透露, 三沙市是由國務院批准設立的縣級市, 管轄位於中國南海的海南省下的西沙, 南沙, 中沙三個群島).
http://www.mingpaonews.com/20071120/caa1h.htm(검색일: 2007.11.21).

48) 여행노선 개발 관련, 세 群島에 대한 자료를 展示하고 이들 군도에 대한 紹介를 하기로 하였는바, 주요내용은 西沙·南沙·中沙 군도에는 총 260여 개의 섬, 초(礁, 암초), 사(沙, 沙洲/暗沙), 탄(灘, 堆/堆積層) 등이 산재하고 東西거리 900㎞, 南北으로 1,800㎞에 이르며 島嶼面積은 총 13㎢, 해역 전체면적은 200萬餘 ㎢에 달한다고 광고하고 있다.
http://www.mingpaonews.com/20071120/caa1h.htm(검색일: 2007. 11.21).

여기서, 중국이 비행장 등 파라셀 군도(서사군도)에 군사요새로 구축한 永興島(Woody Island)의 위상이 대단이 중요한데, 이는 이 지역이 역사적으로 중국의 활동무대이자 領有 대상이었음을 증명하는 한편, 현재의 주권과 관할권을 확대시키는 지렛대적인 역할을 하기 때문이다. 남중국해 영유권의 전통적 역사성을 내세우는 중요한 증거로 중국은 <그림 6-5>에서 보는 바와 같이 1946년에 中華民國 해군 張君然(Zhang Junran)이 세운 '西沙群島收復記念碑'를 부각시키고 있다.[49]

〈그림 6-5〉 1946년 張君然이 세운 海軍收復西沙群島紀念碑

출처: 中國 人民日報 웹사이트 at http://military.people.com.cn/mediafile/200509/10/F2005 091010534900000.jpg (검색일: 2007.11.26).

---

49) 西沙(파라셀) 群島에 위치한 永興島(Woody Island)는 중국점령지 중 가장 큰 섬으로 면적 약 2.13㎢로 현재 中沙群島 개발위원회(工委)와 縣級 辦事處가 위치하고 있다. http://www.mingpaonews.com/20071120/caa1h.htm(검색일: 2007.11.21). 영흥도는 西沙群島의 동쪽 즉 永樂群島(Amphitrite Group)의 중심부에 위치하고 있으며, 서쪽은 宣德群島(Crescent Group)라 칭한다. 현재 영흥도에서 생활하고 있는 사람들은 西沙·南沙·中沙 群島 사업관리사무처 인원, 해군부대 요원들, 어민, 건설인원 및 관광객들이다.

한편, 三沙市 관련 지방정부의 활동에 대하여 중앙정부로부터는 공식 발표가 없는 상황이지만, 베트남 등 관련 ASEAN 국가들은 중국의 조치에 반대입장을 취하고 있다. 특히 남중국해 영유권 관련 두 차례의 유혈충돌을 빚은 바 있는 베트남은 매우 민감하게 반응하였다. 베트남 외교부는 2007년 12월 3일 '三沙市 설립이 베트남의 영토주권을 침해하고, 베트남과 중국의 양국 頂上間 공동인식에 위배되며, 상호간 해양분쟁 문제의 근본적이고 장기적인 조처를 모색하기로 한 협상들을 훼손하는 행위'라고 비난하였다.[50] 12월 9일에는 駐하노이 중국 대사관 앞에서, 그리고 호치민市의 중국 영사관 앞에서 수백명의 학생들과 시민들이 시위를 벌이는 것을 허용하는 등 남중국해 문제에 대한 새로운 논쟁이 부상하였다.[51] 앞서 2007년 11월에는 중국이 완전 장악하고 있는 파라셀 군도 근방에서 대규모 해상 군사훈련을 실시한 데 대하여, 베트남이 이를 위협으로 비난한 바 있다.[52] 아울러 2007년 봄 베트남이 남부 연안 近海지역에서 에너지 거대기업 BP社에 20억 달러 규모의 가스田 시추 및 파이프라인 건설 권리를 부여하기로 하였으나, 북경으로부터 '중국 영토를 침해한다.'는 항의에 따라 BP社는 탐사작업을 중지하기로 결정한 바 있다.[53]

ASEAN 국가들은 최근 수년간 중국이 남중국해 群島의 主權(sovereignty) 주장을 자제해 왔으나, 관심을 늦추지 않고 있다는 사실을 재확인하였으며,[54]

---

50) 베트남은 "Hoang Sa와 Truong Sa에 대한 역사적 증거와 法的 근거를 가지고 있고 DOC 정신에 따라 평화적 해결을 추구한다."고 주장하였다. "Vietnam objects to China's establishment of San Sha city on the Hainan Island" at official website of the Ministry of Foreign Affairs of Vietnam, http://www.mofa.gov.vn/en/tt_baochi/pbnfn/ns071204135539(검색일: 2007.12.26); "越南抗議中國設 三沙市 誣稱侵犯基領土主權!" at http://www.zhuazia.com/item/611742995(검색일: 2007.12.26).

51) 2주간의 시위에 대해 중국외교부는 "베트남이 쌍무관계를 손상시키지 않길 희망한다."고 언급하였다. http://natonalpost.com/story-printer.html?id=175296(검색일: 2007.12.26).

52) "Disputes in the South China Sea: Whale and Spratlys, Yet another cold-war revival," *The Economist Print edition,* Beijing, Dec. 13, 2007, at http://www.economist.com/world/asia/displaystory.cfm?story_id=10286863(검색일: 2007.12.26).

53) http://natonalpost.com/story-printer.html?id=175296(검색일: 2007.12.26).

이 문제가 ASEAN과 중국간 대화로는 해결의 실마리가 풀리기 어렵다는 교훈을 얻었다. 한편 향후 석유부족량을 남중국해에서 확보하고자 하는 중국으로서는[55] 어떤 형태로든 아세안 국가들을 압박하여 공동개발의 형태로 이를 달성하고자 할 것으로 예상된다. 이 점에서 三沙市 문제는 ASEAN과 중국간 양자대화와 ARF에서 새로운 쟁점으로 부각될 가능성이 높아지고 있다.

나. 동북아시아

동북아의 세력관계와 적대적 분쟁현황은 동남아에서 지역국가들 간 복잡한 관계보다는 선명하다. 즉, 미국·중국 등 강대국들이 남북한과 대만 등을 둘러싸고 직접적인 대립관계를 형성하고 있는 것이 특징이다.

1) 세력관계(동맹패턴)

동북아에서의 세력관계는 극명한 동맹관계로 설명되는데, 1951년 미·일 안보조약과 1953년 한·미 상호방위조약은, 냉전시대 북한과 소련 그리고 북한과 중국간 군사동맹관계와 대립하였으며, 소련의 붕괴와 함께 북한은 러시아와 新우호협력조약으로 개정하였으나 '피침시 긴밀히 협의하는 체제'가 존속하므로 대항동맹적 성격은 그대로 남아 있다. 아울러 동북아에는 대량살상무기 확산 문제가 크게 대두되었는데 중국의 장거리미사일 성능개량

---

54) 중국의 남중국해 全域에 대한 주권/관할권 주장은 2009년 5월 UNCLOS 최종권리청구(final claims)에서도 나타났다. 즉 베트남·말레이시아·필리핀·브루나이가 중국과 같이 대륙붕연장선에 근거한 350NM EEZ를 대륙붕한계위원회(CLCS)에 제출하자, 중국은 "남중국해 섬들에 대한 명백한 주권은 중국에 있다"고 강력 주장하고, 베트남 등의 주장을 불법/무효라고 하면서 여타국의 부당성과 自國 입장을 권리청구하였다. Deutsche Presse Agentur(DPA), "Vietnam, China clash over UN Law of the Sea-Feature," Wed. 13 May 2009, at http://www.earthtimes.org/articles/show/268645,vietnam-china-clash-over-un-law-of-the-sea--feature.html(검색일: 2009.5.16) 참조.

55) 중국은 향후 석유개발 및 조달지역으로 남중국해, 중앙아시아, 아프리카를 예상한다.

과, 북한의 핵무기 보유 및 장거리 미사일 개발, 그리고 러시아의 중동국가 등으로의 핵기술 유출 문제 등이 대표적이다. 이 점에서 1998년부터 미국과 일본 주축으로 추진중인 '미사일방어계획(MD)'은 중국을 새로운 군사적 대결상대에 포함시키는 의미가 있으며, 이는 러시아와의 ABM 조약 파기의 핵심적 이유였다. 이로써 세계 전략균형 차원에서는 중·러를 일방으로 하고 미·일을 일방으로 하는 새로운 대결구도를 형성하였다. 2002년 ABM 조약 破棄와[56] 북한의 2006년 10월 핵실험은 동북아 상황을 더욱 복잡하게 만들었다. 북한핵문제 해결을 위한 현상유지적 차원의 국제협조체제인 6자회담도 다자회의의 명분만 유지할 뿐 사실상 미국과 북한간의 양자회의가 주축을 이룸에 따라 역할의 중요성에 대한 기대는 약화되었다. 또한 2008년 10월 11일 미국이 북한을 테러지원국으로부터 해제하고 북한이 핵검증/사찰을 수용한 상황이지만[57] 기존의 핵무기와 플루토늄 보유분, 우라늄 핵개발에 대한 논란은 핵심적 논쟁으로 남을 가능성이 높다. 다음은 중국·대만간 兩岸關係인데 1979년 미국의 '臺灣關係法'은 사실상 동맹에 상응하는 미국의 보장을 담고 있으며,[58] 이는 중국의 미국·EU·일본과의 긴밀한 경제 상호의존에도 불구하고 정치·군사적으로는 미국의 강력한 영향력과 타협해 나가야 하는 현실적인 중국의 딜레마를 含意하고 있다.[59]

---

56) 1972년 5월 26일 서명된 ABM 조약은 2002년 6월 13일 廢棄되었다. 군비통제 차원에서 큰 논쟁을 불러왔던 이 사건은 미·소간 전략균형 와해에 기인한다. 즉 미국으로서는 러시아 이외의 국가들로부터 미사일 위협에 대처해야 하는 위급성을 가졌고, 이는 1990년대 중반 중국의 미사일에 의한 대만 위협이 큰 자극이 되었다. 미국 본토와 해외 주둔군 및 동맹국들을 보호하기 위하여 미사일방어계획(MD: NMD/TMD)을 추진하기 위해서는 전략미사일의 발사대와 요격미사일 수를 각각 100기씩으로 제한하는 ABM 조약의 폐기가 급선무였으며, 1991년 소련 붕괴후 전략핵미사일의 부적절한 통제, 중국의 급격한 전략미사일 능력 증진, 북한을 포함한 다수국가들의 미사일 사거리 신장 등은 MD 구축의 당위성을 제공하였다. "The ABM Treaty and Ballistic Missile Defense," at http://www.fas.org/spp/eprint/cfr_nc_4htm(검색일: 2008.3.4) 참조.

57) CNN, "U.S. takes North Korea off terror list," Oct. 11, 2008, at http://edition.cnn.com/2008/WORLD/asiapcf/10/11/us.north.korea/index.html(검색일: 2008.10.12).

58) "Taiwan Relations Act," *United States Code Titles 22 Chapter 48 Sections 3301－3316*, Enacted 10 April 1979, at http://www.taiwandocuments.org/tra01.htm(검색일: 2008.9.2).

이러한 맥락에서 북방 4개 도서, 센카쿠열도, 독도 문제 등은 아직 동북아에서 평화와 안정을 위한 미군주둔과 동맹을 필요로 하며, 지역 국가들 간 경제적 상호의존성 심화에도 불구하고 세력균형/편승전략이 적용되고 있는 환경을 제공하고 있다.

2) 우호/적대관계(분쟁 상황)

① 한국과 북한 간에는 1953년 정전협정 이후, 휴전선과 북방한계선(NLL) 등에서 크고 작은 분쟁이 있었으며, 북한의 무장간첩 침투가 빈발하였다. 아울러, 북한 핵문제 미해결, 국군포로 및 납북어부 미귀환, 북한주민 인권문제 등으로 양측 관계는 초보적 단계를 벗어나지 못한 불확실한 상황에 있다. 1999년과 2002년 2차례에 걸친, 現狀維持를 거부하는 북한의 서해상 무력충돌 사태는 그간의 남북간 정치·경제·군사 분야 관계개선 노력에도 불구하고, 불안정한 안보상황을 증언한다. 특히, 2006년 10월 북한의 핵실험은 동맹관계 강화와 남북관계 악화로 이어지고 있다.[60]

② 러시아는 중국과 아무르(Amur)/우수리(Ussuri) 江上의 섬들과 아르군(Argun) 강의 국경분쟁을 2004년 협정으로 대략 해결하였으나 중앙아 신생독립국들과는 국경이 아직 해결되지 못하고 있는 상황이며, 2008년 8월 그루지아(Georgia) 침공과 압하지아와 남부 오세티아 독립 승인은 미국/EU와의 대립을 가져오고 있다. 아울러 1945년 점령한 에토로후

---

59) 2008년 10월 미국이 대만으로 Patriot Ⅲ 대공미사일 체제, Apache 공격헬기, Harpoon 미사일, Javelin 대전차미사일 등 64억 달러어치의 군사장비 판매를 발표함에 따라, 중국은 駐美 중국대사의 국무부 항의방문, 군사고위급 방문과 인도주의적 지원훈련 등 군사교류협력활동 중단 및 연기 등을 발표하였다. CNN, "China nixes U.S. meetings over Taiwan arms deal," Oct. 6, 2008, at http://edition.cnn.com/2008/WORLD/asiapcf/10/06/china.us/index.html(검색일: 2008.10.7) 참조.

60) 북한은 핵무기 등 대량살상무기와 투발수단인 장거리 미사일 개발과 보유를 통하여 강성대국 목표를 달성하고자 하며, 미국 등의 敵對視 政策 해소는 부수적 과정으로 본다.

(Etorofu), 쿠나시리(Kunashiri), 시코탄(Shikotan), 하보마이(Habomai) 등 ‘북방영토(Northern Territories)’ 또는 ‘남부 쿠릴 영토(Southern Kurils)’ 에 대한 분쟁이 일본과 평화조약 체결의 걸림돌로 남아 있다.[61]

③ 중국은 MD, NATO, 미·일/한·미/미·호주 동맹 등에 반대하고 있으며, 인접국들과 국경 및 바다영토에 분쟁이 있다. 특히 일본과 동중국해의 센카쿠 열도(釣魚島) 문제와, 東北工程 등에서 나타나는 한국과의 역사분쟁은 접경지역 영토문제와 연관되어 잠재적인 不和의 가능성을 안고 있다. 중국은 북한 핵문제 해결을 위한 6자회담 주도국이지만 사실상 북한의 입장을 배려하는 입장에 있으며, 러시아·카자흐스탄·키르기스스탄·타지키스탄·우즈베키스탄 등과 상하이협력기구(SCO)를 강화하고, 안보역학적 차원에서 해양세력인 미국·일본·호주와 대립관계가 형성되고 있다.[62] 아울러 중국은 대만·티베트·신장위구르 등의 분리독립 문제를 안고 있는데, 이 역시 인권문제 등으로 미국 등 서방국가들에 대립의 빌미가 되고 있다.

다. 남아시아

남아시아의 세력관계는 인도와 파키스탄 관계, 인도의 비동맹정책에도 불구하고 미국으로의 편향, 파키스탄의 중국과의 동맹관계, 그리고 스리랑카

---

61) CIA, "Russia," *The World Factbook 2008*, at https://www.cia.gov/library/publications/the−world−factbook/print/rs.html(검색일: 2008.6.15).

62) 최종철 등은 미·중관계를 경제적 상호의존과 안보적 상호견제로 본다. 안보적 측면에서 미국은 2005년 미국·인도 간 무기거래·MD협력·핵기술협력 등 국방조약 체결과 2007년 일본·인도 간 공동안보선언 등을 통하여 인도를 활용하고자 하며 여기에 싱가포르·태국·필리핀 등을 동원하고, 중국은 러시아·파키스탄·중앙아시아 SCO 국가들·미얀마·캄보디아 등을 동원할 것으로 본다. 최종철 외 "21세기 한국의 국가안보전략," 2007년도 국회 국방위원회 정책연구용역과제 연구보고서, 2007년 8월, pp.38−43.

의 內戰 상황이 핵심을 이룬다.

1) 세력관계(동맹패턴)

인도와 파키스탄의 대립은 양국이 1998년 5월 핵무기 보유국이 됨으로써 더욱 심각해졌으며, 불화의 원천은 1947년 영국 식민지로부터 독립시 카시미르 지역에 대한 무리한 분할로부터 시작되었다. 카시미르(Jammu and Kashmir) 지역은 70%가 이슬람으로 종교 갈등이 핵심이다. 냉전기간중 인도는 비동맹 주도국으로서 미국과 소련 양측에 불가담과 관계발전에 노력하였으며, 파키스탄은 비동맹국가임에도 불구하고 인도의 위협을 억지하기 위해 중국과 친밀한 관계를 유지하였다. 아울러 파키스탄은 2001년 9·11 사태 이후 아프가니스탄에서의 테러리즘 전쟁에서 미국을 지원함으로써 미국을 세력균형세력으로 逆利用하고 있다. 그러나 중국과 보다 긴밀한 관계는 불변인바, 인도는 중국과 안보대화를 통한 관계증진 노력과 함께 미국과 전략적 동반자 관계를 확대해 가고 있다.

핵무기 사용과 관련하여, 인도는 1999년부터 공식적으로 '핵무기 선제 불사용 정책(nuclear no-first-use policy)'을 천명하는 교리(doctrine)를 가지고 있으며, 핵무기를 신뢰할 만한 최소의 억지(credible minimum deterrence) 목적으로 보유하고, 억지가 실패할 경우 응징보복용(punitive retaliation only)으로만 사용하는 것이다. 그러나 '핵무기 선제 不打擊정책(no-first-strike policy)이 핵 선제 타격능력(a first-strike capability)을 보유하고 있지 않다는 것을 의미하지 않는다.'는 입장을 강조한다. 한편, 파키스탄은 핵 선제 불사용 원칙을 천명하는 교리를 가지고 있지 않으며, 국방부는 핵 및 재래식 무기에서 우위를 점하고 있는 인도의 위협에 대응하기 위해 핵무기 프로그램을 추구한다고 주장한다. NPT 가입도 인도가 가입한 후에나 가능하

다는 입장이다. 아울러 2002년 5월 당시 무샤라프(Pervez Musharraf) 대통령
이 "파키스탄은 인도와 분쟁을 원하지 않으나, 만약 전쟁이 일어나면 총력
으로 대응할 것이다(respond with full might)."라고 언급함으로써 만약 인도
가 우위의 재래전력으로 공격할 경우 핵무기를 사용할 것으로 널리 알려졌
으며, 核先制不使用 원칙을 지키지 않을 것으로 이해되고 있다.63) 그러나
파키스탄은 국제사회로부터 핵 선제 불사용 원칙 불준수에 대한 부담을 가
지고 있으며, 2008년 11월에는 자르다리(Asif Ali Zardari) 대통령이 '핵 선
제 불사용 및 남아시아 비핵화'를 비공식 제의한 바 있다.64)

그러나 이런 비공식 제의후 2008년 11월 26일에서 29일까지 뭄바이에서
의 대형 테러 사태는 인도·파키스탄 관계를 극도로 악화시키고 있다.65)

이러한 배경에는 2007년 말 부토 前총리의 암살과 2008년 8월 무샤라프
의 퇴진으로 야기된 파키스탄 內政의 불안정, 軍部의 강한 영향력, 미국의
인도로의 편향 등 여러 가지 복합요인들이 작용하고 있다.66) 특히, 인도와
미국의 최근 관계발전은 미국이 정치적·경제적으로 부상하는 인도를 이용
하여 중국을 견제하는 전략적 파트너십을 강화하고, 상대적으로 파키스탄을
압박하는 부작용으로 나타났다. 이러한 징표는 2005년 7월 미국 부시

---

63) Federation of American Scientists(FAS), "India Nuclear Forces," November 8, 2002, at
http://www.fas.org/nuke/guide/india/nuke/(검색일: 2007.9.7); Federation of American Scientists(FAS),
"Pakistan Nuclear Weapons," December 11, 2002, at http://www.fas.org/nuke/guide/pakistan/nuke/index.html
(검색일: 2007.9.7).

64) AP, "Pakistan president offers India nuclear promise," 23 Nov. 2008, at
http://edition.cnn.com/2008/WORLD/asiapcf/11/23/pakistan.india.zardari.nuclear.ap/index.html(검색일:
2008.11.24).

65) 뭄바이 타지마할 호텔 등에 가해진 무차별 테러로 170명 이상이 사망하고 수백명이 부상하였다.
인도는 파키스탄의 카시미르 점령지에서 훈련된 테러리스트들이 동원되었다고 주장하고, 미국도
파키스탄의 철저한 對테러리즘 조치를 압박하고 있다. CNN, "Rice: 'No doubt' Mumbai attacks
planned in Pakistan," December 8, 2008, at
http://edition.cnn.com/2008/POLITICS/12/07/rice.mumbai/index.html(검색일: 2008.12.8).

66) 2009년 5월 현재 파키스탄의 가장 큰 안보 문제는 아프가니스탄 집경지역으로부터 침투한 탈레
반 세력의 확대가 내전양상으로 발전되고 있는 것이다. 이에 미국은 파키스탄을 아프가니스탄과
같은 對테러 분쟁지역으로 간주하고 있다.

(George W. Bush) 대통령의 인도방문시 '완전한 민간 핵에너지 협력/지원 및 교역 허용'을 약속하고, 미국이 인도를 '공식적인 핵무기 국가 지위를 부여하지는 않지만(without giving India formal status as a nuclear weapons state), 선진핵기술을 가진 책임 있는 국가(a responsible state with advanced nuclear technology)'로 인정하였으며, 인도의 핵시설을 민간용과 군사용으로 구분하여 접근하기 위한 양국간 협의(Section 123 Agreement)를[67] 2005년 9월 개시한 것에서 나타난다.[68] 2007년 8월에는 양국간 핵에너지의 평화적 이용을 위한 완전한 민간 핵에너지 협력과 핵연료주기 협력, 핵비확산 등을 담은 양국간 합의를 도출하였으며,[69] 2008년 9월에는 미국이 45개 핵공급국그룹(NSG) 특별회의에서 인도와의 민간 核 협력에 합의를[70] 적극 유도하였다. 나아가, 양국간 民間核協力協定(U.S.−India Civil Nuclear Cooperation Agreement) 합의안이 2008년 10월 1일과 4일에 상원과 하원을 통과하고, 부시 대통령이 10월 9일 서명함으로써 발효되었다.[71] 그러나 이러한 인도·미국간 관계발전은 파키스탄을 위축시킬 뿐만 아니라, 非公認 핵 보유를 사실상 승인하는 효과를 발생시킴에 따라, 향후 세계 핵질서 교란에 대한 우려와 함께 중국의 대응을 증대시킬 가능성이 있음을 부정할 수 없다.

---

67) 1954년 발효된 미국원자력에너지법(US Atomic Energy Act) 제123節에 관한 사항이기 때문에 흔히 '123 Agreement'라 호칭하며, 타국과의 핵협력 협정에 관한 조항이다.

68) "Joint Statement between President George W. Bush and Prime Minister Manmohan Singh" July 18, 2005; Dinshaw Mistry, "Diplomacy, Domestic Politics, and the U.S.−India Nuclear Agreement," *Asian Survey*, Vol.XLVI, No.5, September/October 2006, pp.675−685.

69) U.S. Department of State Office of the Spokesman, "Media Note, U.S. and India release Text of 123 Agreement," August 3, 2007, at http://www.state.gov/documents/organization/90157.pdf(검색일: 2008.9.4).

70) "NSG Public Statement," Extraordinary Plenary Meeting, Vienna, 6 September 2008, at http://www.nuclearsuppliersgroup.org/PRESS/2008−09−Press−Vienna.pdf(검색일: 2008.9.18).

71) CNN, "Nuclear deal with India 'very soon,' Rice says," Oct. 5, 2008, at http:edition.cnn.com/2008/POLITICS/10/04/rice.india.nuclear/index.html(검색일: 2008.10.6); CNN, "Bush signs nuclear deal with India," Oct. 9, 2008, at http://edition.cnn.com/2008/US/10/09/india.nuclear/index.html(검색일: 2008.10.10).

2) 우호/적대관계(분쟁상황)

① 인도와 파키스탄은 다섯 차례의 전쟁(1947년, 1965년, 1971년, 1984년, 1999년)을 거치면서 현재의 대부분의 국경선이 강제로 형성되었으며 해상경계선도 미확정인 지역이 있다. 1947～1948년과 1965년의 카시미르 분쟁, 1971년 동파키스탄을 방글라데시로 분리 독립시킨 전쟁이 치열하였다. 오늘날 쟁점이 되고 있는 지역은 북부의 카시미르 지역(총 22만 4,788㎢)인데 현재 30%에 해당하는 북서지역(Northern Areas 및 Azad Kashmir) 85,846㎢는 파키스탄의 통제하에, 60%에 해당하는 중남부지역(Jammu and Kashmir)과 Siachen Glacier는 인도가 차지하고 있으며(101,387㎢), 10%에 해당하는 북동지역(Aksai Chin 및 Trans－Karakoram Track) 37,555㎢는 중국의 행정통제하에 있다. 중국의 지배는 1962년 中・印 전쟁으로 Aksai Chin을 점령하였으며 Trans－Karakoram Track은 1964년에 파키스탄이 중국에 양도한 것이다. 이러한 배경하에서 인도는 중국 지배하의 카시미르 지역에 대한 정당성을 인정하고 있지 않다. 파키스탄과 1984년의 전쟁에서 인도가 승리하여 Siachen Glacier를 차지하고 1999년 분쟁에서도 인도가 승리하였다. 따라서 오늘날 불안한 상황은 2004년의 정전협정과 1949년 이래 전개되어 있는 '유엔 군사감시단(UNMOGIP)'에 의해 유지되고 있다.[72] 이러한 상황은 2005년 10월 카시미르 지역의 지진을 계기로 양측 간 CBM이 추진되었으나 중국이 지배하고 있는 악사이친(Aksai Chin), 파키스탄이 차지하고 있는 '아자드 카시미르 및 북부지역(Azad Kashmir and Northern Areas)'에서 양측간 긴장과 경계가 지속되고 있다. 인도와 중국은 중국의 선제공격으로 1962년 10월 카시미르 국경

---

72) CIA(2006), p.421 참조.

전쟁을 치렀으며, 1964년 파키스탄이 실질적으로 중국이 점령/지배하고 있는 악사이친 등을 인정·양도함에 따라 인도와 중국 관계는 더욱 악화된 반면 파키스탄과 중국은 1951년 이후 동맹관계를 견고히 하는 계기가 되었다.[73] 인도는 중국과 1986년까지 크고 작은 국경충돌의 결과 중국은 씨창(티베트) 및 新彊 지구에 15개 사단, 인도는 7개 사단과 민병대를 배치해 놓고 있는 상황이다. 이러한 상황하, 인도는 중국과 파키스탄 간의 관계를 약화시키기 위해 2005년 중국과 안보대화를 시작한 후, 양측의 重武裝化된 국경지역, 지역 핵확산문제, 파키스탄으로의 미사일 이전 문제 등을 논의해 나가고 있으나, 점령지 문제 등으로 한계에 봉착해 있다.[74] 또한 인도는 방글라데시·부탄·미얀마·네팔 등과 해상 또는 육상 경계선이 불분명하다.

② 스리랑카는 1983년부터 시작된 정부측과 타밀분리주의자들(LTTE: Liberation Tigers of Tamil Eelam) 간 내전으로 수십만 명이 사망하였다. 2002년 2월 노르웨이의 중재로 양측간 휴전이 성립되었으나 2007년 정부군이 동부지역을 강제 점령하고 2008년 1월 휴전을 철회함으로써 분쟁이 재발되었다. 이 분쟁은 종족/종교 분쟁이며[75] 인도·중국·파키스탄·동남아 여러 나라들로부터 육·해·공군 무기들이 정

---

73) 파키스탄은 중국과 핵/미사일 협력과 反印度/反美 政策을 추진하고, MD 반대 및 대만의 중국으로의 무期 통합 등을 지지하였다. 중국은 카시미르에 대한 파키스탄 입장을 지지하고 경제/산업 시설 지원을 강화하였다. Jane's Defence Career Center, "The China－Pakistan Alliance," *Jane's Security News*, 7 June 2001, at
http://www.janes.com/security/international_security/news/jid/jid010607_1_n.shtml(검색일: 2008.6.15);
"Indo－China War of 1962," *Military Section,* 27 April, 2005, at
http://www.globalsecurity.org/military/world/war/indo－prc_1962.htm(검색일: 2008.6.15) 참조.

74) 인도는 점령지역 반환을 요구하고 있다. "Indo－China War of 1962," *Military Section*, 27 April, 2005, at http://www.globalsecurity.org/military/world/war/indo－prc_1962. htm(검색일: 2008.6.15) 참조.

75) 스리랑카의 신할리스(Sinhalese)族은 74%를 차지하며 남서부지역을 근거지로 종교는 불교이다. 반면, 북동부지역의 타밀族은 18%로 힌두교를 믿는다. CIA(2006), p.515; CIA, "Sri Lanka," *The World Fact book 2008*, at https://www.cia.gov/library/publications/the－world－factbook/print/ce.html (검색일: 2008.6.14).

부군과 타밀분리주의자들에게 공급되어 사상자가 증가하였고 2009년 5월 17일 타밀분리주의자들의 항복에도 불구하고 종교/종족간 갈등은 지속되고 있다.[76]

③ 방글라데시는 분리독립운동을 하다 미얀마에서 탈출한 21,000여 명의 이슬람교도들로 인해 미얀마와 긴장관계에 있고,[77] 인도와 강과 바다 경계선 분쟁이 있다.

지금까지 살핀 동남아·동북아·남아시아의 정치·군사분야 상호관계는, 지역의 동맹관계를 중심으로 한 세력관계와 인접국들간 영토문제와 국경선/해양경계선을 둘러싼 분쟁, 그리고 내전으로 인하여 전반적으로 갈등 상황에 있음을 사실적으로 보여 준다. 이러한 여건하에서 다음에 설명할 사회문화 및 환경 분야 상호관계는 보다 근원적인 이 지역들의 갈등과 제약사항들을 확인하게 될 것이다.

2. 사회문화 · 환경분야 상호관계

ARF 참가국들의 사회문화적 이질성과 동질성은 인종/종족, 종교, 언어적 차원에서 나타난다. 인종/종족적 차원에서 EU·미국·캐나다·호주·뉴질랜드는 하나의 동질성을 지니는 백인종 主流의 西洋系 그룹이며, 여타 국가들은 황인종으로 대표되는 동양계 그룹을 형성한다. 종교적 측면에서는

76) CNN, "Death toll in Sri Lankan bombing up to 27," Oct. 6, 2008, at http://edition.cnn.com/2008/WORLD/asiapcf/10/05/srilanka.blast/index.html(검색일: 2008.10.10); "Sri Lankan Civil War," at http://en.wikipedia.org/wiki/Sri Lankan Civil War(검색일: 2009.5.20) 참조.

77) CIA, "Bangladesh," *The World Factbook 2008*, at https://www.cia.gov/library/publi cations/the－world－factbook/print/bg.html(검색일: 2008.6.14) 참조.

보다 복잡하다. 즉 가톨릭과 개신교를 포함하는 기독교가 서양계 그룹을 대표하며, 이슬람교는 인도네시아·말레이시아·브루나이·필리핀 남부지역·방글라데시·파키스탄 등으로 대표된다. 불교는 동아시아에 널리 퍼져 있고, 인도는 힌두교로 대표된다. 언어적으로는 ARF의 공식언어가 영어인데 이는 과거 이 지역에 대한 영국의 식민지배 영향이 작용하였으며, 다수 국가들이 영어를 공용어 또는 정부 차원에서 널리 사용하기 때문이다. ARF 참가국 중에서 영어가 공용어 또는 정부 수준 언어로 사용되는 나라는 미국·캐나다·호주·뉴질랜드·EU·필리핀·싱가포르·브루나이·인도·파키스탄·방글라데시·스리랑카·말레이시아 등 13개국에 이른다. 여기서는 동남아·동북아·남아시아의 종족/종교/언어, 초국가적 사회문제, 환경적 취약요인들을 중심으로 살핀다.

가. 동남아시아

동남아시아는 종족·종교·언어의 다양성과 초국가적 사회문제의 심각성, 자연재해 등 환경적 취약성이 고강도로 나타나는 지역이다.

1) 종족·종교·언어적 문제

동남아시아의 종족 분포는 <표 6-3>과 같이 국가마다 주류 종족이 있으나, 모든 국가가 華僑(在外中國人)를 포함하여 인접국가 종족들을 포용하고 있다. 특히 종족 갈등은 브루나이, 인도네시아, 미얀마, 말레이시아에서 나타나고 있다. 특히 화교는 중국의 浮上과 함께 동남아 국가들 내에서 큰 경제적 영향력을 발휘하고 있다.

〈표 6-3〉 동남아시아의 종족 분포

구분	종족(%)			
브루나이	말레이족 67		원주민 6	
	중국계 15		기타 12	
캄보디아	크메르족 90		중국계 1	
	베트남계 5		기타 4	
인도네시아	자바족 45		마두루족 7.5	
	순다족 14	말레이족 7.5	중국계 등 26	
미얀마	미얀마족 68	카렌족 7	중국계 3	인도계 2
	산족 9	라키네족 4	몬족 등 7	
라오스	라오로움족 68		라오태웅족 22	
	라오소웅족 9		베트남계/중국계 1	
말레이시아	말레이족 58		인도계 8	
	중국계 24		기타 10	
싱가포르	중국계 76.7		인도계 7.9	
	말레이계 14		기타 1.4	
필리핀	기독교 말레이계 91.5			
	이슬람 말레이계 4		중국계 1.5	
태국	타이족 75			
	중국계 14		기타 11	
베트남	베트남족 85-90			
	여타 중국계, 타이계, 크메르계 및 다수 산악족			
티모르레스테	오스트로네시아인 (말라요 폴리네시아인)			
	파푸아인		중국인(소수)	

출처: CIA(2006). 국가별 종족자료 참조.

동남아 華僑현황은 <표 6-4>와 같다. 동남아 거주 중국인은 2005년 기준 전세계 재외 중국인의 78% 정도를 차지하며, 동남아 전체인구 5억 7천만여명의 5%에 해당하는 약 2,760만명에 이른다.[78] 특히 싱가포르 77%,

---

[78] 동남아 거주 화교의 수가 3천만~4천만 명에 이른다는 주장도 있다. Catharin Dalpino and David Steinberg, "Southeast Asia Looks North," in *Georgetown Southeast Asia Survey*, 2002-03 (Washington: Georgetown University, 2003); Bruce Vaughn and Wayne M. Morrison, "China-Southeast Asia Relations: Trends, Issues, and Implications for the United States," in Congressional Research Service, The Library of Congress, CRS Report for Congress, Received through the CRS Web, Order Code RL32688, April 4, 2006, p.6.

말레이시아 24%, 브루나이 15%, 태국의 14%가 화교이며,

<표 6-4> 동남아시아 국가별 華僑 현황(2005년)

구분	국가별 총인구 對比 華僑비율(approx.)	華僑數(명)
인도네시아	3 %	7,566,200
말레이시아	24 %	6,187,400
태국	14 %	7,053,240
필리핀	1.5 %	1,146,250
싱가포르	77 %	2,684,900
브루나이	15 %	57,205
베트남	3 %	1,263,570
라오스	1 %	185,765
캄보디아	1~3 %	343,855
미얀마	3 %	1,101,314
계: 동남아 총인구 5억 7천만여 명 對比 5 %		27,589,699

출처: Overseas Compatriot Affairs Commission, R. O. C.(Taiwan), "The Ranking of Ethnic Chinese Population," at http://www.ocac.gov.tw/english/public/public.asp?selno=1163&no=1163&level=B(검색일: 2008.6.11); CIA(2006); CIA, *The World Factbook 2008*, at https://www.cia.gov/library/publications/the-world-factbook/print/bm.html(검색일: 2008.6.10) 참조.

라오스 1%를 제외하고 여타 국가들도 3% 선의 중국인이 거주하고 있다. 특히 최근 미얀마, 태국 등 중국의 동남아 이민이 증가하고 있는데 이는 중국의 동남아 경제 참여의 핵심적 역할을 의미하며, 중국과의 긴밀한 관계에 따라 미얀마의 華僑共同體는 급성장하고 있다.[79]

동남아시아의 종교 분포는 <표 6-5>와 같다.

---

79) 활코(Falco)는 미얀마 인구 5천만 중 최근 화교가 2백만 이상으로 불어났다고 주장한다. Mathea Falco, *Burma: Time for Change* (New York: Council on Foreign Affairs, 2003); Bruce Vaughn and Wayne M. Morrison(April 4, 2006), p.6.

〈표 6-5〉 동남아시아의 종교 분포

구분	종교(%)		
브루나이	이슬람 67		기독교 10
	불교 13		토속신앙 1
캄보디아	불교 95		기타 5
인도네시아	이슬람 88	가톨릭 3	불교 1
	개신교 5	힌두교 2	기타 1
미얀마	불교 89	이슬람 4	기타 2
	기독교 4		토속신앙 1
라오스	불교 60		
	민속신앙 38.5		기독교 등 1.5
말레이시아	이슬람 58	기독교 11.1	유교/도교 2.6
	불교 22.9	힌두교 5.3	시크교 등 0.1
싱가포르	불교 42.5	이슬람 13.9	힌두교 4
	기독교 14.6	도교 8.5	기타 16.5
필리핀	가톨릭 83		이슬람 5
	개신교 9		불교 등 3
태국	불교 95		기독교 0.5
	이슬람 3.8		힌두교 0.1
베트남	불교 50	가톨릭 9	개신교 1.2
	카오다이교 2.2	호아하오교 2.7	이슬람교 0.1
티모르레스테	가톨릭 90	개신교 3	불교/정령숭배 등
	이슬람 4	힌두교 0.5	

출처: CIA(2006), 국가별 종교자료 참조.

브루나이·인도네시아·말레이시아에서는 이슬람이 주류를 이룬다. 반면에 캄보디아·미얀마·라오스·싱가포르·태국·베트남은 불교가 주류 종교이며, 필리핀과 티모르레스테는 가톨릭이 주종을 이룬다. 그러나 필리핀 남부의 민다나오와 팔라완, 술루 群島 등에는 이슬람교가 주류를 이룬다. 아울러 동남아 11개국 모두에서 발견할 수 있는 이슬람교·불교·기독교 (가톨릭＋개신교)·힌두교 등은 이들 국가 모두가 종교적으로 상당히 분화된 다양성을 지닌 것을 알 수 있다. 이를 종합해 보면, 미얀마와 인도차이나 반도는 대체로 불교가 널리 믿어지는 지역이며, 말레이반도와 해양에 위치한 인도네시아·브루나이·필리핀 남부지역 등은 이슬람교가 중심적인 위치를 차지하고 있다. 예외적으로 말레이 반도의 말단에 위치한 싱가포르는 불교가 주류 종교이지만 기독교·이슬람교·도교·힌두교 등 대표적인 다종교적 경향을 보이고 있다. 한편 필리핀 북부지역과 티모르레스테는 기독교(가톨릭) 지역으로 분류될 수 있다. 이를 인구 수로 대별해 보면 <표 6-6>과 같이 요약된다.

〈표 6-6〉 동남아 지역의 주요 종교별 인구 분포

	이슬람교	불교	기독교 (가톨릭 + 개신교)	힌두교	기타
종교인구 수	234,945,880	169,264,600	113,687,720	6,599,800	47,712,000
국가별 종교인구 분포(명)	인도네시아 (212,960,000) 말레이시아 (13,920,000) 필리핀 (4,400,000) 태국(2,508,000) 싱가포르 (614,380) 브루나이(247,900) 미얀마(172,000) 베트남(83,600) 티모르레스테(40,000)	태국(62,700,000) 베트남 (41,800,000) 미얀마 (38,270,000) 캄보디아 (12,920,000) 말레이시아 (5,496,000) 라오스 (3,732,000) 인도네시아 (2,420,000) 싱가포르 (1,878,500) 필리핀(880,000) 브루나이(48,100)	필리핀 (80,960,000) 인도네시아 (19,360,000) 베트남 (8,527,200) 말레이시아 (2,664,000) 티모르레스테 (930,000) 싱가포르 (645,320) 태국(330,000) 미얀마(172,000) 라오스(62,200) 브루나이(37,000)	인도네시아 (4,840,000) 말레이시아 (1,512,000) 싱가포르 (176,800) 태국(66,000) 티모르레스테(5,000)	도교/유교(999,700) -말레이시아(624,000) -싱가포르(375,700) 카오다이교 (1,839,200, 베트남) 호아하오교 (2,257,200, 베트남) 여타 민간신앙 등
총인구 대비	41.0594%	29.5809%	19.8682%	1.1534%	8.3382%
	총인구: 572,210,000명(100%)				

출처: CIA(2006); 싱가포르, 말레이시아, 베트남 자료는 다음을 참조. http://en.wikipedia.org/wiki/Region_in_Singapore; http://en.wikipedia.org/wiki/Status_of_religious_freedom_in_Malaysia(검색일: 2007.8.7); http://atheism.about.com/libary/irf/irf03/blirf_vietnam.htm(검색일: 2007.8.14) 등을 근거로 계산한 수치임.

이슬람교는 동남아시아 인구 5억 7천2백만여명 중에서 41.06%를 차지하는 2억 3,490만여명이 믿고 있으며, 불교는 29.58%인 1억 6,920만여명이,

기독교는 19.87%인 1억 1,360만여명이 신봉하고, 힌두교가 1.15%로 약
660만명, 여타 도교/유교·카오다이교·호아하오교·민간토속신앙 등이
8.34%로 4,770만여명에 달한다. 따라서 동남아 지역은 이슬람교·불교·기
독교가 높은 비중을 차지하는 지역이지만, 말레이시아 등 이슬람 중심주의
를 채택하고 있는 국가들조차도 예외 없는 다종교 사회이며, 베트남과 같은
공산주의 국가도 국가가 종교를 통제하는 데는 한계를 가지며 1992년 헌법
에서 종교의 자유를 보장한 이래[80] 종교의 다양성과 활동은 증가되는 추세
에 있다. 아울러 종교적 극단주의는 이 지역 안보에 핵심적 문제가 되고 있
으며, 분리독립을 주장하는 지역인 태국 남부지역과 필리핀 남부지역에서는
이슬람교도들이 불교와 가톨릭 중심의 세계에 강한 반발을 보이고 있다.
또, 인도네시아 아체(Aceh)의 근본주의 이슬람세력의 분리독립요구와[81] 기
독교(가톨릭＋개신교) 중심의 웨스트 파푸아(West Papua) 및 파푸아(Papu
a)[82] 지역의 분리독립 운동이 잠재해 있다. 이는 그들의 종교적 신념과 함
께 역사적 지리적으로 태국·필리핀·인도네시아와는 구별되는 지역들이
그들의 의사와는 무관하게 각각의 국가로 병합되는 과정에서 생겨난 사회
적 혼란이다.

　　언어도 다양성을 나타내며 분포는 <표 6-7>과 같다.

---

80) 베트남에는 불교·기독교·이슬람교·카오다이교·호아하오교·브라만교 외에 유교나 도교도
　　생활신앙 깊숙이 자리하고 있다.
　　http:www.un.int/vietnam/vnandun/Others/lequanvinh-freedom%20%of%20religion.htm(검색일:
　　2007.8.14) 참조.

81) 아체는 15세기경 이슬람 왕국으로 시작하여 훌륭한 무역항으로 말라카와 경쟁하였으며 풍부한 석유/
　　천연가스 매장량은 미국 등 서방의 주목을 받고 있다. 2004년 12월 쓰나미로 20만여 명이 사망하고
　　60만 명의 이재민이 발생하였다. 이를 기화로 2005년 아체분리독립운동단체(GAM, 자유아체운동)와
　　인도네시아 정부간 平和協商으로 인구 4백만의 아체는 특별행정구역으로 유지되고 있다.

82) 인도네시아 정부는 2003년 New Guinea 섬의 이리안 자야(Irian Jaya) 州를 분리 통치하기 위하여
　　3개 주(Papua, Central Irian Jaya, West Irian Jaya)로 개편하였다. 이에 주민들의 반발이 심하자
　　2007년 2월에 2개 주(West Papua, Papua)로 행정구역을 재편하였다. 이 과정에서 자바 등 본토로
　　부터 수만 명의 이슬람들을 이주시켜 사회적 동화를 추진하였다.
　　www//en.wikipedia.org/wiki/Irian_Jaya(검색일: 2007.8.14) 참조.

<표 6-7> 동남아 지역의 언어 분포

구분	언어			
브루나이	공용어: 말레이어			
	영어		중국어	
캄보디아	공용어: 크메르어			
	불어		영어	
인도네시아	공용어: 인도네시아어			
	영어	화란어		지방방언
미얀마	공용어: 미얀마어			
	종족별 다수의 지방방언			
라오스	공용어: 라오어			
	불어	영어		지방방언
말레이시아	공용: 말레이어	중국어		태국어
	영어	타밀어		지방방언
싱가포르	공용: 중국어, 말레이어, 영어, 타밀어			
필리핀	공용: 필리핀 타갈로그어, 영어			
	여타 지역방언			
태국	공용: 태국(타이)어			
	영어		지방방언	
베트남	공용: 베트남어			
	영어 / 불어 / 중국어 / 크메르어 / 다수의 지방방언			
티모르레스테	공용: 테툼, 포르투갈어			
	인도네시아어	영어		16개 방언

출처: CIA(2006), 국가별 언어자료 참조.

2) 초국가적 사회문제들

오늘날 동남아에서 가장 큰 사회적 현안으로 부각되고 있는 초국가적 이슈들은 종족갈등과 종교박해 등 차별로 인해 발생하는 빈곤과 소외의 문제이며, 각종 조직범죄와 사회변동을 추구하는 근원이 되고 있다. 이러한 초국가적 문제들은 마약, 해적, 테러리즘, 돈세탁, 난민, 자연재난 등 동남아 전체에 해당되는 사안들로 근본적인 대책을 강구하기에는 구조적 한계가 있다.

동남아시아가 당면하고 있는 초국가적 사회문제들은 <표 6-8>과 같다.

먼저, 마약 문제는 아편/헤로인 등이 미얀마·태국·라오스·중국 국경지대에 있는 황금삼각지대(Golden Triangle)의 다양한 종족들에 의하여 생산되는 관계로 중앙정부의 통제가 제한적이다. 이들 불법마약들은 여타의 메탐페타민·암페타민 등과 함께 동남아 전역으로 확산될 뿐만 아니라, 싱가포르·캄보디아·인도네시아·태국·베트남 등에서 돈세탁되어 세계 전역으로 이송되고 있다. 2000년대 들어 다각적으로 개별국가, 지역 국가들 및 국제사회가 마약퇴치를 위해 노력하고 있으나, 세계적 수요가 증가하는 추세에서 근절에는 한계가 있다.

〈표 6-8〉 동남아의 초국가적 사회문제

구분	초국가적 이슈
브루나이	마약밀매, 종족갈등
캄보디아	마약생산(아편, 마리화나), 인간밀매, 돈세탁
인도네시아	종교갈등/분리독립운동, 마약밀매, 해적, 테러리즘, 부정부패, 강제이주
미얀마	종족갈등/분리독립운동, 마약생산(세계 2위), 난민(태국국경), 인간밀매, 중국의 댐 건설 문제, 돈세탁
라오스	마약생산, 중국의 댐 건설 문제
말레이시아	해적문제, 종교/종족갈등
싱가포르	마약 중간 이송지, 돈세탁, 생수부족
필리핀	종교갈등/분리독립운동, 테러리즘, 마약, 강제이주
태국	종교갈등/분리독립운동, 마약, 분리독립운동, 중국의 댐 건설
베트남	마약, 몬타그나드 고산族 항쟁(부족 토지 문제)
티모르레스테	인도네시아로 이주한 난민 귀환문제

출처: CIA(2006), 국가별 초국가적 문제 자료 참조.

인간밀매(human trafficking)도 캄보디아·미얀마 등에서 심각한 사회문제인데 이는 불법이민과 함께 동남아 국가들 간 주요한 갈등요소에 해당한다.

해적은 주로 말라카 해협을 포함하여 남중국해에서 발생하고 있으며 해양경찰 수준의 대응으로는 미약하여 말라카 3국과 태국 그리고 인도 등의 해군이 해적예방에 나서고 있다. 미국도 7함대를 통한 적극적 동참을 하고 있으며, 가장 많은 해적이 활동하는 것으로 알려진 중국과 인도네시아에서는 事後의 처벌에 국한될 뿐, 아직까지 事前의 해적예방에는 크게 영향력을 행사하지 못하고 있는 실정이다.

테러리즘은 2001년 미국의 9·11 사태 이후, 아프가니스탄 테러전쟁, 2002년 10월 인도네시아 발리 폭탄테러, 2003년 이라크 전쟁 개시후 2003년과 2004년에 자카르타, 2007년 1월 방콕 등에서 크고 작은 폭탄테러가 동남아에서 발생하고 있다. 이들 테러의 배후에는 알카에다(al Qaeda)와 제마이슬람이야(Jemmah Islamiyah) 등 국제테러조직과 토착 테러조직이 밀접히 연계되어 활동하고 있다. 주요 테러 대상 국가는 필리핀·인도네시아·말레이시아·싱가포르·태국 등이다. 이슬람 근본주의자(극단주의자)들로서는 소위 異敎徒 국가인 필리핀·태국·싱가포르와 세속 이슬람국가인 인도네시아·말레이시아 등이 미국과의 테러리즘 전쟁 동참에 따라 자국내 알카에다 조직 등 테러리스트들에 대한 단속을 강화하고 資金源을 차단하자, 그 반발로 무차별 테러 및 자살 폭탄테러 등을 자행하고 있다.

분리독립운동은 국내적으로 정치·군사적 문제이기도 하나, 보다 근본적으로는 종교/종족갈등이 근본원인인 사회문제이며 이슬람국가 건설, 기독교國으로 분리독립, 공산국가 건설 등 다양한데 근본주의 이슬람 국가로의 분리독립 요구가 주류를 이룬다. 이러한 운동은 인도네시아·필리핀·태국·미얀마 등에서 발생되고 있으며, 비정부 무장단체(non-state armed group, 叛軍)를[83] 중심으로 행해지고 있다. 동남아 지역에서 현재 활동하고 있는 비정부 무장단체는 33개 정도이다(* 동남아에서 활동하고 있는 비정부 무장단체는 <부록 14>를 참조하라).

돈세탁은 캄보디아와 싱가포르뿐만 아니라 동남아 국가들에서 광범위하

---

83) 비정부무장단체는 분리독립 목적의 효과적인 지휘체제를 갖추고 있으며, 게릴라·민병대·준군사조직(paramilitary groups)·자체방위조직(self-defense groups)·테러단체 등의 이름으로 수년 이상 파괴행위와 사상자를 내고 있는 조직으로 국가와 정부의 안위에 심각한 위협이 되는 조직을 의미한다. Military Balance(2006), p.418, pp.427-429.

게 이루어지고 있으며, 마약·테러리즘·부정부패·밀수·해적 등 출처로부터 국내적·국제적 자금이 移轉되고 있으나 그 수법이 교묘하여 단속에 한계를 드러내고 있다.

난민문제는 주로 태국 국경으로 넘어오는 미얀마의 난민과 필리핀 남부지역·인도네시아 아체지역 등에서 강제 移住된 경우가 많은데, 이들은 모두 분리독립 문제로 발생된 것으로 종교·종족 등의 문제와 밀접히 연관되어 있다.

사회·문화적 측면에서 동남아 국가들은 종족/종교적 갈등과 분리독립운동, 마약, 해적, 테러리즘, 돈세탁, 난민 등 초국가적 문제들이 다양하게 발생하며, 대부분이 경제문제와 연관되어 동남아 국가들의 저발전의 원인이자, 내부문제 미해결에 따라 ARF 발전을 지체시키는 제약으로 작용하고 있다.

3) 환경적 취약요인

환경적으로는 동남아 지역은 대부분이 열대/아열대 지역으로 인간활동이 제약을 받지만 대체로 쌀 등 다양한 곡식과 과일이 생산되고 풍부한 어족자원과 천연자원을 가지고 있다. 그러나 태풍·쓰나미·홍수·지진·한발 등 자연재해가 빈발하고 각종 전염병의 취약성을 지닌 지역이다.

2004년 12월 인도양과 인도네시아 수마트라 지역에 큰 피해를 입힌 지진 쓰나미(tsunami), 2006년 5월의 자바 남부 연안의 쓰나미, 7월 자바와 족자카르타 일대 지진, 2008년 5월 미얀마의 사이클론 등 수십만 명의 사상자를 낸 대재앙을 비롯하여 매년 자연재해가 싱가포르를 제외한 거의 모든 나라를 괴롭히고 있다. 또한 보르네오를 비롯하여 동남아 밀림지대에서 널리 일어나고 있는 벌목과 산림화재, 이로 인한 토양침식과 공기 및 수질오염을 가져오고 육지뿐만 아니라 해양 생태계까지 나쁜 영향을 미치고 있다. 특히 캄보디아, 라오스, 싱가포르, 베트남 등에는 마실 물의 부족현상이 나타나고 태국의 방콕은 지하수층 고갈에 따라 도시 전체가 침하현상을 겪고 있다. 미얀마·라오스·태국 등은 샬윈(Salween)/누지앙(Nujiang) 江 상류, 즉 중국의 윈난(Yunnan) 성 지역에서 건설되고 있는 13개의 수력발전 댐으로 인하여 물 부족에 미칠 영향을 크게 우려하고 있다.[84] 아울러 과거 전쟁의 상흔으로 라오스·캄보디아 등에서는 수많은 잔류 불발폭탄(ERW)과 미식별 지뢰 등으로 심각한 민간인 피해를 발생시키고 있다.

이러한 동남아 국가들의 환경적인 여러 요인들을 종합해 보면 자연재해는 조기경보 등 국제적인 협력과 노력에도 불구하고 연례적으로 치러야 하며 물 부족, 산림황폐화, 대기오염, 해양오염 등은 장기적 측면에서 국가들 간 갈등의 원인을 제공할 가능성이 높다.[85] 아울러 이러한 환경이슈들은 개발도상국들이 극복하기에는 한계가 있는 요소들이며, 현재의 인적·물적 능력으로는 극복이 쉽지 않고, 인접국 중국과의 긴밀한 협조와 국제사회의 지원을 필요로 하므로 또 다른 면에서 의존할 수밖에 없는 문제점을 가진다.

나. 동북아시아

동북아시아의 종족/종교/언어, 초국가적 문제, 환경 취약성은 <표 6-9>와 같다.

---

84) CIA(2006), p.91, p.312, p.540 참조.

85) 동남아의 환경문제는 다음을 참조. 이근, "지역 환경안보복합체 시각에서 본 동아시아 환경안보," 현인택·김성한·이근 공편, 『동아시아 환경안보(Environmental Security in East Asia)』(서울: 오름, 2005), pp.64-66.

<표 6-9> 동북아의 사회문화·환경 문제

국가	주요 종족	종교	언어	초국가적 사회문제	환경적 취약성
중국	漢族 92% 壯族, 티벳/위구르족, 몽골족 등 8%	무종교 90%, 도교/불교/기독교 /이슬람교 등 10%	중국어(북경어/광동어 /상해어/대만어 등)	황금삼각지대로부터 마약 이송 지역, 불법이주민, 빈곤	태풍, 지진, 폭설/폭우, 쓰나미, 한발, 환경오염
한국	韓族 99.9%	무종교 46%, 기독교 26%, 불교 26%, 유교 등 기타 2%	한국어	-	태풍, 환경오염
북한	韓族(조선족) 99.9%	무종교	한국어	이탈주민(5~25만 명), 빈곤, 식량난	홍수, 한발, 태풍, 수질오염, 산림황폐화
일본	일본족 99%	신도/불교 84%, 기타 6%	일본어	-	지진, 태풍, 쓰나미, 환경오염
몽골	몽골족 95%	라마불교 50%, 무종교 40%, 기타 10%	몽골어	빈곤	한발, 혹한, 모래폭풍, 환경오염

출처: CIA(2006), pp.115-118, pp.282-285, pp.301-305, p.373 참조.

동북아시아의 종족적 특징은 중국, 남북한, 일본, 몽골이 모두 거의 단일 족속으로 구성되어 있고, 극소수의 소수민족을 가지고 있다. 이 점에서 동북아는 동남아에 비해 종족적 갈등이 적은 편이다.

종교는 중국과 북한이 대체로 무종교 국가이며, 한국·일본·몽골은 다양한 종교적 분포를 보인다. 그러나 일본의 경우 신도/불교가 압도적 우위를 차지하는 반면, 한국은 무종교가 46%를 차지하는 가운데 기독교·불교 등 다양성을 보이며, 몽골은 라마불교가 50%, 무종교가 40%를 차지하는 가운데 소수의 기타 종교 분포를 나타낸다. 여기서 종족/종교 관련 갈등은 티벳·위구르 등에서 나타나고 있는데 이는 중국이 안고 있는 취약성이다.

언어는 중국이 북경어, 광동어, 상해어, 대만어 등 다양한 중국어 변종이 있는 반면, 남북한·일본·몽골은 각각 단일언어를 사용하고 있다.

초국가적 사회문제는 중국의 빈곤, 마약문제, 2007년 현재 35만여 명의 난민과 강제이주민 9만여 명이 있으며,[86] 북한의 경우 빈곤과 체제에 대한 반감으로 이탈주민이 5만~25만 명에 이른다. 몽골도 빈곤이 큰 사회문제이다.

환경적 취약성은 태풍, 한발, 지진, 폭우/폭설, 쓰나미, 환경오염 등 다양한 자연재해가 발생하고 있으며, 특히 중국과 북한에서 환경적 취약성이 부각되고 있는데,[87] 이는 재난대비태세의 미비와도 연관되어 있다.

다. 남아시아

남아시아의 주요 종족, 종교, 언어, 초국가적 사회문제, 환경적 취약성은 <표 6-10>과 같으며, 그 심각성이 동남아시아를 초월하고 있다. 남아시아는 종족 측면에서 동남아시아 이상으로 문제를 안고 있으며, 인도는 인도아리안족이 72%로 다수를 차지하는 가운데 드라비다족이 25%를 차지하고 다양한 소수민족이 있다. 파키스탄은 펀잡족이 45%을 차지하며 파슈툰족 등 다양한 소수종족이 분포한다. 방글라데시는 벵갈족이 98%로 거의 단일종족이며, 소수의 이민족이 있다. 스리랑카는 신할리스족이 74%를 차지하는 가운데, 18%를 차지하는 타밀족과 심각한 내전을 겪었다.

---

86) CIA, "China," *The World Factbook 2008*, at https://www.cia.gov/library/publications/the－world－factbook/print/ch.html(검색일: 2008.6.16).

87) 중국의 경우 2008년 2월의 대폭설과 5월의 四川省 대지진으로 수십만 명이 死傷하였으며, 북한의 경우 1990년대와 2000년대에 계속적으로 대규모 水害를 입고 있다.

〈표 6-10〉 남아시아의 사회문화 · 환경 문제

국가	주요 종족	종교	언어	초국가적 사회문제	환경적 취약성
인도	인도아리안족 72%, 드라비다족 25%	힌두교 81%, 이슬람교 12%, 기타 7%	영어, 힌두어	-급격한 인구증가, 빈곤 -난민/이주민 문제 -마약생산 및 밀매 -테러리즘 -인간밀매	한발, 폭우, 지진, 쓰나미, 환경오염
파키스탄	펀잡족 45%, 파슈툰족 16%, 신드족 14%, 기타 25%	이슬람교 95% 기타 5%	영어, 펀잡어, 신드어 등	-아프가니스탄 난민 100만여 명 -마약밀매, 부패, 인간밀매, 밀수 문제 -테러리즘	지진, 폭우, 한발, 수질오염
방글라데시	벵갈족 98%	이슬람교 83%, 힌두교 16%	벵갈어, 영어	마약밀매	한발, 사이클론, 전염병, 수질오염
스리랑카	신할리스족 74%, 타밀족 18%	불교 70%, 힌두교 15%	신할리스어 74%, 타밀어 18%, 영어, 기타 방언	내전으로 인한 난민 36만여 명	사이클론, 토네이도, 수질오염

출처: CIA(2006), pp.47-49, pp.257-260, pp.419-422, pp.513-515 참조.

종교 분포는 인도는 힌두교가 81%를 차지하는 가운데, 비록 이슬람교가 소수종교이나 1억 5천만여 명에 이르러 파키스탄과 연계된 커다란 종교갈등을 안고 있다. 파키스탄과 방글라데시는 이슬람교가 절대다수를 차지하는 가운데 힌두교 등 소수종교가 분포한다. 스리랑카는 신할리스족은 불교를, 타밀족은 힌두교를 믿고 있다.

언어는 과거 영국의 식민지 영향으로 영어가 상류층에서 광범위하게 사용되는 가운데 인도는 힌두어, 파키스탄은 펀잡어, 방글라데시는 벵갈어, 스리랑카는 신할리스어와 타밀어가 주류언어로 사용되고 있다.

초국가적 사회문제는 심각한 상황에 있으며, 인도의 경우 급격한 인구증가와 티베트, 스리랑카, 카시미르 등으로부터 이주민 80만여 명이 있으며, 내부의 종교적/종족적 문제로 또는 외부(파키스탄)로부터의 테러리즘이 사회문제가 되고 있다. 빈곤으로 인해 네팔 · 방글라데시 · 아프가니스탄 · 파키스탄 · 미얀마 등과 연관된 인간밀매와 세계 최대 아편생산국으로서 불법

마약이 인접국 등 세계로 전파되고 있다.[88]

파키스탄의 경우 2001년 시작된 아프가니스탄 전쟁의 여파로 100만여 명의 난민이 이동해 있으며, 아프가니스탄으로부터 유입된 마약밀매, 극단주의자들에 의한 테러가 빈발하고, 공직자들의 부패, 밀수 문제 등이 국가발전에 장애가 되고 있다.

방글라데시의 경우 마약밀매가 사회문제로 부각되고 있으며, 스리랑카는 내전으로 인한 36만여 명의 강제이주민이 있다.

환경적 취약성은 남아시아 모든 국가가 지진·한발·쓰나미·사이클론·폭우·환경오염 등의 문제를 안고 있으며, 매년 자연재해가 국가발전을 저해하고 있다.

지금까지 동남아·동북아·남아시아의 사회문화 및 환경 분야 상호관계는 이 지역 대부분 국가들이 구조적으로 내부문제에 억매일 수밖에 없는 제약을 가지고 있으며, 이러한 제약은 경제분야 상호관계에서 의존이라는 현실로 나타난다.

3. 경제분야 상호관계

1990년부터 가속화된 세계화는 세계를 하나의 공동체로 묶음으로써 번영과 발전을 이룩한다는 측면과, 경제적으로 빈부격차를 확대하고 고유한 사회문화적 특성의 소멸과 약자의 소외라는 강자 지배논리가 부상하는 양면적 경향으로 나타난다. 이러한 관점은 선진국들에는 국가이익을 투사하는 중요한 지렛대가 되지만 개발도상국들에는 선진국의 기술과 지식정보를 습

---

88) CIA, "India," *The World Factbook 2008*, at https://www.cia.gov/library/publications/the−world−factbook/print/in.html(검색일: 2008.6.15) 참조.

득하는 새로운 기회이자 힘겨운 경쟁에서 살아남아야 하는 시련을 의미한다. 총량 면에서 볼 때, 비록 중국·브라질·러시아·인도 등도 높은 GDP를 나타내지만, 세계경제는 여전히 미국·일본·EU 등 서방국가들에 의하여 지배되고 있다는 데 異見이 없다.[89]

ARF에서 참가국들간 經濟關係는 참가국들의 경제상황과 상호의존, 참가국 상호간 또는 역외국가들과의 지역무역협정(RTA)/자유무역협정(FTA) 이행 현황, 공적개발원조(ODA)에 따른 경제적 불균형 문제로 요약된다.

가. 참가국들의 경제상황과 상호의존

제Ⅴ장에서 논의한 다자지역경제체 APEC에서 살핀 바와 같이 ARF 참가국들은 밀접한 경제 상호의존을 추구하고 있으나, 중국 및 ASEAN 국가들로 대표되는 개도국들은 여전히 경제선진국들로부터 원조와 기술이전, 투자증진, 약소국에 대한 특혜 등에 많은 관심을 가지며, 미국 등의 경제공동체를 향한 FTAAP 추진에는 아직 시기상조라는 입장에 있다. 이러한 배경은 국가간 경제력 또는 기술력 등의 현격한 차이로 경쟁력 측면에서 취약하여 경제공동체로 이행하지 못하는 개발도상국들의 현실을 반영하고 있다. 이는 구조적으로 형성되어 있는 경제현실로 나타나며, 세계경제의 구성으로부터 확인된다.

세계경제는 엄밀한 의미에서 OECD를 중심으로 하는 선진국들 주도의

---

89) 2006년 현재 세계 총 GDP 48.5조 달러 중 1% 이상 GDP 점유율을 가진 국가들은 미국 27.2%(13.2조 달러)·일본 9.1%(4.4조 달러)·독일 6%(2.9조 달러)·중국 5.4%(2.6조 달러)·영국 4.9%(2.4조 달러)·프랑스 4.6%(2.2조 달러)·이탈리아 3.9%(1.9조 달러)·캐나다 2.7%(1.3조 달러)·브라질 2.3%(1.1조 달러)·러시아 2%(0.9869조 달러)·인도 1.9%(0.9118조 달러)·한국 1.8%(0.888조 달러)·호주 1.6%(0.78조 달러) 등 13개 국가이다. World Bank, Key Development Data and Statistics, World Development Indicators, 2007, at http://web.worldbank.org/WBSITE/EXTERNAL/DATASTATISTICS/0,contentMDK:20535285～menuPK:1192694～pagePK:64133150～piPK:64133175～theSitePK:239419,00.html(검색일: 2008.4.30).

경제이며 개발도상국들의 경제는 빈약한 상황에 있다. <표 6-11>은 세계은행(World Bank) 2007년 자료가 제공하는 오늘날 세계경제의 구성을 나타내 주고 있다.

〈표 6-11〉 세계경제의 구성(2006년)

국가 구분	소득범위 (1인 GNI)	국가 수	1인 GNI (미국$)	인구(%)	GDP(%)	교역량(%)	$\frac{교역량}{GDP}$(%)
高소득국	$11,116 이상	(60)	36,487	15.4	76.0	71.4	46.6
高中位 소득국	$3,596~ $11,115	(41)	5,913	12.5	11.0	12.6	57.3
低中位 소득국	$906~ $3,595	(55)	2,036	35.4	9.7	13.0	66.4
低소득국	$905 이하	(53)	650	36.5	3.3	3.0	44.5
세계 전체		(209)	7,439	100 (65억 명)	100 ($48.2조)	100.0 ($23.9조)	49.6
한국			17,690	0.74	1.84	2.7	71.5

* 주: 1인당 소득 통계는 세계은행 아틀라스(Atlas) 방법에 의함. 아틀라스 방법이란 지난 3년간 환율의 평균치를 이용하여 달러로 환산하는 것을 말함.
출처: World Bank, World Development Indicators 2007, at http://web.worldbank.org/WBSITE/EXTERNAL/DATASTATISTICS/0,contentMDK:21298138~pagePK:64133150~piPK:64133175~theSitePK:239419,00.html(검색일: 2008.3.26); 김신행·김태기 공저, 『국제경제론』(서울: 법문사, 2008), p.3에서 재인용.

세계인구의 15.4%를 차지하는 선진국(高소득국)들은 세계 GDP의 76.0%를 생산하고 있으며, 개발도상국(中位소득국·低中位소득국·低소득국)들은 84.6%의 인구에도 불구하고 세계 GDP의 24.0% 생산에 그쳐 선진국들과 개발도상국들 간의 소득 격차는 심대하다. 선진국 국민들은 1일당 GNI가 36,487달러인 데 비하여 개발도상국은 650~5,913달러 정도에 불과하다. 세계교역량은 71.4%를 선진국들이, 나머지 28.6%를 개발도상국들이 차지한다. 교역 의존도($\frac{교역량}{GDP}\times100$)는 선진국들이 대체로 낮은 편인데, 이는 선진국들의 무역 개방도가 낮아서가 아니라 미국·일본·독일 등 경제규모가

큰 국가들에서는 교역 의존도가 일반적으로 낮기 때문이다.[90]

　　ARF 참가국들의 2006년 기준 국가별 총소득(GNI)과 1인당 총소득(GNI per Capita)은 2006년 현재 EU, 미국, 일본, 캐나다, 한국, 호주, 싱가포르, 뉴질랜드, 브루나이 등 9개국이 1인당 소득 11,116달러 이상의 고소득 국가들인 반면, 1인당 소득 3,596～11,115달러의 중고소득국가는 러시아와 말레이시아가 해당된다. 그 외 16개국은 중저소득국(906～3,595달러)과 저소득국(905달러 이하)에 해당한다(* ARF 참가국 국민총소득 및 개인소득 비교는 <부록 15>를 참조하라). 이런 여건하에서 중국과 러시아를 포함한 개발도상국들이 경제지원을 받고 있으며, 이들 국가들의 대부분이 과거 강대국들의 식민지로부터 독립하였다는 공통점을 갖는다.

　　한편, 이러한 큰 경제력 차이에도 불구하고 세계화/자유화의 영향은 ARF 참가국들로 하여금 밀접한 역내 교역 활성화로 나타나고 있다. 즉 2006년 기준 세계무역의 27.8%를 아시아 지역이 차지하는데, 이는 유럽(42.1%), 북미(14.2%)와 함께 큰 비중이다. 아울러 아시아 지역내 무역비중은 50%를 나타냄으로써 유럽(73.6%)과 북미(53.9%) 다음으로 활발한 역내 교역이 이루어지고 있다.[91] 이는 유럽이 EU라는 경제공동체이며, 북미가 NAFTA라는 자유무역지대라는 점을 고려하면, ARF 참가국의 다수를 차지하는 아시아 국가들의 지역내 무역비중은 매우 높은 편이며, 역내 국가들 간 경제 상호의존이 밀접함을 의미한다. 나아가 군사·안보적 수준에서는 대립하는 미국·일본과 중국 간에도, 경제적 상호의존은 매우 긴밀한데 <표 6-12>의 2007년 기준 3국간 수출입 비중은 이를 대변하고 있다.

---

90) 김신행·김태기, 『국제경제론』(서울: 법문사, 2008), pp.2-3.

91) WTO, *International Trade Statistics*, 2007; 김신행·김태기(2008), p.6 참조; 아울러 동아시아 국가들은 21세기 들어와 세계 GDP의 22%, 교역량의 23% 선을 차지함으로써 경제의 역동적 성장과 함께 교역의존의 심화를 가져오고 있다. 오승렬, "동아시아 경제협력과 안보협력 간의 상호관계," 한용섭 외(2005), p.282 참조.

〈표 6-12〉 미국·일본·중국의 수출입(교역) 비중

기준: 2007년

구분	수출비중 (%)			수입비중 (%)		
	미국	일본	중국	미국	일본	중국
미국	-	5.4	5.6	-	7.4	16.9
일본	20.4	-	15.3	11.6	-	20.5
중국	19.1	8.4	-	7.3	14.0	-

* 출처: "The United States," "Japan," "China," CIA, *The World Factbook 2008* at
https://www.cia.gov/library/publications/the-world-factbook/print/ja.html(검색일: 2008.3.21);
https://www.cia.gov/library/publications/the-world-factbook/print/us.html(검색일: 2008.12.8).

미국은 중국으로부터 수입(16.9%)비중이 크며, 일본의 경우 수출(20.4%)은 미국에 수입(20.5%)은 중국에 큰 비중을 차지하고 있다. 중국은 미국에 수출(19.1%)비중이 높고, 수입(14.0%)은 일본에 높은 비중을 차지한다. 따라서 3국은 사실상 선진국과 개도국이라는 현실에도 불구하고 밀접한 경제 상호의존관계에 있다.

특히, <표 6-13>은 아시아 국가/경제체들의 교역량 점유율 변화를 나타내는데 이는 아시아 국가들에 대한 중국의 경제적 역할이 미국·일본·EU보다 커지고 있음을 나타내며, 아시아 역내교역도 크게 증가하고 있음을 보여 준다. 즉, 일본·중국을 제외한 여타 아시아 국가/경제체들의 2005-2006년도 중국으로의 수출 21.8%, 수입 18.4%는, 1996-2001년도 수출(12.9%)·수입(13.7%)보다 크게 증가하여 對중국 교역 의존도 심화를 보여 준다. 상대적으로 이들 국가들의 미국·일본·EU에 대한 수출/수입 규모는 모두 크게 감소하였다. 한편, 중국의 미국·EU로의 수출은 증가하고 수입은 감소하였으며, 중국의 일본으로의 수출/수입은 모두 감소하였다. 그러나 중국의 신흥 아시아 국가들과의 교역은 증가하였다(수출: 12.7%→14.5%, 수입: 30.9%→34.8%).

〈표 6-13〉 아시아 국가/경제체들의 교역량 점유율 변화

수출/수입을 行한 국가	대상 국가	수출(%)		수입(%)	
		1996-2001	2005-2006	1996-2001	2005-2006
중국을 제외한 신흥 아시아 국가/經濟體 (홍콩, 인도, 인도네시아, 한국, 말레이시아, 필리핀, 싱가포르, 대만, 태국)	미국	21.0	14.6	14.3	9.4
	EU	15.9	13.6	12.9	10.3
	일본	10.1	8.0	17.9	13.9
	중국	12.9	21.8	13.7	18.4 ~
	중국을 제외한 아시아 신흥국가/경제체들의 내부간 교역	25.2	26.4	24.4	26.5
	남미(아르헨티나, 브라질, 콜롬비아, 멕시코, 페루, 베네수엘라)	1.8	1.8	1.2	1.3
	중동	2.7	3.4	6.3	9.2
	아프리카	1.3	1.6	1.4	1.1
중국	미국	19.9	21.4	11.3	7.5
	EU	15.6	19.3	14.6	11.3
	일본	17.4	10.2	19.7	14.9
	홍콩 특별행정구	20.2	16.0	4.6	1.6
	중국/홍콩을 제외한 아시아 신흥국가들	12.7	14.5	30.9	34.8
	남미	1.7	2.4	2.2	3.9
	중동	2.6	3.3	3.0	5.3
	아프리카	1.7	2.3	1.6	3.2
참고: EU의 內部 교역		66.9	67.5	63.4	62.6

* 출처: Bank for International Settlements, "The 77th Annual Report(1 April 2006-31 March 2007)," Basel, 24 June 2007, p.53, at http://www.bis.org/publ/arpdf/ar2007e.htm(검색일: 2007.8.16).

이러한 중국의 교역량 점유율 신장과 함께, 아시아 신흥국가들의 미국·EU·일본에 대한 교역량 점유율은 감소했음에도 불구하고 여전히 높은 수준을 유지하고 있는데, 이는 이 지역 국가들의 경제가 미국·중국·일본·EU와 깊은 연관성을 가지고 있음을 나타낸다. 이러한 ARF 참가국들의 경제상황과 상호의존관계는 경제자유화 측면에서 지역무역협정(RTA)/자유무

역협정(FTA) 등으로 발전하고 있다.

나. RTA/FTA 이행 현황

1990년 이후 ARF 참가국들 간에는 지역무역협정(RTA)[92] 특히 자유무역협정(FTA)이 증가하고 있는데 이는 무역자유화와 세계화 경향을 반영한다. 1995년 WTO 설립 이후 RTA/FTA가 증가하는 이유는 WTO 중심의 다자간 협상이 장기간 타결되지 못하고 공전하는 단점이 있는 반면, 양자 혹은 소수국가들 간의 자유무역협정은 비교적 신속하게 추진될 수 있으며, 협상 여하에 따라 자국이 원하는 자유무역의 혜택을 크게 누릴 수 있는 장점이 있기 때문이다.[93]

2008년 11월까지 ARF 참가국들이 GATT/WTO에 보고하고 이행 중인 RTA/FTA는 <표 6-14>와 같으며, 지역경제통합협정 3개(AFTA, EU, NAFTA)와 FTA/EIA/PS 19개로 상당한 경제 상호의존관계를 발전시켜 나가고 있다. 따라서 ARF 참가국들의 자유무역에 대한 공감대와 상호의존은 보다 진전되어 갈 것으로 예상된다.

---

92) 통상 RTA는 경제통합, 관세동맹(CU), FTA, 경제통합협정(EIA), 부분자유무역협정(PS) 등 상품·서비스·투자 관련 모든 자유화 조치에 대한 협정을 포괄하는 의미를 지닌다. 그러나 현실적으로는 FTA와 대등한 의미로도 통용되고 있다.

93) 1948년 이래 2007년까지 GATT/WTO에 보고된 세계의 지역무역협정 수는 총 383건인데 이 중 142건만이 1994년 이전에 서명되었고, 나머지 241건은 1995년 WTO 설립 이후 체결되었다. 김신행·김태기(2008), pp.7-8 참조.

〈표 6-14〉 ARF 참가국들 간 RTA/FTA 이행 현황

기준: 2008.11.15 현재

체결국가 및 명칭	발효/이행시기	비 고
1. 라오스-태국 PS	1991.6	부분자유무역협정(상품)
2. AFTA(동남아 10개국)	1992.1	단계적 역내관세철폐
3. EU(유럽 27개국)	1993.11	완전한 경제통합
4. NAFTA(북미 3개국)	1994.1	역내관세철폐
5. 뉴질랜드-싱가포르 FTA	2001.1	관세와 기타 무역장벽 해소
6. 인도-스리랑카 FTA	2001.12	〃
7. 일본-싱가포르 FTA	2002.11	〃
8. ASEAN-중국 PS/EIA	2003.7.(PS), 2007.1.(EIA)	점진적 관세/무역장벽 해소, 투자증진 * 중국-마카오 FTA(2004.1.) * 중국-홍콩 FTA(2004.1.)
9. 싱가포르-호주 FTA	2003.7	관세와 기타 무역장벽 해소
10. 미국-싱가포르 FTA	2004.1	〃
11. 태국-호주 FTA	2005.1	〃
12. 미국-호주 FTA	2005.1	〃
13. 파키스탄-스리랑카 FTA	2005.6	〃
14. 태국-뉴질랜드 FTA	2005.7	〃
15. 인도-싱가포르 FTA	2005.8	〃
16. 한국-싱가포르 FTA	2006.3	〃
17. 일본-말레이시아 FTA	2006.7	〃
18. 파키스탄-중국 FTA	2007.7	〃
19. 일본-태국 FTA	2007.11	〃
20. 파키스탄-말레이시아 FTA	2008.1	〃
21. 일본-인도네시아 FTA	2008.7	〃
22. 일본-브루나이 FTA	2008.7	〃

출처: WTO, "Regional Trade Agreements Notified to the GATT/WTO and in force," as of 15 November 2008, at http://www.wto.org/english/tratop_e/region_e/region_e.htm(검색일: 2008.12.2) 참조.

그러나 <표 6-14>를 근거로 ARF 참가국들의 RTA/FTA에 대한 관심과 활용 실태를 정리하면 <표 6-15>와 같으며, 몇 가지 문제점이 발견되고 있다.

<표 6-15> ARF 참가국들의 RTA/FTA 관심과 활용 실태

순번	ARF 참가국	이행 중인 RTA 數	체결상대국가
1	인도네시아	1	일본
2	말레이시아	2	일본, 파키스탄
3	태국	4	라오스, 호주, 뉴질랜드, 일본
4	필리핀	–	–
5	싱가포르	6	뉴질랜드, 일본, 호주, 미국, 인도, 한국
6	브루나이	1	일본
7	베트남	–	–
8	라오스	1	태국
9	캄보디아	–	–
10	미얀마	–	–
11	미국	2	싱가포르, 호주,
12	일본	5	인도네시아, 싱가포르, 말레이시아, 태국, 브루나이
13	중국	2	ASEAN, 파키스탄
14	러시아	–	–
15	한국	1	싱가포르
16	호주	3	싱가포르, 태국, 미국
17	뉴질랜드	2	싱가포르, 태국
18	캐나다	–	–
19	몽골	–	–
20	북한	–	–
21	인도	2	스리랑카, 싱가포르
22	파키스탄	3	스리랑카, 중국, 말레이시아
23	방글라데시	–	–
24	스리랑카	2	인도, 파키스탄
25	파푸아뉴기니	–	–
26	티모르레스테	–	–
27	EU	–	–

위 표로부터 지역경제통합체/FTA에 참가하는 ASEAN 국가들과 EU를 제외하고, FTA 불참국가들을 살펴보면, 러시아·캐나다·몽골·북한·방글라데시·파푸아뉴기니·티모르레스테 등 7개국이다. 아울러 ARF 국가들 간의 FTA는 서방국가 중심으로 이루어지고 있음을 보여 준다. 특히 싱가포

르·일본·태국이 ARF내 FTA 주도세력이고, 전체적으로 보아 貧國들의 참여가 저조하며, 중국과 ASEAN의 다수국가들이 아직은 西方으로의 완전한 시장개방을 망설이고 있음을 알 수 있다. 이는 아태자유무역협정(FTAAP)에 ASEAN 국가들과 중국이 점진적 추진을 강조하는 점과 일치된다. 그러나 중국은 서방과의 FTA에 대한 경계심에도 불구하고 ASEAN 국가들 및 남아시아국가들과의 FTA에는 많은 관심을 가지고 있다. 또한 스리랑카·인도·파키스탄 등 남아시아 국가들도 FTA에 상대적으로 적극적임이 식별된다. 또 <표 6-14>를 통하여 EU와 NAFTA가 정도의 차이는 있으나 경제통합체라는 점을 고려하면, 아세안자유무역협정(AFTA)의 이행은 이 지역의 경제통합 가능성을 어느 정도 보여 주는 사례에 속한다. 그러나 AFTA 역시 싱가포르·태국·말레이시아·인도네시아 등이 주도하고 ASEAN 10개국 전체의 동남아 경제통합에는 경제력 격차와 국가체제의 차이 등으로 여러 가지 한계가 있음이 현실이다.

이러한 맥락에서, ARF 참가국들이 완전한 경제 상호의존관계로 발전하기에는 여전히 문제점과 한계를 지니며, 다음과 같은 주요 국가들의 입장에서 확인된다.

첫째, 중국은 동남아시아 경제권을 장악하고 있는 華僑들을 활용하고, 홍콩·대만을 잇는 大中華 경제권 건설을 주도하기 위해 노력하고 있다. 나아가 ASEAN 국가들과 경제적 연대를 강화하여 서방의 영향력을 약화시키고자 한다.[94]

둘째, 일본은 서방중심의 경제협력을 선호하는 가운데, FTA에 적극적이며, 일본 중심의 경제분업 모델을 역내 국가에 주입시키고자 노력하고 있다.

셋째, 한국 등 신흥공업국가들은 중간 수준의 경제력을 기초로 경제협력을 추진하고 있으나, 여전히 서방선진국들과의 경제협력을 선호하고 있다.

---

94) 오승렬, "동아시아 경제협력과 안보협력 간의 상호관계," 한용섭 외(2005), p.286 참조.

넷째, ASEAN 국가들은 싱가포르·태국을 제외하고는 아직 과도한 경제 자유화가 ASEAN을 약화시키고 경제의존을 심화시킬 것을 우려하며, 서방 국가들로부터 기술/자본의 지원에 우선적 관심을 가지고 있다.

다섯째, 미국·EU 등 서방국가들은 동남아·동북아·남아시아가 더욱 개방된 넓은 시장으로 기능하길 기대하고 있다.

이러한 RTA/FTA에 망설임을 가진 국가들과 적극적인 국가들의 차이점은 <표 6-16>에서 보는 바와 같이 ARF 참가국들과 非ARF국가들(역외국가들) 간 RTA/FTA 현황에서 식별된다. 러시아의 인접국가들과의 RTA/FTA를 제외하면 미국·EU 등 서방국가들이 RTA/FTA에 적극적임을 보여 주며, 싱가포르를 제외한 ASEAN 국가들과 중국 및 여타 개발도상국가들의 활동은 없는 상황이다.

〈표 6-16〉 ARF 참가국들과 非ARF국가들간 RTA/FTA 현황

기준: 2008.11.15 현재

ARF 참가국	대상 국가/연합체(발효시기)	명칭
미국	이스라엘(1985.8.), 요르단(2001.12.), 칠레(2004.1.), 모로코(2006.1.), 도미니크(2006.3.), 바레인(2006.8.)	FTA
러시아	아르메니아(1993.3.), 키르기스스탄(1993.4.), 우크라이나(1994.2.), 그루지야(1994.5.), CIS(1994.12.)	〃
캐나다	이스라엘(1997.1.), 칠레(1997.7.), 코스타리카(2002.11.)	〃
일본	멕시코(2005.4.), 칠레(2007.9.)	〃
한국	칠레(2004.4.), EFTA(2006.9.)	〃
인도	부탄(2006.7.)	〃
싱가포르	EFTA(2003.1.), 파나마(2006.7.)	〃
EU[95]	스위스·리히텐슈타인(1973.1.), 아이슬란드(1973.4.), 노르웨이(1973.7.), 시리아(1977.7.), 안도라(CU, 1991.7.), 팔레스타인(1997.7.), 튀니지(1998.3.), 남아공(2000.1.), 모로코(2000.3.), 이스라엘(2000.9.), 크로아티아(2002.3.), 요르단(2002.5.), 칠레(2003.2.), 레바논(2003.3.), 이집트(2004.6.), 알제리(2005.9.), 알바니아(2006.12.), 몬테네그로(2008.1.), 보스니아(2008.7.)	FTA/관세동맹(CU)

주: EFTA: 스위스·노르웨이·아이슬란드·리히텐슈타인 간 유럽자유무역연합.
출처: WTO, "Regional Trade Agreements Notified to the GATT/WTO and in force," as of 15 November 2008, at http://www.wto.org/english/tratop_e/region_e/region_e.htm(검색일: 2008.12.2) 참조.

지금까지 RTA/FTA를 중심으로 상호의존적 측면에서의 논의와 제기된 문제들은 다음의 경제적 불균형 관계를 통하여 보다 내밀한 관계에 접근할 수 있다.

다. 경제적 불균형 관계

경제적 불균형 관계는 원조의존 및 교역의존 상황의 분석으로 현실화된다.

1) 원조의존(aid dependence)

개발도상국들이 경제발전과 기반시설을 위해 선진국들로부터 원조를 받고 있다. 이 경우, 국민총생산(GNP) 또는 국민총소득(GNI)의 20%에 해당하는 분량을 해외원조에 의존할 경우 심각한 원조의존국(aid dependence country)이라 불린다. 아울러 외국원조는 다자기구(국제기구)로부터 받을 경우도 있으나 대부분 양자 협의에 의한 몇 개의 선진국들로부터 받는 경우가 많으며, 이 경우 피원조국 국민총생산(GNP) 또는 국민총소득(GNI)의 10% 이상을 어느 한 나라로부터 받을 경우 '심각한 원조의존' 상태에 있다고 한다.[96] 나아가 식량을 타국의 원조로 해결할 경우 이를 식량원조의존(food aid dependence)이라 할 수 있다. <표 6-17>은 ARF 참가국 중 ODA 受援國 현황이다.

---

95) 구체적으로는 EC가 체결한 내용이나, 여기서는 EU로 용어를 통일하였다.

96) Marshall R. Singer(1972), p.256; 박경서, 『국제정치경제론』(서울: 법문사, 2004), p.121; World Bank, OECD 등에서는 1992년 이후 GNP 대신 GNI를 지표로 활용하고 있다.

〈표 6-17〉 ARF 국가중 ODA 受援國 현황[97]

단위: 억 달러(미국)

구분	GNI (2006년)	2005년 ODA	2006년 ODA[98]	주요 원조국가 및 기구 (2005/2006년 평균)	GNI 對比 (%)
인도네시아	3157.59	25.22	25.24[99]	일본(11.89), 호주(2.48), 미국(2.2.), 독일(2.13), IDA(1.91), 네덜란드(1.61) 등	0.8
말레이시아	1414.31	0.28	2.4	일본(2.44), 독일(0.08), 덴마크(0.08), 영국(0.06), 프랑스(0.04) 등	0.2
태국	1937.34	1.711[100]	—	일본(4.76), 프랑스(0.59), 독일(0.45), 미국(0.26.), EC(0.25.), Global Fund(0.21.) 등	—
필리핀	1201.66	5.64	5.62	일본(7.5.), 미국(1.25.), 독일(0.67), 호주(0.48), EC(0.21.), 캐나다(0.2.) 등	0.5
베트남	581.43	19.07	18.46[101]	일본(6.66), IDA(3.69), ADF(2.03), 프랑스(1.47), 독일(1.09), 영국(0.89) 등	3.2
캄보디아	69.06	5.41	5.29[102]	일본(1.04), ADF(0.73), 미국(0.66), IDA(0.31.), 호주(0.31.), 프랑스(0.3.) 등	7.7
라오스	28.79	2.96	3.64	ADF(0.69), 일본(0.62), IDA(0.45), 프랑스(0.23.), 스웨덴(0.19.), 태국(0.19.) 등	12.7
미얀마	—	1.45	1.47	일본(0.28), EC(0.14.), 영국(0.12.), UNDP(0.12.), 한국(0.10.), 등	—
파푸아뉴기니	46.37	2.66	2.79	호주(2.38), EC(0.18.), 일본(0.140, 뉴질랜드(0.12), ADF(0.11.), UNDP(0.02) 등	6.0
티모르레스테	8.65	1.85	2.1	호주(0.42), 포르투갈(0.37), 일본(0.28), 미국(0.20.), EC(0.18.), 노르웨이(0.12.) 등	24.3
인도	9065.37	17.28	13.79	IDA(11.0), 일본(5.81), 영국(5.11.), EC1.99), 독일(1.88), 미국(1.77) 등	0.2
파키스탄	1222.95	16.26	21.47	IDA(7.44), 미국(4.1.), ADF(2.68), 일본(1.87), 영국(1.59), 터키(0.91) 등	1.8
방글라데시	699.21	13.36	12.23	IDA(4.78), ADF(2.66), 일본(1.99), 영국(1.93), IMF(1.24.), 미국(0.81) 등	1.7
스리랑카	257.31	11.92	7.96	일본(3.45), ADF(1.59), IDA(1.55), 독일(0.91), 미국(0.62), 노르웨이(0.52) 등	3.1
중국	26415.87	18.02	12.45	일본(15.29), 독일(4.41), 프랑스(1.86), 영국(0.81), 아랍국들(0.64) 등	0.05
러시아	8223.64	—	9.827[103]	미국(9.827)	0.12
몽골	22.84	2.21	2.03	일본(0.6.), 독일(0.3.), ADF(0.29.), 미국(0.15.), IDA(0.14.), 한국(0.06) 등	8.9
북한	—	0.87	0.55[104]	EC(0.16.), 스웨덴(0.05), 스위스(0.05),WFP(0.05), 노르웨이(0.05) 등	—
계		146.171	147.317		—

출처: Development Cooperation Directorate, Development Assistance Committee, OECD, "Final ODA Flows in 2006," 10 Dec. 2007, at http://www.oecd.org/dataoecd/7/20/39768315.pdf(검색일: 2008.3.29); Development Cooperation Directorate (DCD-DAC, OECD, "Aid Statistics, Recipient Aid Charts," at http://www.oecd.org/countrylist/0,3349,en_2649_34447_25602317_1_1_1_1,00.html(검색일: 2008.3.30); CIA(2008)의 국가별 관련 내용 참조.

---

97) 2005/2006년 ARF 참가국들이 받은 지원금은 세계 총 ODA의 12% 정도이다.

<표 6-17>에서 신생국인 티모르레스테는 GNI 대비 24.3%로 심각한 원조의존국에 해당하며 라오스(12.7%), 몽골(8.9%), 캄보디아(7.7%), 파푸아뉴기니(6.0%), 베트남(3.2%), 스리랑카(3.1%) 등이 비교적 높은 비율의 원조에 의존하고 있음을 알 수 있다.

OECD 국가들에 의한 개별국가 지원은 대부분 여러 나라로 분산 지원되기 때문에 티모르레스테 이외에 심각한 원조 의존에 해당되는 국가는 없는 것으로 파악된다. 그러나 사실상 원조국들이 서방선진국들(OECD 국가들)로 국한됨에 따라 '총 GNI의 20% 이상'이라는 기준과 '1개국에 의한 원조가 GNI 10% 이상'이라는 의미는 과도한 감이 없지 않다. 아울러, '1개국에 의한 원조가 GNI 10% 이상'이라는 것은 오늘날 'OECD 국가들에 의한 원조가 GNI 10% 이상'이라는 의미와 거의 동일하다. 이 기준을 적용시 라오스가 원조의존에 해당되고, 10%에 근접하는 몽골·캄보디아·파푸아뉴기니가 거의 원조의존국에 해당된다. 이는 현실적으로 이 국가들이 외국 원조에

---

98) 2006년 OECD 국가들의 ODA는 미국 245.32억 달러, 일본 171.15억 달러, 영국 130.75억 달러, 프랑스 127.64억 달러, 독일 120.49억 달러 등 총 1,190.45억 달러이다. Development Cooperation Directorate, Development Assistance Committee, OECD, "Final ODA Flows in 2006," 10 Dec. 2007, at http://www.oecd.org/dataoecd/7/20/39768315.pdf(검색일: 2008.3.29), p.11.

99) "Indonesia," CIA(2008).

100) "Thailand," CIA(2008).

101) 베트남은 ODA 사용원칙 준수, 사용처의 투명성, 공여국 및 국제기구 지침 이행 등 효율성을 인정받아 계속 높은 지원을 받고 있다. 2007년용 ODA 지원금은 44.5억 달러로 이 중 일본이 8.903억 달러, ADB가 11.4억 달러, 세계은행이 8.9억 달러, 프랑스가 3.704억 달러, 여타 비정부기구들이 1.8억 달러 등이었다. "People' Daily Online—Donors commit record high ODA for Vietnam in 2007," December 15, 2006, at http://english.people.com.cn/200612/15eng20061215_333009.html(검색일: 2008.3.29). 2007년 12월 확정된 2008년 ODA 54억 달러는 일본이 11억 달러로 최대 공여국이며, EU가 9.628억 달러, ADB가 13.5억 달러, World Bank 11억 달러, 여타 비정부기구들이 2.5억 달러 등이다. "VietNamNet—ODA commitment reaches record USD 5.4 billion," *VietNamNet Bridge,* at http://english.vietnamnet.net/biz/2007/12/7586653/(검색일: 2008.3.29).

102) 2007년에 2008년 ODA 지원금 6.982억 달러가 확정되었다. "Cambodia," CIA(2008).

103) "Russia," CIA(2008); CIA(2007). 2001년부터 2004년까지 비확산 지원금 7.5억 달러를 포함하여 미국으로부터 9.79억 달러와 EU로부터 2억 달러 등 총 11.79억 달러가 지원되었으며, 2006년에는 全額 미국자금으로 9.827억 달러가 제공되었다.

104) 2007년에 WFP 등으로부터 3.72억 달러가 지원되었다. "Korea, North," CIA(2008).

의해 유지되는 상황을 고려시 타당성을 갖는다. 2006년 현재 총량 면에서 수혜국 순위는 인도네시아(25.24억 달러)·파키스탄(21.47억 달러)·베트남 (18.46억 달러)·인도(13.79억 달러)·중국(12.45억 달러)·방글라데시(12.23 억 달러) 등이며, 이러한 원조상황은 중국·인도·러시아를 제외하고는 매 년 대등하거나 일부 증가하고 있다.

북한의 경우 1990년대 이후 매년 100만~150만 톤 정도의 식량을 원조 에 의존하고 있다. 연간 필요 식량은 500만 톤 정도이나 자체 생산은 350 만~400만 톤에 불과하다. 따라서 부족분을 매년 중국이 100만여 톤, 세계 식량계획(WFP)에서 30만여 톤, 한국이 20~30만여 톤을 지원하고 있다.[105] 이에 북한은 식량의 25~30%를 외국원조에 의존하며, 특히 중국으로부터 20%를 의존하는 '식량원조 의존국가'로 분류될 수 있다.

2) 교역의존(trade dependence)

1972년 경제의존 문제를 연구한 메릴랜드(Maryland) 대학의 마셜 싱어 (Marshall R. Singer)는, 앞서 살핀 원조의존 이외에, 식민지 시대를 거치면서 변화된 강대국들과 약소국들 간의 교역비율 증감상황을 조사하여 경제적 의존을 가져오는 교역량 비율을 역사적 경험으로 제시하였다. 1938년 당시 영국·프랑스·미국·소련·일본 등 강대국들을 포함하여 이들 국가들의 영향력하에 있었던 약소국들의 교역비율과 30년 후인 1967년 이들 강대국 들로부터 독립한 약소국들 총 116개국의 교역관계에 어떤 변화가 있었는지 를 조사하였다. 그 결과 싱어는 '심각한 경제적 의존'의 지표로 '교역량의

---

105) 박준영, 『북한정치론』(서울: 박영사, 2004), p.330; "Food aid to North Korea being held up in China over rail dispute," *International Herald Tribune*, October 19, 2007 at http://www.iht.com/articles/ap/2007/10/19/asia/AS－GEN－China－NKorea－Food.php?WT.mc_id= rssap_asia(검색일: 2008.4.5) 참조.

$\frac{1}{3}$ 이상을 단일 국가에 의존할 경우'라는 점을 추론하였다. 아울러 싱어는 추가 연구를 통하여 '심각한 교역의존(trade dependence)의 3가지 기준'을 언급하였는바, 제Ⅲ장에서 살핀 바와 같이 ① 총교역량의 $\frac{1}{3}$ 이상을 一國과 거래할 경우, 특히 대외교역의존도 20% 이상이면서 어느 一國과 교역량이 전체 교역량의 $\frac{1}{3}$ 이상을 차지할 경우, ② 대외교역의존도가 20% 이상이고 그중 어느 한 나라와의 교역의존도가 20% 이상을 차지할 경우, ③ 대외교역의존도가 20% 이상이면서 이 중 어느 一國에 10% 이상을 의존하고 또 다른 一國에 10% 이상을 의존할 경우가 심각한 교역의존에 해당한다.[106] 對外交易依存度는 세계경제에 대한 의존과 개별국가들에 대한 의존정도를 파악하는 주요척도로 활용되고 있다.[107]

$$\text{대외교역의존도(\%)} = \frac{\text{교역총량(수출입총량)}}{\text{국내총생산}(GDP)} \times 100$$

아울러 一國交易依存度(%)는 $\frac{\text{해당국가교역총액}}{GDP} \times 100$으로 나타낼 수 있다. 이러한 개념하에서 2006년 ARF 참가국들의 경제규모와 교역의존관계를 교역의존도에 기초하여 계산해 보면 <표 6-18>과 같다.

---

106) Marshall R. Singer(1972), p.239, pp.240-247 참조.

107) 박경서(2004), pp.116-117; Marshall R. Singer(1972), pp.237-239, p.245. 세계은행 통계를 기초로 한 교역 의존도(무역의존도)의 GDP 기준에 대한 설명은 다음을 참조. 김신행·김태기 (2008), p.3, pp.375-376.

－기준 연도: 2006년.　－GDP 및 교역액: 단위 10억 달러.　－1國交易依存度 10% 이상만 적용

구분 / 참가국	GDP	교역총량(총액) 수출액(의존도)	교역총량(총액) 수입액(의존도)	대외교역 의존도(%)	一國 교역 의존도 미국	一國 교역 의존도 일본	一國 교역 의존도 중국	一國 교역 의존도 기타
인도네시아	264.7	175.7		66.4	—	9.96%[108] 교역액 (26.35)	—	12.7% 싱가포르 교역액 (33.72)
		102.7 (38.8%)	73(27.6%)					
말레이시아	132.3	284.8		215.3	34.7% 교역액 (45.854)	23.3% 교역액 (30.8032)	20.19% 교역액 (26.7056)	30.3% 싱가포르 교역액 (39.8912)
		160.8 (121.6%)	124 (93.7%)		16.1%	10.8%	(9.38%)	14.1%
태국	197.7	241.6		122.2	13.57% 교역액 (26.828)	19.8% 교역액 (39.0748)	11.92% 교역액 (23.5584)	—
		128.2 (64.8%)	113.4 (57.4%)		11.1%	16.2%	9.8%	—
필리핀	116.9	99.27		85	14.6% 교역액 (17.104)	12.7% 교역액 (14.839)	—	—
		46.16 (39.5%)	53.11 (45.5%)					
싱가포르	122.1	534		437.3	49.6% 교역액 (60.583)	—	45.8% 교역액 (55.9562)	57.1% 말레이시아 교역액 (69.7094)
		289.4 (237%)	244.6 (200.3%)		11.3%		10.5%	13.1%
브루나이	9.531	8.767		92	—	21.7% 교역액 (2.065)	—	—
		6.767 (71%)	2(21%)					
베트남	48.43	80.5		166.2	17.5% 교역액 (8.4673)	18.4% 교역액 (8.8875)	19.5% 교역액 (9.4557)	—
		39.94 (82.5%)	40.56 (83.7%)		10.5%	11.1%	11.7%	—
캄보디아	6.6	8.442		127.9	29.8% 교역액 (1.9684)	—	—	21.5% 홍콩 교역액 (1.4209)
		3.693 (56%)	4.749 (71.9%)		23.3%	—	—	16.8%
라오스	2.795	1.577		56.4	—	—	—	32.3% 태국 교역액 (0.9029)
		0.655 (23.4%)	0.922 (33%)					
미얀마	9.6	7.605		79.2	—	—	11.23% 교역액 (1.0784)	32.3% 태국 교역액 (3.1014)
		5.321 (55.4%)	2.284 (23.8%)					

구분 / 참가국	GDP	교역 총량(총액)		대외교역 의존도(%)	1國 교역 의존도			
		수출액 (의존도)	수입액 (의존도)		미국	일본	중국	기타
EU	13740	2796		20.3	−	−	−	−
		1330 (9.7%)	1466 (10.6%)					
미국	13160	2884		21.9	−	−	−	−
		1023 (7.8%)	1861 (14.1%)					
중국	2527	1721.6		68.1	10.3% 교역액(260.03)	−	−	−
		969.7 (38.4%)	751.9 (29.7%)					
일본	4883	1150.3		23.6	−	−	−	−
		615.8 (12.6%)	534.5 (11%)					
러시아	733.6	468.6		63.9	−	−	−	−
		303.9 (41.4%)	164.7 (22.5%)					
호주	644.7	259.3		40.2	−	−	−	−
		124.8 (19.4%)	134.5 (20.8%)					
캐나다	1089	758.2		69.6	48.07 교역액(523.5.)	−	−	−
		401.7 (36.9%)	356.5 (32.7%)					
뉴질랜드	98.39	47.1		47.9	−	−	−	9.81% 호주 교역액 (9.6555)
		22.49 (22.9%)	24.61 (25%)					
한국	897.4	634.4		70.7	−	−	13.2% 교역액(118.182)	−
		331.8 (37%))	302.6 (33.7%)					
북한	2.22	4.345		195.7	−	−	54.2% 교역액(1.2025)	41.9% 한국 교역액(0.93)
		1.466 (66%)	2.879 (129.7%)		−	−	27.7%	21.4%

108) 1국 교역 의존도의 계산방법은 다음과 같다. 인도네시아의 경우 2006년 일본에 수출 19.4%와 수입 8.8%, 싱가포르에 수출 11.8%와 수입 29.6%, 중국에 수출 7.7%와 수입 11.2%였다. 對일본 교역 의존도는 $\dfrac{\text{인도네시아의 대일본 총교역량}(102.7 \times 0.194 + 73 \times 0.088)}{GDP(264.7)} \times 100 = 9.96\%$로 계

〈표 6-18〉 ARF 참가국 경제규모와 교역의존관계(3/3)

구분 / 참가국	GDP	교역 총량(총액)		대외교역 의존도(%)	1國 교역의존도			
		수출액 (의존도)	수입액 (의존도)		미국	일본	중국	기타
몽골[109]	3.854	4.006		104	—	—	51.3% 교역액 (1.9768)	16.3% 러시아 교역액 (0.6288)
		1.889 (49%)	2.117 (55%)		—	—	49.3%	15.7%
파푸아뉴기니	4.17	6.086		146	—	—	—	54.3% 호주 교역액 (2.2648)
		4.128 (99%)	1.958 (47%)		—	—	—	37.2%
인도	805.5	307.6		38.2	—	—	—	—
		123.2 (15.3%)	184.4 (22.9%)		—	—	—	—
파키스탄	124	43.7		35.2	—	—	—	—
		17 (13.7%)	26.7 (21.5%)		—	—	—	—
방글라데시	69.21	25.91		37.4	—	—	—	—
		11.16 (16.1%)	14.75 (21.3%)		—	—	—	—
스리랑카	27.4	16.55		60.4	—	—	—	—
		7.172 (26.2%)	9.378 (34.2%)		—	—	—	—
티모르레스테	ND (no data)	—		ND	ND	ND	ND	ND
		ND	ND					
대만[110] (Non-ARF Participant)	346.7	424.2		122.4	16% 교역액 (55.414)	18% 교역액 (62.43)	21.4% 교역액 (74.203)	—
		223.8 (64.6%)	200.4 (57.8%)		13.1%	14.7%	17.5%	—

출처: CIA, *The World Factbook 2007* 경제(economy)자료로 산정함. 아울러 CIA, The World Factbook 2008/2006 참조; https://www.cia.gov/library/publications(검색일: 2008.3.23)의 개별국가 교역량(수출 및 수입액, official exchange rate), GDP(official exchange rate)를 이용하여 국가별로 계산함.

산되며, 2개국에 10% 이상이 아니므로 심각한 교역 의존을 면하였다.

<표 6-18>을 통하여 볼 때, 교역량과 GDP 對比 ASEAN 10개국 중 인도네시아를 제외한 9개국이 심각한 교역의존 상황에[111) 있음을 알 수 있는데 라오스와 미얀마가 태국에 교역의존이 심하고, 나머지 7개국은 모두 미국·일본·중국 등 강대국에 심각한 교역의존 상황에 있다. 특히 ASEAN 국가들은 미국·일본·중국에 개별적 또는 중복적인 의존 상황에 있는데 특히 미국에 6개국(말레이시아·태국·필리핀·싱가포르·베트남·캄보디아), 일본에 5개국(말레이시아·태국·필리핀·브루나이·베트남), 중국에 3개국(싱가포르·베트남·미얀마)이 해당된다. 非ASEAN 국가들 중 특이점은 중국이 미국에 교역의존(10.3%) 상황에 있으며 이는 중국이 경제규모는 크지만 개발도상국으로서 경제의존적 한계를 가지는 것으로 나타난다. 캐나다는 미국에 심각한 교역의존 상황(48.07%)에 있으며 NAFTA의 일원이며 G-7 국가라는 측면을 고려하더라도 對美依存은 분명하다. 뉴질랜드도 호주에 상당히 의존되어(9.81%) 있으며, 한국도 중국에 교역의존(13.2%) 상황에 있다. 북한은 중국과 한국에, 몽골은 중국과 러시아에, 파푸아뉴기니는 호주에, 非ARF 국가인 대만은 미국·일본·중국에 심각한 교역의존 관계에 있다. 이를 요약하면 <표 6-19>와 같다.

---

109) 2006년 자료가 부재하여 GDP 및 수출액·수입액 모두 2007년 자료임.

110) 대만은 중국의 반대로 ARF 참가국은 되지 못하고 있지만 동아시아 교역/경제관계에서 제외시킬 수 없는 규모를 가진다. 따라서 인접국들과의 비교를 위해 포함시켰다.

111) '심각한 교역의존', '심각한 교역의존국'은 거의 '交易從屬'에 가까운 상황을 뜻한다.

〈표 6-19〉 ARF 지역 국가들의 교역의존관계(2006년 기준)

지배국	심각한 교역의존국	교역의존국
미국	8개국: 말레이시아, 태국, 필리핀, 싱가포르, 베트남, 캄보디아, 캐나다, 대만	중국
일본	6개국: 말레이시아, 태국, 필리핀, 브루나이, 베트남, 대만	－
중국	6개국: 싱가포르, 베트남, 미얀마, 북한, 몽골, 대만	한국
한국	1개국: 북한	－
싱가포르	－	인도네시아
홍콩	－	캄보디아
태국	2개국: 라오스, 미얀마	－
호주	1개국: 파푸아뉴기니	뉴질랜드
러시아	1개국: 몽골	－

아울러 다음과 같은 추론도 가능하다.

첫째, 2006년 현재 ARF 참가국들은 모두 대외교역의존도가 20% 이상을 차지하고 있으며 EU(20.3%), 미국(21.9%), 일본(23.6%) 등 경제규모가 큰 선진국들이 20%대의 낮은 교역의존도를 나타냄으로써 이들 국가들은 상대적으로 국제경제의 영향을 비교적 적게 받는 것으로[112] 나타났다.

둘째, 선진국들과 달리 몽골(104%), 태국(122.2%), 캄보디아(127.9%), 파푸아뉴기니(146%), 베트남(166.2%), 북한(195.7%), 말레이시아(215.3%), 싱가포르(437.3%) 등은 GDP의 1~4배가 넘는 교역량(수출입량) 규모를 나타냄으로써 경제 대외의존도가 매우 높음을 알 수 있다. 非ARF인 대만의 경

---

112) 교역의 대외 의존도가 낮은 나라와 높은 나라의 국제경제 변화와 영향력에 대해서는 다음을 참조. 김신행·김태기(2008), pp.1-9. 교역 의존도는 국가 크기, 국민소득, 경제발전/기술력 수준, 산업구조, 교역정책 등에 따라 다양하며, 보편적으로 小國은 자원부족과 국내시장 제한 등으로 대외 의존도가 높으며, 大國은 그 반대다. 신기술 발명 등 경쟁우위의 산업발전은 교역 의존도를 감소시키는 효과를 발생시킨다.

우도 세계교역의존도가 122.4%에 이른다. 따라서 이들 국가들은 국제경제에 민감한 영향을 받을 수밖에 없는 취약성을 지닌다. 특히 싱가포르와 같은 중계무역이 큰 비중을 차지하는 국가들은 수입과 동시에 이를 수출하는 완전한 자유무역도시(국가)로 의존도가 매우 높다. 아울러 교역의존도가 높은 나라들은 경제규모가 비교적 작음에 따라 경제개방의 크기에 관계없이 국제경제 변동 상황이 급속히 전파되고 영향을 받는데 호황보다는 불황에 대한 영향이 크다.113) 특히 경제규모가 큰 미국과 같은 강대국의 경제/금융 불안과 위기는 전 세계적인 파장을 몰고 오며,114) 금융경제 문제가 실물경제를 위축시킴으로써 開途國에 악영향을 미친다.

셋째, 지리적 근접성·양국간 특수관계로115) 심각한 교역의존관계가 얽혀 있으며 이러한 관계는 미국·일본·중국 등 강대국들에 의존되는 경향이 나타나고 있다. 이는 과거 朝貢關係와 植民支配와 같은 국가 간의 지배종속적 역사와도 분리되지 않는 일체성을 보여 주는 것에 주목할 필요가 있으며, 강대국들 간에는 경제적으로 심각하게 의존되지 않는 특징도 보여 준다.

이를 종합하면, 일반적으로 영토가 광대하거나 경제규모가 큰 선진국가들

---

113) 1990년대 말 아시아 금융위기는 태국에서 시작되어 인도네시아, 한국으로 파급되었고 미국·중국 등의 경제정책 변화는 전 세계에 영향을 미친다. 또한 2007년 7월 미국발 서브프라임모기지(subprime mortgage) 사태는 2007년 8월까지 1개월 동안에 다우존스지수-6.3%, 닛케이225지수-15.9%, 영국FTSE100지수-7.9%, 홍콩 항셍지수-14.5%, 한국 종합주가지수-17.4%를 하락시켰다. 김신행·김태기(2008), p.5, p.610 참조.

114) 2007년 7월 미국의 비우량주택담보대출 부실사태의 여파로 2008년 9월까지 세계 3~5위 투자금융사인 베어스턴스(The Bear Stearns, Inc.), 리먼브러더스(Lehman Brothers Holdings Inc.)가 파산하고, 메릴린치(Merrill Lynch & Co. Inc.)가 미주은행(Bank of America)에 強勸賣却되는 사태로 발전하였으며, 美 정부가 지원하는 주택담보 금융지원기업인 연방저당권협회(FNMA: The Federal National Mortgage Association, Fannie Mae)와 연방주택금융저당社(FHLMC: The Federal Home Loan Mortgage Corporation, Freddie Mac) 및 세계최대 보험회사인 AIG(American International Group, Inc.)가 연방정부의 구제금융(bailout)을 받는 상황을 초래하였다. 이 사태로 유럽, 아시아권 등 세계금융시장의 불안이 크게 가중되었다.

115) 역사적 지배종속 관계(식민지 또는 무력지배 등), 무상원조, 외국의 직접투자(FDI), 안보/동맹관계, FTA/경제통합 등 정치·군사·경제 등 긴밀한 상호관계를 의미한다.

은 대외교역의존도가 상대적으로 낮으며, 一國에 대한 교역의존도도 낮아서 교역의존이 되기 어려우며, 교역량보다 GDP 규모가 월등히 큰 국가들이다. 반면에 영토가 좁고 경제규모가 작은 국가들은 대외교역의존도가 높고 一國에 대한 교역의존도도 상대적으로 높아서 교역의존의 가능성이 큰데, 이들 국가들의 특징은 교역량이 GDP보다 크거나 대등한 국가들로 분석되었다. 교역의존도가 낮은 나라들의 예가 EU·미국·일본·러시아·호주·인도 등이며, 교역의존도가 높은 나라들의 대표적인 예가 ASEAN 국가들과 북한·몽골·파푸아뉴기니·대만 등이다. 여기서 예외적으로 개발도상국인 파키스탄·방글라데시·스리랑카 등 3개국은 교역의존도도 대체로 낮고(35.2～60.4%) 어느 나라들에도 교역의존 상황이 나타나지 않은데 이는 상대적으로 시장개방률이 낮고 GDP가 교역량보다 큰 국가들이기 때문이다. 그러나 이들 국가들도 높은 ODA 受援國들임에는 차이가 없다. 이를 통하여 미국·일본·중국의 경제적 역할이 이 지역 경제안보에 매우 중요하며 교역관계를 지배하고 있음이 확인되었다.

4. 구조적 차원에서 식별된 문제점 및 제약

ARF 참가국 상호관계 분석은, 제Ⅳ장에서 정리된 정치군사적 측면의 지역분쟁과 군축/비확산 문제, 사회적 측면의 테러리즘과 초국가적 범죄문제, 환경적 측면의 자연재해와 환경오염의 문제, 빈곤으로 인한 경제적 문제 등 소위 포괄적 차원의 안보 문제들에 대하여, 구체적 사실관계를 검증하기 위한 작업이었다.

첫째, 정치·군사분야 상호관계는 세력관계와 우호/적대관계(분쟁상황)를 통하여 검토한 결과, ARF 참가국들의 대부분을 차지하는 동남아·동북아·남아시아의 지역안보복합체 스펙트럼은 분쟁형성(conflict formation)/홉스형 사회구조하에 있음이 확인되었고, 세력균형정책의 강화 추세가 식별되었으며, 세부내용은 다음과 같이 나타났다. 즉 ① 동남아시아는 외부세력의 침투와 동맹관계로 특징 지워지며, 대부분의 역내 국가들이 외형상 비동맹/중립주의 노선의 定向에도 불구하고 실제로는 동맹/연합 노선에 동참하여 세력균형과 편승(bandwagoning)이라는 현실주의 안보 개념에 충실하다는 점이 식별되었다. 다시 말해, 필리핀·태국·싱가포르의 미국과의 동맹관계, 말레이시아·싱가포르의 EU(영국)·호주·뉴질랜드와의 '5개국 방위협정(FPDA)' 브루나이에 주둔하는 1,000여 명의 영국군과 500여 명의 싱가포르군 등으로 동남아시아는 서방세력과의 연합/동맹관계가 지역안보의 축을 이루고 있다. 특히 태국과 미국 중심의 연례 군사훈련인 코브라 골드(Cobra Gold)에는 싱가포르·인도네시아·일본이 참가하고, 말레이시아·필리핀·브루나이·호주·EU(영국·프랑스·이탈리아) 등이 옵서버로 참여함으로써 이 지역 국가들이 지역 안정과 인도주의적 지원에 서방국가들과의 협력을 중시하는 것으로 나타났다. 아울러 동남아 모든 국가들은 인접국들과 육상/해상 경계선 문제와 영토분쟁을 겪고 있음에 따라, ASEAN이라는 연합체가 외형적 단결에도 불구하고 내부적으로는 상당한 분열 상황에 있음도 확인되었다. 특히, 태국과 캄보디아 간의 해상경계선 문제는 양국이 유엔해양법협약(UNCLOS)에 비준하지 못하는 원인이 되고, 국제사법재판소(ICJ) 판결로 캄보디아 소유가 된 프레아 비히어(Preah Vihear) 사원에 대해서도 양국은 아직 첨예한 갈등관계를 유지하고 있다. 유전개발 관련 중첩된 해상 경계선 문제는 말레이시아와 인도네시아, 말레이시아와 브루나이간 異見으로 분쟁해역에서 시추가 전면 중단되는 사태가 발생되고 있다. 보다 심각한 영토분쟁은 남중국해 80%의 영유권을 주장하는 중국의 관심이 스프래틀리 군도에 집중되고 있으며, 이 군도에 대한 중국·대만·베트남·필리핀·말레이시아 상호간 중첩된 권리주장은 남중국해 문제가 중국과 ASEAN 간의 문제일 뿐만 아니라 ASEAN 국가들 상호간에도 심각한 주권 문제임을 보여 준다. 또한 탄화수소 자원(석유/천연가스 등)을 둘러싼 해양영토분쟁은 외형적 자제에도 불구하고 양보 없는 대치 상황이 계속되고 있음이 최근 동향으로 확인되었다. 나아가 인도네시아, 미얀마, 태국, 필리핀 등에서 진행중인 종족/종교적 분리독립운동은 이들 국가들의 국가견고성(stateness)을 약화시킬 뿐만 아니라 동남아 전체의 안보불안으로 확산되고 있다. ② 동북아시아 상황은 보다 극명한 동맹관계로 나타나는데 미·일 안보조약, 한·미상호방위조약, 대만 관계법 등이 서방과의 긴밀한 안보관계를 의미한다. 북한과 중국간 조·중 우호동맹과 러시아와의 新우호협력관계는 이 지역의 대항동맹관계가 냉전시대와는 상이하다 할지라도 골격은 그대로 유지되고 있음을 보여 준다. 특히 MD를 둘러싸고 미국·일본과 중국·러시아의 대립은 이 지역의 역학구도가 지역국가 상호관계를 초월하여 강대국 중심의 체제(system) 논리에 순응할 수밖에 없는 현실을 보여 주고 있다. 이 점에서 역내 국가들 간 분쟁상황 역시 세력균형적 思考를 강요하는데 북한 핵/미사일 문제, 북방 4개도서 문제, 센카쿠 열도(釣魚島) 문제, 독도 문제 등이 동북아의 안보 틀을 변경시키기 어려운 원인을 제공하고 있다. ③ 남아시아의 경우 인도와 파키스탄의 핵 보유와 인도와 미국의 강화된 전략적 동반자 관계, 파키스탄과 중국의 동맹관계는 세력균형을 유지하고 있으며, 카시미르를 둘러싼 영토 및 종교분쟁과 스리랑카 내전 등은 이 지역이 내부문제 해결에 전념할 수밖에 없는 안보여건에 있음을 보여 주었다.

둘째, 사회문화 및 환경분야 상호관계는 동남아·동북아·남아시아의

ARF 국가들이 안고 있는 보다 근원적이고 복잡한 상황을 나타내며, ARF가 해결해야 할 구조적 제약요인들로 식별되었다. 즉, ① 동남아시아는 종족/종교/언어의 다양성과 초국가적 사회문제의 심각성, 자연재해 등 환경적 취약성이 고강도로 나타났다. 종족갈등은 인도네시아·미얀마·말레이시아·브루나이에서 나타나는데 이는 뿌리 깊은 사회적 문제이며, 말레이시아·브루나이·인도네시아 등에는 華僑가 관련되어 있다. 현재 전체인구 5억 7천 2백만여명 중 5%(약 2,760만 명)를 차지하는 화교는 싱가포르 인구의 77%, 말레이시아의 24%, 브루나이의 15%, 태국의 14%를 차지하고, 미얀마·태국 등 동남아로의 지속적인 증가현상을 보이고 있으며, 증대하는 중국의 대외영향력과 함께 이들의 역할과 위상이 강화되고 있다. 종교적으로는 인도네시아·말레이시아·필리핀 남부·브루나이 등에서 신봉되는 이슬람교가 전체인구의 41.06%(2억 3,490만여 명)을 차지하는 동남아 최대 종교를 이루며, 태국·싱가포르·캄보디아·미얀마·라오스 등의 불교는 29.58%(1억 6,920만여 명), 필리핀과 티모르레스테 등의 기독교는 19.87%(1억 1,360만여 명)를 차지하고, 힌두교 등 다양성을 나타내고 있다. 아울러 동남아에서 종교적 역할은 분리독립운동(叛軍活動)에의 중심적 역할과 강한 정치성을 가지는 특징을 보인다. 초국가적 사회문제는 미얀마·태국·라오스·중국 국경지대에서 불법 생산되어 동남아 여러 나라를 거쳐 전 세계로 유통되는 마약문제와, 캄보디아·미얀마 등에서 성행하는 인신매매를 포함한 불법이민 문제, 해적, 돈세탁, 부정부패, 난민문제와 분리독립운동 등에 따른 테러리즘 등이 중요한 사회문제가 되고 있다. 환경적 요인은 쓰나미·태풍·지진·홍수·한발과 잔류불발탄(ERW) 등으로 사회 및 경제발전을 저해하는 주요한 취약성으로 드러났다. ② 동북아의 경우, 종족과 언어는 중국을 제외하고는 모든 국가가 거의 단일성을 가진 다양성을 보이며, 중국의 경우 변형된 중국어가 여러 개 존재하고 소수민족과 소수언어가 있다. 종교는 중국과 북한이 거의 무종교 사회이며, 한국·일본·몽골은 종교적 다양성을 나타낸다. 초국가적 문제는 중국의 마약문제, 북한의 이탈주민과 빈곤문제가 특징이다. 환경적으로는 태풍·한발·지진·환경오염 등이 문제되고 있으며 특히 중국의 지진과 환경오염, 북한의 수해와 한발이 큰 문제점으로 등장하고 있다. ③ 남아시아는 종족/종교/언어 면에서 다양성을 지니는 가운데 종족문제는 동남아를 초월하는 복잡성을 보이며, 종교는 힌두교·이슬람교·불교가 주류를 이룬다. 이러한 종족/종교의 갈등은 인도와 파키스탄간 분쟁, 스리랑카 내전의 원인이 되고 있다. 초국가적 사회문제는 빈곤·마약·인간밀매·난민·테러리즘 등으로 나타나고 있으며, 환경적으로도 지진·쓰나미·사이클론·한발·환경오염 등 심각한 취약성을 안고 있어 이 지역의 사회 및 경제발전에 제약요인이 되고 있다.

셋째, 경제분야 상호관계에서는 ARF 참가국들은 22개의 지역무역협정(RTA)으로 긴밀한 경제 상호 의존하에 있으나, 아세안자유무역협정(AFTA)을 제외하고는 거의 서방국가들 중심으로 RTA/FTA가 체결/이행됨에 따라 서방국가들과 개발도상국들 간의 경제자유화 문제에 대하여 아직은 경계심이 존재하는 상황에 있음이 확인되었다. 아울러 2006년 기준으로 티모르레스테·라오스·몽골·캄보디아·파푸아뉴기니와 같은 원조의존국, 북한과 같은 식량원조의존국, 그리고 말레이시아·태국·필리핀·싱가포르·브루나이·베트남·캄보디아·라오스·미얀마·캐나다·북한·몽골·파푸아뉴기니 등 13개국이 미국·일본·중국과 인접국들에 심각한 교역의존 상황에 있음이 확인되었는데, 이들 국가들은 교역의존도가 매우 높은 나라들로 미국·일본·중국 등의 경제적 상황에 큰 영향을 받는 국가들이다.

이상의 정치·군사, 사회문화·환경, 경제 분야 등 포괄안보적 상호관계를 통하여 규명된 주요내용은 ARF 참가국들이 ① 북미·유럽·오세아니아 국가들을 제외하고는 분쟁형성(conflict formation)/홉스형 社會構造下에 있기 때문에 ARF라는 안보레짐의 발전을 저해하고 있으며, ② 개별국가 및 지역 안보를 동맹정책에 기반을 둔 세력균형정책에 의존하는 가운데 남중국해 문제는 가장 중요한 이슈로 부각되었다. 아울러 ③ 종족/종교적 다양성과 갈등은 내부분란과 테러리즘 등 다양한 사회문제를 야기하고, ④ 환경적 취약성으로 겪어야 하는 연례적 자연재해는 동남아/동북아/남아시아의 사회 및 경제발전에 커다란 제약요인이 되고 있다. 특히 ⑤ 심각한 경제적 의존에 따른 불균형은 이 지역 개발도상국들이 가장 민감하게 반응하는 주요 요인이 되고 있다.

이러한 맥락에서, 지금까지 이론적 근거를 제공한 국가정향이론과 지역안보복합체이론, 경제 상호의존론과 원조/교역의존이론 등을 융합하여 ARF의 정체성을 평가하면 표 <6-20>과 같다. 이는 외형적 定向과는 달리 포괄안보적 시각에서 변화된 실제적 正體性을 보여 주며, ARF에서 세력균형정책이 건재한 가운데 현재의 상황은 제한적인 협력만 가능하다는 점을 보여 준다.

〈표 6-20〉 참가국 상호관계에서 나타난 ARF의 정체성

국가정향 \ 국가 유형		연성국가(10개국)	중성국가(11개국)	강성국가(6개국)	불균형 경제(상호)의존국가
비동맹/중립주의	독자 노선	방글라데시	인도네시아, 베트남		베트남
	親서방	파푸아뉴기니, 티모르레스테, 스리랑카	말레이시아, 싱가포르, 태국, 브루나이, 필리핀, 인도		파푸아뉴기니, 티모르레스테, 말레이시아, 태국, 싱가포르, 필리핀, 브루나이
	親중/親러	캄보디아, 라오스, 미얀마, 북한, 몽골, 파키스탄			캄보디아, 라오스, 미얀마, 북한, 몽골
연합/동맹 노선	지배국			미국, EU	
	지배 편승국		한국	일본, 캐나다, 호주, 뉴질랜드	캐나다
	親비동맹/중립주의		중국, 러시아		
ARF의 정체성 평가					

ARF의 정체성 평가:

－비동맹/중립주의 정향의 친서방 국가 9개국, 친중/친러 국가 6개국 등15개국은 외형적 모습과는 달리 실제로는 연합/동맹 노선의 국가정향으로 변화되었거나 변화되고 있음.

－연합/동맹노선을 취하는 국가들 중 일본, 캐나다, 호주, 뉴질랜드, 한국 등 5개국은 지배편승국으로 지배국 지위에 있으며, 중국과 러시아는 실제연합/동맹노선을 취하면서 외형적으로 親비동맹/중립주의 경향을 보임.

－특히 안보화(securitization)가 쉽게 발생되는 연성국가/중성국가가 21개국으로 압도적 다수를 차지함에 따라 ARF는 '낮은 수준의 안보레짐'을 유지할 수밖에 없는 여건에 있음.

－비동맹/중립주의 定向의 대부분의 국가는 선진국/강대국들과 대등한 경제 상호의존 관계가 아닌 불균형적인 경제의존 상황에 있음.

☞ 따라서 ARF에서는 연합/동맹세력간 세력균형하 비동맹/중립주의 성향의 국가들이 三分되어 있고, 경제적으로 의존적이며, 분쟁형성/홉스형 사회구조하에서 제한적인 안보협력이 이루어질 수밖에 없으며, **지역 안보레짐으로서 ARF의 발전에는 많은 제약을 가지게 됨.**

주: 음영으로 표시한 싱가포르와 일본은 ARF참가국들 중에서 FTA 주도국가이다.
출처: Holsti(1988), pp.93－115; Barry Buzan and Ole Wæver(2004), pp.22－26; Marshall R. Singer(1972), p.239, pp.240－247, p.256 근거하여 분석한 내용 도표화.

지금까지 관련이론 검토, ARF 발전과정·주요 의제·유사 제도와의 비교, 참가국들의 상호관계 분석 등을 통하여 ARF가 직간접으로 당면한 현실을 광범위하게 논의하였고, 그러한 현실로부터 ARF의 정체성은 안보레짐으로서 많은 제약이 있음이 확인되었으며, 세부적으로 식별된 한계와 제약은 ① ARF에 적용된 다자안보협력이론의 한계와, ② '낮은 수준의 다자안보'로 명명되는 제도적 한계, 그리고 ③ '높은 수준의 당면 이슈'를 해결해야 하는 구조적 제약과 그 핵심인 남중국해 문제의 구속성으로 요약된다. 그러나 ARF에 적용된 다자안보협력이론의 문제는 ARF라는 제도에 지침이 되는 가장 기본적인 요소임을 감안할 때 제도적 한계로 통합될 수 있다. 따라서 제도적 한계와 구조적 제약을 개념화하면 <그림 6-6>과 같다.

<그림 6-6> ARF의 제도적 한계와 구조적 제약 개념도

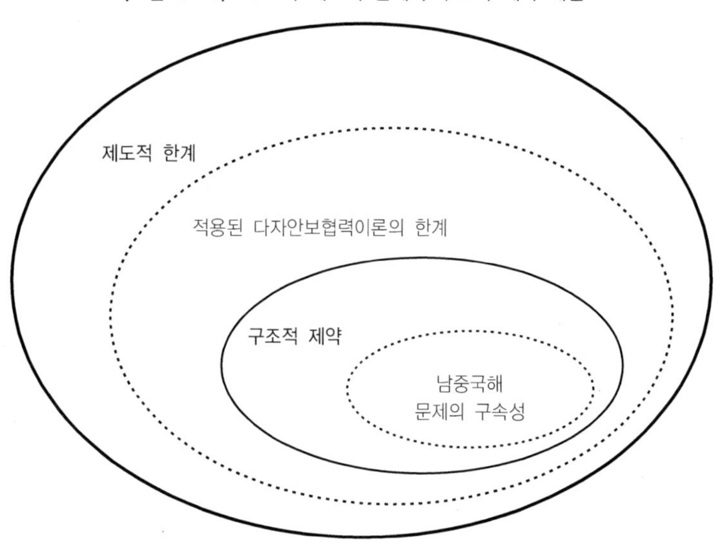

이 개념도에서 ARF의 제도적 한계는 비교적 외형적으로 나타나며, 구조적 제약은 내부 깊숙이 존재하는 문제점임을 보여 준다.

Ⅶ. ARF의 제도적 한계: '낮은 수준의 다자안보'

ARF가 '낮은 수준의 안보레짐' 또는 '낮은 수준의 다자안보제도'로서의 현실은 ① ARF에 적용된 다자안보협력이론의 한계, ② ARF 15년 활동의 성과 미흡, ③ 제도적 미비, ④ ASEAN에 과도한 의존 등 현실적 문제점으로 나타났다.

1. ARF에 적용된 다자안보협력이론의 한계

앞의 이론검토와 실제로부터 ARF는 공동안보 개념을 포용하는 포괄안보대화체이자 협력안보대화체임을 규명하였다. 여기서 포괄안보가 가지는 의미는 의제의 다양성뿐만 아니라 다양한 안보 개념이 포용되는 개념이다. 그러나 ARF가 협력안보대화체라는 것은 수단(방책)과 과정을 중시하는 대화체라는 의미이지만 강제력을 수단에서 배제한 대화체임을 뜻한다. 이 점에서 현재의 ARF는 전쟁을 반대하고 무력사용을 不許하는 '포괄안보 ASEAN

형,' '이상주의적 공동안보,' '狹義의 협력안보' 개념에 기반을 두는 정체성을 지닌다. 이는 ASEAN 방식이라는 외교관행과 연계되어 구성주의적 성향이 부각됨으로써, 의사결정에 있어서나 효과적인 행동/실천에 있어서 매우 느린 특징을 보인다. 이 점에서 ARF가 21세기의 변화하는 국제안보 환경에 적응하기 위해서는 다음과 같은 고유한 역할 수행이 요구된다.

첫째, 아태지역에서 갈등과 분쟁을 예방하고, 분쟁이 발생할 경우 이를 공동으로 해결할 제도로 ARF가 변화하여야 한다. 즉, 현재의 대립적 동맹체제를 기반으로 하는 세력관계를 해소하고, 대립적 상호관계를 완화시키는 기제로 기능하여야 한다.

둘째, 역내 경제발전과 상호보완적 경제관계를 지원할 수 있는 힘을 가진 다자안보제도가 절실하다. 즉, ARF가 집단안보적 협력안보기구로 거듭남으로써 아태지역의 평화·안정·번영에 기초가 되는 경제안보를 지원할 수 있어야 한다.

셋째, 다양한 전통적, 비전통적 안보위협에 선언적 협력이 아닌 법적이고 구체적인 협력체제를 구축하여 WMD 확산, 테러리즘, 초국가적 범죄 등에 대처하고, 자연재난과 환경적 문제에 예방적 수단을 강구할 수 있어야 한다.

이를 위해, 국가중심 思考로부터 아태지역적/범세계적 거버넌스 관점의 다자안보협력을 추구하는 초국가적·법적 효율성을 갖춘 제도화를 추진해야 하며, 기존의 적용개념에 대한 검토와 대안모색이 적극적으로 강구되어야 한다.

가. 다자안보협력이론 적용개념의 변화

ARF는 강제력을 배제하고 대화와 협력을 통한 긴장완화, 위기관리, 분쟁예방, 분쟁의 평화적 해결 등을 모색하는 안보 개념에 입각하고 있다. 이는 냉전기 유럽에서 출범한 CSCE의 이상주의적 공동안보 개념과 연관되고, 1995년 OSCE로 승격되기 이전까지 풍미하던 안보 개념이며 유헌헌장의 정신을 따른다. 즉, 공동안보·포괄안보·협력안보 개념은 유엔헌장 제6장 33조 1항과 제8장 52조 1~3항의 규정에 의거한 지역제도나 기구들에 의하여 수행되는 활동을 의미하며 CSCE/OSCE, ARF 등 지역 다자안보협력체들이 이 범주에 해당한다. 유엔헌장 제6장 33조 1항은 '협상(negotiation), 중재(mediation), 조정(arbitration), 法的 해결(judicial settlement) 등 평화적 수단을 통한 문제해결'을 모색하며, 제8장 52조 1~3항은 '지역제도나 기구들이 분쟁문제를 안보리에 회부하기 전에 평화적 해결을 모색해야 함'을 명시하고 있다.[1] 이를 유엔헌장 제7장 51조의 개별 및 집단 자위권과의 연장선상에서 집단안보 개념을 이해시 UN 헌장상의 안보 개념은 다음과 같음을 확인할 수 있다. 즉 ① NATO/쌍무동맹과 같은 집단방위체제는 가장 협소한 지역을 커버하며 자위권을 가진다(강제력 사용 가능). ② CSCE/OSCE나 ARF와 같은 협력적 지역안보협의체는[2] NATO나 쌍무동맹체보다 넓은 지역을 관장하지만 강제력 사용에 대한 언급이 없다(강제력 사용 불가능). ③ UN은 집단안보기구로서 전 세계를 관할하며 침략국 발생시 강제력(경제제재, 군사력) 사용이 가능하나, 안보리 상임이사국들의 거부권(veto power) 행사로 사실상 제한적이다(강제력 사용 제한). 이를 종합하면 UN의 강제력 동원은 제한적이고, 강제력을 적기에 확실히 동원할 수 있는 안보기구는 집단방위체제 이외에는 존재하지 않음을 알 수 있다.

---

1) Department of Public Information, United Nations, *Charter of the United Nations and Statute of the International Court of Justice* (New York: United Nations, 1985), p.12, pp.15－16.

2) CSCE는 1992년 7월 10일 '헬싱키 정상회의 선언문(Helsinki Summit Declaration)' 제25조에서 CSCE가 UN의 권능을 인정하면서 헌장 제8장에 기초한 지역제도(regional arrangement)임을 천명하고 분쟁예방과 분쟁해결에 동참한다는 노력을 언급하고 있다. Article 25 in "Helsinki Summit Declaration," *CSCE Helsinki Document 1992, The Challenges of Change*, Helsinki, 10 July 1992; ARF도 그 설립취지는 UN 헌장 제8장 52조에 부합된다.

이러한 관점에서, 미할카(Michael Mihalka)의 주장은 OSCE나 ARF와 같은 지역다자안보기구/협의체가 UN의 無力性을 보완하는 집단안보 기능을 보유해야 한다는 의미를 제공한다. 즉, 미할카의 주장에 따르면 용어로서 포괄안보는 전통적 위협과 비전통적 위협에 대응하는 안보레짐(security regime)으로 규정하고, 협력안보는 매우 모호하게 사용되어 왔으며, 단순히 '공동의 문제들(common problems)을 해결하기 위해 함께 노력하면서 가끔은 국가들이 집단적으로(collectively) 협력한다.'는 의미로 집단안보(collective security)와 거의 동의어로 사용되었음을 지적한다.[3] 이 점은 놀란(Janne E. Nolan)과 코헨(Richard Cohen) 등의 협력안보 개념상 다국적군 활용과 집단방위/집단안보 기능 수행 등과 연계성을 갖는다.

따라서 新안보협력이론이 狹義의 관점에서 강제력 불사용을 전제로 한 지역안보협의체/협력체를 뒷받침할 경우, 지역안보 현실에서 근본적인 한계와 문제점을 가지게 된다. 즉, 1990년대 舊유고 지역분쟁, 2001년의 아프가니스탄 전쟁, 2003년의 이라크 전쟁 등에서 미국과 유럽국가들의 집단방위 동맹체를 중심으로 한 다국적군 활동은 변화된 개념을 대변한다.[4] 이는 신안보협력이론을 현실세계에 적용시 중요한 제도적 변화가 필요하다는 근거를 제공한다. 그 이유는 민주주의라는 보편가치하에서 군사적 응징이 필요한 상황에서 UN의 권능은 집단안보기구임에도 불구하고 강제력 동원이 매

---

3) Michael Mihalka, "Cooperative Security in the 21st Century," Partnership for Peace Consortium of Defense Academies and Security Studies Institutes(PfP Consortium, Germany), *Connections, The Quarterly Journal,* Winter 2005, p.114, at http://www.cfc.forces.gc.ca/Profreading/mihalka.pdf(검색일: 2007.3.5).

4) 9·11 테러 사태로 발발된 아프가니스탄 對테러전쟁은 2001년 10월 7일 미국과 영국이 UNSC결의 1368(2001.9.12.)과 1373(2001.9.28)을 근거로 開戰하였다. 그 후 2001년 12월 20일 UNSC 결의 1386에 의거 영국이 발의한 '국제안보지원군(ISAF: International Security Assistance Force)'이 승인됨으로써 準UN軍的 성격을 지니나, 2003년 이래 NATO가 5만여 명의 ISAF 지휘권을 행사하는 동맹군 중심의 多國籍軍이다. ISAF에 관한 결의는 다음을 참조. UNSC Resolution 1386(2001), Adopted by the Security Council at its 4443rd meeting, on 20 December 2001, S/RES/1386(2001), at http://www.un.org/Docs/scres/2001/sc2001.htm(검색일: 2007.8.25); 이라크 전쟁의 경우는 UNSC 승인 없이 WMD 비확산과 對테러, 민주주의 확산을 위해 동원된 多國籍軍이다.

우 제한적이며, 집단방위체보다 넓은 지역을 커버하는 OSCE・ARF 등 지역 제도들 역시 강제력 동원이 불가하기 때문이다. 이로써 지역다자안보협력제도의 적용이론은 집단안보 기능으로 확대 해석하는 경향이 증가하고 이미 언급한 다국적군의 활용 등으로 구체화 되었다. 또한 NATO가 냉전 이후 主敵의 소멸로 평화유지와 위기 및 재난관리로 임무를 대폭 수정한 데서 보는 바와 같이 집단방위동맹체에서 집단안보기구로 변화하고 이의 징표가 OSCE의 평화유지활동을 지원하는 차원에서 1999년 3월 코소보 개입작전으로 나타났다.[5] 나아가, 2008년 11월 소말리아 해역에서의 심각한 해적행위와 인도 뭄바이에서의 대규모 테러사태 등 비전통 안보위협에 軍이 정규작전으로 투입되는 사례는, 2001년 9・11 사태에서 이미 확인된 바와 같이, 비전통적 안보위협에 강제력이 적극적으로 필요함을 입증하고 있다. 이러한 내용들을 종합할 때, 1990년대 협력안보 개념이 군사력을 사용하지 않는 순수한 狹義의 협력개념이었다면, 21세기의 협력안보 개념은 군사력을 동원할 수 있는 집단안보 성향으로 발전되고, 더욱 심화되는 특징을 보여주고 있다.

따라서 ARF는 미국・일본・호주・EU 등 서방국가들이 ARF의 제도개혁을 요구하고, 수용하지 않을 경우 'ARF 無用論'이라는 위기에 봉착할 가능성도 배제하기 힘든 현실에서,[6] 현재 ARF가 신봉하는 안보협력이론들의 재검토와 함께 '광의의 협력안보 개념 적용' 차원으로의 보완이 제도적 차원에서 단행될 필요가 있다.

---

5) NATO의 집단안보기구로의 변화 및 코소보 개입과 튼튼한 제도화가 동맹해체를 방지하고 위기관리, 갈등예방, 역외 평화 및 안정유지 활동을 증진시켜 나갈 것이라는 내용은 이수형의 논문을 참조. 이수형, "북대서양조약기구(NATO)의 전략개념 변화에 관한 역사적・이론적 고찰," 국제정치학회 『국제정치논총』 제41집 3호, 2001, pp.67-83.

6) ARF에서 서방국가들과 중국/ASEAN 국가들간 예방외교(PD) 개념과 원칙에 관한 갈등과 '아세안 방식'의 再考, 지역 국가들이 연관된 국내문제, 인권/인도주의 문제, 지역분쟁 등에 적극적 예방외교 추진 필요성에 대해서는 다음을 참조. Takeshi Yuzawa, "The Evolution of Preventive Diplomacy in the ASEAN Regional Forum: Problems and Prospects," *Asian Survey*, Vol.XLVI, No.5, September/October 2006, pp.785-804.

나. 廣義의 협력안보 개념 적용의 필요성

ASEAN型 포괄안보 개념 등 ARF가 수용하는 신안보 개념들은 동남아우호 협력조약(TAC)과 밀접한 관련성을 가지며 내정 불간섭과 주권존중을 통하여 개별국가의 탄력성을 증진시켜 나가고 독립과 번영을 유지해 나간다는 理想을 담고 있다. 특히 ASEAN형 포괄안보가 지닌 개념의 모호성과 지역 및 범세계적 수준에서의 적용 곤란 등을 감안하면 보다 현실적인 이론적 재정립을 요구한다. 다시 말해, 모호성을 제거하는 다자안보협력개념을 수용해야 하며, 한계로 지적되는 '(무조건적인) 내정 불간섭과 무력사용 금지' 조항을 극복할 수 있는 규범의 설립으로 발전되어야 한다. TAC가 지향하는 비동맹원칙과 무력 불사용을 통한 지역의 평화로운 협력 등은 ASEAN의 규범으로 그대로 존속시키되, 광범위의 아태지역을 커버하는 ARF의 지도규범은 집단안보를 지향하는 새로운 '포괄적 의정서' 형태의 문서로 채택함으로써 극복해 나갈 수 있다.[7] 즉 불법행위가 발생한 국가에 대하여 내정불간섭과 무력불사용 원칙이 아닌 '多國籍軍'의 활용 가능성을 열어 놓음으로써 UN의 한계를 극복하는 보다 강력한 지역제도로서 기능을 수행할 수 있게 되어야 한다.

이는 ARF의 모태인 ASEAN의 제도적 미비점을 보완하는 역할도 수행하게 되는데, 현재 '느슨한 초보적 안보공동체' 수준에 있는 ASEAN을 '민주주의가 없는 제한된 협력안보체제'로부터 보다 강력한 안보공동체와 협력안보를 증진시키는 안보환경을 제공하게 될 것이다. 오늘날 ASEAN 회원국 중 성숙한 자유민주주의 국가는 없고, 공동의 법규와 통제체제도 미약하거나 부실하며, 외견상 우호협력과 화합을 강조하면서도 내부적으로는 갈등/대립이 존재하는, 서로 간에 매우 취약한 공통성을 가진 현실을[8] 극복하기

---

7) 이 경우, 1975년 CSCE의 '헬싱키 최종의정서'가 모델이 될 수 있으며, ARF라는 명칭은 사실상 '아태(다자)안보협력기구(OSCAP: Organization for Security and Cooperation in Asia—Pacific)'로 변경되고 정상회의를 통한 문서 체결이 이루어져야 할 것이다.

위해서 외부 영향력을 공식적으로 인정하는 제도적 변화가 필요하다. 그 이유는 이들 국가들 간의 협력은 전쟁을 억제해 가는 성과를 얻고는 있으나, 항구적으로 이를 보장할 길은 아직도 매우 불완전하기 때문이다. 이는 2008년의 태국과 캄보디아간의 프레아 비히어 힌두사원을 둘러싼 분쟁과 해양경계선을 둘러싼 말레이시아와 인도네시아 간의 분쟁, 남중국해에서의 해양영토 분쟁 등 ASEAN 10개국 간에 육상/해상 분쟁문제를 가지지 않은 국가가 없다는 점을 인정한다면 분쟁예방 차원의 對備가 필요한 상황이다. 또한 동북아의 북한 핵문제와 양안 문제, 남아시아의 인도와 파키스탄의 핵무기에 의한 세력균형과 스리랑카 문제 등을 고려시 현재의 ARF 체제로는 미래의 안보상황에 대처하기 힘들다. 특히 유럽에서 OSCE가 NATO의 지원을 받는 것과는 달리 아태지역은 쌍무동맹만 존재할 뿐 다자동맹 형태의 기구가 없기 때문에 ARF를 효과적으로 지원하기 힘들다.

이러한 맥락에서, 2007년 ASEAN이 싱가포르 정상회의에서 서명한 '아세안 헌장'은 단결된 決意의 필요성을 요구하고 있다. 즉 '하나의 미래, 하나의 정체성, 하나의 공동체(One Vision, One Identity, One Community)'라는 모토를 달성하고 2020년까지 완전한 ① 안보공동체, ② 경제공동체, ③ 사회문화공동체를 형성하기 위해서는[9] 강제력 활용을 용인하는 안보 개념이 반드시 요구된다. 따라서 ASEAN과 ARF는 유럽의 모범적 사례인 EU와 같은 법체계와 공통성을 형성할 수 있는 좋은 기회로 '집단안보 개념을 수용하는 廣義의 협력안보 개념'으로의 변화를 추진할 필요가 있다. 더불어 이

---

8) 아캬라는 동남아의 다양성 속에서의 안보협력을 '문화의 대혼돈(chaos of cultures)이라 특징짓는다. Amitav Acharya, "Collective Identity and Conflict Management in Southeast Asia," in Emanuel Adler and Michael Barnett(eds.) Security Communities (Cambridge: Cambridge University Press, 1998), p.203.

9) "The Charter of the Association of Southeast Asian Nations," 12 July 2007, Singapore, at http://www.aseansec.org/21069.pdf; "ASEAN Vision 2020," Kuala Lumpure, 15 December 1997, at http://www.aseansec.org/1814.htm; "Declaration of ASEAN Concord Ⅱ(Bali Concord Ⅱ)," Bali, 7 October 2003, at http://www.aseansec.org/15160.htm(검색일: 2008.7.12)

러한 이론적 변화는 장기적으로 ASEAN을 포함하는 아태지역의 다원형 안보공동체와 지역통합으로의 발전도 가속화시킬 수 있을 것이다.

다자안보협력 개념의 변화는 냉전종식후 부상된 종족/종교 분규, 분리독립 등 지역분쟁 현장에서 식별된 교훈으로 다음과 같은 대표적인 사례를 근거로 한다.

첫째, 1990년대 중반 이후 발칸반도 사태시 유럽의 OSCE는 역할에 한계를 느끼고 이 문제를 NATO에 위임하였으며 NATO의 공습 등 적극적인 개입으로 보스니아-헤르체고비나와 코소보 사태[10] 등이 진정되고 세르비아 정권의 인종청소와 종교간 보복 등 비인도적 문제들을 해결할 수 있었다. 이는 유엔 안보리의 결의 없이 진행된 사건으로 러시아와 중국의 반대로 미국·영국·프랑스 등 안보리 상임이사국들은 별도의 대응책을 강구할 수밖에 없었다. 이것이 EU/OSCE의 핵심적 세력인 NATO 동맹군의 집단안보적 기능수행의 대표적 예이다. 기본적으로 NATO는 회원국이 공격을 받았을 때 적을 공격하는 것으로 일차적인 피습을 전쟁의 시작으로 본다. 그러나 발칸사태의 개입은 분명히 NATO 동맹국 이외의 지역으로 전력을 투사한 것으로 이는 중국과 러시아의 반대와는 별개로 UN의 집단안보(collective security) 기능에 부합되는 것이다. 1990년대 유고사태 이후 유럽인들은 러시아를 안보동반자로 간주하는 데 여러 가지 장애가 있음을 인식하는 계기가 되었다. 또한 유럽 諸國은 協力安保에 대한 定義를 以前의 '무력 불사용' 원칙으로부터 미국의 노선을 따르는 '무력사용 가능' 원칙으로 전환하였다.

---

10) 유엔의 승인 없이 NATO가 코소보에 긴박한 인도주의적 개입/간섭(humanitarian intervention)을 실시하였다. 1999년 3월 24일부터 6주간 유고슬라비아(세르비아)에 대한 공습으로 코소보에서 자행된 인종청소(ethnic cleansing)를 정지시키고 코소보를 세르비아로부터 분리시켰다. NATO의 코소보에 대한 인도주의적 개입에 대해서는 다음을 참조. Domitilla Sagramoso, "Why Did Milosevic Give in? Political Cooperation in Retrospect," and Lukas Haynes, "The Emergency Response of NATO and Humanitarian Agencies," in Kurt R. Spillmann and Joachim Kraus(eds.), *Kosovo: Lessons Learned for International Cooperative Security* (Bern; Peter Lang AG, European Academic Publishers, 2000), pp.15-17, pp.45-59, pp.61-79.

둘째, 러시아에 대한 불신은 2008년 8월, 같은 OSCE 참가국인 그루지야 침공으로 가중되었으며 미국과 EU/NATO는 그루지야의 영토보전(territorial integrity)을 강조하였다.[11] 나아가 러시아의 영향력을 우려하는 우크라이나와 같이 그루지야는 NATO 가입을 적극 재추진하고, 체코와 폴란드는 미국과 MD를 수용하는 협정을 체결하여 2012년까지 레이더 기지 설치와 요격미사일 전개에 동의하였다.[12] 한편, 러시아는 이러한 서방의 東進에 대하여 2001년 설립된 '상하이협력기구(SCO)'와 2002는 설립된 '집단안보조약기구(CSTO)'를[13] 통하여 힘을 결집하고 있으며, 군사력에 입각한 안정과 평화유지 개념으로 대응하고 있다.

셋째, 1994~2000년까지 동티모르 사태에 대한 ASEAN 국가들의 구태의연한 정책과 ARF의 無力性이 지적되어야 한다. 즉, 1990년대부터 격화된 무장독립투쟁으로 문제가 된 동티모르 사태를 인도네시아 內政으로 치부하고 내정불간섭 원칙하에서 2000년 7월까지 동티모르의 인도주의적 문제에 개입하지 못하였다.[14] 이는 무력불사용과 불위협 원칙을 국가간 규범으로

---

11) 코소보 사태와 비교시 남오세티아와 압하지아의 분리독립 추진은 명분상 동일선상에 있다. 그러나 서방의 논리는 民主平和論이며 그루지야의 領土保全을 지지한다. 민주평화론은 다음을 참조. Jack Levy, "War and Peace," in Walter Carlsnars, Thomas Risse, and Beth A. Simmons(eds.), *Handbook of International Relations* (London: Sage Publications, 2002), p.359; 이호철, "민주평화론," 우철구·박건영 편, 『현대 국제관계이론과 한국』(서울: 사회평론, 2004), pp.370-372; 민주평화론은 미성숙한 민주주의와 독재는 언제나 전쟁의 가능성을 잉태하고 있는 것으로 본다.

12) 체코의 레이더기지와 폴란드에 전개될 10기의 Patriot 미사일은 유럽과 미국의 MD체제와 연동된다. CNN, "Poland signs missile shield deal with U.S.," Warsaw, Poland, August 20, 2008, at http://edition.cnn.com/2008/WORLD/europe/08/20/poland.us.missile/index.html(검색일: 2008.8.21).

13) 러시아 주도의 CSTO는 벨로루시, 카자흐스탄, 아르메니아, 타지키스탄, 우즈베키스탄이 참가하고, '피침시 공동 대응하는 집단방위체제'를 명시하고 있다. 이란 등 중동국가들의 참여 촉구와, 워게임/군사연습을 실시중이다. Adam Weinstein, "Russian Phoenix: The Collective Security Treaty Organization," *The Whitehead Journal of Diplomacy and International Relations*, Winter/Spring 2007, at http://diplomacy.shu.edu/academics/journal/resources/journal_dip_pdfs/journal_of_diplomacy_vol8_no1/13-Weinstein.pdf(검색일: 2008.9.4); Michel Chossudovsky, "Russia and Central Asian Allies Conduct War Games in Response to US Threats," August 24, 2006, at http://www.globalresearch.ca/index.php?context=viewArticle&code=CHO20060824&articleId=3056(검색일: 2008.9.4).

14) ARF는 2000년 7월 제7차 외무장관회의에서 비로소 유엔과도행정기구(UNTAET)를 인정하고 동

강조하는 TAC의 한계이며, 국내문제에 대한 정부의 불법적 행위에 대하여 ASEAN과 ARF 수준에서 가시적 조치를 강구하지 못한 사례로 남아 있다. 그 결과, 이 문제는 UN의 집단안보기능에 의존하게 되고 유엔안보리 결의에 따른 평화유지군(PKF) 파견으로 해결의 실마리를 찾았으며 UN의 도움으로 2002년 5월 티모르레스테(Timor Leste)로 독립하였다. UN의 도움은 사실상 미국·호주·한국 등 서방 국가들의 노력이었다.

위의 세 가지 사례는 OSCE와 ARF가 강제력 동원이 불가한 상황에서 벌어지는 근본적인 문제점들을 공론화하는 의미를 지닌다. OSCE의 경우, UN 안보리의 통일된 의견이 없었음에도 불구하고 NATO/EU/OSCE에 중첩 가입하고 있는 유럽국가들이 NATO의 가용전력을 활용하여 문제에 접근하고 해결할 수 있었다. 이는 NATO가 집단방위기구로부터 협력안보기구와 집단안보기구로 전환되었기 때문에 가능하였다. 한편 ARF는 NATO와 같은 지역내 통합된 강제수단이 존재하지 않기 때문에 앞으로도 분쟁발생시 UN에 의존할 수밖에 없다. 다시 말해, 현재 진행 중인 스리랑카 내전을 비롯하여, 향후도 동티모르 사태와 유사한 분쟁이 인도네시아·필리핀·미얀마·태국·파푸아뉴기니 등에서 진행중인 분리독립운동으로부터 나타날 경우, 또는 남중국해·한반도·양안 관계 등에서 발생하였을 때, ARF의 현 체제로서는 주권존중·내정불간섭·무력불사용 원칙에 따라 항의 성명서를 발표하는 것 이외에는 아무런 조치를 취할 수가 없다. 따라서 군사력 동원은 UN안보리에서 논의되고 G−5의 합의가 전제되어야 하나, 분쟁지역에 戰鬪軍으로 개입은 어려운 것이 현실이다. 나아가, 아태지역 분쟁에 미국 등 서방선진국들의 개입도 한계가 노정되고 있는데, 아프가니스탄 전쟁과 이라크전쟁에서 보는 바와 같이, 전쟁의 장기화와 사상자 증가로 동맹국들 간에도 전쟁에 대한 懷疑와 異見이 발생하였다. 아울러 지역내 동맹관계를 기초로 문제를 해결하기에

티모르의 독립을 위한 국제사회의 지원을 요청하였다.

도 현실적 문제가 있는데, 이는 오늘날 쌍무 동맹관계는 戰爭抑止가 목적이
며, 실제로 全面戰까지 확대를 상정하고 있지는 못하기 때문이다. 즉, 변화된
안보상황과 경제적 상호의존관계는 이를 제약한다. 이 점에서 약소국들에 보
장장치를 제공하는 집단안보적 측면의 협력안보가 강조되는 방향으로, 강제
력(다국적군, 경제제재 등)의 사용 가능성을 분쟁예방 수단으로 활용하는 다
자안보정책의 발전이 요구된다. 특히, 이는 '아시아의 문제는 아시아인들이
해결해야 한다.'는 중국을 포함한 동아시아 국가들의 大義에도 부합된다.

  이러한 관점들로부터 앞서 논의한 공동안보·포괄안보·협력안보 개념의
특징을 재확인하고 <표 7-1>을 통하여 문제점과 변화의 방향을 모색할
필요가 있다.

〈표 7-1〉 공동안보·포괄안보·협력안보 개념의 특징 평가

구 분		특 징	강제력 사용	평 가
공동안보		−핵전쟁 방지 등 공동생존에 주력 −군사안보/전통적 안보 중시 −호혜적 협조체제 강조	×	공동위협에 대한 이상주의적 안보 협력 추구
포괄안보	日本型	−동맹정책 포함 광범위 개념 −비군사적 수단 강조 −개념 모호성/융통성/다양성	○	비군사적 수단과 병행 모든 조치가 가능한 융통성 보유
	ASEAN型	−내부지향적·국가 중심적 −군사문제를 무시하지는 않으나 비군사적 조치 부각	×	국가발전 최우선 정책하에서 내정 불간섭 및 강제력 사용 반대
	北美/西歐型	−규범·원칙·제도 중시 −선별적 최후수단으로 제한적 강제력 사용, 인권 강조 −적용범위/방법 구체화 강조	○	−적용범위/통제역량의 한계로 지역제도에 포괄안보 적용 한계 −최후수단으로 강제력 사용 불가피
협력안보	강제력 使用 不可型	−공동안보 및 포괄안보 ASEAN型과 유사 −狹義의 협력안보 개념	×	모든 위협에 비군사적 수단으로 대처
	강제력 使用 可能型	−포괄안보 日本型, 포괄안보 北美/西歐型과 유사 −多國籍軍에 의한 협력안보 −협력안보가 집단안보 개념을 포함하는 것으로 인식 −민주평화론에 입각한 집단안보를 진정한 협력안보로 강조(廣義의 협력안보)	○	모든 위협에 비군사/군사수단 선별적으로 모두 사용

현재 ARF가 채택하고 있는 공동안보·포괄안보 ASEAN형·'협력안보 강제력사용 불가형'은 사실상 '狹義의 협력안보'로 비군사적 수단을 통한 문제해결을 모색한다.

반면에, 포괄안보 일본형·포괄안보 북미/서구형·협력안보 강제력사용 가능형은 집단안보·집단방위 나아가 세계의 안정유지 임무를 포함하는 다양한 형태의 위협에 대처하는 소위 '廣義의 협력안보' 개념들로 비군사적 수단과 함께 경제적·군사적 수단을 최후 선별적으로 사용하는 개념들이며, 9·11 사태시 UNSC 결의로 뒷받침 되었다. 즉, 2001년 9월 결의안 1368 과 1373은 유엔헌장 제7장의 각종 제재와 '고유한 개별 및 집단자위권을 테러공격자들에게 적용'하는 것을 승인하고, '모든 회원국들이 긴급히 공동 협력하여 테러범들(perpetrators), 테러를 조직한 자들(organizers), 그리고 이를 지원한 자들(sponsors)을 색출할 것'을 강력히 요구하였다.15) 이 결의안들은 유엔헌장 51조를 非國家 행위자에게 적용한 최초 사건으로, 집단방위 개념이 집단안보 및 '강제력 사용 협력안보' 개념으로 확대되고, 개인/단체로부터 연유한 위협을 포함하여 모든 위협에 집단방위개념 적용이 가능하다는 논리적 근거를 제공하였다.

이러한 맥락에서, ARF는 현재의 現狀維持 상태를 견지할 수 있는 보장체제로서 최후수단으로 강제력 사용을 허용하는 이론 적용을 추진하여야 한다. 이 경우에 비록 모든 ARF 참가국들이 강제력을 동원하지는 못한다 하더라도 관련국들이 多國籍軍을 구성하는 데 유리한 근거와 여건을 제공하게 되며 'ARF의 점진적 발전 3단계' 중 마지막 단계인 '분쟁해결 노력으로의 접근'을 앞당기는 중요한 계기가 된다. 이 점에서, 취할 수 있는 안보

---

15) UNSC Resolution 1368(2001), Adopted by the Security Council at its 4370th Meeting, on 12 September 2001, S/RES/1368(2001); "reaffirming the inherent right of individual or collective self-defense as recognized by the Charter of the United Nations as reiterated in Resolution 1368," UNSC Resolution 1373(2001), Adopted by the Security Council at its 4385th Meeting on 28 September 2001, S/RES/1373(2001), at http://un.org/Docs/scres/2001/SC2001htm(검색일: 2007.8.20).

개념은 협력 수단과 방법으로 多國籍軍을 동원할 수 있고, 현존 동맹체제를 인정하며, 다양한 이념과 체제를 가진 국가들을 모두 수용할 수 있는 안보 개념인 '廣義의 협력안보 개념'이 유일한 채택방안이 될 수 있다. 이 방안을 적용시, 놀란(Janne E. Nolan)이 언급하였듯이 지역적·세계적 군비통제/군축레짐, WMD/미사일 통제체제, 국가간 안전보장 Network, CBM/CSBM 등 이미 가동 중인 제도들과 연계하여 제도를 발전시켜 나갈 수 있다.

이러한 적용이론의 변화 필요성은 지난 15년간의 활동성과의 미흡과 제도적 미비 등으로부터 보다 정당성을 확보하게 된다.

2. 15년 활동의 성과 미흡

ARF 설립 후 15년간 활동 결과를 요약하면 <표 7-2>와 같으며, 지역분쟁, 군축/비확산, 초국가적/비전통적 안보에 관한 논의에서 남중국해, 한반도, 대량살상무기, 비핵지대, 대인지뢰금지, 세계화, 테러리즘, 초국가적 범죄 등 광범위한 논의가 진행되었으나 실질적 성과 도출은 미흡하였다.

〈표 7-2〉 ARF 15년간 활동결과 요약

구 분		주요 활동/논의 사항	현실태
지역분쟁 분야	남중국해	−관련국들의 중첩된 권리주장 우려 −국제법, 1982년 UNCLOS, 항해자유, 1992년 ASEAN의 남중국해 선언 지지 −ASEAN과 중국간 고위급 협의, ARF에서 정기적 입장 교환, 남중국해 분쟁관리 워크숍에서 논의 강조 −남중국해 당사국 행동선언(DOC) 채택 및 실무그룹(WG) 설립 환영, 남중국해 행동규약으로 발전 기대	−파라셀 군도: 중국이 점령 −스프래틀리 군도: 94개 섬/지형물 중 55개 점령(필리핀 10, 베트남 26, 말레이시아 9, 중국 8, 대만 2) −민간석유회사들의 스프래틀리 군도 지진파 연구 실시(중·필·베)
	한반도	−4자회담, 남북대화, 제네바 합의, KEDO, 남북정상회담 지지 −1999/2002년 서해 무력충돌 우려 표명 −북한 NPT 탈퇴 철회 촉구 −6자회담 지지	−북한 핵실험 −북한 핵신고 및 검증/감시 추진(6자회담/미·북 접촉)
	기타	−미얀마 민주화 촉구 −인도네시아 영토통합 강조 −남아시아 분쟁 완화 지지 −파푸아뉴기니 부갠빌 분리독립 문제 −프레아 비히어(Preah Vihear) 사원 주변 국경선문제 (태국 vs 캄보디아) 등	−당사국들의 안정노력 촉구 −분쟁 상황 잠재/지속
군축/비확산 분야	WMD	−NPT, CWC, BWC, CTBT, FMCT 등 가입/비준 이행 강조 −투발수단(미사일) 확산 방지 노력 −인도, 파키스탄, 북한의 핵실험 비난	−인도/파키스탄/북한 핵 보유
	비핵지대	−동남아 비핵지대 의정서 체결 촉구	−의정서 미체결 −동남아 국가들 원전건설 추진
	대인지뢰	−Ottawa Convention 이행 촉구	−지뢰제거 추진중
초국가적 /비전통적 안보 분야	세계화	−경제위기 극복을 위한 공동협력 강조 −세계화의 긍정/부정적 영향 논의	−경제안보 강조 −빈부격차 심화
	테러리즘	−9·11 사태, 발리/자카르타/뭄바이 테러 비난 −테러 국제협약/의정서 가입/이행 촉구 −MANPAD 확산 방지, 운송안전 강조 −국제 테러리즘 기구들간 협력 지지	* ISM−CTTC 설립 −17개 선언/성명 채택 −SEARCCT 설립 −JCLEC 설립
	초국가적 범죄	−마약, 인간밀매, 해적, 소형무기, 돈세탁, 컴퓨터범죄, 부패 관련 협력 촉구 −자연재난 대비/구호체제 수립 강조 −해양안보 및 수송로 안전 확보 −고병원성 조류독감 등 전염병 대응	* ISM−DR 재개 −7개 선언/성명/문서 채택

　　지역분쟁 분야에서는 '남중국해 문제에 관한 당사국들의 행동선언(DOC)', '6자회담'을 지지하는 역할과 분쟁당사국들의 자제를 촉구하는 수준에서 역할

이 한정되었다. 남중국해 문제는 관련국들의 자제에도 불구하고 해양영토의 지배/점령에 대한 상호간의 중복된 권리주장은 변화가 없으며, 이 문제가 ARF의 '핵심 현안'임을 부각시켰다. 한반도와 여타의 지역분쟁들에 대하여 ARF는 당사자들의 자제와 협력을 당부하는 극히 제한적 역할에 머물러야 했다.

군축/비확산 분야에서는 UN 차원의 논의를 지지하고 지역 국가들에 적극적 이행을 촉구하였으나, 인도·파키스탄·북한이 핵무기 보유국이 되는 결과를 예방하지 못하였고, 동남아 비핵지대 설립의 성과에도 불구하고 G-5와의 의정서 미체결, 동남아 국가들의 원자력발전소 건설추진 등이 미래의 우려사항으로 등장하고 있다.

초국가적/비전통적 안보 분야에서는 아시아 경제위기와 세계화 문제가 논의되고, 경제개혁/구조조정이 이루어졌으며 경제안보가 강조되었다. 테러리즘과 초국가적 범죄 분야에서 다양한 성명/선언/문서가 채택되고 추진기구들이 설립되는 등 가시적 성과가 제고되었으나, 실천력 있는 제도로 발전하기에는 참가국들간 利害가 상충되고 있어 성과를 기대하기는 어려운 상황이다.

이를 종합하면, ARF 15년 기간중 활동들은 지역이 가진 다양한 문제들을 제기하고, 실천을 위한 참가국들의 동참을 호소하였으며, 협력을 위해 노력하였으나, 가시적으로 부각된 성과는 매우 미흡하다는 결과에 봉착하였음을 부인하기 어렵다.

3. 제도적 미비

ARF의 제도적 한계의 일부로 제도화의 지체는 1994년 제1차 ARF 외무장관회의 의장성명서에서 참가국들을 규율할 행동규약(code of conduct)으로

TAC의 목적과 원칙들을 승인한 것으로부터[16] 유래한다. 가장 큰 문제는 비동맹/중립주의 노선을 강조하고, 국내문제에 인권탄압과 권위주의 정권 등에 대해서도 외부의 간섭을 배제하는 이 ASEAN의 규범이 서방국가들에 쉽게 호응될 수 있는 것이 아니라는 점이다. 이는 비록 ARF 참가국들이 TAC에 가입하고 이를 준수하는 형식을 취하더라도 실제적으로 무엇을 이행할 것인가에 대해서는 여전히 별개의 문제가 존재하며, TAC에 가입하지 않은 非ASEAN ARF 참가국들에 대해서는 형식적인 규율 권한마저도 없다. 이런 맥락에서, 제도 성립시 참가국 전체를 규율할 수 있는 규범의 설립이 우선되어야 함을 재인식할 필요가 있으며 CSCE/OSCE, CICA, SCO, APEC 등은 모두 설립시 독자적인 규범과 사무국을 갖추고 정상회의를 중심으로 운영되고 있다. 따라서 ARF도 현재의 제약을 극복하기 위해 제도적으로 전향적인 조치를 강구해 나가야 한다.

이 점에서 ARF가 母胎인 ASEAN에 의존되어 있다는 것은 현실이나, 동남아 小地域 국가연합체인 ASEAN이 아태 광역의 안보협력 논의에서 앞으로도 계속하여 ARF를 지배한다는 것은 非正常的이다. ARF에 대한 ASEAN의 특권적 지배현상은 'ASEAN을 위한 ARF'가 되고 있는데, 이는 ARF의 행동원칙에서 명확히 식별된다. 현재 ARF의 제도적 미비점은 운영조직 및 체제의 문제, 의사결정과정 및 집행/검증기능의 미약, 3단계 발전과정의 문제 등으로 나타난다.

---

16) "Chairman's Statement the First ASEAN Regional Forum," Bangkok, Thailand, 25 July 1994; TAC가 ARF의 행동규약이라는 언급은 거의 매년 반복하여 강조되고 있다.

가. 운영조직 및 체제의 문제

ARF의 운영조직 및 체제상 문제는 다음의 세 가지로 나타난다.

첫째, 가장 큰 취약점으로 제도를 운영/관리하는 조직인 사무국(secretariat)이 존재하지 않으며 이를 ASEAN 사무국이 대행하고 있다는 점이다. 비록 2005년부터 ASEAN 사무국 내 3명으로 구성된 ARF Unit에서 ARF 업무를 담당하고 의장국을 지원하고 있지만, 이는 지속적인 서방국가들의 사무국 필요성 요구에 ASEAN 국가들이 취한 조치로 소극적인 대응에 불과하다. 아울러 사무국의 不在는 다자안보협력체로서 발전과 위상을 약화시키는데, 개별국가들로부터 독립된 국제기구로서가 아닌 一回性 행사의 기구로 의미를 平價切下시킨다. 사무국 설립을 1990년대 중반 이후부터 주장해 온 일본이나 서방국가들의 입장과 상반되게, ASEAN이 ARF 사무국 설립을 반대하는 이유는 주도권 상실에 대한 우려 때문이며, 동남아 국가들의 이러한 입장은 ARF 발전에 큰 기대를 하기 어려운 이유가 된다.

둘째, 운영조직의 중심이 되는 議長職을 ASEAN 회원국 10개국이 1년씩 윤번제로 담당함에 따라 ASEAN 중심의 회의체 운영을 피할 수 없다는 점이며 이러한 운영체제는 ASEAN 중심의 행동원칙으로 나타난다. 이 행동원칙은 1995년 8월 제2차 외무장관회의로부터 매년 강조되는 것으로 ① ARF 참가국들의 동등한 참여하에서 ASEAN을 주요 추진체로 하는 주도적 역할을 인정하고, ② 아세안방식에 입각한 광범위한 협의를 통한 전원합의 원칙, ③ 모두에게 편안한 발전 속도, ④ 내정 불간섭 등 ASEAN 중심의 사고와 관습규범의 준수 등이다. 이는 ARF가 참가국들의 다양성으로 화합하기 어려운 현실을 감안하여 ASEAN 방식이 유용하다고 하지만 이러한 방식에는 과도한 시간과 재정적 낭비를 요구한다. 따라서 보다 효율적인 회의 운영과 의사결정 간소화에 대한 원칙의 설립 필요성이 서방 국가들로부터 계속적으로 요구되고 있다.

셋째, 의장성명서에서 계속적인 평등성(equality) 주장에도 불구하고 사실상 ASEAN 이외 참가국들에는 불평등성이 존재한다는 점이다. 참가국들의 불평등성은 ASEAN이 정한 것으로서 ASEAN, ASEAN 대화상대국, 부분대화상대국, 여타 참가국 등 4개의 지위로 구분되며 이는 동남아 국가들에 대한 경제원조와 안보협력 강도에 根據한 것이다.

따라서 ARF의 운영조직 및 체제는 집행/검증기능을 독립적으로 보유하는 사무국의 설립과[17] ARF 참가국 정상회의(summit)를 1년에 1회 정도 개최하는 방안을 적극 고려할 필요가 있으며, 이는 현재의 ASEAN+3 정상회의나 동아시아 정상회의(EAS)의 연장선상에서 가능한 것이다.[18] 이렇게 될 경우, 현재 외무장관회의를 정점으로 하기 때문에 개최가 어려운 국방장관회의 · 국가정보장관회의 · 경제장관회의 · 사회문화장관회의 · 환경장관회의 · 경찰청장회의 등이 가능해지고 이들 회의들의 실무회의들도 활성화될 수 있다. 나아가 최고의사결정회의체의 의장직을 참가국들이 동등하게 수임할 수 있게 되어, 다자안보협력체로서 기능과 역할을 제고시킬 수 있다. 이 경우, UN 헌장의 지역기구(regional arrangements)로 공식 등록하고 독립성을 확보하는 제도적 발전을 이룩할 수 있게 된다.

---

17) 집단안보적 기능을 보유하는 ARF의 사무국은 ASEAN 사무국 수준으로 구상할 수 있다. 이 경우, 27개 참가국에서 2−5명 정도의 직원을 자국부담으로 파견시키고, 100명 정도의 공개채용 직원으로 구성하며, 사무국 운영비와 직원 봉급 등은 CSCE/OSCE 분담금 사례를 참고하여 연간예산으로 해결해 나가야 한다. 사무국 내에는 전문가그룹으로 운영위원회 등 세부조직을 활용할 수 있어야 한다. 아울러 사무국 위치 역시 동남아 지역이 아닌 동북아 지역으로 고려할 필요가 있는데, 이는 향후 ARF가 중국과 일본/미국의 대립을 완화시키는 것과 경제문제에 효율적으로 대응해 나가야 하기 때문이다.

18) 중국과 ASEAN 국가들은 'ARF 정상회의' 설립시, ASEAN+3나 EAS의 無力化와 자신들의 주도권 상실을 우려하고 있으나, 오히려 역내 국가들의 모임이 정당화하고 내실화되는 계기로 발전할 수 있고, 이 방식은 새로운 것이 아니며 이미 APEC에서 실현되었다.

나. 의사결정과정 지체 및 집행/검증기능 미약

현재 ARF의 의사결정은 트랙2 논의, 실무회의(ISG－CBM/PD, ISM) 또는 전문가회의, 고위관리회의(SOM)를 거쳐 외무장관회의(FMM)에서 결정되는데, 7월에서 다음 해 7월까지의 會期로 운영함에 따라 의사결정과정은 빨라야 1년이 소요되고, 매우 형식적인 면이 강하다. 외무장관회의 의장성명서도 매년 중복되고, 보다 실질적인 행동이나 조치에 관한 부분은 미약한 편이다. 여기서 의사결정과정의 단순화 또는 단축이 필요한데 실무회의나 고위관리회의 등이 이 역할을 분담할 수 있다. 그 이유는 모든 의제가 즉석에서 결정되는 것이 아니고, 국가별 충분한 검토 후에 실무회의(ISG－CBM & PD), 고위관리회의(SOM), 외무장관회의(FMM)가 시차를 두고 단계적으로 열린다는 점에서 가능하다. 따라서 지금까지 합의된 문서나 개념서 등에 따른 후속조치는 외무장관회의를 거칠 필요가 없이 실무회의나 고위관리회의에서 책임지고 임무를 수행함이 타당하다. 이 점에서 회의별 논의 수준을 조정하여 실질적인 안보협력을 모색할 필요가 있다. 당분간 정상회의가 설립되기까지, 외무장관회의(FMM)는 핵심적 지침을 명확히 제공하는 방향으로만 운영되어야 한다. 아울러 의사결정과정에서 실제 행동조치들이 결여된 선언적・정치적 합의가 빈발하고 아시아의 정서를 강조하여 反西方 정서를 노출하는 것 역시 지양될 필요가 있다. 이는 국제 테러리즘과 관련하여 이슬람국가들과 중국의 입장이 문명충돌론적 시각으로 부상함도[19] 극복되어야 함을 의미한다.

'결정사항에 대한 집행' 기능은 현실적으로 개별국가의 자발성에 의존하고 있으며, 기존 합의된 문서나 개념서 등에 따른 결정사항 이행 여부를 확

---

19) 文明衝突論은 다음을 참조. Samuel P. Huntington, *The Clash of Civilizations and the Remaking of World Order* (New York: Simon and Schuster, 1996); 강정인, "문명충돌론," 우철구・박건영 편 (2004), pp.563－567; 헌팅턴은 중화문명과 이슬람문명의 동맹에 의한 서구문명과의 충돌가능성을 가장 가능성이 높은 사례로 분석하였다.

인하고 검증하는 기능이 미약하다. 그간 反테러리즘 선언이나 WMD 비확산 합의, 초국가적 문제 협력 등이 다년간 이슈화되었으나, 세부분야 이행상황을 참가국들의 자발적 동참에만 호소하고 있다. 이는 독립된 정책집행/검증기능을 보유하는 '사무국' 설립을 통해서, 그리고 사무국 內 운영위원회 등 검증기구의 활동으로 해소될 수 있다.

보다 세부적으로, 의사결정 과정과 집행 기능은 다음과 같이 발전될 필요가 있다.

첫째, 의사결정 과정의 신속성과 이행에 중점을 둔 제도를 위한 조치로, 참가국별 이행상태를 확인할 수 있는 제도화가 이루어져야 한다. 예를 들어 ARF 수준의 합의 및 결정사항, 신뢰구축조치나 예방외교활동, WMD/투발수단 비확산, UNRCA 참가, 지뢰금지, 소형무기/경무기 문제, 테러리즘, 각종 초국가적 범죄 등에 대한 점검표를 매년 실무회의 수준에서 보고받고 이를 종합하여 공개해야 한다. 또한, 이행상황을 UN 등 국제기구들로 통보하고, 언론공개 등을 통해 공론화할 필요가 있으며, 불이행 참가국에 대한 '자격정지(suspension)' 제도도 필요하다.

둘째, 국방관리회의, 안보정책회의(ASPC) 등 國防/軍 인사 관련 회의가 많으나 특정한 군사 의제(agenda)에 대하여 CBM/CSBM을 추진하는 시스템이 不在하다. 따라서 기존의 ISG/SOM/FMM 계기에 공동의 특정 군사문제를 논의하고 이를 발전시키는 최고의사결정 기능을 당분간 ASPC에 부여할 필요가 있으며, ASPC를 고위관리회의(SOM) 기간으로부터 외무장관회의(FMM) 기간으로 이동하여 실시하여야 한다. 국방차관/차관보급이 참가하는 ASPC가 동급인 외무차관/차관보급이 참가하는 SOM 기간에 회의를 개최하고 결과를 SOM에 보고하는 체제는 부적절하며 국방 관련 업무에 대한 지역 수준의 의사결정 체계화에 기여하지 못하기 때문이다. 물론 이 사안은 국방장관회의 설립 전까지의 잠정적 방안이다.

다. 3단계 발전과정의 비현실성

ARF는 3단계 점진적인 발전과정을 채택하고 있는데 이는 화해와 협력을 기초로 하여 점차 분쟁의 해결까지를 염두에 두고 있으며, 신뢰구축증진 (promotion of confidence building, 1단계), 예방외교 발전(development of preventive diplomacy, 2단계), 분쟁문제 접근 노력(elaboration of approaches to conflicts, 3단계)으로 구분하고 있다. ARF 설립으로부터 2005년까지는 제1단계였으며, 그 후 제2단계로 접어들었으나, 실질적인 분쟁해결(conflict resolution)을 위한 제3단계는 아직 시기를 예상하지 못하고 있다. 1995년 제2차 외무장관회의시 개념서의 일부로 채택한 이 3단계 점진적 발전과정은 외견상 매우 합리적인 것으로 보이나, 사실은 불필요한 부분을 포함하고 있다. 즉 위기관리, 분쟁해결과 예방 그리고 군비통제/군축이라는 목표를 향해 直進하지 못하고 불필요한 신뢰구축단계와 예방외교단계를 설정하고 있다는 점이다. 이는 CSCE/OSCE나 SCO가 최초부터 CBM/CSBM/군축으로 직행하는 동시실천 개념으로 발전하는 것과 비교된다.[20]

3단계 점진적 발전은 좋은 의미로 다자안보협력을 위한 '대화와 협력의 습관'을 기르는 시간적 여유를 가진다고 해석할 수도 있으나, 동시에 추진되어야 할 위기관리, 분쟁예방, 분쟁해결 등을 위하여 당연히 요구되는 신뢰구축과 예방외교를 단계로 설정함으로써 지난 10여 년을 신뢰구축에 할애하고, 2005년 이후 또 얼마나 긴 기간을 예방외교에 할당할 것인지를 알 수 없다. 더구나 예방외교에 관해서도 異論이 해소되지 않은 가운데[21] 분쟁해결을 위한 제3단계는 사실상 참가국들간 합의 자체가 모호한 상태에 있기 때문이다. 이 점에서 '3단계 점진적 발전과정'은 수정되어야 하며, 이 발전단계는 '남중

---

20) CICA도 실천력은 미흡하나 동시실천 개념은 동일하다.

21) 명백한 사실은 예방외교(PD) 관련 서방 측과 중국/ASEAN 간 異見이 많으며, 2001년 PD에 대한 합의는 '일반 개념과 원칙'에 한정되고, 구체적 합의는 未完으로 남아 있다.

국해 문제 해결'에 대한 ASEAN과 중국의 신뢰구축, 예방외교, 분쟁의 평화
적 해결로의 접근을 위한 것에 국한되어야 한다는 점을 再考할 필요가 있으
며, 이는 ARF를 ASEAN의 목적에 활용하는 대표적 개념임을 인식해야한다.
따라서 다자간 안보협력체에서 논의 위주의 신뢰구축단계와 예방외교단계는
불필요하며, CBM과 CSBM, 군축/군비통제 등 실천적 내용으로 채워져야 하
고, 여타의 협력들 즉, 경제·사회문화·환경 분야 협력을 위한 조치들이 강
구되어야 한다. 이는 지난 15년의 발전과정에서 참가국들이 ARF의 결정사항
에 따라 구체적이고 의무적인 실천을 요구하는 CBM/CSBM은 도출하지 못하
였다는 점이 사례로 지적된다. 이에 자발적 수준에서 이행 중인 국방백서/정
책서 발간 및 배포, ASO 제출, WMD 비확산체제 가입, UNRCA 참가, 각종
회의·세미나·워크숍 개최 등을 넓은 의미의 신뢰구축조치로 간주하는 현
실을 넘어서서, 의무적 實踐性에 무게를 둔 조치가 필요하다.

4. ASEAN에 과도한 의존

ASEAN에의 과도한 의존은 ARF를 주도하는 아세안의 역할과 특권 그리
고 아세안 방식에 입각한 협의 관행, '모두에게 편안한 발전 속도'의 문제
등에서 식별된다.

가. ASEAN의 주도적 역할과 협의 관행

ARF는 ASEAN을 주요 추진력(primary driving force)으로 하며 주도적 역
할(the leading role)을 위임하고 있다. 이는 ASEAN 국가들이 의장직을 맡으

며 의제를 포함하여 전반적인 ARF 사업계획을 관장함으로써 안보의제를 좌우하고 동남아시아 이익 위주의 안보 여건 조성에 노력하게 된다.[22] 아울러 미국·중국·일본·EU 등 강대국들과 접촉기회가 확대되고 UN 등 국제기구들과의 연대도 강화하는 활동을 하고 있다. 따라서 ARF에서는 ASEAN이 의도하는 의제가 설정되고 논의가 진행되며 사업이 추진된다.

아세안 방식(ASEAN Way)은 협의(consultation, *musyawarah*)를 통한 전원합의(consensus, *mufakat*) 원칙을 적용함으로써 ASEAN에 불리한 합의를 배제하고 議長國들은 참가국들의 오해를 사거나 책임질 일을 하지 않아도 되는 편리한 방식이다. 책임을 지고 합리적으로 결정해야 할 사안에 대해서도 consensus에 도달하지 못하면 다음 기회로 논의를 미루는 이 방식은 합의에 많은 시간을 필요로 하고, 법의 지배(rule of law), 정의의 지배(rule of justice) 원칙에 반하며, 제도의 권위를 손상시킨다. 이는 consensus가 국제연맹의 유산으로 오늘날 많은 다자 국제기구들이 이 방식을 유지하고 있지만, CSCE/OSCE에서도 consensus−1 또는 consensus−2를 검토한 바 있음을 고려할 필요가 있다.[23] consensus는 모두가 편안한 모두에게 불리하지 않는 의사결정을 한다는 理想論으로 사실상 아무런 결정도 하지 못할 우려를 가지고 있기 때문이다. 이러한 ASEAN 방식으로 인하여 ARF는 ASEAN의 규범을 따라야 하는 한계를 가진다.

나아가, 과도한 내정불간섭과 주권존중 등 ASEAN 중심의 思考와 관습규범은 ARF 참가국들의 내부문제에 대하여 天賦人權 및 인도주의적 차원의 사태에도 관여할 수 없는 근거를 제공하고 있다.[24] 이는 우호협력조약(TAC)의 문

---

22) 2005년 7월 제12차 ARF 외무장관회의에서 ASEAN이 유엔사무총장 후보로 태국의 수라키아트 사티라타이(Surakiart Sathirathai) 박사를 후보자로 지명하였다면서 ARF 참가국들에 강력 추천하고 이를 의장성명서에 포함시켰다. "Chairman's Statement the Twelfth Meeting of the ASEAN Regional Forum," Vientiane, 29 July 2005, p.7.

23) 1990년대 유고슬라비아 연방의 분리독립 사태시 CSCE는 유고슬라비아의 참가국 자격을 정지시켰는데, 이는 CSCE가 유고슬라비아의 불참하(consensus−1)에 결정하였다.

제이기도 하며 동남아시아를 포함한 참가국들의 권위주의 정부나 민주화 이행이 느린 국가들이 국내 개혁조치를 취하지 않고, 낙후된 정치제도와 국내제도에 머무르는 주요 원인이 되며, ARF의 발전에 장애로 연계되고 있다.

나. '모두에게 편안한 발전 속도'의 문제

모두에게 편안한 발전 속도(a pace that is comfortable to all participants)를 유지한다는 것은 다음과 같은 의미를 지닌다.

첫째, 1990년대에 ASEAN에 가입한 베트남·라오스·캄보디아·미얀마를 배려하기 위한 조치이다. 이는 이들 국가들이 정치적·경제적·사회적으로 아직 불안정하고 외부의 지원이 절실한 국가들로 이들에게 편안한 ARF의 발전 속도란 내부안정을 확보하고 대외정책에 역량을 갖추는 시점까지 발전의 遲滯를 허용한다는 의미이다. 오늘날에는 방글라데시 등 빈국들에 대한 배려의 의미도 포함되고 있다.

둘째, 민주화·인권·분리독립·군사독재 등 문제를 안고 있는 국가들 즉, 중국·러시아·미얀마·인도네시아·필리핀·스리랑카·태국·북한 등을 염두에 두고 있다. 이들 국가들이 부담감을 갖지 않고 참가할 수 있는 여건을 조성한다는 것으로 ARF를 문제 해결의 場이 아닌 대화의 場으로 인식하는 입장을 반영하고 있다.

셋째, 인권문제와 자유민주주의의 확산 등에 적극적인 미국 등 서방국가들의 공세에 대처하는 방법이기도 하며, 비동맹/중립주의 노선의 강화를 도모하기 위한 조처이다. 서방의 법적/제도적 기구화를 배제하고 법적인 제약

---

24) 미얀마는 2008년 5월 사이클론으로 20여만 명의 사상자가 발생하였으나 중국의 지원만 수용하고, 서방국가들의 응급지원은 거부하면서 硬貨지원만 요구하였다. ASEAN의 권고도 거부하고, 6월 반기문 유엔사무총장의 방문후 구호요원들의 접근이 허용되었다.

이 없는 느슨한 協議가 가능한 ASEAN 방식을 유지하기 위한 주요한 대외 전략의 표현이다.

넷째, ARF의 3단계 점진적 발전단계 중 마지막 단계인 '분쟁해결 접근' 노력에 대한 시간적 지체를 허용하는 것이다. 즉 ASEAN과 ARF가 세력균형에 입각한 現狀維持를 중시하고 분쟁해결은 차후로 미루는 의미를 지닌다.

Ⅷ. 구조적 제약: '높은 수준의 당면 이슈'

지금까지 언급한 ARF에서 적용이론과 지난 15년간의 활동 성과 미흡, 제도적 한계로서 아세안에의 과도한 의존 문제 등은 참가국들 상호관계 속에 잠재하고 있는 구조적 제약과 문제점의 반영으로 ARF가 건실한 다자안보협력체로 발전하는 데 한계를 나타내는 근거가 된다. 이점에서 참가국 상호관계 분석에서 식별/논의된 참가국들간 경제관계의 불균형, 세력균형정책의 강화 추세, 남중국해 문제 등은 ARF가 다루어야 할 '높은 수준의 당면 이슈'로 현재의 ARF체제로는 해결이 어려운 구조적 제약이며 태생적 문제들이다.

1. 참가국 경제관계의 불균형

오늘날 ARF 참가국들, 특히 동남아, 동북아, 남아시아 국가들에 있어서 경제문제는 밀접한 상호관계에도 불구하고 국가들간 심각한 경쟁적 의미를 지니고 있으며, 이는 현실주의의 상대적 이익문제가 반영되는 경향을 보이고 있다. 경제통합이 어려운 현실하에서, RTA/FTA를 통한 상호의존적 경제관계도 아직은 서방국가와 이를 지지하는 국가들 위주로 진행될 뿐, 다수의 貧國/약소국들의 참여는 제한적이며, 서방의 시장개방 요구에 여전히 경계심을 늦추지 않는 상황에 있다. 그러나 경제의존 상황은 보다 심각하게 나타나는 것이 현실이다. 현재 27개 참가국 중에서 EU·미국·일본·캐나다·한국·호주·뉴질랜드 등 OECD 국가들과 싱가포르·브루나이를 제외한, 18개국이 개발도상국에 속한다. 2005/2006년 OECD 자료에 의하면 이들 개발도상국들은 공적개발원조(ODA)를 받고 있는 상황이며 티모르레스테·라오스·몽골·캄보디아·파푸아뉴기니가 심한 원조의존 국가이고 스리랑카·베트남 등이 높은 비율의 원조를 받고 있다. 고액의 受援國은 2006년 현재 인도네시아가 25억 달러, 파키스탄이 21억 달러, 베트남이 19억 달러, 인도가 14억 달러, 중국 12억 달러, 방글라데시 12억 달러 이상 받고 있으며 러시아도 미국과 EU로부터 10억 달러 정도의 원조를 받고 있다. 북한은 1990년대 중반 이후 홍수·태풍·한발 등으로 연간 100~150만 톤의 식량을 중국(100만 톤)과 한국 및 국제사회에 의존하는 '식량원조 의존국'이다.

아울러 이 지역 국가들의 경제상황이 1990년대 말의 경제/금융위기에서 보는 바와 같이 많은 취약성을 가지는바, 이는 역사적으로 구조적으로 형성된 미국·일본·유럽 강대국들과 장기간에 걸친 지배의존 관계의 연장선상에 있음을 의미하고 있다.

2006년 현재 말레이시아·태국·필리핀·싱가포르·브루나이·베트남·캄보디아·라오스·미얀마·캐나다·북한·몽골·파푸아뉴기니 등 13개국이 미국·일본·중국·인접국 등에 심각한 교역의존 상황에 있음이 확인되었는데, 이들 국가들은 교역의존도가 매우 높은 나라들로 미국·일본·중국 등의 경제적 상황에 큰 영향을 받는다. 이러한 의존적 경제관계는 지역 안정을 요구하며, 강대국 상호관계의 안정과 발전이 ARF 발전에 필수적이라는 입장을 뒷받침한다. 이 점에서 ARF는 참가국들의 경제 상호관계를 떠나서는 존재하기 힘들며, 구조적으로 불평등한 경제관계에 의존하고 있다. 따라서 ARF 참가국들에 있어서 경제관계 발전은 향후 ARF의 제도화에 가장 설득력 있는 원동력으로 작용할 것이다. 이는 1990년대 말 아시아 경제위기가 일본의 지역경제 활성화와 중국의 위안화 동결, 미국/EU의 구제금융 지원 등으로 일단락되었음과, 당시 ARF 의장성명서가 경제적 번영이 정치안정에 견고한 기초이며(a solid foundation for political stability) 참가국들의 주요 관심사항(the main focus of all countries)이고, 경제교류/발전이 참가국들을 엮어 주는 튼튼한 안전망(a strong safety net)임을 선언하고 있음을[1] 상기할 때 더욱 자명해진다.

따라서 ARF 참가국들간 긴밀한 경제협력은 필수적이며, ARF가 현재의 낮은 수준의 협력안보제도로부터 자율성과 독립성을 확보하는 제도화를 통해 前근대적인 세력균형정책의 강화를 예방하고, 경제안보를 지원하는 목표를 향하여 접근해 나가지 않으면 아니 된다.

---

1) "Chairman's Statement the Fourth ASEAN Regional Forum," Subang Jaya, Malaysia, 27 July 1997, in ASEAN Secretariat(2003), p.68; 그 후 2001년까지 매년 경제회복을 위한 참가국들간 경제협력/교류증진이 ARF 발전과 안보의 초석임을 강조하고 있다; 1997년 금융위기는 인도네시아, 태국, 필리핀, 한국의 정권교체를 가져왔고 ASEAN 내부를 심각히 분열시켰다. 즉 ASEAN 국가들간 투자 회수, 불법노동자 등 불법이민 문제 등으로 인도네시아·말레이시아·싱가포르간 갈등, 싱가포르에 대한 域外者的 행동 비난, 캄보디아의 ASEAN 가입에 태국과 필리핀의 반대, 미얀마를 상정한 태국과 필리핀의 內政不干涉의 문제점 제기와 이에 대한 인도네시아·말레이시아·베트남의 비난 등 내부갈등으로 ARF의 모태인 ASEAN 자체가 유지에 어려움을 겪었다. 배긍찬, "동남아 금융위기의 정치경제: 지역 차원의 대응을 중심으로," 외교안보연구원, 1999, pp.5-13 참조.

2. 세력균형정책의 강화

ASEAN 중심의 ARF는 1991년 설립논의시부터 ASEAN과 일본의 세력균형정책에 입각한 조치였으며, 중국도 이러한 상황을 인정하고 있다. 특히 남중국해 문제, 한반도 문제(북한 핵문제), 남아시아 문제, 兩岸關係 등은 ARF라는 제도가 가지는 중요한 세력균형의 역학이 강대국들을 중심으로 작동하게 하는 이유가 되고 있다. 남중국해 문제는 힘에 의할 경우 중국이 완전히 장악할 수 있는 역량을 갖추고 있으며,[2] 이는 미국 등 서방의 레버리지에 의하여 ASEAN 국가들이 각자의 영유권을 유지하고 있음을 의미한다. 이 점에서 미국의 아태지역 주둔군과 동맹정책은 한국·일본·호주·태국·필리핀·싱가포르 등과의 연합/합동훈련과 군수지원, 대만에 대한 첨단무기 제공과 외부로부터 방어공약으로 ASEAN 국가들 중심으로 협력적 논의를 가능하게 하는 환경을 제공하고 있다. 이에 남중국해 문제는 ARF에 의존할 수 있는 최고의 이슈로서, 아세안 국가들이 중국의 반대에도 불구하고 이 문제를 ARF에서 공식화하기를 적극적으로 노력한 사례들에서 발견된다. 남중국해 문제는 과거 지배권(영유권)을 가졌던 EU(프랑스), 일본, 미국(월남 패망 以前) 등이 포기할 수 없는 지역임을 ASEAN은 숙지하고 있으며, 중국 역시 이 문제가 간단하지 않다는 점을 인식하고, 1990년 이래 자원개발 쪽으로 방향을 전환하면서 장기적 차원의 주권 확보에 노력하고 있다.[3]

세력균형에 대한 ASEAN 국가들의 인식은 매우 민감한데, 이 약소국가들의 독단적 결정이 결코 세력균형체제를 타파할 만한 능력을 가지지 못하는 사건이 있다. 즉 1990년 필리핀 수빅 만과 클라크 공군기지로부터 미군의

---

2) 1995년 美 해군대학에서 남중국해 假想紛爭을 묘사한 워게임들에서 중국의 일방적 승리가 확인되었다. http://natonalpost.com/story－printer.html?id＝175296(검색일: 2007.12.26).

3) 2007년 11월 海南島 지방정부의 三沙市 설립 노력 등이 좋은 예이다.

전면철수가 필리핀 上院에서 결정되고 1992년 철수가 완료되었다. 이때 동남아시아의 대표적인 이슬람국가인 인도네시아와 말레이시아가 지역 안정에 안보딜레마를 감지하고 미국에 기지 제공을 검토하였으며, 결국 가장 부유한 小國인 싱가포르가 적극적으로 미 해군 핵심시설의 유치를 결정하게 되어 유사시 미 해군과 공군의 활동을 보장하는 양해각서를 체결하게 되었다. 중계무역 국가인 싱가포르의 이러한 조치는 상대적으로 큰 인접국들로부터 自國의 안보를 擔保할 뿐만 아니라 말라카 해협에 대한 西方 국가들의 사용자(users)로서의 역할을 제고시키고 동남아시아의 세력균형에 중요한 터전을 제공한 동맹/연합 행위였다. 아울러 중국은 1995년 필리핀이 주권을 주장해 온 Mischief Reef(美濟礁)를 강제 점령하여 복합건물을 설치하고, 1999년까지 보강공사를 완료하여 헬기착륙장으로 추정되는 구조물을 설치하였는데, 이에 필리핀은 自國의 남중국해 주권 손상을 심각히 우려하게 되었으며, 남부지역 이슬람반군 및 공산반군들의 테러행위와 반정부활동에 미국의 지원을 필요로 하게 되었다. 이에 미·필 동맹의 회복을 위해 다시금 친미정책으로 돌아섰으며 2001년 9·11 테러 사태시 아프가니스탄으로 이동하는 군수물자의 自國 경유를 적극 수용하였다.

여기서 비동맹/중립주의를 표방하는 동남아 국가들이 사실상 외면과 내면이 상이한 二重政策을 추구하고 있다는 점이 부각되는데 남중국해 문제 등에 대해서는 강대국들의 세력균형을 이용하여 안보를 확보함과 동시에, 어느 一國의 일방적인 패권과 지배를 거부함으로써 지역 안정을 추구한다는 점이다. 이는 서방국가들의 동맹/연합정책과 연대하면서 중국의 비동맹/중립주의 支持 정책을 이용함과 동시에 華僑들의 영향력이 강한 동남아의 불안정한 內治와도 연계시키고 있다.

동북아에서의 세력균형정책은 MD와 중국/러시아의 개량 ICBM 문제, 일본과 러시아간 북방영토 문제로 인한 평화조약 미체결, 양안관계, 한반도 문제로 확연히 나타난다. 특히 대만 문제를 ARF에서 논의하지 못하는 强者 中心의 국제정치 현실과 북한 핵문제는 동북아 세력균형정책에 숨길 수 없는 시련의 현장이 되고 있다.

남아시아에서 인도의 對中國 정책과 파키스탄의 對印度 정책도 적극적인 세력균형정책으로 나타났는데 1996년 ARF에 인도가 가입하고 2004년 파키스탄이 가입한 것은 미국, 중국, ASEAN의 세력균형 차원의 접근이었다. 즉 중국의 인도와의 관계증진을 통한 미국 견제 필요성, 미국의 파키스탄과의 테러와의 전쟁 협조와 중앙아시아에서의 기반 확대, ASEAN의 남아시아 現狀維持 요망 등이 그 근거이다.

이러한 점들로 판단할 때, ARF는 강대국들과 지역국가들이 세력균형정책을 이용하거나 편승하는 주요한 무대가 되고 있으며, 세력균형정책을 배제하고 명실상부한 다극체제로 발전하지 못하는 원인이 되고 있다. 더구나, 인도·파키스탄·북한이 1998년과 2006년에 核을 보유하게 됨으로써 세력균형정책은 범세계적 세력에 의한 과거의 세력균형이 아니라, 지역/소지역 차원에서 핵무기를 수단으로 하는 세력균형체제로 변화되고 있다는 점이다. 소위 '미니 공포의 핵균형(mini-balance of terror)' 체제가[4] 남아시아에 성립되었으며, 동북아에도 그러한 염려가 증가되고 있다. 이는 ARF를 둘러싼 세력균형정책이 보다 강화되고 이러한 추세는 계속될 가능성이 높다는 심각한 우려를 낳으며, 중국 등이 주장하는 다극체제가 가질 높은 위험성에 대한 경고가 되기도 한다. 이 점에서 월츠가 주장한 국제정치구조상 중앙집권적 통제가 부재한 무정부 상태하 국제질서는 다극체제보다 양극체제가 더 안정적이라는 주장은 설득력을 갖는다.[5] 오늘날 이는 역내 동맹정책의

---

4) '미니 공포의 핵균형체제'는 다음을 참조, Steven J. Rosen, "A Stable System of Mutual Nuclear Deterrence in the Arab-Israeli Conflict," *American Political Science Review*, Vol.71, Dec. 1977, p.1370; 李昊宰, 『核의 世界와 韓國核政策: 國際政治에 있어서 核의 役割』(서울: 法文社, 1987), p.119에서 재인용.

5) Kenneth Waltz(1979), chapter 7.

건재와 과거 지배국가들과의 連帶 유지, 경제의 상호의존성 증대 등 현상유지 기능의 강화 형태로 나타나고 있다. 경제의 상호의존성 증대와 이의 安保機能的 확대는 일본으로 하여금 미군의 지속적인 아태지역 주둔과 동맹정책 강화의 주요인이며, 이 동맹은 호주와 연계되고 이러한 동맹/연합체제를 통하여 중국과 동아시아 여타 국가들과의 원활한 경제안보를 도모하는 정책으로도 뒷받침된다.

그러나 현재 ARF에서의 세력균형은 미국·일본·EU 對 중국·러시아라는 불평등한 세력균형체제를 형성하고 있을 뿐만 아니라, 여기에 3개의 비공인 核보유국이 추가됨으로써 核武器의 多極化 가능성을 배제할 수 없으며, 이는 지역 안정을 재래식 무기가 아닌 대량살상무기를 수단으로 하는 군사력 균형을 이루는 위험한 상황을 초래하고 있다. 이런 상황에서 ARF는 세력균형정책과의 상호보완적인 지위를 상실하지 않고, 보다 강화된 지역협력안보기구로의 변화와 발전이 요구된다.

1990년대 초 협력안보에 부정적이었던 중국이 ARF를 수용하고 참가국들 중에서 가장 활발히 참여하게 된 것은 당시 勢力轉移가 불가한 상황에서,[6] 세력균형체제의 弱者로 ASEAN을 吸引하여 현상유지를 달성하고자 하는 의도가 숨겨져 있었으며, 이 점에서 오늘날 러시아의 역할 역시 親中國/親ASEAN的 경향으로 反西方 정서를 나타낸다. 당시 약소국들의 연합인 ASEAN은 ARF를

---

6) 勢力轉移理論은 다음을 참조. 쿠글러(Jacek Kugler)와 오간스키(A. F. K. Organski)는 支配國과 挑戰國간 힘의 불균형 상태가 안정적이라고 본다. 지배국의 쇠퇴로 도전국에 세력이 轉移(power transition)되는 힘의 평형 상태가 가장 불안정하며 도전국이 이익에 만족하지 못할 경우 전쟁으로 발전될 수 있다고 주장한다. 그러나 지배국이 여타의 강대국이나 국가들의 支持로 총체적 능력의 합이 도전하는 강대국보다 우위를 유지할 경우 여전히 안정 상태를 유지하게 되며, 동맹정책이 短期間內 국제질서를 변화시킬 수 없도록 하기 위한 도구로 본다. 모겐소(Hans Morgenthau)의 세력균형이론이 힘의 균등분배가 평화를 가져오며 세력의 불균형이 전쟁의 필요조건이라는 주장과 반대 입장에 있다. Jacek Kugler, and A. F. K. Organski, "The Power Transition: A Retrospective and Prospective Evaluation," in Manus I. Midlarsky(ed.) *Handbook of War Studies* (Boston: Unwin Hyman, 1989); 김재한 옮김, "세력전이: 회고와 전망," 김우상 외, 『국제관계론강의 1(국제정치편)』(서울: 한울아카데미, 2003), pp.199－220.

통하여 아태지역의 새로운 세력균형적 질서와 협력안보적 관계발전을 선택적으로 이용하고자 하였다. 그러나 웨스트팔리안적 사고에서 시발된 ARF는 세력균형체제하에서의 협력을 의미하는 것이었으며, 아세안 국가들이 ARF의 주도권을 보유함으로써 외견상 협력안보대화체이면서도 내용적으로는 ASEAN이 지향하는 세력균형체제를 유지하는 중요한 역할을 하였다. 그러나 현재 ARF가 당면한 안보상황은 세력균형정책을 완화시킬 기제로의 변화를 요구하고 있다.

지금까지 언급을 정치·군사분야 상호관계로 정리하면 <표 8-1>과 같다.

〈표 8-1〉 정치·군사분야 상호관계 요약

구분		세부 내용
東南亞	세력관계 (동맹패턴)	① 미국과의 동맹관계: 필리핀·태국·싱가포르 ② EU(영국)와의 동맹관계(FPDA): 말레이시아·싱가포르·호주·뉴질랜드 ③ 서방과의 간접동맹: 브루나이·티모르레스테 ※ 서방(미국)과의 동맹관계(6개국): 필리핀·태국·말레이시아·싱가포르·브루나이·티모르레스테
		① 중국과의 동맹관계: 미얀마·캄보디아·라오스 ② 베트남과의 동맹관계: 캄보디아·라오스 ③ 러시아와의 잠재하는 동맹관계: 베트남 ※ 중국/러시아와의 동맹관계(4개국): 미얀마·캄보디아·라오스·베트남
	적대적 분쟁현황	① 남중국해 영유권분쟁(6개국): 중국·베트남·필리핀·말레이시아·대만·브루나이 ② 분리독립분쟁(5개국): 인도네시아·태국·미얀마·필리핀·파푸아뉴기니 ③ 해양경계선: 인도네시아 對 말레이시아, 태국 對 캄보디아, 말레이시아 對 브루나이 ④ 육상 경계선: 베트남 對 중국, 캄보디아 對 태국·라오스·베트남 ⑤ 식수, 쓰레기, 간척지, 해상 경계 등: 싱가포르 對 말레이시아
東北亞	세력관계 (동맹패턴)	① 미국과의 동맹관계: 한국, 일본, 대만 ② MD 구축 및 비확산 추진: 미국, 일본, 대만
		① 중국과의 동맹관계: 북한 ② 러시아와의 준동맹관계: 북한 ③ 북한 핵보유 및 장거리 미사일 보유
	적대적 분쟁현황	① 해상 경계선: 한국 對 북한 ② 해상영토 분쟁: 일본 對 러시아·중국·한국 ③ 북한 핵문제 갈등: 북한 對 미국·일본·한국
南아시아	세력관계 (동맹패턴)	미국과의 준동맹 관계: 인도
		중국과의 동맹관계: 파키스탄
		지역수준 공포의 핵균형: 인도 對 파키스탄
	적대적 분쟁현황	① 영토/종교분쟁: 인도 對 파키스탄, 인도 對 중국, 인도 對 방글라데시 ② 분리독립분쟁: 스리랑카

즉 동남아·동북아·남아시아에서의 세력관계는 동남아가 느슨한 동맹관계를 통한 편승 위주의 현상유지적 국제협조체제 모색, 동북아의 강력한 동맹관계에 입각한 세력균형과 편승관계, 그리고 남아시아의 인도와 파키스탄의 공포의 핵균형을 통한 현상유지 등으로 세력관계가 이루어지고, 미국과 중국의 역할이 부각되고 있다. 이는 ARF에도 반영되어 ASEAN이라는 비동맹/중립주의 국가들을 三分(친서방, 친중/친러, 독자노선)시키고 ARF를 세력균형체제에 의존시키며 협력안보제도가 보조적인 역할로 격하되는 원인이 되고 있다.

아울러 이러한 세력균형정책 강화 추세의 내면에는 사회문화 분야의 제약인 종교/종족간 갈등, 마약·인신매매·테러리즘 등 다양한 초국가적 위협과, 자연재해 등 환경적 취약요인이 자리잡고 있다. 이러한 사회문화 및 환경분야 문제들은 근본적으로 지역 국가들의 정치사회적 결속력(sociopolitical cohesion)을 약화시키고 국가견고성(stateness)을 저해하기 때문에 외부세력의 개입에 의한 균형을 피할 수 없다. 따라서 세력균형정책의 강화는 외부세력의 개입이 강화되었다기보다는 내부의 결속력이 취약해져 있다는 증거이다. 이는 ARF 참가국들의 대부분인 동남아·동북아·남아시아 국가들의 국가역량이 전반적으로 취약하고 분쟁형성단계(홉스형 사회구조)에 머무르기 때문이며, 남중국해 문제에서 부각되는 것처럼 이런 상황은 역사적/지역적 특성으로 형성된 것이므로 쉽게 극복되기 어렵고, 지역 국가들의 단결된 제도화를 통해서만 변화가 가능하다.

3. 남중국해 문제의 구속성

남중국해 분쟁은 1990년대 말 이후 일단 소강상태에 있다. 그러나 이 문제는 잠재되어 있고 재발이 가능한 상태이며, 관련국들의 군사적 대비태세로[7] 확인된다. 여기서 ARF가 '남중국해 문제에 구속'되어 있다는 의미는 남중국해에서 충돌사태나 타국의 점령지를 탈취하는 등의 사건이 발생시 'ARF의 활동을 마비시키는 효과를 발생시키는 것'으로 현재로는 거의 유일한 사안이기 때문이다.

지금까지 남중국해 문제로 두 차례에 걸쳐 ARF 활동 무력화(마비) 사태가 있었는데, 1995년 중국이 필리핀의 Mischief Reef(美濟礁)를 강제 점령했을 때와 중국이 이 暗礁에 복합건물을 짓고 건물을 확장한 것이 항공 촬영된 1999년에 발생했다. 필리핀 당국은 각종 정부/비정부 회의에서 이 문제를 제기하였고, 여타의 의제는 형식적 논의에 불과하였다. 1999년 7월 싱가포르 개최 외무장관회의시 필리핀은 향후 이러한 사태의 재발방지를 위해 당사국들간 법적 효력을 갖는 '행동규약(Code of Conduct)' 체결을 강력히 주장하였고, 중국이 그 암초가 '自國의 主權하에 있음'을 주장하자 회의는 경색되었다. 이에 미국은 "남중국해 상황악화 예방을 위해 행동규약 체결이 불가할 경우 非 ASEAN 국가들로 구성되는 多者 賢人그룹(multilateral wise men's group)으로 이 문제를 해결하자"고 제의한 바 있다. 결국 이 문제는 참가국들의 적극적인 중재로 2002년 11월 '남중국해에서의 당사국간 행동에 관한 선언(DOC)' 채택으로 일단락된 바 있다. 그러나 DOC는 선언적 의미만 있을 뿐 법적인 강제력

---

7) 중국·베트남·필리핀·말레이시아 등 관련국들은 지배/점령지를 요새화하고 최신예 전력으로 해양순찰 활동과 상대국의 동정을 감시하고 있다; 특히 베트남은 중국의 해군력 증강에 대처하기 위해 2009년 4월 18억불에 달하는 러시아제 최신예 kilo급 공격 잠수함 6척의 구입을 결정하였다. Deutsche Presse Agentur(DPA), "Vietnam, China clash over UN Law of the Sea-Feature." Wed. 13 May 2009, at http://www.earthtimes.org/articles/show/268645,vietman-china-clash-over-un-law-of-the-sea--feature.html(검색일: 2009.5.16).

이 없으므로 근본적인 주권/관할권 문제는 재발될 가능성이 높다.

또한, 남중국해 문제는 미국·일본·EU 등이 형식적으로 중립적 입장을 취하면서도 중국에 의한 파라셀 군도와 스프래틀리 군도에 대한 강제점령에 대해서는 거부감과 억제력을 행사하고 있다는 점이 고려되어야 한다. 남중국해 문제는 단순히 중국과 ASEAN間, ASEAN 국가들 상호간 영토분쟁 수준이 아니라, 보다 국제적인 힘의 논리가 作動한다. 즉, 미국·EU·일본 등은 남중국해 문제를 중국견제 등 핵심적인(vital) 국가이익에 직결된 사안으로 본다. 이러한 관계를 이해할 수 있는 중요한 사건이 2001년 4월 1일 남중국해 상공에서 미 해군 EP－3 정찰기와[8] 중국 F－8 전투기간 충돌사건으로 발생된 美 정찰기의 海南島 비상착륙사건이다.[9]

가. 美·中 대결의 현장: '미정찰기의 해남도(海南島) 비상착륙사건'

미군 정찰기 EP－3가 해남도에 비상 착륙한 이 사건은 남중국해 문제를 절대적으로 양보할 수 없다는 미국의 강한 의지를 표명한 사건이기도 하였는데, 이는 남중국해가 제7함대의 활동지역일뿐만 아니라 동아시아와 남아시아 그리고 중동을 연결하는 통로로서 미국의 核心利益이 존재하는 곳이기 때문이다.

이 사건은 중국의 'EEZ 침범주장'과 미국의 '지난 50년 이상 해오던 정상적인 정찰감시임무 수행이었다.'는 주장으로 심각하게 대치할 수 있는 문제였지만 중국의 신속한 양보로 조기에 일단락된 매우 예상 밖의 결과를

---

8) EP－3 정찰기는 4발엔진 터보프롭 항공기로 지상 신호정보 수집 정찰기이며, 당시 24명의 승무원이 탑승하고, 기밀자료/장비는 비상착륙전 機內에서 破棄되었다.

9) 이 사건 4개월 전 2000년 12월에도 유사한 접근 비행이 있었으며 미국이 중국에 항의한 사실이 있다. 사건의 顚末과 국제법적 해석에 대해서는 다음을 참조. Margaret K. Kewis, "An Analysis of State Responsibility for the Chinese－American Airplane Collision Incident," *New York University Law Review*, Vol.77, No.5, November 2002, pp.1404－1441, at
http:www.law.nyu.edu/journals/lawreview/issues/vol77/no5/lewis.pdf(검색일: 2007.10.26).

가져온 사건이었다. 이는 駐中 미국대사 프뤼어(Joseph W. Prueher)의 唐家璇 외교부장 앞 사과서한으로[10) 승무원들은 2001년 4월 12일 미국으로 송환되고, 기체도 분해되어 3개월 뒤 반환되었음이 증명한다. 이러한 결론에 도달한 것은 양국간 남중국해 문제에 대한 민감성을 서로가 잘 인식하고 있었기 때문이다. 미국은 1951년 샌프란시스코 평화조약 이래 지속적으로 남중국해 문제에 중립적 입장을 견지해 왔으며, 다만 항해자유와 상공비행의 자유만을 국제법에 근거하여 주장해 왔다.[11)

이 사건에서 미국의 사과도 기본적으로 모호한데 정찰활동에 대한 사과가 아니라, EP-3기의 충돌로 인한 중국 조종사와 전투기의 손실 그리고 비상착륙을 위해 허가 없이 해남도로 진입한 사실에 무게를 두고 있다. 그 이유는 미국이 유엔해양법협약(UNCLOS)의 당사국이 아니기 때문에 중국의 EEZ 침범주장 등을 무시하였음을 중국도 인식하기 때문이었다.[12) 양국은 남중국해에서 발생한 이 사건을 조기에 해결함으로써 불필요한 갈등을 원하지 않았으며, 오히려 중국측이 미국의 강경입장을 수용한 결과를 가져왔다.[13) 미국의 강경한 입장은 남중국해에서의 정찰감시비행을 중단하지 않을 것임을 천명한 파월 당시 국무장관의 발언으로 확인되었다.[14)

---

10) 당시 중국은 충돌사건이 해남도 약 70마일(NM)에서 발생했다고 주장하였으며, 미국은 서한에서 '중국 조종사와 전투기 손실, 중국 공역으로의 진입 및 착륙허가 없이 해남도 비행장에 착륙'한 사실만 인정하였다. "Letter from Joseph W. Prueher, Ambassador to China, to Tang Jiaxuan, Chinese Minister of Foreign Affairs," April 11, 2001; Margaret K. Kewis(2002), pp.1407-1410, at http:www.law.nyu.edu/journals/law review/issues/vol77/no5/lewis.pdf(검색일: 2007.10.26).

11) ARF 의장성명서에서 항해자유는 거의 매년 강조되고 있다.

12) 사건발생 시 중국은 ① EP-3의 중국 EEZ 상공 비행, ② 미·중 간 위험한 해상군사활동 예방협약 위반, ③ 중국의 주권 침해를 주장하였다. 그러나 미국은 이 주장의 어느 것도 끝까지 인정하지 않았다.

13) 미국은 중국 EEZ 상공비행이 관행적으로 이루어져 오던 국제적 적법성을 가지며, 사고는 중국조종사의 불안전한 접근비행이 원인이고, 해남도 비상착륙은 어쩔 수 없었던 비상조치였으며, 100만 달러 손해배상 요구에 미국은 승무원 체제비 34,000달러만 줄 수 있다고 주장하였다. Margaret K. Kewis(2002), pp.1404-1423, at
http:www.law.nyu.edu/journals/lawreview/issues/vol77/no5/lewis.pdf(검색일: 2007.10.26).

14) 당시 파월 국무장관은 성명에서 "미국은 국제해역 상공에서 정찰임무가 국가안보에 필수적이기

미국의 강경한 '항해자유'와 '상공비행 자유'에 대한 주장은, EU[15)·일본의 과거 지배와, 정치적 선언·조약 등 국제법적 근거에서 모호성이 존재하며, 越南戰 약 10년간 남중국해를 戰爭管轄한 경험이 있기 때문이다. 즉, 중국은 남중국해 문제에 있어서 미국이 중립적 입장을 견지해 줄 것을 바라며,[16) 이는 중국의 남중국해 관련 영유권주장이 국제법적 우월성을 확보하는 데 한계가 있기 때문이다.

나. 남중국해 문제의 국제법적 모호성

남중국해 문제를 해결할 법적인 근거는 매우 모호하며, 국제법상 다양한 입장이 제기될 수 있으나 다음과 같은 입장이 보편성을 갖는다.

첫째, 프랑스 국제법학자 모니크 세밀리에－쟝드호(Monique Chemillier－Gendreau)에 따르면 현대 국제법상 權原(title)을 따져 볼 때, 남중국해의 파라셀 군도와 스프래틀리 군도에 대해서는 적어도 18세기 이전까지 어느 나라도 적법한 근거들을 가질 수 있는 조치를 취하지 못했으며, 18세기 초부터 19세기 중반까지 베트남이 파라셀 군도에 대한 權原을 확보하였다고 주장한다. 중국이 1946년에 파라셀 군도의 동쪽인 Amphitrite Group을 점령하고 1974년에 무력을 이용하여 베트남(당시 월남)軍을 제압한 후 서쪽의 Crescent Group을 실효적으로 지배하고 있다. 그러나 베트남이 과거의 권리를 회복하기 위해 중국의 무력에 의한 불법 지배에 지속적으로 항의하고,

---

때문에 이를 포기할 의도가 없다."고 천명하였다. Jane Perlez, "Powell Warns of Damage to Ties as Crisis Drags On," *New York Times,* April. 9, 2001, p.A10.

15) 프랑스가 해당되며, 당시 동아시아를 지배했던 유럽열강이 포함된다. 이 점에서 19세기 이후 남중국해 문제에 대한 영국 입장도 무시할 수 없는데 중국남부 지역에 대한 영향력을 가졌으며, 프랑스의 인도차이나/남중국해 군도들에 대한 지배권을 묵인하였다.

16) 과거 자유월남에 대한 權原은 베트남으로 승계되었기 때문에 미국은 베트남을 옹호할 수 있다.

파라셀 군도에 대한 不抛棄 의사를 분명히 하고 있으므로 이는 여전히 국
제법적으로 해결해야할 문제로 남는다.[17) 아울러 프랑스가 19세기 末부터 파
라셀 군도와 스프래틀리 군도에 대한 실질적 지배세력이었고, 파라셀 군도와
는 달리 스프래틀리 군도에 대해서는 인도차이나의 프랑스 식민정부를 통하
여 安南國으로부터의 승계(successor)에 의한 권리가 아니라 최초로 점령한
국가(先占者, a first occupant)로서의 권리(rights)를 가진다고 주장한다. 이는
당시 영국을 포함한 어떤 나라의 반대도 없이 그 권리가 인정되었으며, 이는
프랑스의 효과적 지배를 의미하고 1925년 3월 8일 인도차이나 총독이 파라
셀 군도와 스프래틀리 군도가 프랑스 영토임을 선언함으로써 확고해졌다.[18)

둘째, 1943년 12월 1일, 영국·미국·중화민국(ROC)이 참석한 '카이로
선언'에서 일본이 약탈한 만주·대만·팽호열도(the Pescadores)를 중화민국
으로 환원시킨다는 데 합의하였으나,[19) 1945년 프랑스와 중화민국이 각각
스프래틀리 군도에 대한 영유권을 주장하였으므로 이 문제의 해결이 보류
되었다. 1945년 3월, 프랑스 인도차이나 파견대가 파라셀 군도에서 임무 수
행 중에 일본해군에 포로가 되는 등 일본이 이 지역을 장악하였다. 1945년
7월 26일, 포츠담선언이 채택되어 파라셀 군도와 스프래틀리 군도로부터
일본군의 철수가 당연한 것으로 받아들여졌으나,[20) 일본군은 1946년 5월

---

17) Monique Chemillier－Gendreau(2000), p.35, pp.135－137, pp.93－94; 침략전쟁 및 무력에 의한
영토지배 금지에 관해서는 다음을 참조. United Nations Charter 제2조 4항; 1970년 유엔결의
26/25; 영토의 주권포기에 관해서는 "영토의 포기는 단지 구체적인 표현의 소멸에 의하여 성립되
지 않으며(does not cease) 영토를 포기하고자 하는 의도(intention)가 반드시 수반되어야만 한다."
Paul Fauchille, *Le onflict de limites entre le Brésil et la Grande－Bretagne*, Revue générale de droit
international public, 1904, p.138.

18) Monique Chemillier－Gendreau(2000), p.137, pp.35－39.

19) "Cairo Conference," 22－26 November 1943, released, without signatures, December 1, 1943;
United States Department of State, *A Decade of American Foreign Policy: 1941－1949, Basic
Documents*(Washington D.C.: Historical Office, Department of State, 1950), p.20;
http://www.taiwandocuments.org/cairo.htm(검색일: 2007.10.31).

20) 포츠담선언에서 파라셀 군도와 스프래틀리 군도 관련 조항은 제8조이며, "카이로 선언은 이행될
것이며, 일본의 주권은 혼슈, 홋카이도, 큐슈, 시코쿠와 우리가(미국·영국·중화민국) 결정하는

프랑스군에 의해 점령된 이후에도 파라셀 군도를 떠나지 않았다. 1946년 8월 프랑스군이 철수하자 중화민국의 장개석軍은 일본군을 무장해제시킨다는 구실로 1946년 11월에 파라셀 군도에 상륙하였고, 1946년 12월에는 스프래틀리 군도에 군대를 상륙시키기 시작하였다.

셋째, '샌프란시스코 평화조약(1951.9.8. 서명, 1952.4.28. 발효)' 제2장 2조 f항에서 "일본은 스프래트리 군도와 파라셀 군도에 대한 모든 권리(right), 권원(title) 및 청구권(claim)을 포기한다."라고 명문화하여,[21] 제2차 세계대전 기간 중 일본의 점령으로부터 해제되었다. 그러나 이 두 곳의 군도를 어느 나라로 귀속시킨다는 것이 명문화되지 않음으로써 분쟁 요인을 방치시킨 결과를 초래하였다.[22] 제2차 대전을 종식시키는 평화조약에서 패전국 일본의 권리·권원·청구권의 포기는 당연한 것이었으나, 그 포기한 영토들에 대한 소속이 불분명한 점이 많아서, 특히 바다의 영토들에 대해서는 세밀한 언급이 부족하였던 관계로 그 후 해양 영토에 대한 주권 문제가 분쟁으로 비화하게 되었다.[23]

일부 섬들(minor islands)로 제한한다."라고 하였다. "Potsdam Proclamation," 26 July 1945; http://www.ibiblio.org/hyperwar/PTO/Dip/Potsdam.html(검색일: 2007.10.31).

21) "Treaty of Peace with Japan," San Francisco, 8 September 1951 at
http://global−alliance.net/SFPT/SanFranciscoPeaceTreaty1951.htm(검색일:2007.10.12); United Nations Treaty Series 1952(reg. no. 1832), vol.136, pp.45−164; 미국과 영국이 초안을 작성/주도하였으며 호주·캄보디아·캐나다·프랑스·그리스·인도네시아·라오스·네덜란드·뉴질랜드·노르웨이·파키스탄·필리핀·영국·미국·베트남 등 전승국 48개국과 패전국 일본 등 총 49개국이 서명하였고, 소련·체코슬로바키아·폴란드는 조약 자체를 거부하여 서명하지 않았으며, 인도네시아·룩셈부르크·콜롬비아는 비준하지 않았다. 한국은 옵서버 자격으로 초청되었다. 아울러 조약 제2조 a항에서 일본은 제주도(Quelpart)·거문도(Port Hamilton)·울릉도(Dagelet)의 섬들을 포함하여 한국에 대한 권리·권원·청구권을 포기하며, 제2조 b항에서는 대만(Formosa)·팽호열도(the Pescadores)에 대하여, c항에서는 쿠릴열도 및 사할린의 섬들에 대하여, d항은 일본이 태평양에서 점유하고 있는 섬들에 대하여, e항은 남극지역에 대한 권리·권원·청구권을 포기하는 것을 명시하고 있다.

22) 이 당시 중공(중국) 입장은 소련이 대신하였으며, 남중국해 영토가 중공에 주권이 있음을 주장하였으나 절대다수로 거부되었다.

23) 파라셀 군도·스프래틀리 군도뿐만 아니라 일본과 중국 간의 Senkaku Islands(尖閣諸島)/Diaoyutai Islands(釣魚島), 러시아와 일본 간의 쿠릴열도(Kuril Islands), 한국과 일본 간의 Liancouri Rocks/獨島(일본은 竹島로 주장) 문제 등이 이 범주에 속한다. 특히 쿠릴열도 문제는 일본에서는 北方領土(Hoppō Ryōdo) 또는 南千島(Minami Chishima)라 부르는 곳으로 3개의 섬과 1개의 바위섬들에

넷째, '중화민국·일본간 평화조약(1952.4.28 타이베이 서명, 1952.8.5 발효)' 제2조에서 "1951년 9월 8일 샌프란시스코에서 서명된 평화조약 제2조를 인정하면서, 일본은 대만(Taiwan/Formosa), 澎湖列島(Penghu/the Pescadores), 스프래틀리 군도(the Spratly Islands) 및 파라셀 군도(the Paracel Islands)에 대한 모든 권리(right), 권원(title), 청구권(claim)을 포기한다."라고[24] 재확인함으로써, 이 섬들에 대한 주권을 직접적으로 중화민국(대만)으로 이양한 것은 아니지만 쌍무조약에서 권리·권원·청구권의 포기는 상대국에 그것들의 주권을 인정하는 결과가 되므로 중화민국이 파라셀 군도와 스프래틀리 군도에 대한 영유권을 회복한 것으로 인정될 수 있다.[25] 그러나 여기에는 이 두 개의 군도에 대한 주권을 강력히 주장하는 베트남의 입장이 배제되어 있다. 연합국 전승국의 일원으로 베트남은 1951년 9월 샌프란시스코 평화조약 협상 과정에서 역사적으로 실체적으로 自國의 영토임을 강력히 주장하였고, 이에 반대하는 국가는 아무도 없었다는 점이다. 당시 일본은 패전국으로 답변할 입장에 있지 않았으며, 연합국으로서 중국을 대표하는 참가단이 중화민국(대만)이 되어야 할 것인지 중공(중국)이 되어야 할 것인지가 연합국들 간에 합의에 이르지 못하였다. 이 문제에 대하여 연합국의 일원인 소련은 중국의 대표권을 주장하였으나, 미국과 영국 등은 중화민국(대만)의 대표권을 주장하였으므로 결국 당시의 중국(중화민국＋중공)을 대표하는 중국인들의 대표단은 참석하지 못하였다.

관한 분쟁이다. 즉 Kunashir/Kunashiri(Кунашир/國後島), Iturup/Etorofu(Итуруп/擇捉島), Shikotan(Шикотан/色丹島), Habomai rocks(Набомай/齒舞諸島)에 대한 분쟁이다.

24) "Treaty of Peace between the Republic of China and Japan," 28 April 1952, Taipei, p.1; http://www.tawanadvice.com/taipei.htm(검색일: 2007.10.14); 샌프란시스코 조약 제2조 (b)항에서 "일본은 대만(Formosa)과 팽호열도(the Pescadores)에 대한 모든 權利(right)·權原(title)·請求權(claim)을 포기한다."라고 명시하고 있다. "Treaty of Peace with Japan," San Francisco, 8 September 1951 at http://global−alliance.net/SFPT/SanFranciscoPeaceTreaty1951.html(검색일: 2007.10.12).

25) 중화민국(대만)은 1943년 카이로 커뮤니케, 1945년 포츠담선언, 1951년 샌프란시스코 평화조약, 1952년 중화민국−일본 간의 평화조약 등을 통하여 미국·영국 등과 일본으로 하여금 해상영토를 포함한 강제점령 영토를 반환하고 철수하도록 한 주요 당사국이다.

다섯째, 중공 周恩來 총리의 초청으로 북경을 방문한 일본 다나카 총리는 모택동 주석을 면담하고, 양국 외무장관과 함께 주은래 총리와 서명한 '중공(중국) 정부와 일본 정부간 공동커뮤니케(1972.9.29)'에서 다음과 같이 합의하였다. "양국간 전쟁상태를 종식하고(1조), 일본은 중공(PRC: People's Republic of China)을 중국의 유일한 합법정부로 인정하며(2조)," "대만(Taiwan)은 중국의 양도할(분리할) 수 없는 일부이며, 일본 정부는 이러한 중공의 입장을 충분히 이해하고 존중함과 동시에, 포츠담선언 제8조의[26] 입장을 확고히 유지한다(3조)"라고[27] 합의함으로써 일본이 지배하던 모든 외부 영토로부터 가지는 권리·권원·청구권 박탈을 재확인하였다. 이로써 판단할 때 스프래틀리 군도와 파라셀 군도에 대한 명시적인 언급을 하지는 않았으나, 臺灣·澎湖列島 등이 중국의 일부라는 인정하에서 이들 群島들에 대한 권리·권원·청구권이 넓은 의미로는 중공(중국)에 귀속되는 효과를 유발시켰다. 아울러 일본이 1939년 3월부터 1946년 5월까지 파라셀 군도와 스프래틀리 군도에 대한 무력점령이 '중국 영토이기 때문이다.'라는 입장을 견지하였음을 고려시 이의 원상회복을 의미하는 것으로 이해될 수 있다.

---

26) 1945년 7월 26일 독일 포츠담에서 미·영·중 수뇌에 의하여 발표된 '일본에 대한 무조건 항복을 촉구하는 선언' 제8조는 "카이로 선언의 언급사항들은 이행될 것이며, 일본의 주권은 혼슈·홋카이도·큐슈·시코쿠와 우리가(미·영·중) 결정하는 작은 섬들(such minor islands as we determine)로 제한한다."로 되어 있다. 여기서 '작은 섬들'에 대하여 異見이 발생할 수 있다. 포츠담선언에서 언급된 카이로 선언(1943.12.1. 미·영·중)은 "1914년 제1차 세계대전 시작 후 일본이 점령/탈취한 태평양의 모든 섬들은 반환될 것이며, 중국으로부터 빼앗은 만주·대만·팽호열도와 같은 모든 영토들은 중화민국(Republic of China)으로 환원된다." "일본은 탈취한 모든 영토로부터 추방될 것이며, 한국(Korea)을 독립시킬 것을 결정하였다."라고 언급한다. "Potsdam Proclamation," 26 July 1945 at http//www.ibiblio.org/hyperwar/PTO/Dip/Potsdam.html(검색일: 2007.10.31); "Cairo Communiqué," December 1, 1943 at
http://www.ndl.go.jp/constitution/e/shiryo/01/002_46/002_46tx.html(검색일: 2007.10.31).

27) "Joint Communique of the Government of Japan and the Government of the People's Republic of China," Peking, September 29, 1972, at http:www.mofa.go.jp/region/asia－paci/china/joint72.html(검색일: 2007.10.14); 1972년 9월 29일부로 양국간 외교관계를 수립하고 가능한 신속히 兩國 수도에 대사를 교환하기로 하였으며(제4조), 중공(중국)이 일본에 대한 전쟁배상금 요구를 포기하는(제5조) 내용을 담고 있다.

그러나 현대의 국제법적 해석은 위의 사실들에 대하여 단정적인 평가를 유보한다. 즉, 이들 군도들에 대한 영유권이 중공(중국)으로 귀속된 것으로 이해하는 것은 오류일 수 있으며, 이는 '카이로 커뮤니케'나 '포츠담선언'에서 파라셀 군도와 스프래틀리 군도에 명확한 언급이 없고, 제2차 세계대전 특히 태평양 전쟁에서 중요한 이 두 개 선언의 당사국이었던 중화민국은 사실상 정치적 실체로서 대만에 위치하고 있다는 점이다. 비록 중공(중국)과 일본의 1972년 공동커뮤니케가 중공이 유일한 중국의 합법정부이며, 이 두 개의 선언을 일본이 확고히 지키는 것으로 언급하고 있으나, 양국의 조약이나 협정 등이 효력을 발생시키기 위해서는 이와 관련된 당사국들의 동의가 필요하기 때문에 중화민국(대만)과 당시의 주도세력이던 미국과 영국의 입장이 고려되지 않고 이 문제는 간단히 해결될 문제가 아니다.[28)]

아울러 중화민국(대만)이 일본과 맺은 1952년 4월의 평화조약을 중공(중국)으로 이양하거나 승계시킨 사실이 없다. 이는 1952년 4월의 일본과 대만 간의 평화조약과 1972년 9월의 일본과 중국 간의 공동커뮤니케가 각각의 조약적 권능을 가지는 것일 뿐이지 일방의(대만의) 포기 또는 승계/이양의 의지 표명 없이, 일본의 외교적 행위로 변경될 수 있는 사안이 아니기 때문이다.

그 이유는 비록 오늘날 대만이 국제사회에서 外樣的으로는 중국의 일부로 전락되어 국가로서 대우를 받지 못하고 있다 할지라도 그것은 어디까지나 힘이 지배하는 국제사회에서의 모습일 뿐이며, 여전히 하나의 중요한 정치적 실체이자 국가가 될 수 있는 충분한 영토·인구·정부를 가지고 있기 때문이며, 남중국해 문제에 있어서 Pratas Islands(東沙群島)와 스프래틀리 군도의

---

28) 제2차 세계대전 당시의 미국·영국·중화민국(대만)의 합치된 동의가 필요하다. 패전국 일본과 당시는 하나의 세력(1949년 중국을 공산화시키기 전까지는 그러했다)에 불과하였던 중공이 1972년 9월에 맺은 합의가 시대를 뛰어넘어, 이전에 체결된 조약이나 선언들을 곧바로 승계할 수는 없다. 이는 대만이라는 실체가 건재하며 관련국인 미국·영국의 입장도 중국을 유일한 합법정부로 인정하는 것은 분명하지만 그것이 대만의 존재 자체를 불인정하고 과거의 조약까지를 변경시키는 것은 아니기 때문이다.

가장 큰 섬인 Itu Aba(太平島)를 실효적으로 점령·지배하고 있기 때문이다.

이러한 점들을 고려시, 남중국해의 국제법적 영유권은 19세기로부터 20세기 중반까지는 실질적으로 프랑스가, 태평양전쟁 기간(1941－1946)에는 일본이, 1946년 이후에는 프랑스·중화민국이 지배하고, 1949년 이후에는 중공(중국)이 가세하였으며, 프랑스가 철군한 1956년 이후에는 중공(중국)·대만·베트남이 장악하였다. 1958년 9월에는 중국이 영해 12NM을 선포하면서 스프래틀리 군도와 파라셀 군도에까지 적용된다고 주장한 바 있다. 이러한 가운데 1960년대 중반에서 1970년대 중반까지 약 10년간은 사실상 미국이 전쟁 점령지역으로 남중국해를 활용하였다. 1970년대에 들어와 필리핀이 영유권 주장에 참가하고, 1980년대에 말레이시아와 브루나이가 영유권 문제에 합류함으로써 점점 영유권 주장 국가가 늘어나는 '無主地에 대한 권리주장'으로 나타났다. 이 점에서 현실적으로 실효적 지배 이외에 국제법에 따라 영유권을 주장하는 것은 명분에 불과한 상황이 되었다.

따라서 ARF에서 남중국해 문제의 '現狀維持' 또는 '평화적 해결'은 핵심적 과제이며, 이 문제가 잘못되어 무력분쟁으로 확대되거나, 강제점령 사태가 발생될 경우 ARF의 존재는 위협받게 되며, 지역안보는 심각한 딜레마에 봉착하게 된다. 이에 중국은 미국 등 강대국들과 원만한 관계에 노력하는 한편, 실효적 지배 노력을 추구하는 가운데, 1990년 이래 '남중국해의 평화적 이용'을 주장해 오고 있다.

IX. 결 론

  본 연구는 다자안보협력 차원에서 ARF가 대화의 場으로부터 이행/실천의
제도로 발전해 나가야 한다는 관점에서 지난 15년간 발전과정과 참가국들
의 상호관계 등 현실을 고찰하여 ARF가 가진 이론적/제도적 한계와 구조적
제약을 비판적 시각에서 규명하는 것이었다. 그러나 이러한 비판적 시각은
ARF가 지난 15년간 나름대로 지역의 평화와 안정에 기여하였다는 평가를
기초로 한 것이며, 발전적 미래를 지향하는 의미를 지닌다.

  제II・III장에서는 이 저서의 전반적 흐름을 통제할 이론들을 검토하였
고, 제IV・V장에서는 ARF의 발전과정과 주요 활동, 15년간의 논의사항들
을 확인하고, 다양한 정부/비정부 기구/협의체들과의 비교를 통하여 이론
적・제도적 문제점과 한계에 접근하였다. 제VI장은 참가국들의 상호관계
분석으로 제IV・V장의 내용들을 확인하고 검증/보완하는 과정으로 정치・
군사 분야, 사회문화・환경 분야, 경제분야 등 안보부문에 접근하였다. 그
결과, '경제관계의 불균형,' '세력균형정책의 확대 추세,' '남중국해 문제의
구속성'이라는 구조적 제약 이슈들이 발견되었다. 제VII・VIII장에서는 ARF라

는 '낮은 수준의 다자안보제도'가 가지는 한계로 ARF에 적용된 다자안보협력이론의 문제점과 제도적 미비점들을 선별하고, '높은 수준의 당면 이슈'에 대응해야 하는 구조적 제약들의 근거를 세부적으로 확인하였다.

지금까지 규명된 ARF의 현실과 이론적/제도적 한계, 구조적 제약은 다음과 같다.

첫째, 'ARF의 현실'은, ARF가 1994년 ASEAN의 우호협력조약(TAC)을 행동규약(code of conduct)으로 설립된 이래, 외무장관회의를 중심으로 대화와 협력을 통하여 참가국들간 신뢰를 증진하고 지역평화와 안정에 노력하고 있다는 점이 나타났다. 그러나 동남아·동북아·남아시아·오세아니아·북미·유럽이라는 6개 지역으로부터 다양성을 지닌 국가들이 참가하고, 세계의 모든 강대국들이 참여함으로써 ARF는 출범시부터 매우 특이한 지역다자안보협의체가 되었다. 아울러 이러한 역학구도하에서 경쟁하는 강대국들은 ASEAN으로 하여금 ARF의 주도권을 가지도록 허용하고, 여타 국가들은 냉전후의 안보공백(security vacuum)을 해소하는 측면에서 이 제도를 수용하였다. 그러나 독립된 지도규범을 갖추지 못하고, ASEAN을 母胎로 출범한 ARF는 지역안보제도로서 문제점이 노정되었는데, 이는 아세안방식에 따라 ARF를 동남아의 이익에 부합시킴으로써 아태지역 안보협력체로서의 역할은 매우 미미하게 되었다. 그 예가 1990년대말 동티모르 사태에서 ASEAN과 ARF가 적절한 역할을 수행하지 못하는 결정적 문제점을 노정하였고, 1998년과 2006년에는 인도·파키스탄과 북한이 核을 보유하는 상황에서도 無力하였다. ARF는 지난 15년간 정부 수준에서 176회(월평균 1회)라는 회의를 통하여 지역분쟁문제, 군축/비확산문제, 초국가적/비전통적 위협 등에 대화의 場을 제공하였으나 실질적 성과를 달성하기에는 역부족이었다. 이는 합의사항 이행에 있어서 검증수단을 갖추지 못했을 뿐만 아니라, 정치적·선언적 결정 사항들이 참가국들을 통제하지 못하는 결함 때문이었다. 따라서 다양한 이론적/제도적 한계와 구조적 제약들이 부각되었다.

둘째, '낮은 수준의 다자안보'로 명명되는 'ARF의 이론적/제도적 한계'는 ARF에 적용된 다자안보협력이론의 한계와 순수한 제도적 한계로 함축된다. 그러나 적용이론은 제도의 기초가 된다는 점에서 궁극적으로 제도적 한계에 속한다. ① ARF에 적용된 다자안보협력이론의 한계는 ARF가 전쟁을 반대하고 강제력 사용을 허용하지 않는 '포괄안보 ASEAN형,' '이상주의적 공동안보,' '狹義의 협력안보' 개념에 기반하고, 이는 ASEAN 방식과 연계되어 의사결정이 매우 느리고 실천력에 장애를 수반한다. 따라서 ARF는 아직 UN 헌장 제6장과 제8장의 협상·중재·조정·사법적 해결 등 평화수단을 근거로 한 기능을 수행하는 제도화도 이루지 못한 상태이다. 나아가 '狹義의 협력안보' 개념만을 고수할 경우 아태지역이라는 廣域에서 긴장완화, 위기관리, 분쟁예방, 분쟁의 평화적 해결이라는 다자안보제도가 가지는 고유의 사명을 감당하기는 매우 힘들다. 이 경우, 미국 등 서방국가들이 요구하는 ARF에 대한 회의감을 극복할 수 없을 뿐만 아니라, 1990년대의 舊유고사태와 동티모르사태, 2000년대 들어와 아프가니스탄 전쟁과 이라크 전쟁 등에서 미국과 유럽국가들이 多國籍軍을 활용하여 UN의 집단안보기능을 대행한 사례들과도 相反된다. 또한, 2008년 8월 그루지야 사태에 대한 미국과 NATO/EU의 방식도 비록 다국적군을 동원하지는 않았지만 러시아에 대한 집단안보적 대응이었다. 이 점에서 다국적군 활용은, UN 안보리의 거부권(veto) 남발로 집단안보기능 수행이 불가능한 현실을 반영하고 있음을 인정하지 않을 수 없다.

오늘날, 지역 다자안보협력체/기구들은 최후·선별적 수준에서 다국적군 활용의 기회를 열어 놓아야 하며, 집단안보 기능을 포용하는 '廣義의 협력안보' 개념 적용이 불가피하다. 특히 유럽의 경우에는 EU/OSCE가 의지하는 NATO라는 집단방위/집단안보기구가 존재하지만, 그러한 기구가 없는 아태지역의 현실에서는 이러한 개념의 채택/적용이 긴요하다. '廣義의 협력안보’ 개념 적용은 장차 태국과 캄보디아 간의 프레아 비히어 힌두사원을 둘러싼 분쟁과 해양경계선을 둘러싼 말레이시아와 인도네시아 간의 분쟁, 남중국해에서의 해양영토 분쟁 등 ASEAN 10개국 간에 육상/해상 분쟁 등에 효과적으로 대응할 수 있는 예방외교적 조치가 된다. 또한 동북아의 북한 핵문제와 양안관계, 남아시아의 인도와 파키스탄의 핵무기에 의한 세력균형과 스리랑카 문제 등을 고려시, 현재의 ARF 체제에 분쟁예방과 분쟁해결 메커니즘을 제공하는 의미를 지닌다. 만약 이러한 여건하에서도 제도 미비로, ARF가 분쟁이 발발하거나 확대될 경우에 다국적군 활용 역량을 갖추지 못한다면, 현재 지역의 쌍무동맹체제를 비롯한 복잡한 역학구도하에서 UN의 지역분쟁 관리기능은 不可할 것이다. 특히, 지금까지 미국과 유럽국가들이 수행해 온 세계경찰로서의 역할도 아프가니스탄 전쟁, 이라크 전쟁 등의 여파로 더 이상 기대하기 어려운 것이 냉엄한 현실이다. 이러한 점들로부터, ARF가 집단안보 개념을 포함하는 제도로의 발전을 통하여 이 지역에서 세력균형정책을 완화하고, 대립보다는 공동의 안녕과 질서를 향한 협력을 추구하는 방향으로 나아가야 할 당위성이 증진되고 있다. 나아가, 이 문제는 ‘아시아 문제의 아시아人들에 의한 해결’이라는 大義를 가지므로 중국과 ASEAN 국가들의 반대 명분도 점차 약화될 가능성이 크다. ② 순수한 제도적 한계는 지난 15년간 지역분쟁, 군축/비확산, 초국가적/비전통적 안보 분야에 대하여 광범위한 논의와 활동을 해 왔으나, 현실적으로 남중국해와 한반도 등 지역분쟁 문제에 대하여 당사국들간 자제와 협력을 호소하는 데 한정되었고, 동남아 내의 국가간 분쟁에 대해서도 영향력을 발휘하지 못하였다. 군축/비확산 분야에 있어서도 인도·파키스탄·북한의 핵무장과 동남아 비핵지대조약에 대한 G-5 국가들의 유보적 입장 등으로 ARF의 노력은 좌절되었다. 초국가적/비전통적 안보 분야는 ARF가 가장 접근하기 용이한 분야로 테러리즘·초국가적 범죄·세계화 문제 등에 적극적인 노력을 경주한 결과, 참가국들간 'ASEAN과 미국간 反테러리즘 선언(2002.8)' 등 17개의 테러리즘 관련 성명/선언과, '비전통적 안보 분야 협력에 관한 ASEAN과 중국간 공동선언(2002.11)' 등 6건의 초국가적/비전통적 안보 관련 선언/성명을 채택하였다. 아울러 2003년에는 말레이시아의 기여로 쿠알라룸푸르에 '對테러리즘 동남아 지역 센터(SEARCCT)'를 설립하고, 2004년에는 인도네시아의 노력으로 '경찰 협력을 위한 자카르타 센터(JCLEC)'를 설치하여 테러리즘과 초국가적 범죄에 대응하는 국가간 협력을 증진하고 있으나, 여러 가지 장애에 봉착해 있다. 즉, 테러리즘에 관한 참가국들간 이견, 초국가적 범죄에 대한 지역의 특성(빈곤, 관습)과 서방세계와의 연계, 기구/제도 운영에 따른 재정지원 문제 등으로 어려움을 겪고 있다. 아울러 자연재해와 환경문제에 대해서도 구체적인 수단을 강구하기에는 역부족이다.

上記한 난제들에 대처하기 위하여 ARF는 지도규범으로서 현재의 동남아 우호협력조약(TAC)을 능가하는 고유의 협정/선언/의정서 등을 별도로 체결함으로써, 頂上會議를 최고의사결정회의체로 하는 체제정비를 모색해야 할 때가 되었다. 아울러 독립적인 사무국의 설립 역시 긴요한 과제이다. 정상회의 설립시 현재 外務長官會議 중심의 정치외교대화 체제에서 벗어나 군사·경제·사회문화·환경 등 다양한 각료회의와 하부 실무회의로 제도화가 촉진되고, 집행기능이 강화되어 포괄안보적 대응이 가속화될 수 있다. 정상회의에서 최초로 채택해야 할 '법적으로 규율할 수 있는 지도규범'은 현재의 주권존중·내정 불간섭 등 국가 중심주의 思考보다는 초국가적 기구/제도화가 가능하도록 起草되어야 한다. 또한, ASEAN 국가들이 독점하고 있는 議長職을 참가국들이 모두 평등하게 受任하는 제도로 변화하여야 하며, 현재의 3단계 점진적 발전단계가 아닌, CBM/CSBM과 군축/군비통제, 분쟁예방과 분쟁의 평화적 해결이 동시에 추진되는 체제로 발전하여 실천력 있는 수단과 방책을 제공할 수 있어야 한다.

셋째, '높은 수준의 당면 이슈'로 부각되는 '구조적 제약'은 '경제관계의 불균형,' '세력균형정책의 강화,' '남중국해 문제의 拘束性' 등으로 구체화 되었다.[1] 여기서 ① '참가국 경제관계의 불균형 문제'는 세계화/자유화의 영향으로 경제안보를 최우선의 과제로 매진하는 가운데 RTA/FTA를 통한 서방중심의 경제 상호의존이 증가되고 있으나, 심한 경제력 차이로 개도국 들의 경제의존적 경향이 부각되고 있다. 이는 개발도상국들의 경제가 선진 국들의 경제에 불균형 상황에 있고, 범지구적 경제침체로 그 상황은 더욱 악화될 것으로 예상되며, 이는 ARF의 발전을 제약하는 주요 요인이다. ② '세력균형정책의 강화' 추세는 아태지역 기존의 미국·일본 對 중국·러시 아의 군사안보적 대립구도가 MD 문제, 중국과 러시아의 개량형 ICBM 문 제로 강화되고 있다. 여기에 인도·파키스탄·북한의 핵 보유에 따라 '미니 공포의 핵균형(Mini-Nuclear Balance of Terror)'이 성립되었거나 우려되고, 세력균형정책은 소지역 차원으로 확대 추세에 있다. 이러한 여건은 협력안 보정책을 지향하는 ARF가 세력균형정책의 일부 기능을 보조하는 상황으로 전락하는 우려를 낳는다. ③ '남중국해 문제의 拘束性'은 남중국해 문제가 중국과 ASEAN 국가들, 또 ASEAN 국가들 상호간의 문제일 뿐만 아니라, SLOC 유지, 동남아 동맹국들과 臺灣 보호, 중국견제 측면에서 미국·일 본·EU 등 강대국들의 핵심적 이익이 걸린 문제라는 점에서 매우 특이한 쟁점 사안이다. 즉, 남중국해에서 강제점령이나 무력충돌 등이 발생할 경우, ARF 존립 자체를 위협하는 사태로 나아가게 된다. 따라서 구조적 제약들은 ARF가 대처해야 하는 최고/최우선의 경제 및 정치군사 안보 이슈들로서 집 단안보기능을 보유하는 협력안보 개념으로의 적용이론 변화, 정책의 집행/

---

[1] '구조적 제약(structural constraints)'은 역사·지리·환경·內戰·국경선 문제·인접국간 갈등·빈 곤 등 고질적인 한계로 ARF 발전을 저해하는 요소이며, ARF 존립을 위협하는 강도로까지 발전하 지는 않는다. 그중에서 '拘束性'은 태생적·구조적인 가장 핵심적인 제약(a core constraint)으로 (초)강대국의 국가 (핵심)이익과 연계된 것이며, 관련 문제에 갈등/충돌이 발생시 ARF 존립을 위협 하게 된다.

검증기능을 갖는 사무국의 설립과 정상회의 개최 등 제도화가 이루어지지 않고는 극복하기 힘든 문제들이다.

이러한 도출된 연구결과를 바탕으로 향후 ARF의 도전사항과 발전방향을 전망해 보면 다음과 같다. ARF는 앞으로도 지역분쟁 분야, 군축/비확산 분야, 초국가적/비전통적 안보분야에 논의를 집중시켜 나갈 것이며, 제도화 문제에 보다 높은 관심을 기울일 것이다. 이는 서방국가들이 '보다 제도화되고 효율적인 ARF'를 희망하고 있고, ASEAN 국가들과 중국도 현재 상태로는 한계가 있다는 점을 인정하기 때문이다. 이를 위해 향후 ARF는 의장역할 증진과 전문가/명사 활용 등을 통하여 예방외교 노력을 증진시켜 나가면서 제도화의 방향을 고려할 가능성이 높다. 그러나 법적 효력을 갖는 제도화가 이루어지기 전에 안보분야 논의에 가시적인 성과를 기약하기는 어려워 보인다. ARF가 다루어야 할 복잡한 이슈들은 증가할 것이며, 이는 저자가 여기서 제시하는 방향으로 나아가야 하는 증거들이 된다. ARF는 우선적으로 '경제안보' 문제에 직면해 있고, '자연재해 對備,' '테러리즘,' '초국가적 범죄,' '동남아/남아시아 내부 紛亂,' '북한문제' 등을 다루어야 한다. 경제안보는 세계적 경제침체하에서 개발도상국들의 경제를 지원하고 유지할 방안이 강구되어야 하며, 경제문제로 파생될 수 있는 무력분쟁 예방 수단을 갖춘 효율적인 안보체제의 지원을 필요로 한다. 자연재해 대비는 구체적인 제도설립을 모색하고 있으나 재정지원 문제가 여전히 문제로 대두될 것이다. 테러리즘은 文明間 갈등으로 비화되는 것을 억제해야 하며, 초국가적 범죄 문제는 인터넷/컴퓨터를 통한 범죄·마약·인신매매·해적문제 등이 보다 어려운 과제로 등장할 것이다. 동남아/남아시아 내부 분란은 종족/종교 문제와 경계선 문제로 야기되는 갈등이며, 북한문제는 핵문제를 포함하여 후계문제·인권·빈곤 등 보다 복잡한 상황으로 전개되기 때문이다. 이는 예방외교의 성패를 좌우하는 주요 이슈들이 된다. 나아가 ARF가 보다 깊은 관심을 가져야 할 도전사항들은 아태지역의 핵확산/미사일 확산 등 WMD 문제, 인도네시아·말레이시아·태국·미얀마 등 동남아 국가들의 원자력발전소 건설 문제를 포함한 환경문제, 남중국해 자원개발을 둘러싼 利權 다툼, 인도·파키스탄 분쟁과 스리랑카 문제 등 ARF 참가국들이 관련된 분쟁 사안들이다. 이러한 도전사항들에 대처하기 위해서는 적용이론의 변화와 제도개선이 절대적으로 요구된다. 따라서 ARF는 적극적인 혁신 노력을 통하여 포괄적 차원의 지역안보 문제에 대응역량과 태세를 갖추어 나가야 하는 시점에 도달하였으며, 집단안보 기능을 갖춘 제도로의 발전이 요구되고 있다. 따라서 ARF는 향후 정치·군사적 대립/갈등 관계의 완화 기능과, 참가국들의 최우선 關心事인 경제안보 문제를 적극 지원하는 제도로 발전되어 나가야 한다.

마지막으로, 본연구의 성과와 추가연구 분야는 다음과 같다.

첫째, 기존 ARF에 관한 연구들을 신자유(제도)주의적·신현실주의적·구성주의적 차원으로 연구경향을 구분하여, 다자안보협력 접근 방향에 相異한 인식이 있음을 제기하였다. 아울러, 혼용되고 있는 공동안보·포괄안보·협력안보 개념을 최대한 세분화하여 차이점을 찾아내고, ARF에 적용된 이론이 '포괄안보 ASEAN型,' '이상주의적 공동안보,' '狹義의 협력안보' 개념에 입각하고 있음을 도출하였다.

둘째, 유사 기구/협의체와의 비교와 국가정향이론, 지역안보복합체이론, 경제상호관계이론 등을 통하여 ARF의 이론적/제도적·구조적 문제점들을 규명하였다. 즉, ARF가 현재로서는 '낮은 수준의 안보레짐'이며, 대립하는 연합/동맹세력간 세력균형하에서 비동맹/중립주의 성향의 국가들이 나뉘어 있고, 경제적으로 의존적이며, 분쟁형성/홉스형 사회구조하에서 극히 제한적 협력만이 가능한 제약하에 있음을 발견하였다.

셋째, ARF의 제도적 한계와는 다른 차원에서, 보다 내밀하고 근원적 문제인 '경제관계의 불평등성,' '세력균형정책의 강화' 추세, '남중국해 문제의 구속성' 등 구조적 제약을 참가국 상호관계 속에서 규명하였다. 이로써, 은폐되어 있던 ARF 최대 현안들을 연구의 場으로 이끌어 내어 공론화했다는 의미가 있다. 아울러 1차 자료를 대거 활용하고, 다양한 최신 자료들을 이용한 도표와 부록 등은 ARF를 포함하여 다자안보협력 관련 후속연구에 많은 참고가 될 수 있을 것이다.

넷째, 이러한 사실들로부터 ARF는 적용이론을 '강제력 활용이 가능한 廣義의 협력안보 개념'으로 전환하고, 제도변혁을 통하여 ASEAN의 틀로부터 벗어나는 새로운 '아태(다자)안보협력기구(OSCAP)'로의 발전을 추진하여, 갈등/분쟁의 대립관계를 청산하고 협력적 안보질서 구축에 기여해야 함을 제시하였다. 이를 달리 설명하면, '이상주의적 공동안보,' '포괄안보 ASEAN형(또는 ASEAN형 포괄안보)' '협의의 협력안보' 등 강제력 사용을 불허하는 이론·제도로서는, 복잡한 구조하에 있는 아태지역에서 더 이상 지역안보 기여를 기대하기 힘들다는 점이다. 따라서 이를 일반화하면 '지역안보제도로서 기능을 제대로 발휘하기 위해서는 강제력을 보유하는 지역제도로 변화·발전되어 나가야 한다'는 점이다.

다섯째, 본 연구는 ARF 관련 이론과 설립후 15년간의 과정을 살피고, 참가국들의 상호관계를 고려하는 넓은 주제로 접근함에 따라 세부적인 논의와 분석이 보다 많이 축적될 필요가 있다. 앞으로 지역 국가들의 입장을 세부적으로 분석하는 작업, 다자안보협력의 수단과 방법에 대한 미시적 연구가 진전될 때, 아태지역 다자안보협력뿐만 아니라 小地域 수준의 동북아 다자안보협력체 설립과 발전에도 많은 기여를 할 수 있을 것이다.

참고문헌

1. 한국어 문헌

가. 단행본

가브리엘 A. 알몬드 · G. 빙햄파우엘 二世 共著, 金永勳 · 李種益 共譯, 『比較
　　政治論』, 서울: 博英社, 1986.

김광웅, 『방법론강의(기초 · 원리 · 응용)』, 서울: 博英社, 2003.

김신행 · 김태기, 『국제경제론』, 서울: 법문사, 2008.

김용구, 『세계외교사』, 서울: 서울대학교출판부, 2006.

김우상 · 김재한 · 김태현 외 편역, 『국제관계론강의 1』, 서울: 한울아카데미, 2003.

＿＿＿＿, 『국제관계론강의 2』, 서울: 한울아카데미, 2004.

김한식, 『동남아시아(미국 · 중국 갈등의 현장)』, 서울: 한국학술정보(주), 2005.

渡邊昭夫 외 엮음, 권호연 옮김, 『국제정치이론』, 서울: 한울아카데미, 1998.

박경서, 『국제정치경제론(이론과 실제)』, 서울: 法文社, 2004.

박재영, 『국제기구정치론』, 서울: 法文社, 2004.

박종현 역주, 『플라톤의 국가 · 政體』, 서울: 서광사, 2005.

박준영, 『북한정치론』, 서울: 博英社, 2004.

빅터 D. 차 지음, 김일영 · 문순보 옮김, 『적대적 제휴: 한국, 미국, 일본의 삼각
　　안보체제』, 서울: 문학과 지성사, 2004.

서울대 사회과학대학 경제과학연구회, 『한국 자본주의의 전개와 그 성격』, 서울:
　　한울, 1986.

서창록, 『국제기구(글로벌 거버넌스의 정치학)』, 서울: 다산출판사, 2005.

世宗研究所 編, 『新太平洋 共同體 構想과 韓國』, 서울: 성남, 1994.

송영우, 『국제정치경제론』, 서울: 건국대학교출판부, 2002.

스티븐 에릭 브론더, 유홍림(옮김), 『현대 정치와 사상』, 서울: 인간사랑, 2005.

신명순, 『第三世界政治論』, 서울: 法文社, 1989.

______, 『비교정치』, 서울: 博英社, 2003.

安秉俊, 『强大國關係와 韓半島安保論』, 서울: 法文社, 1986.

여정동・이종찬 공편, 『현대 국제정치경제』, 서울: 法文社, 2000.

역민사, 『世界史年表』, 서울: 역민사, 1994.

우철구・박건영 편, 『현대 국제관계이론과 한국』, 서울: 사회평론, 2004.

柳炳華, 『國際法總論』, 서울: 一潮閣, 1986.

李基鐸, 『國際政治史理論』, 서울: 博英社, 1987.

이민룡, 『한반도 안보전략론』, 서울: 봉명출판사, 2001.

이상우・하영선 共編, 『현대국제정치학』, 서울: 나남출판, 2003.

이수훈, 『세계체제, 동북아, 한반도』, 서울: 아르케, 2004.

이승근・황영주・배규성・손무정 공저, 『유럽연합(EU)과 유럽안보: 공동외교안
        보정책(CFSP)의 형성과 각국의 입장』, 서울: 높이깊이, 2007.

이인배, 『동북아 평화공동체』, 서울: 한국학술정보(주), 2005.

이재기, 『APEC・ASEM・ASEAN＋3 Focus』, 서울: 청목출판사, 2006.

이종원, 『새유럽 통합론』, 서울: 도서출판 해남, 2004.

李昊宰, 『核의 世界와 韓國核政策: 國際政治에 있어서 核의 役割』, 서울: 法文
        社, 1987.

임마누엘 칸트 지음, 이한구 옮김, 『영원한 평화를 위하여』, 서울: 서광사, 1992.

임인재, 『논문작성법』, 서울: 서울대학교출판부, 2004.

全雄, 『外交政策論』, 서울: 法文社, 1987.

정병기, 『사회과학 글쓰기』, 서울: 서울대학교출판부, 2005.

존 베일리스 외 편저, 하영선 外 옮김, 『세계정치론』, 서울: 을유문화사, 2005.

車培根, 『社會科學研究方法』, 서울: 世英社, 2004.

車河淳, 『西洋史總論』, 서울: 探求堂, 1994.

최명, 『춘추전국의 정치사상』, 서울: 박영사, 2005.

최상용 외, 『인간과 정치사상』, 서울: 인간사랑, 2002.

최영종, 『동아시아 지역통합과 한국의 선택』, 아연 동아시아연구총서 05, 서울:

아연출판부, 2003.

최영종 외,『동아시아 공동체: 비전과 전망』, 서울: 한양대학교출판부, 2005.

하영선 편,『21세기 평화학』, 서울: 풀빛, 2002.

________,『21세기 한국외교 대전략: 그물망국가 건설』, 서울: EAI, 2006.

한동만 외,『다자안보정책의 이론과 실제』, 서울: 외교통상부, 2002.

한용섭 외,『동아시아 안보공동체』, 파주: 나남출판, 2005.

韓沽劤,『한국통사』, 서울: 乙酉文化史, 1996.

함택영,『국가안보의 정치경제학: 남북한의 경제력·국가역량·군사력』, 서울: 法文社, 1998.

현인택·김성한·이근 공편,『동아시아 환경안보(Environmental Securirty in East Asia)』, 서울: 도서출판 오름, 2005.

나. 논문

구영록, "국가 중심주의와 평화체제," 한국국제정치학회,『국제정치논총』 제37집 1호, 1997, pp.3−25.

國防大學校 安保問題硏究所, "亞·太地域 多者間 安保協力體制의 可能性과 限界," 政策硏究報告書 93−2(通卷 第206號), 1993.

김경수, "협력안보와 동아시아의 신안보 파라다임," 한국국방연구원,『주간국방논단』 제745호(98−47), 1998.12.7.

김근식, "대북포용정책의 개념, 평가, 과제: 포용의 진화 관점에서," 경남대학교 극동문제연구소,『한국과 국제정치』 제24권 제1호, 2008년 봄, 통권 60호, pp.1−30.

_____, "북한 발전전략의 형성과 변화에 관한 연구: 1950년대와 1990년대를 중심으로)," 서울대학교 대학원 정치학 박사학위논문, 1998년 12월.

_____, "북핵과 한반도 정세,"『북한연구』 제8권, 2005년, pp.193−205.

김명섭, "북한 핵실험 이후 동아시아 질서 변화와 한국의 대외정책 방향," 한국국제정치학회, 2006 한국국제정치학회 연례학술회의, 2006.12.

_____, "서유럽 집단안보체제의 기원: 대서양주의와 범유럽주의 간의 갈등을 중심으로," 한국국제정치학회,『국제정치논총』 제36집 2호, 1996, pp.43−72.

김성한, "한반도 군비통제와 한미협력," 한국전략문제연구소,『전략연구』 통권 29호, 2003, pp.65−94.

김유은, "동북아 안보공동체를 위한 試論: 구성주의적 시각을 중심으로," 한국국제정치학회, 『국제정치논총』 제44집 4호, 2004, pp.69－91.

김창범, "ARF의 오늘과 내일," 최영진 외, 『세계화 시대의 다자외교』, 서울: 지식산업사, 2002.

남궁 곤, "STIP(1999) 이후 구성주의 방법론 논쟁: 웬트가 量子(quantum)로 간 까닭은?," 한국국제정치학회, 2006 한국국제정치학회 연례학술회의, 2006.12.

______, "동아시아 전통적 국제질서의 구성주의적 이해," 한국국제정치학회, 『국제정치논총』 제43집 4호, 2003, pp.7－31.

류동원, "중국의 다자안보협력에 대한 인식과 실천: 상하이협력기구(SCO)를 중심으로," 한국국제정치학회, 『국제정치논총』 제44집 4호, 2004, pp.121－141.

民族統一研究院 國際研究室, "東北亞地域에서의 多者間 安保協力體 形成展望과 對應策," 民族統一研究院 研究報告書 93－07, 1993.

박창건, "2005년 총선 이후 일본의 대외경제정책: 동아시아 지역주의에서 미－일 쌍무주의로의 회기?," 경남대학교 극동문제연구소, 『동북아 연구』 제10권, 2005, pp.65－86.

박철희, "전수방위에서 적극방위로: 미일동맹 및 위협인식의 변화와 일본방위정책의 정치," 한국국제정치학회, 『국제정치논총』 제44집 1호, 2004, pp.169－190.

배규성·이승근, "유럽안보의 선택과 도전: CFSP의 메카니즘과 미국의 시각," 대한정치학회, 『대한정치학회보』 제12집 1호, 2004, pp.293－319.

배긍찬, "ASEAN의 지역주의: AFTA의 추진과 다자안보 구상," 정책연구시리즈 93－1, 외교안보연구원, 1994.

______, "ASEAN＋3 지역협력의 과제와 전망," 외교안보연구원, 2001.

______, "동남아 금융위기의 정치경제: 지역 차원 대응을 중심으로," 외교안보연구원, 1999.

______, "동남아 테러문제와 역내 전략환경의 변화," 정책연구시리즈 2002－6, 외교안보연구원, 2003.

______, "동아시아 지역협력 추진 전망," 정책연구시리즈 99－7, 외교안보연구원, 2000.

______, "동아시아 협력과 미국 변수: EAS 개최문제를 중심으로," 외교안보연구원, 현지정책연구과제 2006－1, 2006년 10월.

______, "신정부의 대동남아 정책방향: 동아시아 협력을 중심으로," 외교안보연구

원, 2004.

변창구, "21세기의 ASEAN의 도전과 전망," 21세기정치학회, 『21세기정치학회보』 제9집 2호, 2000.

______, "ARF와 협력안보의 진전: 동북아 다자안보협력에 대한 함의," 대한정치학회, 『대한정치학회보』 제13집 제2호, 2005년 10월, pp.127－152.

______, "남중국해 분쟁과 아세안의 다자주의적 접근," 한국국제정치학회, 『국제정치논총』 제37집 3호, 1998, pp.137－167.

______, "동남아시아 지역통합에 있어서 중국의 영향: 중국위협론의 실체와 아세안의 대응을 중심으로," 국제지역학회, 『국제지역연구』 제8권 제2호, 2004년 12월, pp.105－125.

______, "동남아시아 지역통합전략으로서의 아세안 방식: 유용성과 한계," 대한정치학회, 『대한정치학회보』 제12집 2호, 2004, pp.407－430.

______, "동아시아지역의 다자간 안보협력: 평가와 전망," 한국동북아학회, 『한국동북아논총 14』 2000년 2월, pp.121－143.

______, "아태지역 안보와 ARF: 가능성과 한계," 대한정치학회, 『대한정치학회보』 제11집 제1호, 2003년 6월, pp.239－259.

______, "중국의 다자안보외교와 ARF," 한국동북아학회, 『한국동북아논총』 제9권 제3호 통권 32호, 2004년 9월, pp.3－21.

______, "탈냉전과 ASEAN의 지역안보전략," 한국동남아학회, 『동남아시아 연구』 10호, 2000년 8월, pp.161－192.

______, "탈냉전과 아세안의 다자안보대화: ARF의 현황과 전망," 한국국제정치학회, 『국제정치논총』 제36집 2호, 1996, pp.245－272.

신욱희, "구성주의 국제정치이론의 의미와 한계," 한국정치학회, 『한국정치학회보』 제32집 2호, 1998, pp147－168.

申種浩, "중국의 다자안보협력 전략과 미·중관계: ARF, SCO, 6자회담 분석을 중심으로,"『中蘇硏究』 통권 116호, 2007/2008 겨울, 2008, pp.141－168.

양준희, "월츠의 신현실주의에 대한 웬트의 구성주의의 도전," 한국국제정치학회, 『국제정치논총』 제41집 3호, 2001, pp.25－46.

윤덕민, "북한의 WMD에 대한 인식·접근전략·정책방향," 한국전략문제연구소, 『전략연구』 통권 30호, 2004, pp.70－94.

______, "북핵문제와 아세안지역안보포럼(ARF)," 세종연구소, 『정세와 정책』 통

권 97호, 성남: 세종연구소, 2004년 8월, pp.12－15.

윤덕희, "구유고 지역의 민족문제와 민족갈등에 관한 연구," 한국국제정치학회, 『국제정치논총』 제40집 2호, 2000, pp.177－198.

윤태영, "아세안지역안보포럼(ARF)의 예방외교 추진: 평가와 발전방향," 한국외국어대학교 사회과학연구소, 『사회과학논집』 제21권 제2호, 2004년 2월, pp.157－176.

이상철, "한미동맹의 비대칭성: 기원, 변화, 전망," 경남대학교 대학원 정치학박사 학위논문, 2003.

이상현, "미국－인도 핵 협력과 강대국 신전략구도," 세종연구소, 『정세와 정책』 통권 118호, 2006년 4월, pp.6－9.

이서항, "ARF의 발전방향: 동아시아 다자안보협력체 실태분석과 관련하여," 외교안보연구원, 2005년 1월.

______, "ARF의 신뢰구축 노력 평가: 최근 운영문서 채택·시행과 관련하여,"『國際問題』 제33권 10호, 통권 386호, 2002.10월, pp.22－33.

이수형, "NATO의 전략개념 변화에 관한 역사적·이론적 고찰," 한국국제정치학회, 『국제정치논총』 제41집 3호, 2001, pp.67－87.

이승근·배규성, "EU 안보축의 변화에 대한 고찰: 유럽안보방위정책(ESDP)의 형성과 쟁점을 중심으로," 대한정치학회, 『대한정치학회보』 제14집 1호, 2006, pp.225－248.

이신화, "동북아 다자안보협력 현황과 군사적 방안모색," 국방정책연구보고서(04－08), 한국전략문제연구소, 2004.12.

이요한, "동아시아 政治經濟의 變動과 地域協力 方案 硏究: 新自由制度主義 協力理論을 中心으로," 한국외국어대학교 대학원, 박사학위논문, 2002.

이원우, "ARF 발전동향과 1999년 전반기 주요 활동," 국방부, 『한반도 군비통제(군비통제자료 25)』 1999.8, pp.139－176.

______, "多者安保協力體 설립 시 軍事對應方案 硏究," 합동참모본부, 『合參 제8호』 1996.7, pp.83－96.

______, "비전통적 안보위협 대처: 아세안안보포럼 10주년 의의와 성과 그리고 전망," 국방홍보원, 『국방저널(National Defense Journal)』 2003.5. pp.92－94.

______, "지역 다자안보협력 현황과 발전전망," 공군대학, 『空軍評論(Air Review)』 제104호, 1999.6, pp.263－302.

_____, "지역 다자안보협력 현황과 우리의 대응방향," 국방부, 『한반도 군비통제 (군비통제자료 23)』, 1998.8, pp.159－208.

이재영, "현실주의와 신현실주의의 결합방향 모색," 경남대학교 극동문제연구소, 『동북아 연구』 제11권, 2006, pp.5－37.

이철기, "집단안보·집단방위·협력안보의 성격에 관한 이론적 비교 고찰," 동국대학교 지역개발대학원, 『개발논총』 제5집, 1996년 4월, pp.165－183.

이표재, "지역안보질서의 형성과 변화: 유럽·동북아 지역 사례 비교," 연세대학교 박사학위논문, 2003.

이형주, "유럽 군비통제의 교훈과 한반도 군비통제 발전방향," 경남대학교 대학원 정치학박사 학위논문, 2007.

전성훈, "북한과 미국의 核 억지전략과 한국의 대응전략," 국방정책연구보고서 (05－05), 한국전략문제연구소, 2005.12.

전재성, "향후 한국 국제정치학회의 과제들," 한국국제정치학회, 2006 한국국제정치학회 연례학술회의, 2006.12.

_____, "현실주의 국제제도론을 위한 시론," 한국정치학회, 『한국정치학회보』 제34집 2호, 2000.

_____, "현실주의적 구성주의와 구성주의적 현실주의," 한국국제정치학회, 2006 한국국제정치학회 연례학술회의, 2006.12.

전재성·박건영, "국제관계이론의 한국적 수용과 대안적 접근," 한국국제정치학회, 『국제정치논총』 제42집 4호, 2002, pp.7－26.

전황수, "중국과 ASEAN의 스프레트리군도(남사군도) 분쟁: 갈등양상과 해결노력," 한국국제정치학회, 『국제정치논총』 제39집 1호, 1999, pp.259－277.

정진영, "한국에 있어서 국제정치/관계학 교육: 반성을 넘어 현실 속으로," 한국국제정치학회, 2006 한국국제정치학회 연례학술회의, 2006.12.

조용균, "한국의 바람직한 ODA 정책 방향," 외교안보연구원, 『신안보 환경과 한국 외교』, 2005년 정책연구과제 통합본, 2006.4, pp.340－381.

조홍식, "유럽통합의 이론," 세종연구소 연구논문 98－02, 성남, 세종연구소, 1998.

최종철·서동주·이대우·장계순·정규섭·최운도, "21세기 한국의 국가안보전략," 2007년도 국회 국방위원회 정책연구용역과제 연구보고서, 2007년 8월.

하도형, "중국 대외정책의 심화: 和諧世界를 중심으로," 한국국제정치학회, 2006 한국국제정치학회 연례학술회의, 2006.12.

한석희, "ARF와 중국: 중국의 안보적 구속에 대한 논의," 한국국제정치학회, 『국
　　　제정치논총』 제42집 4호, 2002년 12월, pp.373－392.
홍기준, "안보레짐의 형성: CSCE/OSCE의 사례연구," 한국국제정치학회, 『국제정
　　　치논총』 제38집 1호, 1998, pp.65－90.

다. 정부 부처/기관 발간 자료

국방정보본부 역, 『2004 중국 국방백서(中國的國防)』, 서울: 국방정보본부, 2005.1.
　　　　　　, 『2005년 일본방위백서』, 서울: 국방정보본부, 2005.11.
외교통상부, 『APEC 개황』, 서울: 외교통상부, 2003.9.
　　　　　　, 『APEC 개황』, 서울: 외교통상부, 2006.1.
　　　　　　, 『2007 APEC 정상회의·각료회의 결과』, 서울: 외교통상부, 2007.10.
　　　　　　, 『2008 외교백서』, 서울: 외교통상부, 2008.5.
　　　　　　, 『아세안지역안보포럼 개황(ARF)』, 서울: 외교통상부, 2003.5.
　　　　　　, 『아세안지역안보포럼(ARF)』, 서울: 외교통상부, 2000.7.
　　　　　　, 『아세안지역안보포럼(ARF)』, 서울: 외교통상부, 2001.7.
　　　　　　, 『아세안지역안보포럼개황(ARF)』, 서울: 외교통상부, 2002.7.
　　　　　　, 『아세안지역안보포럼(ARF) 주요문서집』, 서울: 외교통상부, 2002.7.
　　　　　　, 『OSCE 개황』, 서울: 외교통상부, 2001.2.
　　　　　　, 『OSCE 주요 문서집』, 서울: 외교통상부, 2001.2.
外務部 歐洲局, 『歐洲安保協力會議(CSCE) 槪況』, 執務資料 93－8(구이), 1993.1.
해양수산부, 『2003 해적피해 예방대책』, 서울: 해양수산부, 2003.7.

2. 외국어 문헌

가. 단행본

Acharya, Amitav, *Regionalism and Multilateralism: Essays on Cooperative Security in the
　　　Asia－Pacific*, Singapore: Times Media Academic Press, 2002.
Alagappa, Muthiah(ed.), *Asian Security Order: Instrumental and Normative Features*,
　　　Stanford, California: Stanford University Press, 2003.

______, *Asian Security Practices: Material and Ideational Influences,* Stanford, California: Stanford University Press, 1998.

Alves, Dora(ed.), *Cooperative Security in the Pacific Basin: The 1988 Pacific Symposium,* Washington D.C.: National Defense University Press, 1990.

Aye, Yan Nyein, *Endeavours of the Myanmar Armed Forces Government for National Reconsolidation,* Yangon: Armed Forces Government, January 4, 2000.

Barnett, Michael and Martha Finnemore, *Rules for the World: International Organizations in Global Politics,* Ithaca, New York: Cornell University Press, 2004.

Baylis, John and Steve Smith(eds.), *The Globalization of World Politics,* New York: Oxford University Press, 2001.

Bloed, Arie(ed.), *The Conference on Security and Cooperation in Europe: Analysis and Basic Documents 1972−1993,* London: Kluwer Academic Publishers, 1993.

Bora, Bijit and Christopher Findlay(eds.), *Regional Integration and The Asia−Pacific,* New York: Oxford University Press, 1996.

Brecher, Michael and Frank P. Harvey(eds.), *Realism and Institutionalism in International Studies,* Ann Arber: The University of Michigan Press, 2002.

Buzan, Barry and Ole Wæver, *Regions and Powers: The Structure of International Security,* Cambridge: Cambridge University Press, 2004.

Buzan, Barry, and Richard Little, *International Systems in World History,* Oxford: Oxford University Press, 2000.

Buzan, Barry, Ole Bæver and Jaab de Wilde, *Security: A New Framework for Analysis,* Boulder: Lynne Rienner Publishers Inc., 1998.

Buzan, Barry, *People, States and Fear(2nd Edition): An Agenda for International Security Studies in the Post−Cold War Era,* Boulder: Lynne Rienner Publishers, 1991.

Carter, Ashton B., William J. Perry and John D. Steinbruner, *A New Concept of Cooperative Security,* Washington D.C.: The Brookings Institution, 1992.

Chapman, J. W. M., R. Drifte and I. T. M. Gow, *Japan' Quest for Comprehensive Secutiry: Defense−Diplomach−Dependence,* New York: St. Martin's Press, 1982.

Chemillier−Gendreau, Monique, *Sovereignty Over the Paracel and Spratly Islands,* H.L.

Sutcliffe and M. McDonald(trans.), Hague: Kluwer Law International, 2000.

Claude, Inis L. Jr.(ed.) the 3rd rev., *Swords into Plowshares: The Problems and Progress of International Organization*, New York: Random House, 1964.

Cohen, Richard and Michael Mihalka, *Cooperative Security: New Horizons for International Order*, The Marshall Center Papers, No.3, Garmisch—Partenkirchen, Deutschland: The George C. Marshall European Center for Security Studies, 2001.

Cohen, William, *The United States Security Strategy for the East Asia—Pacific Region*, Washington D.C.: U.S. Department of Defense, 1998.

Collins, Alan and Colo Boulder, *Security and Southeast Asia: Domestic, Regional, and Global Issues*, London: Lynne Rienner, 2003.

Crowe, Allan, *The 5 Power Defense Arrangements*, Canberra: Percetakan Konta Sdn Berhad, 2001.

Deutsch, Karl W. et al., *Political Community and the North Atlantic Area: International Organization in the Light of Historical Experience*, Princeton, New Jersey: Princeton University Press, 1957.

Deutsch, Karl W., *The Nerves of Government: Models of Political Communication and Control*, New York: The Free Press, 1966.

Dewitt, David and Paul Evans(eds.), *Conference Report: The Agenda for Cooperative Security in the North Pacific*, Toronto: York University, 1993.

Dewitt, David, David Haglund and John Kirton(eds.), *Building a New Global Order: Emerging Trends in International Security*, Toronto: Oxford University Press, 1993.

Duignan, Peter and L. H. Gann, *The United States and the New Europe 1945—1993*, Cambridge, Massachusetts: Blackwell, 1994.

Emmers, Ralf, *Cooperative Security and the Balance of Power in ASEAN and ARF*, London: RoutledgeCurzon, 2003.

Evans, Gareth, *Cooperating for Peace*, Maryborough: Allen and Unwin, 1993.

Falco, Mathea Falco, *Burma: Time for Change*, New York: Council on Foreign Affairs, 2003.

Frederick, William H. and Robert L. Worden(eds.) *Indonesia: A Country Study*,

Washington: GPO for the Library of Congress, 1993.

Goldblat, Jozef, *Arms Control*, Oslo: International Peace Research Institute, 2002.

Goodby, James, Petrus Buwalda and Dmitri Trenin, *A Strategy for Stable Peace toward a Euroatlantic Security Community,* Washington D.C.: United States Institute of Peace Press, 2002.

Heywood, Andrew, *Political Theory: An Introduction,* Third Edition, New York: Palgrave Macmillan, 2004.

Holsti, K. J., *International Politics, A Framework for Analysis,* 5th Edition, Englewood Cliffs, New Jersey: Prentice—Hall, Inc., 1977/1988.

______, *Taming the Sovereigns: Institutional Change in International Politics,* Cambridge: Cambridge University Press, 2004.

______, *The state, war and the state of war*, Cambridge: Cambridge University Press, 1996.

Hsiung, James C., *Comprehensive Security: Challenge for Pacific Asia*, Indianapolis: University of Indianapolis Press, 2004.

Huntington, Samuel P., *The Clash of Civilizations and the Remaking of World Order*, New York: Simon and Schuster, 1996.

IISS, *The Military Balance 2006*, London: Routledge, 2006.

International Commission on Intervention and State Sovereignty, *The Responsibility to Protect*, Ottawa: The International Development Research Centre, 2001.

Jowett, Benjamin(trans.), *Aristotole Politics,* Mineola: Dover Publications, Inc. 2000.

______, *Plato The Republic*, Mineola: Dover Publications, Inc. 2000.

Karns, Margaret P. and Mingst Karen A, *Internatinal Organizations: The Politics and Processes of Global Governance,* London: Lynne Rienner Publishers, Inc., 2004.

Kegley, Charles W. Jr. and Gregory A. Raymond, *A Multipolar Peace?: Great— Power Politics in the Twenty—first Century,* New York: St. Martin's Press, 1994.

Keohane, Robert O. and Nye, Joseph S., *Power and Interdependence,* Third Edition, New York: Addison Wesley Longman, 2001.

Keohane, Robert O., *After Hegemony*, Princeton: Princeton University Press, 1984.

______, *International Institutions and State Power: Essays in International Relations*

Theory, Boulder: Westview Press, 1989.

Kim, Dalchoong, et al.(eds), *UN Convention on the Law of the Sea and East Asia*, Seoul: Institute of East and West Studies Yonsei University, 1996.

Kissinger, Henry, *Diplomacy*, New York: Simon & Schuster, 1994.

Krasner, Stephen D., *Defending the national interest: raw materials investments and U.S. foreign policy,* Princeton: Princeton University Press, 1978.

Krasner, Stephen D.(ed.), *International Regimes,* Ithaca, N.Y.: Cornell University Press, 1983.

Krause, Joachim, *The OSCE and Cooperative Security in Europe: Lessons for Asia,* Singapore IDSS Monograph No.6, 2003.

Krepon, Michael and Amy E. Smithson(eds.), *Open Skies, Arms Control and Cooperative Security,* New York: St. Martin's Press, Inc., 1992.

Lindberg, Leon N. and Stuart A. Scheingold, *Regional Integration: Theory and Research,* Cambridge Massachusetts: Harvard University Press, 1971.

Moller, Bjorn, *Common Security and Non−offensive Defense: A New−realist Perspective*, Boulder: Lynne Rienner Publishers, 1992.

Morgenthau, Hans J., *A New Foreign Policy for the United States*, New York: Praeger, 1969.

______, *Politics among Nations: The Struggle for Power and Peace*, New York: Alfred. A. Knopf, 1954/1963/1967.

Neuhold, Hanspeter(ed.), *CSCE: N+N Perspectives(the process of the Conference on Security and Cooperation in Europe from the Viewpoint of the Neutral and Non−Aligned Participating States),* The Laxenburg Papers, Wien: The Austrian Institute for International Affairs, 1987.

Nolan, Janne E.(ed.), *Global Engagement: Cooperation and Security in the 21st Century*, Washington D.C.: The Brookings Institute, 1994.

Nolan, Janne E., Bernard I. Finel, Brian D. Finlay(eds.), *Ultimate Security: Combating Weapons of Mass Destruction*, New York: The Century Foundation Press, 2003.

Oye, Kenneth A.(ed.), *Cooperation Under Anarchy*, Princeton: Princeton University Press, 1986.

Park, Jae Kyu and Byung−Joon Ahn(eds.), *The Strategic Defense Initiative: Its*

Implications for Asia and the Pacific, IFES Research Series No.35, Seoul: IFES, Kyungnam University, 1987.

Peters, B. Guy, *Institutional Theory in Political Science: the 'NewInstitutionalism,'* London: Continuum, 2001.

Rabasa, Angel M., *Political Islam in Southeast Asia: Moderates, Radicals and Terrorists*, ADELPHI PAPER, New York: Oxford University Press, 2003.

Rodan, Garry, Kevin Hewison, and Richard Robison, *The Political Economy of South—East Asia: Conflicts, Crises, and Change,* Second Edition, New York: Oxford University Press, 2002.

Rosenau, James N., Kenneth W. Thompson and Gavin Boyd(eds.), *World Politics: An Introduction,* New York: Free Press, 1976.

Ruggie, John Gerard(ed.), *Multilateralism Matters: The Theory and Praxis of an Institutional Form*, New York: Columbia University Press, 1993.

Schiff, Maurice and Winters L. Alan, *Regional Integration and Development*, New York: World Bank and Oxford University Press, 2003.

Singer, Marshall R., *Weak States in a World of Powers: The Dynamics of International Relationships*, New York: The Free Press, 1972.

Singer, Max and Aaron Wildavsky(eds.), *The Real World Order: Zone of Peace and Zone of Turmoil*, Chatham, New Jersey: Chatham House Publishers, 1996.

Smock, Richard and Andrei Kortunov(eds.), *Mutual Security: A New Approach to Soviet—American Relations*, New York: St. Martin's Press, 1991.

Spillmann, Kurt R. and Joachim Krause(eds.), *Kosovo: Lessons Learned for International Cooperative Security*, Bern: Peter Lang AG, European Academic Publishers, 2000.

Tan, See Seng and Amitav Acharya(eds.), *Asia—Pacific Security Cooperation: National Interest and Regional Order*, New York: A East Gate Book, 2004.

The Independent Commission on Disarmament and Security Issues under the Chairmanship of Olof Palme, *Common Security: A Programme for Disarmament*, London: Pan Books Ltd, 1982.

The Independent Commission on Disarmament and Security Issues, *Common Security: A Blueprint for Survival*, New York: Simon and Schuster, 1982.

The Times, *The Times Concise Atlas of the World,* Eighth Edition, London: Times Books Group Ltd, 2000.

Valencia, Mark J., Jon M. Van Dyke, and Noel A. Ludwig, *Sharing the Resources of the South China Sea*, Honolulu: University of Hawaii Press, 1997.

Waltz, Kenneth N., *Theory of International Politics*, Boston: McGraw Hill Inc., 1979.

Weiss, Thomas G.(ed.), *Collective Security in a Changing World,* London: Lynne Rienner Publishers Inc., 1993.

Wendt, Alexander, *Social Theory of International Politics*, New York: Cambridge University Press, 1999.

Wiener, Antje and Thomas Diez, *European Integration Theory,* New York: Oxford University Press, 2004.

Yahuda, Michael, *The International Politics of the Asia−Pacific,* 1945−1995, London: Routledge, 1996.

Zartman, I., William and Victor A. Kremenyuk(eds.), *Cooperative Security: Reducing Third World Wars*, New York: Syracuse University Press, 1995.

나. 논문

Abad, M. C. Jr., "A Nuclear Weapon−Free Southeast Asia and its Continuing Strategic Significance," Institute of Southeast Asian Studies, *Contemporary Southeast Asia, A Journal of International and Strategic Affairs*, Vol.27, No.2, August 2005, pp.165−187.

Acharya, Amitav, "ASEAN and Asia−Pacific Multilateralism: Managing Regional Security," in Acharya, Amitav and Richard Stubbs(eds.), *New Challenges for ASEAN*, Vancouver: UBC Press, 1995.

______, "Collective Identity and Conflict Management in Southeast Asia," in Emanuel Adler and Michael Barnett(eds.) *Security Communities*, Cambridge: Cambridge University Press, 1998.

______, "The Imagined Community of East Asia," *Korea Observer*, Vol.37, No.3, Autumn 2006, pp.407−422.

Acharya, Arabinda, "India and Southeast Asia in the Age of Terror: Building

Partnerships for Peace," *Contemporary Southeast Asia, A Journal of International and Strategic Affairs*, Vol.28, No.2, August 2006, pp.297−321.

Alagappa, Muthiah, "Regionalism and the Quest for Security: ASEAN and the Cambodian Conflict," *Journal of International Affairs*, Vol.46, No.2, Winter 1993.

Bristow, Damon, "The Five Power Defense Arrangements: Southeast Asia's Unknown Regional Security Organization," Institute of Southeast Asian Studies, *Contemporary Southeast Asia, A Journal of International and Strategic Affairs*, Vol.27, No.1, April 2005, pp.1−20.

Buszynski, Leszek, "Russia and Southeast Asia: A New Relationship," *Contemporary Southeast Asia*, Vol.28, No.2, August 2006, pp.276−296.

Caballero−Anthony, Mely, "Partnership for Peace in Asia: ASEAN, the ARF, and the United Nations," *Contemporary Southeast Asia*, Vol.24, No.3, 2002.

_____, "Revisioning Human Security in Southeast Asia," *Asian Perspective*, Vol.28, No.3, 2004, pp.155−189.

Carter, Ashton B., "American's New Strategic Partner?," *Foreign Affairs*, Vol.85, No.4, July/August 2006, pp.87−94.

Crawford, Neta C., "A Security Regime among Democracies," *International Organization*, Vol.48, No.2, Summer 1994.

Davis, Bob, "Rise of Nationalism Frays Global Ties: Trade, Environment Face New Threats, Balkanized Internet," *The Wall Street Journal*, April 28, 2008.

Dewitt, David, "Common, Comprehensive, and Cooperative Security," *The Pacific Review*, Vol.7, No.1, 1994. pp.1−15.

Diez, Thomas, Stephan Stetter and Mathias Albert, "The European Union and Border Conflicts: The Transformative Power of Integration," Cambridge University Press, *International Organization*, Vol.60, No.3, Summer 2006.

Dosch, Jorn, "Vietnam's ASEAN Membership Revisited: Golden Opportunity or Golden Cage?," *Contemporary Southeast Asia*, Vol.28, No.2, August 2006, pp.234−258.

Dreyer, June Teufel, "Sino−Janpanese Rivalry and Its Implications for Developing Nations," *Asian Survey*, Vol.XLVI, No.4, July/August 2006, pp.538−557.

Dutra, Michael and Gaurav Kampani, "The Forthcoming Perry Report," Center for Nonproliferation Studies, Monterey Institute of International Studies, 1999.

Dzurek, Daniel J., "The Spratly Islands Dispute: Who's On First?" IBRU(International Boundaries Research Unit), *Maritime Briefing,* Vol.2, No.1, 1996.

Evans, Gareth, "Cooperative Security and Intra—State Conflict," *Foreign Policy*, No.96, Fall 1994.

Evans, Paul, M., "The Prospects for Multilateral Security Cooperation in Asia/Pacific Region," *The Journal of Strategic Studies*, Vol.18, No.3, Sept. 1995.

Finkelstein, David M., "China's 'New Concept of Security': Retrospective and Prospects" Prepared for the National Defense University Conference, *The Evolving Role of the People's Liberation Army in Chinese Politics,* Fort Lesley J. McNair, Washington D.C., 30—31 October 2001.

Fisher, Richard D. Jr., "Rebuilding the U.S.—Philippine Alliance," *The Heritage Foundation Backgrounder Executive Summary,* February 22, 1999.

Fukushima, Akiko, "Multilateralism and Security Cooperation in China," at http://www.stimson.org/japan/pdf/Fukushima—e.pdf.

Fukuyama, Francis, "Building Democracy after Conflict: Stateness First," Journal of Democracy, Vol.16, No.1, January 2005.

Grieco, Joseph M., "Anarchy and the Limits of Cooperation: A Realist Critique of the newest Liberal Institutionalism," *International Organization* Vol.42, No.3, Summer 1988.

Heller, Dominik, "The Relevance of the ASEAN Regional Forum(ARF) for Regional Security in the Asia—Pacific," *Contemporary Southeast Asia, A Journal of International and Strategic Affairs,* Vol.27, No.1, April, 2005.

Ho, Joshua H., "The Security of Sea Lanes in Southeast Asia," *Asian Survey*, Vol.XLVI, No.4, July/August 2006, pp.558—574.

Hong, Zhao, "India's Changing Relations with ASEAN: From China's Perspective," *The Journal of East Asian Affairs*, The Research Institute for International Affairs(RIIA), Vol.20, No.2, Fall/Winter 2006, pp.141—170.

Hwee, Yeo Lay, "Japan, ASEAN, and the Construction of an East Asian Community, *Contemporary Southeast Asia," A Journal of International and*

Strategic Affairs, Vol.28, No.2, August 2006, pp.259−275.

Jervis, Robert, "Security Regimes," *International Organization,* Vol.36, No.2, Spring 1982, pp.173−194.

Job, Brian L., "The Insecurity Dilemma: National, Regime, and State Securities in the Third World," in Brian L. Job(ed.), *The Insecurity Dilemma: National Security of Third World States,* London: Lynne Rienner Publishers, 1992.

Katanyuu, Ruukun, "Beyond Non−Interference in ASEAN: The Association's Role in Myanmar's National Reconciliation and Democratization," *Asian Survey,* Vol.XLVI, No.6, November/December 2006, pp.825−845.

Kelleher, C. M., "Cooperative Security in Europe," in Nolan, J. E.(ed.), *Global Engagement: Cooperation and Security in the 21 Century,* Washington D.C.: The Brookings Institution, 1994.

Keohane, Robert O., "Multilateralism: An Agenda for Research," *International Journal,* Vol.45, Autumn 1990.

Kewis, Margaret K., "An Analysis of State Responsibility for the Chinese−American Airplane Collision Incident," *New York University Law Review,* Vol.77, No.5, November 2002.

Kim, Sunhyuk and Philippe C. Schmitter, "The Experience of European Integration and Potential for Northeast Asian Integration," *Asian Perspective,* Vol.29, No.2, 2005.

Kuik, Cheng−Chwee, "Multilateralism in China's ASEAN Policy: Its Evolution, Characteristics, and Aspiration," *Contemporary Southeast Asia, A Journal of International and Strategic Affairs,* Vol.27, No.1, April, 2005.

Lee, Won Woo, "Review on Defense/Military Officials' Exchange and Cooperation within the ARF Countries," *Workshop on Defense/Military Officials' Cooperation within the ARF,* Seoul: National Defense University, Republic of Korea, August 28−30, 2002, pp.138−146.

Lee, Jung Yong, "North Korea's Arms Control Policy and the Challenge of South Korea's Sunshine Policy," The University of Aberdeen, Thesis Presented for the Degree of Doctor of Philosophy, 2002.

Lord, Winston, "It is Time for America to Help Build a New Pacific

Community," *International Herald Tribune*, Friday, April 9, 1993, at http://www.iht.com/articles/1993/04/09/edlo.php? page＝1.

Mack, Andrew and Pauline Kerr, "The Evolving Security Discourse in the Asia－Pacific," *The Washington Quarterly*, Vol.18, No.1, 1995.

Mihalka, Michael, "Cooperative Security in the 21st Century," Partnership for Peace Consortium of Defense Academies and Security Studies Institutes, *Connections, The Quarterly Journal*, Germany, Winter 2005.

Mistry, Dinshaw, "Diplomacy, Domestic Politics, and the U.S.－India Nuclear Agreement," *Asian Survey*, Vol.XLVI, No.5, September/October 2006, pp.675－698.

Mohan, Raja, C., "India and the Balance of Power," *Foreign Affairs*, Vol.85, No.4, July/August 2006, pp.2－16.

Nettl, J.P. "The State as a Conceptual Variable," in *World Politics*, July 1968.

Perry, William J., "Review of United States Policy Toward North Korea: Findings and Recommendations," Washington D.C., October 12, 1999.

Rowan, Joshua P., "The U.S.－Japan Security Alliance, ASEAN, and the South China Sea Dispute," *Asian Survey*, Vol.xlv, No.3, May/June 2005.

Roy, Denny, "Southeast Asia and China: Balancing or Bandwagoning?," *Contemporary Southeast Asia, A Journal of International and Strategic Affairs*, Vol.27, No.2, August 2005, pp.305－322.

Sagramoso, Domitilla, "Why Did Milosevic Give in? Political Cooperation in Retrospect," in Kurt R. Spillmann and Joachim Kraus(eds.), *Kosovo: Lessons Learned for International Cooperative Security,* Bern; Peter Lang AG, European Academic Publishers, 2000.

Sanders, Chris C., "Contending With Explosive Remnants of War," *Arms Control Today*, September 2004.

Studeman, Michael, "Calculating China's Advances in the South China Sea Identifying the Triggers of 'Expansionism'" National War College, *National War Colleague Review,* Spring 1998.

Thompson, Eric C., "Singaporean Exceptionalism and Its Implications for ASEAN Regionalism," Institute of Southeast Asian Studies, *Contemporary Southeast*

Asia, A Journal of International and Strategic Affairs, Vol.28, No.2, August 2006, pp.183－206.

Tonnesson, Stein, "Locating the South China Sea," in Paul Kratoska et al.(eds.), *Locating Southeast Asia: Geographies of Knowledge and Politics of Space*, Singapore: Singapore University Press, 2005, pp.203－233.

Tsushiyama, Jitsuo, "Ironies in Japan's Defense and Disarmament Policy," in Inoguchi, T. and P. Jain(eds.), *Japanese Foreign Policy Today*, New York: St. Marin's Press, 2000.

Valencia, Mark J., "The East China Sea Dispute: Context, Claims, Issues, and Possible Solutions," *Asian Perspective*, Vol.31, No.1, 2007, pp.127－168.

Vaughn, Bruce and Wayne M. Morrison, "China－Southeast Asia Relations: Trends, Issues, and Implications for the United States," in Congressional Research Service, The Library of Congress, *CRS Report for Congress*, Received through the CRS Web, Order Code RL32688, April 4, 2006.

Vetschera, Heinz, "Instruments of Cooperative Security in the CSCE Framework," An updated version of the author's lecture on "Regional Security Arrangements－The CSCE Experience with Confidence－Building, Crisis Mechanisms and Conflict Prevention" at the Second Ginosar Conference organized by the Jaffee Center for Strategic Studies, Tel Aviv University, 5－11 January 1993, updated in Vienna in 1994.

Vuving, Alexander L., "Strategy and Evolution of Vietnam's China Policy: A Changing Mixture of Pathways," *Asian Survey*, Vol.XLVI, No.6, November/December 2006, pp.805－824.

Wallerstein, Immanuel, "A World－System Perspective on the Social Science," in *The Capitalist World－Economy*, Cambridge: Cambridge University Press, 1979.

Walt, Stephen M., "The Renaissance of Security Studies," *International Studies Quarterly*, Vol.35, No.2, June 1991.

Wang, Yiwei, "Rethinking the South China Sea and Economic Development: China and Some Others," *The Journal of East Asian Affairs,* Vol.20, No.1, Spring/Summer 2006, pp.181－202.

Wardell, Simon, "Global Resources Crisis," in International Conference organized by LG Economic Research Institute, *Global Resources Crisis: How to Overcome the Challenges*, May 7, 2008.

Wiencek, David G., "South China Sea Flashpoint," The Jamestown Foundation, *China Brief*, Volume 1, Issue 2, July 24, 2001.

Yuzawa, Takeshi, "The Evolution of Preventive Diplomacy in the ASEAN Regional Forum: Problems and Prospects," *Asian Survey*, Vol.XLVI, No.5, September/October 2006, pp.785－804.

渡邊榮樹, "東南アジアの 軍備擴張と 戰略環境,"『新防衛論集』第23卷, 第3號, 1996.

閻學通, "亞太地域的協力安全,"『東亞季刊』第30卷, 第2期, 1999年 4月號.

다. 외국 정부·국제기구/협의체 관련 자료(조약/문서/선언/연설/보고서 등)

ASEAN Secretariat, *ASEAN Regional Forum Document Series 1994－2002*, Jakarta: Public Affairs Office of The ASEAN Secretariat, 2003.

______, "ASEAN Vision 2020," Kuala Lumpur, 15 December 1997.

______, "Bangkok Declaration," Bangkok, 8 August 1967.

______, "Charter of the ASEAN," Singapore, 20 November 2007.

______, "Declaration of ASEAN Concord Ⅱ(Bali Concord Ⅱ)," Bali, Indonesia, 7 October 2003.

______, "Declaration of ASEAN Concord," Bali, 24 February 1976.

______, "Declaration on the Conduct of Parties in the South China Sea," Phnom Penh, 4 November, 2002.

______, "Ha Noi Plan of Action," Ha Noi, 15 December, 1998.

______, "Protocol Amending the Treaty of Amity and Cooperation in Southeast Asia," Manila, 15 December 1987.

______, "Second Protocol Amending the Treaty of Amity and Cooperation in Southeast Asia," Manila, 25 July 1998.

______, "Treaty of Amity and Cooperation in Southeast Asia," Bali, 24 February 1976.

______, "Treaty on the Southeast Asia Nuclear Weapon－Free Zone," Bangkok, Thailand, 15 December 1995.

______, "Zone of Peace, Freedom and Neutrality Declaration(Kuala Lumpur Declaration)," Kuala Lumpur, 27 November 1971.

Asian Disaster Preparedness Center(ADPC), "ARF Matrix of Cooperation in Disaster Management among ARF Participants, Version 2," Bangkok, Thailand, July 1999.

Bank for International Settlements, "The 77th Annual Report(1 April 2006—31 March 2007)," Basel: 24 June 2007.

CIA, *The World Factbook 2006(CIA's 2005 Edition)*, Washington D.C.: Potomac Books, Inc., 2006.

CSCE Secretariat, "Helsinki Document 1992: The Challenges of Change," Helsinki, 1992.

Department of Public Information, United Nations, *Charter of the United Nations and Statute of the International Court of Justice,* New York: United Nations, 1985.

Information Office of the State Council of the People's Republic of China, *CHINA'S NATIONAL DEFENSE IN 2002*, BEIJING, December, 2002.

Letter from Joseph W. Prueher, Ambassador to China, to Tang Jiaxuan, Chinese Minister of Foreign Affairs, April 11, 2001.

Ministry of Defence, *Australia's National Security: A Defence Update 2003,* Canberra: Defence Publishing Service, 2003.

Ministry of Defence, *Defending Singapore in the 21st Century*, Singapore, 2001.

Ministry of Defence, *Malaysian Defence: Towards Defence Self—Reliance, Ministry of Defence,* 1998.

Ministry of Foreign Affairs of Malaysia, *Annual Security Outlook(ASO) 2006,* Kuala Lumpur, 28 July 2006.

Myanmar Armed Forces Government, *Endeavours of the Myanmar Armed Forces Government for National Reconsolidation*, Myanmar Armed Forces Government, 2000.

NATO Information Service, *The North Atlantic Treaty Organization(1949—1989)*, Brussels, 1989.

NATO Office of Information and Press, *NATO HANDBOOK*, Brussels, 1992.

______, *NATO HANDBOOK*, Brussels, 1995.

OSCE, *Annual Report 2000 on OSCE Activities,* 24 November 2000.

______, *Conference on Security and Cooperation in Europe Final Act, Helsinki 1975*, OSCE, 2 November, 1999.

______, *Code of Conduct on Politico—Military Aspects of Security*, Budapest, 3 December 1994.

______, *OSCE Decisions 1998*, April 1999.

______, *OSCE Handbook*, June 2000.

______, *Vienna Document 1999 of the Negotiations on Confidence and Security Building Measures*, Vienna, 1999.

S. C. Res. 1368, UN SCOR, 56th Sess., 4370th mtg., UN Doc. S/RES/1368, 12 September 2001.

S.C. Res. 1373, UN SCOR, 56th Sess., 4385th mtg., UN Doc. S/RES/1373, 28 September 2001.

Secretariat of the Organization for Security and Cooperation in Europe, *OSCE HANDBOOK(1975—2000)*, Vienna: the Secretariat of the OSCE, 2001.

Secretariat of the OSCE, *From CSCE to OSCE(Statement and Speeches of Secretary General of the OSCE(1993—1996)*, Vienna, June, 1996.

United Nations Security Council, Resolution 1373(2001), adopted by the Security Council at its 4385th meeting, on 28 September 2001.

______, Resolution 1540(2004), adopted by Security Council at its 4956 meeting, on 28 April 2004.

United Nations, "An Agenda for Peace Preventive diplomacy, peacemaking and peace—keeping," Report of the Secretary—General pursuant to the statement adopted by the Summit Meeting of the Security Council on 31 January 1992, A/47/277—S/24111, 17 June 1992.

United States Information Agency, *Treaty on Conventional Armed Forces in Europe*, Arms Control and Disarmament Agency, Paris, November 19, 1990.

World Bank, *Key Development Data and Statistics, World Development Indicators*, 2007.

"ARF Statement on Measures against Terrorist Financing," Bandar Seri Begawan, Brunei Darussalam, 30 July 2002.

"ARF Statement on Strengthening Transport Security against International Terrorism," Jakarta, Indonesia, 2 July 2004.

"ASEAN Declaration on the South China Sea(1992)," Manila, Philippines, 22 July 1992.

"ASEAN Regional Forum Seminar on Energy Security," Co−Chairs' Summary, Crowne Plaza Hotel, Brussels, Belgium, 5−6 October 2006.

"ASEAN Regional Forum Seminar on Enhanced Cooperation in the Field of Non−traditional Security Issues," Chair's Summary Report, Sanya, China, 7−8 March 2005.

"ASEAN Regional Forum Statement on Cooperation in Fighting Cyber Attack and Terrorist Misuse of Cyber Space," Kuala Lumpur, 28 July 2006.

"ASEAN Regional Forum Statement on Cooperative Counter−Terrorist Action on Border Security," Phnom Penh, 18 June 2003.

"ASEAN Regional Forum Statement on Disaster Management and Emergency Response," Kuala Lumpur, 28 July 2006.

"ASEAN Regional Forum Statement on Non−Proliferation," Jakarta, 2 July 2004.

"ASEAN Regional Forum Statement on Promoting a People−Centered Approach to Counter Terrorism," Kuala Lumpur, 28 July 2006.

"ASEAN Regional Forum Workshop on Implementation of United Nations Security Council Resolution 1540," San Francisco, USA, February 13−15, 2007.

"ASEAN Regional Forum Workshop on Prevention of Terrorism," Bangkok 17−19 April 2002.

"Cairo Communiqué," December 1, 1943.

"Chairman's Statement 14th ASEAN Regional Forum," Manila, the Philippines, 2 August 2007.

"Chairman's Statement of the Fifteenth ASEAN Regional Forum," Singapore, 24 July 2008.

"Chairman's Statement of the Thirteenth ASEAN Regional Forum," Kuala Lumpur, Malaysia, 28 July 2006.

"Chairman's Statement the Eighth ASEAN Regional Forum," Hanoi, Vietnam, 25 July 2001.

"Chairman's Statement the Eleventh Meeting of ASEAN Regional Forum," Jakarta, 2 July 2004.

"Chairman's Statement the Fifth ASEAN Regional Forum," Manila, Philippines, 27

July 1998.

"Chairman's Statement the First ASEAN Regional Forum," in Bangkok, Thailand on 25 July 1994.

"Chairman's Statement the Fourth ASEAN Regional Forum," Subang Jaya, Malaysia, 27 July 1997.

"Chairman's Statement the Ninth ASEAN Regional Forum," Bandar Seri Begawan, Brunei Darussalam, 31 July 2002.

"Chairman's Statement the Second ASEAN Regional Forum," Bandar Seri Begawan, Brunei Darussalam, 1 August 1995.

"Chairman's Statement the Seventh ASEAN Regional Forum," Bangkok, Thailand 27 July 2000.

"Chairman's Statement the Sixth ASEAN Regional Forum," Singapore, 26 July 1999.

"Chairman's Statement the Tenth Meeting of ASEAN Regional Forum," Phnom Penh, 18 June 2003.

"Chairman's Statement the Third ASEAN Regional Forum," Jakarta, Indonesia, 23 July 1996.

"Chairman's Statement the Twelfth Meeting of the ASEAN Regional Forum(ARF)," Vientiane, 29 July 2005.

"Chairman's Statement, ASEAN Post—Ministerial Conferences, Senior OfficialsMeeting," Singapore, 20—21 May 1993.

"Chairman's Summary of the Fifth ASEAN Regional Forum Security Policy Conference," Singapore, 8 May 2008.

"Chairman's Summary of the First ASEAN Regional Forum Security Policy Conference," Beijing, 4—6 November 2004.

"Chairman's Summary of the Fourth ASEAN Regional Forum Security Policy Conference," Manila, Philippines, May 24, 2007.

"Chairman's Summary of the Second ASEAN Regional Forum Security Policy Conference," Vientiane, 19 May 2005.

"Chairman's Summary of the Third ASEAN Regional Forum Security Policy Conference," Karambunai, Sabah, Malaysia on 18 May 2006.

"Confidence on Security and Cooperation in Europe Final Act," Helsinki, 1 August 1975.

"Joint Communique 25th ASEAN Ministerial Meeting," Manila, Philippines, 21−
22 July 1992.

"Joint Communique of the Government of Japan and the Government of the
People's Republic of China," Peking, September 29, 1972.

"Joint Communique of the Twenty−Sixth ASEAN Ministerial Meeting," Singapore,
23−24 July 1993.

"Joint Statement of the Meeting of Heads of State/Government of the Member
States of ASEAN and the President of the People's Republic of China,"
Kuala Lumpur, Malaysia, 16 December 1997.

"Lahore Declaration, 21 February 1999," Inventory of International
Nonproliferation Organizations and Regimes Center for Nonproliferation
Studies, 2006.

"New Zealand Nuclear Free Zone, Disarmament, and Arms Control Act 1987,"
Public Act 1987 No.86, Date of Assent 8 June 1987.

"North American Cooperative Security Act," H.R. 2672, 109th Congress 1st
Session, May 26, 2005.

"North American Cooperative Security Act," S.853, 109th Congress 1st Session,
April 20, 2005.

"Potsdam Proclamation," 26 July 1945.

"President Reagan's March 23 Speech on National Security," *Official Text,* USIS,
Seoul, March 24, 1983.

"Singapore Declaration of 1992," Singapore, 28 January 1992.

"South Pacific Nuclear Free Zone Treaty," August 1985.

"Statement by H. E. Mr. Kabun Muto Minister of Foreign Affairs of Japan,"
Singapore, 26−28 July 1993.

"Summary Report of the ASEAN Regional Forum Inter−sessional Support Group
Confidence Building Measures," Beijing, China, 6−8 March 1997.

"TOR of the ASEAN−China Joint Working Group on the Implementation of the
Declaration on the Conduct of Parties in the South China Sea," 7
December 2004.

"The ASEAN Regional Forum Seminar on Alterntive Development," Summary

Report, 7-8 September 2004, Kunming.

"Treaty of Peace between the Republic of China and Japan," 28 April 1952, Taipei.

"Treaty of Peace with Japan," San Francisco, 8 September 1951.

3. 인터넷 자료

http://siteresources.worldbank.org/DATASTATISTICS/Resources/table6_11.pdf

http://unpan1.un.org/intradoc/groups/public/documents/APCITY/UNPAN011402.pdf

http://www.aseanregionalforum.org/

http://www.bis.org/publ/arpdf/ar2007e.htm

http://www.cgdev.org/doc/cdi/2007/Aid_2007.pdf

http://www.china—un.org/eng/xw/t27742.htm

http://www.fas.org/nuke/guide/india/nuke

http://www.fas.org/spp/eprint/cfr_nc_4htm

http://www.ibiblio.org/hyperwar/PTO/Dip/Potsdam.html

http://www.janes.com/security/international_security/news/jid/jid010607_1_n.shtml

http://www.mingpaonews.com/20071120/caa2.htm

http://www.nato.int/

http://www.ndl.go.jp/constitution/e/shiryo/01/002_46/002_46tx.html

http://www.ndu.edu/inss/China_Center/PLA_Conf_Oct01/MFinkelstein.htm

http://www.oas.org/

http://www.oecd.org/countrylist/0,3349,en_2649_34447_25602317_1_1_1_1,00.html

http://www.oecd.org/dataoecd/7/20/39768315.pdf

http://www.osce.org/

http://www.sectsco.org/

http://www.state.gov/t/ac/csbm/rd/22638.htm

http://www.taiwandocuments.org/cairo.htm

http://www.un.int/kazakhstan/cica.htm

http://www.un.org/webcast/ga/57/statements/020913chinaE.htm.

http://www.usip.org/library/pa/ip/ip_lahore19990221.html

https://www.cia.gov/library/publications/the—world—factbook/print/cb.html

https://www.cia.gov/library/publications/the—world—factbook/

http://web.worldbank.org/

http://www.aseansec.org/

http://www.earthtimes.org/

http://www.eia.doe.gov/emeu/cabs/schina2.html

http://www.fas.org/nuke/guide/pakistan/nuke/index.html

http://www.globalsecurity.org/military/world/war/kargil－99.htm

http://www.mofa.go.jp/region/asia－paci/china/joint72.html

http://www.oecd.org/

http://www.wikipedia.org/

부 록

〈부록 1〉 ARF 프로세스 '會期' 개념

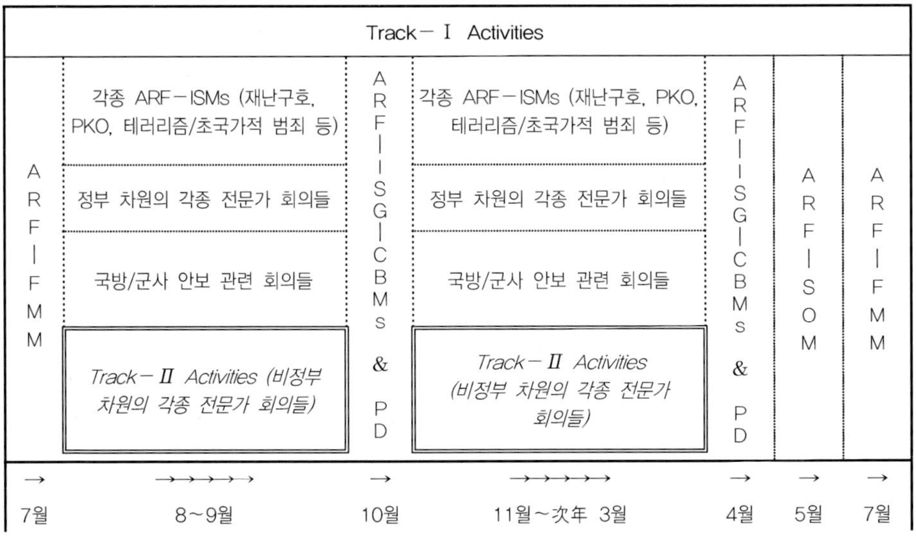

	Track-I Activities					
A R F - F M M	각종 ARF-ISMs (재난구호, PKO, 테러리즘/초국가적 범죄 등) 정부 차원의 각종 전문가 회의들 국방/군사 안보 관련 회의들 Track-II Activities (비정부 차원의 각종 전문가 회의들)	A R F - I S G - C B M s & P D	각종 ARF-ISMs (재난구호, PKO, 테러리즘/초국가적 범죄 등) 정부 차원의 각종 전문가 회의들 국방/군사 안보 관련 회의들 Track-II Activities (비정부 차원의 각종 전문가 회의들)	A R F - I S G - C B M s & P D	A R F - S O M	A R F - F M M
7월	8~9월	10월	11월~次年 3월	4월	5월	7월

※ ARF-FMM(외무장관회의) 지침과 7-10월까지의 Track-I/Track-II 활동들은 10월경의 ARF-ISG-CBM & PD에서 논의/점검되고, 10월에서 次年 4월까지 활동은 4월경의 ARF-ISG-CBM & PD에서 종합되어 차기연도 계획 사항들과 함께 5월경 개최되는 ARF-SOM에 보고된다. ARF-SOM은 1년간의 모든 ARF 활동과 차기 계획사항들을 종합 검토하여 7월경 개최되는 ARF-FMM으로 건의하고, ARF-FMM에서 최종 논의/승인됨으로써 會期를 이룬다. 이 패턴은 연속적으로(連續性) 반복된다(反復性).

〈부록 2〉 ARF 연표(1/3)

구분	개최 시기/장소	주요 논의/합의내용
제4차 ASEAN 정상회의	1992.1/싱가포르	1991년 일본 中山太郎 외상이 제의한 'ASEAN-PMC 틀을 이용한 아태지역 정치안보대화체'를 검토후 추진토록 승인
제26차 ASEAN 각료회의/ASEAN-PMC	1993.7/싱가포르	1994년 7월 18개국 참가, ARF를 방콕에서 개최하기로 합의 * 18개국: 인도네시아, 말레이시아, 필리핀, 태국, 싱가포르, 브루나이, 미국, 일본, 한국, 캐나다, 호주, 뉴질랜드, EU, 중국, 러시아, 베트남, 라오스, 파푸아뉴기니
제1차 ARF 외무장관회의	1994.7/태국	동남아우호협력조약(TAC)의 목적/원칙 승인 및 국가간 관계를 규율하는 행동규약으로 인정, 포괄안보 개념에 대한 연구 지시
제2차 ARF 외무장관회의	1995.8/브루나이	남중국해의 중복된 권리주장 우려 표명, 남태평양 핵실험 비난, ARF의 포괄안보 개념 강조, ARF개념서 주요내용 승인(ASEAN의 주도적 역할, consensus, 참가범위, ISG/ISM 등 제도 설립), 군사교류/국방백서 공개 촉구, **캄보디아 가입(19개국)**
제3차 ARF 외무장관회의	1996.7/인도네시아	남중국해 등 지역분쟁 문제 논의, SEANWFZ, NPT 등 대량살상무기 비확산체제 강화 강조, ARF 지도원칙/신규참가국 기준/ISG·ISM 활동 등 각종 회의지침 합의, 탐색구조/군사교류/평화유지 및 마약/돈세탁 등 초국가적 문제 논의, **인도·미얀마 가입(21개국)**
제4차 ARF 외무장관회의	1997.7/말레이시아	남중국해 등 지역분쟁 문제 논의, 강대국 상호관계 중요성 강조, SEANWFZ 발효 환영, 국제군축/비확산체제 지지, 정부/비정부 활동 검토, 탐색구조/평화유지/마약·돈세탁 문제 논의, 제1차 국방대학총장회의 개최, 최초 國防官吏 오찬회의 개최 환영, 경제적 번영이 지역안정의 기초임을 강조
제5차 ARF 외무장관회의	1998.7/필리핀	한반도 4자회담/KEDO 환영, 남중국해 평화 강조, 지뢰금지협약 중요성 강조, 인도/파키스탄 핵실험에 심각한 우려 표명, 신뢰구축/예방외교 중복 분야 발전 논의, ARF의 점진적 발전/consensus/포괄안보/TAC 가입 개방 등 강조
제6차 ARF 외무장관회의	1999.7/싱가포르	남중국해/한반도/인파분쟁 논의, 지역 안정 필수조건으로 강대국 관계 중요성 강조, 코소보 사태/舊유고 중국대사관 피폭 유감 및 조기수습 강조, PD 개념/원칙 문서작성 지시, ARF의 편안한 발전속도/전원합의/ASEAN의 중심적 역할 강조, 트랙-Ⅱ에 아태포괄안보협력 및 예방외교 연구 의뢰, 군사교류협력/평화유지/재난구호회의 개최, 국방관리오찬회의 실시, 불법이민/소형무기불법거래/해적문제 등 초국가적 범죄 논의, **몽골 가입(22개국)**

〈부록 2〉 ARF 연표(2/3)

구분	개최 시기/장소	주요 논의/합의내용
제7차 ARF 외무장관회의	2000.7/태국	동티모르/남중국해/한반도/남아시아 분쟁 논의, 강대국 상호관계 및 ASEAN+3 중요성 강조, 인도네시아 영토통합/미얀마 민주화 촉구, 국제군축/비확산체제 지지, MD 관련 논의, EEP 명부 및 ASO 작성, CBM/PD 중복분야 논의, ARF의 consensus/편안한 발전 속도/ASEAN의 지도적 역할/TAC 가입 개방 강조, ARFNet 연구, UN/OSCE/CSCAP 등과 협력 강조, 군사교류/방위정책/전쟁법/재난구호회의 등 개최, 동아시아 경제위기/세계화 문제 논의, 해적·불법이민·인신밀매·마약·돈세탁·부패·컴퓨터범죄 등 초국가적 범죄 논의, **북한 가입(23개국)**
제8차 ARF 외무장관회의	2001.7/베트남	남중국해 등 지역분쟁 논의, ASEAN+3/EASG 설립 환영, 세계화의 문제들 논의, 국제군축/비확산체제 지지, ARF 의장역할 증진 문서/EEP 문서 채택, PD 개념 및 원칙 문서는 일단 채택후 추가 보완 합의, consensus/편안한 발전 속도/내정 불간섭/ASEAN 지도적 역할/3단계 점진적 발전 지지, TAC 가입 개방 재확인, UN/OAS/NAM/OSCE 등 타 국제기구들과 협력 강화, CSCAP의 해양안보/초국가적 범죄/포괄 및 협력안보 연구 지지, 경제안보/초국가적 범죄/민군협력/민수전환/인도적 지원/환경보존 등 회의 개최
제9차 ARF 외무장관회의	2002.7/브루나이	테러리즘 공동대처, 남중국해/한반도/동티모르/남아시아/아프가니스탄 등 분쟁 논의, 강대국 상호관계 중요성 강조, 포괄안보/협력안보 차원의 접근 강조, 국제군축/비확산 활동지지, CTBT 조기 서명/비준 촉구, CBM 강화롤 통한 ARF 발전 촉구, 제1차 EEP 명부 발간, ARF 역할증진을 위한 ASEAN 사무국 역할 강화, CBM/PD 중복분야 발전 추진, 예방외교 관련 추가 논의, 군사교류/평화유지/국방관리회의 개최, ARF내 국방대화 개념서 승인, 의장국(브루나이)의 9개 건의사항 적극추진 합의, CSCAP/ASEAN-ISIS/여타 연구기관들과의 협력관계 발전 강조, ARF에서 ASEAN의 관행/지도적 역할 지속 지지
제10차 ARF 외무장관회의	2003.6/캄보디아	남중국해 등 지역분쟁 논의, 2002년 DOC 체결 환경, WMD/미사일 비확산 강조, 의장후원국 활용 추진 및 의장역할 증진, ARF에서의 공동안보 강조, 창설 10주년 성과와 10가지 발전추진사항 강조, 정부/비정부간 논의 연계 강화, ASEAN의 지도적 역할/편안한 발전속도 인정, 제1차 ISM-CTTC 회의 개최, 예방외교/해양안보/국방협력/테러리즘/초국가적 범죄/재난구호 등 워크숍/회의/세미나 개최

구분	개최 시기/장소	주요 논의/합의내용
제11차 ARF 외무장관회의	2004.7/인도네시아	지역분쟁 관련 논의, 국제군축/비확산지지, DOC 이행을 위한 합동 실무그룹 설립 환영, 의장역할 지원을 위한 ARF-Unit 설치 권고, ARF-EEP 운영지침 채택, PD 추가발전 논의, ASEAN의 중심적 역할/내정 불간섭/consensus/편안한 발전속도/TAC를 행동규약으로 재확인, 예방외교 단계로 발전노력 강조, 여타 제도/기구들과의 연계활동 강조, SEARCCT/JCLEC 설립 환영, 제1차 ASPC 승인, 민군관계/국방관리회의/테러리즘/초국가적 범죄 관련 회의/세미나 실시. **파키스탄 가입(24개국)**
제12차 ARF 외무장관회의	2005.7/라오스	남중국해 등 분쟁문제 논의, 국제군축/비확산체제 지지, 의장역할 증진 노력 강화, EEP회의 개최 합의, ASEAN 중심적 역할 강조, 9개 건의사항 지속 이행, ISG-CBM and PD 회의 설립, 의장후원국 제도 설립, ARF-Unit 활용 및 ARFNet/ARF 홈페이지 발전, ARF 기금 설립 TOR 채택, UN 개혁 필요성 강조, UN/OSCE/SCO 등 지역/국제기구들과의 결속 및 정부/비정부간 회의 연계성 강화, 제1차 ASPC 개최, 국방/군사 관련 회의, 테러리즘/예방외교/마약/재난구호/해양안보 관련 회의 개최. **티모르레스테 가입(25개국)**
제13차 ARF 외무장관회의	2006.7/말레이시아	남중국해 등 지역분쟁 논의, 북한 미사일 실험 중지 요구, 국제군축/비확산체제 지지, 지역행동규약으로 TAC 중요성 강조, ASAEN의 주도적 역할 지지, 재난구호/테러리즘/초국가적 범죄/해양안보/국방 관련 회의 개최. **방글라데시 가입(26개국)**
제14차 ARF 외무장관회의	2007.8/필리핀	남중국해 등 지역분쟁 논의, 국제군축/비확산체제 지지, 2006년 북한 핵실험 우려 표명, EEP 실용성 평가결과 채택, ASEAN의 주도적 역할 강조, 정부/비정부간 협력에 관한 개념서 채택, 재난구호 협력에 관한 일반지침 채택/평화유지/국방 관련 회의/테러리즘/초국가적 범죄/재난구호/전염병 예방/인도적 지원/해양안보 관련 회의 개최. **스리랑카 가입(27개국)**
제15차 ARF 외무장관회의	2008.7/싱가포르	프레아 비히어 사원 관련 태국과 캄보디아 갈등, 남중국해 등 지역분쟁 논의, 국제군축/비확산 지지, 한반도 비핵화 관련 6자회담 지지, 이란 핵문제 우려, 테러리즘 대처 관련 문명/문화간 대화 증진 필요성 강조, 인도적 지원 및 재난구호를 위한 ARF 전략지침 발전 지시, 해양안보/조류독감/인간 밀수/마약 밀매 등 대처 강화

* '국제군축/비확산 체제'는 동남아 비핵지대조약 관련 G-5와의 의정서 체결노력과 NPT, CTBT, FMCT, CWC, BWC, 오타와 지뢰협약, 미사일 비확산 등 활동이 포함된다.

출처: ARF 제1~15차 의장성명서: http://www.aseansec.org/106.htm(검색일: 2008.8.1) 참조.

〈부록 3〉 ARF 제1차~15차 회기 회의 개최 현황

제1차 회기에는 1993년 7월 ARF 설립 결정후 다자안보협력대화를 시작하는 단계로 총 2회의 회의를 실시하였다.

제1차 회기(1993.7－1994.7)

순번	구분	회의명	개최지	개최 일자
1	각료회의	외무장관회의(ARF－FMM)	태국 방콕	'94.7.25
2	외무차관보급회의	고위관리회의(ARF－SOM)	태국 방콕	'94.5.23.－25

출처: 외교통상부, 『아세안지역안보포럼(ARF)』(서울: 외교통상부, 2001.7), pp.53－55; "ARF Chairman's Stratements and Reports," and "List of ARF Track－1 Activities(by intersessional year/by subject)" at http://www.aseanregionalforum.org/Library/tabid/58/Default.aspx(검색일: 2007.8.4) 참조.

　제2차 회기에는 ARF 제도의 기초가 되는 개념서(concept paper)를 논의하
였으며 총 2회가 개최되었다.

제2차 회기(1994.7－1995.8)

순번	구분	회의명	개최지	개최 일자
1	각료회의	외무장관회의(ARF－FMM)	브루나이 반다르세리베가완	'95.8.1
2	외무차관보급회의	고위관리회의(ARF－SOM)	브루나이 반다르세리베가완	'95.5.22－24

출처: 외교통상부(2001.7.), p.56; "ARF Chairman's Stratements and Reports," and "List of ARF Track－1 Activities(by Intersessional year/by subject)" at http://www.aseanregionalforum.org/Library/tabid/58/Default.aspx(검색일: 2007.8.4) 참조.

제3차 회기에는 ARF 운영규칙 등을 제정하고 신뢰구축조치, 탐색구조, 평화유지활동 등에 관한 회기간 회의를 시작하였으며 총 6회가 실시되었다.

제3차 회기(1995.8-1996.7)

순번	구분	회의명	개최지	개최 일자
1	각료회의	외무장관회의(ARF-FMM)	인도네시아 자카르타	'96.7.23
2	외무차관보급회의	고위관리회의(ARF-SOM)	인도네시아 욕자카르타	'96.5.10-11
3	국장/과장급 업무종합 실무회의	신뢰구축조치에 관한 會期間 지원그룹회의(ISG-CBM) * Inter-sessional Support Group on Confidence Building Measures	일본 동경	'96.1.18-19
4			인도네시아 자카르타	'96.4.15-16
5	국장/과장급 전문 분야 실무회의	탐색구조 조정 및 협력에 관한 회기간 회의(ISM-SARCC) * Inter-sessional Meeting on Search and Rescue Coordination and Cooperation	미국 호놀룰루	'96.3.4-7
6	국장/과장급 실무회의	평화유지활동에 관한 회기간 회의(ISM-PKO) * Inter-sessional Meeting on Peacekeeping Operations	말레이시아 쿠알라룸푸르	'96.4.1-3

출처: "ARF Chairman's Stratements and Reports," and "List of ARF Track-1 Activities(by intersessional year/by subject)" at http://www.aseanregionalforum.org/Library/tabid/58/Default.aspx(검색일: 2007.8.4);
"List of ARF Track Ⅰ Activities(By Inter-sessional Year)" at http://www.aseanregionalforum.org/PublicLibrary/ARFActivities/ListofARFTrackIActivities/tabid/93/Default.aspx(검색일: 2008.6.23) 참조.

제4차 회기에는 재난구호에 관한 회기간 회의를 시작하였으며 평화유지, 지뢰제거세미나 등 총 9회가 개최되었다.

제4차 회기(1996.7 – 1997.7)

순번	구분	회의명	개최지	개최 일자
1	각료회의	외무장관회의(FMM)	말레이시아 수방자야	'97.7.27
2	외무차관보급회의	고위관리회의(SOM)	말레이시아 랑카위	'97.5.18 – 20
3	국장/과장급 업무종합 실무회의	신뢰구축조치에 관한 會期間 지원그룹회의(ISG – CBM) * Inter – sessional Support Group on Confidence Building Measures	중국 북경	'97.3.6 – 8
4	국장/과장급 전문 분야 실무회의	평화유지활동에 관한 회기간 회의(ISM – PKO) Inter – sessional Meeting on Peacekeeping Operations	말레이시아 쿠알라룸푸르	'97.3.10 – 14
5			뉴질랜드 팔머스톤노스	'97.4.7 – 11
6		재난구호에 관한 회기간 회의(ISM – DR) * Inter – sessional Meeting on Disaster Relief	뉴질랜드 웰링턴	'97.2.19 – 20
7		탐색구조에 관한 회기간 회의(ISM – SARCC) * Inter – sessional Meeting Seminar on Search and Rescue Coordination and Cooperation	싱가포르	'97.3.26 – 28
8	(평화유지 관련) 재난구호회의	지뢰제거 세미나 (ARF Demining Seminar)	뉴질랜드 팔머스톤노스	'97.4.7 – 11
9	평화유지활동 관련 회의	교관훈련에 관한 지역 워크숍 (Regional Workshop on Train the Trainers)	말레이시아 쿠알라룸푸르	'97.3.10 – 14

출처: "ARF Chairman's Stratements and Reports," and "List of ARF Track – 1 Activities(by intersessional year/by subject)" at http://www.aseanregionalforum.org/Library/tabid/58/Default.aspx(검색일: 2007.8.4);
"List of ARF Track Ⅰ Activities(By Inter – sessional Year)" at http://www.aseanregionalforum.org/PublicLibrary/ARFActivities/ListofARFTracklActivities/tabid/93/Default.aspx(검색일: 2008.6.23) 참조.

제5차 회기에는 국방대학총장회의가 시작되었으며, 총 7회가 개최되었다.

제5차 회기(1997.7 − 1998.7)

순번	구분	회의명	개최지	개최 일자
1	각료회의	외무장관회의(FMM)	필리핀 마닐라	'98.7.27
2	외무차관보급회의	고위관리회의(SOM)	필리핀 마닐라	'98.5.20−22
3	국장/과장급 업무종합 실무회의	신뢰구축조치에 관한 會期間 지원그룹회의(ISG−CBM) * Inter−sessional Support Group on Confidence Building Measures	브루나이	'97.11.4−6
4			호주 시드니	'98.3.4−6
5	국장/과장급 전문 분야 실무회의	재난구호에 관한 회기간 회의(ISM−DR) * Inter−sessional Meeting on Disaster Relief	태국 방콕	'98.2.18−20
6			러시아 모스크바	'98.4.11−14
7	국방 관련 차관보/中・少將級 회의	국방대학총장회의 * Meeting of Heads of Defense Universities/Colleges and Institutions	필리핀 마닐라	'97.10.7−8

출처: "ARF Chairman's Stratements and Reports," and "List of ARF Track−1 Activities(by intersessional year/by subject)" at http://www.aseanregionalforum.org/Library/tabid/58/Default.aspx(검색일: 2007.8.4);
"List of ARF Track Ⅰ Activities(By Inter−sessional Year)" at http://www.aseanregionalforum.org/PublicLibrary/ARF Activities/ListofARFTrackIActivities/tabid/93/Default.aspx(검색일: 2008.6.23) 참조.

　제6차 회기에는 재난구호, 국방백서회의 등이 개최되고 총 13회가 개최되었다.

제6차 회기(1998.7~1999.7)

순번	구분	회의명	개최지	개최 일자
1	외무각료회의	외무장관회의(FMM)	싱가포르	'99.7.26
2	외무차관보급회의	고위관리회의(SOM)	싱가포르	'99.5.19－21
3	국장/과장급 업무종합 실무회의	신뢰구축조치에 관한 會期間 지원그룹회의(ISG－CBM) * Inter－sessional Support Group on Confidence Building Measures	미국 호놀룰루	'98.11.4－6
4			태국 방콕	'99.3.3－5
5	국장/과장급 전문 분야 실무회의	재난구호에 관한 회기간 회의(ISM－DR) * Inter－sessional Meeting on Disaster Relief	러시아 모스크바	'99.4.11－14
6	재난구호 관련 회의	재난구호 전문가회의(ARF Expert Group Meeting on Disaster Relief)	태국 방콕	'99.1.29
7		열대 위생학 및 열대 전염병 예방/치료에 관한 심포지엄(Symposium on Tropical Hygiene and Prevention and Treatment of Tropical Infectious Diseases)	중국 북경	'98.11.25－27
8	해양안보 관련 회의	해양문제에 관한 專門官吏 회의(Meeting of Specialist Officials on Maritime Issues)	미국 호놀룰루	'98.11.5
9	평화유지 관련 회의	평화유지 훈련 워크숍(Workshop on Approaches to Training for Peacekeeping)	EU(아일랜드 더블린)	'98.10.19－23
10		현대 평화유지활동 훈련과정(Training Course on Modern Peacekeeping Operations)	일본 동경	'99.3.22－26
11	인력개발 관련 회의	ARF (중급관리) 전문화 프로그램(ARF Professional Development Programme)	미국 워싱턴	'99.4.18－23
12	국방 관련 회의	국방정책문서 생산에 관한 세미나(Seminar on Production of Defense Policy Documents)	호주 캔버라	'98.8.31－9.2
13	국방 관련 차관보/中·少將級 회의	국방대학총장회의 * Meeting of Heads of Defense Universities/Colleges and Institutions	한국 서울	'98.9.8－10

출처: "ARF Chairman's Stratements and Reports," and "List of ARF Track－1 Activities(by intersessional year/by subject)" at http://www.aseanregional forum.org/Library/tabid/58/Default.aspx(검색일: 2007.8.4);
　"List of ARF Track Ⅰ Activities(By Inter－sessional Year)" at http://www.aseanregionalforum.org/Public Library/ARF Activities/ListofARFTrackIActivities/tabid/93/Default.aspx(검색일: 2008.6.23) 참조.

　제7차 회기에는 초국가적 범죄 전문가 회의가 시작되었으며 총 12회가 실시되었다.

제7차 회기(1999.7-2000.7)

순번	구분	회의명	개최지	개최 일자
1	각료회의	외무장관회의(FMM)	태국 방콕	'00.7.27
2	외무차관보급회의	고위관리회의(SOM)	태국 방콕	'00.5.17-19
3	국장/과장급 업무종합 실무회의	신뢰구축조치에 관한 會期間 지원그룹회의(ISG-CBM)	일본 동경	'99.11.13-14
4		* Inter-sessional Support Group on Confidence Building Measures	싱가포르	'00.4.5-6
5	국장/과장급 전문 분야 실무회의	재난구호에 관한 회기간 회의(ISM-DR) * Inter-sessional Meeting on Disaster Relief	베트남 하노이	'00.5.4-6
6	재난구호 관련 회의	재난구호 훈련의 공동접근을 위한 교관훈련 세미나(ARF Train the Trainers Seminar "Towards Common Approaches to Training in Disaster Relief")	태국 방콕	'00.1.25-28
7	초국가적 범죄 관련 회의	초국가적 범죄에 관한 전문가회의 (ARF Expert Group Meeting on Transnational Crime)	싱가포르	'00.4.4
8	인력개발 관련 회의	ARF (중급관리) 전문화 프로그램(ARF Professional Development Programme)	브루나이 반다르세리 베가완	'00.4.23-28
9	국방 관련 회의	무장투쟁법 관련 세미나(ARF Seminar on the Law of Armed Conflict)	호주 뉴캐슬	'99.12.13-17
10		중국 안보정책에 관한 전문훈련 프로그램(ARF Professional Training Programme on China's Security Policy)	중국 북경	'99.10.10-19
11		국방언어학교 세미나(ARF Defense Language School Seminar)	호주 멜버른	'00.3.28-31
12	국방 관련 차관보/中·少將級 회의	국방대학총장회의 * Meeting of Heads of Defense Universities/Colleges and Institutions	몽골 울란바토르	'99.9.22-24

출처: "ARF Chairman's Stratements and Reports," and "List of ARF Track-1 Activities(by intersessional year/by subject)" at
　　　http://www.aseanregionalforum.org/Library/tabid/58/Default.aspx(검색일: 2007.8.4);
　　　"List of ARF Track I Activities(By Inter-sessional Year)" at http://www.aseanregionalforum.org/PublicLibrary/ARF
　　　Activities/ListofARFTrackIActivities/tabid/93/Default.aspx(검색일: 2008.6.23) 참조.

제8차 회기에는 재래식 무기 세미나 등이 시작되었으며 총 14회가 실시되었다.

제8차 회기(2000.7－2001.7)

순번	구분	회의명	개최지	개최 일자
1	각료회의	외무장관회의(FMM)	베트남 하노이	'01.7.25
2	외무차관보급회의	고위관리회의(SOM)	베트남 하노이	'01.5.17－19
3	국장/과장급 업무종합 실무회의	신뢰구축조치에 관한 會期間 지원그룹회의(ISG－CBM)	한국 서울	'00.11.1－3
4		* Inter－sessional Support Group on Confidence Building Measures	말레이시아 쿠알라룸푸르	'01.4.18－20
5	재난구호 관련 회의	통합된 인도주의적 지원 훈련 (CHART: Combined Humanitarian Assistance Response Training)	싱가포르	'00.8.21－25
6	신뢰구축 관련 회의	신뢰구축 접근에 관한 세미나(Seminar on Approaches to Confidence Building)	EU(핀란드 헬싱키)	'00.10.2－4
7	해양안보 관련 회의	反해적행위 워크숍(Workshop on Anti－Piracy)	인도 뭄바이	'00.10.18－20
8		선박으로부터 발생되는 폐기물의 친환경적 관리에 관한 워크숍(Workshop on Environmentally Sound Management of Shipboard Generated Waste)	미국 워싱턴디시	'01.6.24－28
9	초국가적 범죄 관련 회의	초국가적 범죄에 관한 전문가회의 (ARF Expert Group Meeting on Transnational Crime)	한국 서울	'00.10.30－31
10			말레이시아 쿠알라룸푸르	'01.4.16－17
11	평화유지활동 관련 회의	민군협력세미나 (Seminar on Civil Military Cooperation)	한국 서울	'01.5.7－11
12	민수전환 관련 회의	군수산업전환협력세미나(Seminar on Defense Conversion Cooperation)	중국 북경	'00.9.20－22
13	재래무기 관련 회의	재래식 무기에 관한 세미나(Seminar on Conventional Weapons)	캄보디아프놈펜	'01.2.21－22
14	국방 관련 차관보/中·少將級 회의	국방대학총장회의 * Meeting of Heads of Defense Universities/Colleges and Institutions	중국 북경	'00.9.6－8

출처: "ARF Chairman's Stratements and Reports," and "List of ARF Track－1 Activities(by intersessional year/by subject)" at http://www.aseanregionalforum.org/Library/tabid/58/Default.aspx(검색일: 2007.8.4);
"List of ARF Track Ⅰ Activities(By Inter－sessional Year)" at http://www.aseanregionalforum.org/PublicLibrary/ARFActivities/ListofARFTrackIActivities/tabid/93/Default.aspx(검색일: 2008.6.23) 참조.

제9차 회기에는 경제안보 세미나, 테러리즘 워크숍 등 총 12회가 실시되었다.

제9차 회기(2001.7－2002.7)

순번	구분	회의명	개최지	개최 일자
1	각료회의	외무장관회의(FMM)	브루나이	'02.7.31
2	외무차관보급회의	고위관리회의(SOM)	브루나이	'02.5.15－17
3	국장/과장급 업무종합 실무회의	신뢰구축조치에 관한 會期間 지원그룹회의(ISG－CBM)	인도 뉴델리	'01.12.19－21
4		* Inter－sessional Support Group on Confidence Building Measures	베트남 하노이.	'02.4.22－24
5	평화유지활동 관련 회의	평화유지세미나: 최고의 사례와 교훈 (ARF Peacekeeping Seminar: Best Practices and Lessons Learned)	인도 뉴델리	'02.3.20－21
6	경제안보 관련 회의	21세기 최초 10년간 아태지역 경제안보에 관한 세미나(Seminar on Economic Security for Asia Pacific in the First Decades on the 21st Century)	베트남 하노이	'02.2.26－27
7	예방외교 관련 회의	예방외교에 관한 중급 민간/국방인사 워크숍 (Workshop for Mid－Level ARF Civilian and Defense Officials on Preventive Diplomacy)	브루나이	'01.9.10－14
8	反테러리즘 관련 회의	테러리즘 자금차단조치에 관한 워크숍 (ARF Workshop on Financial Measures Against Terrorism)	미국 호놀룰루	'02.3.24－26
9		테러리즘 예방 워크숍(ARF Workshop on Prevention of Terrorism)	태국 방콕	'02.4.17－19
10	전쟁법 관련 회의	무장투쟁법에 관한 세미나(ARF Seminar on the Law of Armed Conflict)	태국 방콕	'01.8.7－10
11	국방 관련 차관보/中·少將級 회의	국방대학총장회의 * Meeting of Heads of Defense Universities/Colleges and Institutions	일본 동경	'01.8.28－31
12	국방 관련 국장급/少·准將級 회의	국방관리회의(Defense Officials' Meeting)	브루나이	'02.7.30

출처: "ARF Chairman's Stratements and Reports," and "List of ARF Track－1 Activities(by intersessional year/by subject)" at http://www.aseanregionalforum.org/Library/tabid/58/Default.aspx(검색일: 2007.8.4);
"List of ARF Track Ⅰ Activities(By Inter－sessional Year)" at http://www.aseanregionalforum.org/PublicLibrary/ARFActivities/ListofARFTrackIActivities/tabid/93/Default.aspx(검색일: 2008.6.23) 참조.

제10차 회기에는 ISM-CTTC회의가 시작되었으며 총 14회가 개최되었다.

제10차 회기(2002.7-2003.6)

순번	구분	회의명	개최지	개최 일자
1	각료회의	외무장관회의(FMM)	캄보디아 프놈펜	'03.6.18
2	외무차관보급회의	고위관리회의(SOM)	캄보디아 시엡립	'03.4.29-30
3	국장/과장급 업무종합 실무회의	신뢰구축조치에 관한 會期間 지원그룹회의(ISG-CBM) * Inter-sessional Support Group on Confidence Building Measures	뉴질랜드 웰링턴	'02.11.20-22
4			라오스 비안티안	'03.3.26-28
5	국장/과장급 전문 분야 실무회의	反테러리즘 및 초국가적 범죄에 관한 회기간 회의(ISM-CTTC) * Inter-sessional Meeting on Counter-Terrorism and Transnational Crime	말레이시아 카람부나이	'03.3.21-22
6	재난구호 관련 회의	인도주의적 지원 및 재난구호 세미나 (Humanitarian Assistance and Disaster Relief Seminar)	싱가포르	'02.12.4-6
7	해양안보 관련 회의	해양안보 도전에 관한 워크숍(ARF Workshop on Maritime Security Challenges)	인도 뭄바이	'03.2.27-3.1
8	反테러리즘 관련 회의	反테러리즘 워크숍(ARF Workshop on Counter-Terrorism)	일본 동경	'02.10.1-2
9		대형 테러공격 사후조치/관리에 관한 워크숍(ARF CBM Workshop on Managing Consequences of a Major Terrorist Attack)	호주 다윈	'03.6.3-5
10	국방 관련 회의	國防/軍 官吏 협력에 워크숍(ARF Workshop on Defense/Military Officials' Cooperation)	한국 서울	'02.8.28-30
11		軍需 외부지원에 관한 워크숍(ARF Workshop on Military Logistics Outsourcing Support)	중국 북경	'02.9.25-27
12	국방 관련 차관보/中·少將級 회의	국방대학총장회의 * Meeting of Heads of Defense Universities/Colleges and Institutions	러시아 모스크바	'02.9.16-20
13	국방 관련 국장급/少·准將級 회의	국방관리회의(Defense Officials' Meeting)	캄보디아 프놈펜	'03.6.17
14	국방 관련 과장급/대령급 회의	국방관리대화(Defense Officials' Dialogue)	캄보디아 시엡립	'03.4.29

출처: "List of ARF Track Ⅰ Activities(By Inter-sessional Year)" at
http://www.aseanregionalforum.org/PublicLibrary/ARFActivities/ListofARFTrackIActivities/tabid/93/Default.aspx
(검색일: 2008.6.23) 참조.

제11차 회기에는 테러리즘, 예방외교 워크숍 등 총 10회가 개최되었다.

제11차 회기(2003.6−2004.7)

순번	구분	회의명	개최지	개최 일자
1	각료회의	외무장관회의(FMM)	인도네시아 자카르타	'04.7.2
2	외무차관보급회의	고위관리회의(SOM)	인도네시아 족자카르타	'04.5.12
3	국장/과장급 업무종합 실무회의	신뢰구축조치에 관한 會期間 지원그룹회의(ISG−CBM) * Inter−sessional Support Group on Confidence Building Measures	중국 북경	'03.11.20−22
4			미얀마 양곤	'04.4.11−14
5	국장/과장급 전문 분야 실무회의	反테러리즘 및 초국가적 범죄에 관한 회기간 회의(ISM−CTTC) * Inter−sessional Meeting on Counter−Terrorism and Transnational Crime	필리핀 마닐라	'04.3.30−31
6	예방외교 관련 회의	예방외교에 관한 워크숍 (ARF Workshop on Preventive Diplomacy)	일본 동경	'04.3.16−17
7	민군관계 관련 회의	민군관계와 법의 지배에 관한 워크숍 (Workshop on Civil−Military Relations and the Rule of Law)	브루나이 반다르세리베가완	'04.2.11−12
8	국방 관련 차관보/中·少將級 회의	국방대학총장회의 * Meeting of Heads of Defense Universities/Colleges and Institutions	인도 뉴델리	'03.10.15−17
9	국방 관련 국장급/少·准將級 회의	국방관리회의(Defense Officials' Meeting)	인도네시아 자카르타	'04.7.1
10	국방 관련 과장급/대령급 회의	국방관리대화(Defense Officials' Dialogue)	인도네시아 족자카르타	'04.5.11

출처: "ARF Chairman's Stratements and Reports," and "List of ARF Track−1 Activities(by intersessional year/by subject)" at http://www.aseanregionalforum.org/Library/tabid/58/Default.aspx(검색일: 2007.8.4);
"List of ARF Track Ⅰ Activities(By Inter−sessional Year)" at http://www.aseanregionalforum.org/PublicLibrary/ARFActivities/ListofARFTracklActivities/tabid/93/Default.aspx(검색일: 2008.6.23) 참조.

제12차 회기에는 안보정책회의가 시작되었으며 테러리즘, 마약, 해양안보
회의 등 총 17회가 개최되었다.

제12차 회기(2004.7−2005.7)

순번	구분	회의명	개최지	개최 일자
1	각료회의	외무장관회의(FMM)	라오스 비엔티안	'05.7.29
2	외무차관보급회의	고위관리회의(SOM)	라오스 비엔티안	'05.5.20
3	국장/과장급 업무종합 실무회의	신뢰구축조치에 관한 會期間 지원그룹회의(ISG−CBM)	캄보디 아프놈펜	'04.10.26−28
4		* Inter−sessional Support Group on Confidence Building Measures	EU(독일 포츠담)	'05.2.21−23
5	국장/과장급 전문 분야 실무회의	反테러리즘 및 초국가적 범죄에 관한 회기간 회의(ISM−CTTC) * Inter−sessional Meeting on Counter−Terrorism and Transnational Crime	태국 방콕	'05.4.6−8
6	해양안보 관련 회의	지역 해양안보에 관한 세미나(ARF Seminar on Regional Maritime Security)	말레이시아 쿠알라룸푸르	'04.9.22−24
7		해양안보 지역협력(ARF CBM: Regional Cooperation in Maritime Security)	싱가포르	'05.3.2−4
8	평화유지활동 관련 회의	민군협력/평화제도에 관한 신뢰구축 조치 워크숍(ARF CBM Workshop on Peace Arrangements Ensuring Stability and Security in the Region, Including Civil−Military Cooperation)	일본 동경	'05.3.22−23
9	反테러리즘 관련 회의	제1차 사이버 테러리즘 세미나(Seminar on Cyber Terrorism)	한국 제주도	'04.10.13−15
10	마약 관련 회의	(마약퇴치) 대안 발전 세미나(Seminar on Alternative Development)	중국 쿤밍	'04.9.7−8
11	안보인식 관련 회의	ARF 국가들의 안보인식의 발전적 변화에 관한 워크숍(Workshop on "Evolving Changes in the Security Perceptions of the ARF Countries")	몽골 울란바토르	'05.6.21−22
12	비전통적 안보위협 관련 회의	비전통적 안보 문제 분야에서의 협력증진에 관한 세미나(Seminar on Enhancing Cooperation in the Field of Non−Traditional Security Issues)	중국 해남도(산야)	'05.3.7−8
13	국방 관련 차관/차관보/中將級 회의	제1·2차 ARF 안보정책회의(ASPC: ARF Security Policy Conference)	중국 북경	'04.11.4−6
14			라오스 비엔티안	'05.5.19
15	국방 관련 차관보/中·少將級 회의	국방대학총장회의 * Meeting of Heads of Defense Universities/Colleges and Institutions	싱가포르	'04.9.1−3
16	국방 관련 국장급/少·准將級 회의	국방관리회의(Defense Officials' Meeting)	라오스 비엔티안	'05.7.28
17	국방 관련 과장급/대령급 회의	국방관리대화(Defense Officials' Dialogue)	라오스 비엔티안	'05.5.18

출처: "List of ARF Track Ⅰ Activities(By Inter−sessional Year)" at
http://www.aseanregionalforum.org/PublicLibrary/ARFActivities/ListofARFTracklActivities/tabid/93/Default.aspx
(검색일: 2008.6.23) 참조.

제13차 회기는 신뢰구축조치 및 예방외교에 관한 會期間 지원그룹회의(ISG
－CBM & PD)와 전문가/명사(EEP)회의가 시작되었으며 총 19회가 실시되었다.

제13차 회기(2005.7－2006.7)

순번	구분	회의명	개최지	개최 일자
1	각료회의	외무장관회의(FMM)	말레이시아 쿠알라룸푸르	'06.7.28
2	외무차관보급회의	고위관리회의(SOM)	말레이시아 카람부나이	'06.5.19
3	국장/과장급 업무종합 실무회의	신뢰구축조치 및 예방외교에 관한 會期間 지원그룹회의(ISG－CBM & PD) * Inter－sessional Support Group on Confidence Building Measures and Preventive Diplomacy	미국 호놀룰루	'05.10.17－19
4			필리핀 마닐라	'06.3.1－2
5	국장/과장급 전문 분야실무회의	反테러리즘 및 초국가적 범죄에 관한 회기간 회의(ISM－CTTC) * Inter－sessional Meeting on Counter－Terrorism and Transnational Crime	중국 북경	'06.4.26－28
6		재난구호에 관한 회기간 회의(ISM－DR) * Inter－sessional Meeting on Disaster Relief	인도네시아 반둥	'05.11.30－12.2
7	재난구호 관련 회의	민군 (재난구호)활동 워크숍(Workshop on Civil Military Operations)	필리핀 마카티시티	'05.9.12－13
8	전문가회의	제1차 전문가/名士회의 (the First ARF Expert and Eminent Persons)	한국 제주도	'06.6.29－30
9	反테러리즘 관련 회의	제2차 사이버 테러리즘 세미나 (the Second ARF Seminar on Cyber Terrorism)	필리핀 세부	'05.10.3－5
10	(WMD) 수출통제 관련 회의	수출 인허가 전문가회의(ARF Export Licensing Experts Meeting)	싱가포르	'05.11.16－18
11	해양안보 관련 회의	협력적 해양안보 훈련 워크숍(Workshop on "Training for Cooperative Maritime Security")	인도 코치	'05.10.26－28
12		해양안보 능력증진 워크숍(Workshop on Capacity Building of Maritime Security)	일본 동경	'05.12.19－20
13	비확산 관련 회의	대량살상무기 비확산 세미나 (Seminar on Non－Proliferation of Weapons of Mass Destruction)	싱가포르	'06.3.27－29
14	소형무기 관련 회의	소형무기/경무기 세미나 (Seminar on Small Arms and Light Weapons)	캄보디아 프놈펜	'05.11.2－4
15	MD 관련 회의	미사일 방어 세미나(Seminar on Missile Defense)	태국 방콕	'05.10.6－7

순번	구분	회의명	개최지	개최 일자
16	국방 관련 차관/차관보/中將級 회의	제3차 ARF 안보정책회의(ASPC: ARF Security Policy Conference)	말레이시아 카람부나이	'06.5.18
17	국방 관련 차관보/中·少將級 회의	국방대학총장회의 * Meeting of Heads of Defense Universities/Colleges and Institutions	베트남 하노이	'05.10.11－13
18	국방 관련 국장급/少·准將級 회의	국방관리회의(Defense Officials' Meeting)	말레이시아 쿠알라룸푸르	'06.7.27
19	국방 관련 과장급/대령급 회의	국방관리대화(Defense Officials' Dialogue)	말레이시아 카람부나이	06.5.18

출처: "List of ARF Track Ⅰ Activities(By Inter－sessional Year)," at
http://www.aseanregionalforum.org/PublicLibrary/ARFActivities/ListofARFTrackIActivities/tabid/93/Default.aspx
(검색일: 2008.6.23) 참조.

제14차 회기에는 에너지 안보 세미나가 시작되었으며 총 20회가 개최되었다.

제14차 회기(2006.7 − 2007.8)

순번	구분	회의명	개최지	일자
1	각료회의	외무장관회의(FMM)	필리핀 마닐라	'07.8.2
2	차관보급회의	고위관리회의(SOM)	필리핀 마닐라	'07.5.25
3	국장/과장급 업무종합 실무회의	신뢰구축조치 및 예방외교에 관한 會期間 지원그룹회의(ISG−CBM & PD) * Inter−sessional Support Group on Confidence Building Measures and Preventive Diplomacy	인도네시아 바탐	'06.11.1−3
4			EU (핀란드 헬싱키)	'07.3.28−30
5	국장/과장급 전문 분야 실무회의	反테러리즘 및 초국가적 범죄에 관한 회기간 회의(ISM−CTTC) * Inter−sessional Meeting on Counter −Terrorism and Transnational Crime	싱가포르	'07.5.2−4
6		재난구호에 관한 회기간 회의(ISM−DR) * Inter−sessional Meeting on Disaster Relief	중국 칭다오	'06.9.18−20
7	전문가회의	제2차 전문가/名士회의(the Second ARF Expert and Eminent Persons Meeting)	필리핀 마닐라	'07.2.5−6
8	평화유지 관련 회의	유엔 평화유지: 도전과 전망(Seminar on "UN Peacekeeping: Challenges and Prospects")	인도 뉴델리	'07.4.26−27
9		제1차 평화유지전문가 회의(the First ARF Peacekeeping Experts' Meeting)	말레이시아 포트딕슨	'07.3.7−9
10	해양안보 관련 회의	해양안보 연안훈련 (Maritime Security Shore Exercise)	싱가포르	'07.1.22−23
11		해양안보연습기획 회의(Maritime Security Planning Exercise Planning Conference)	싱가포르	'06.12.7−8
12	에너지 안보 관련 회의	에너지 안보 세미나(Seminar on Energy Security)	EU (벨기에 브뤼셀)	'06.10.5−6
13	민군협력 관련 회의	사스/조류독감 등 전염병의 확산을 예방/통제하기 위한 민군협력의 역할에 관한 세미나 (Seminar on the Role of Military and Civil Cooperation in the Prevention and Control of the Spread of Communicable Diseases, such as SARS and Avian Influenza)	베트남 하노이	'06.9.14−15
14	소형무기/휴대용 방공무기 관련 회의	휴대용 방공시스템 및 소형무기 제고품 안전관리 워크숍(Workshop on Stockpile Management Security of Man−Potable Air Defense System/MANPADS and Small Arms & Light Weapons/SALW)	태국 방콕	'06.10.11−13

순번	구분	회의명	개최지	일자
15	反테러리즘 관련 회의	유엔안보리 결의 1540 이행 워크숍(Workshop on the Implementation of UNSC Resolution 1540)	미국 샌프란시스코	'07.2.13－15
16		사이버 안보 워크숍 (Workshop on Cyber Security)	인도 뉴델리	'06.9.6－8
17	국방 관련 차관/차관보/中將級 회의	제4차 ARF 안보정책회의(ASPC: ARF Security Policy Conference)	필리핀 마닐라	'07.5.24
18	국방 관련 차관보/中・少將級 회의	국방대학총장회의 * Meeting of Heads of Defense Universities/Colleges and Institutions	말레이시아 쿠알라룸푸르	'06.9.4－7
19	국방 관련 국장급/少・准將級 회의	국방관리회의(Defense Officials' Meeting)	필리핀 마닐라	'07.8.1
20	국방 관련 과장/대령급 회의	국방관리대화(Defense Officials' Dialogue)	필리핀 마닐라	'07.5.23

출처: "List of ARF Track Ⅰ Activities(By Inter－sessional Year)" at
http://www.aseanregionalforum.org/PublicLibrary/ARFActivities/ListofARFTrackIActivities/tabid/93/Default.aspx
(검색일: 2008.6.23) 참조.

　　제15차 회기에는 마약통제세미나, 해양안보 실습 등이 있었으며 총 19회
가 실시되었다.

제15차 회기(2007.8-2008.7)

순번	구분	회의명	개최지	개최 일자
1	각료회의	외무장관회의(FMM)	싱가포르	'08.7.24
2	외무차관보급회의	고위관리회의(SOM)	싱가포르	'08.5.9
3	국장/과장급 업무종합 실무회의	신뢰구축조치 및 예방외교에 관한 會期間 지원그룹회의(ISG-CBM & PD) * Inter-sessional Support Group on Confidence Building Measures and Preventive Diplomacy	부르나이	'07.11.1-2
4			카나다 오타와	'08.4.2-4
5	국장/과장급 전문 분야 실무회의	제6차 反테러리즘 및 초국가적 범죄에 관한 회기간 회의(ISM-CTTC) * Inter-sessional Meeting on Counter-Terrorism and Transnational Crime	인도네시아 세마랑	'08.2.21-22
6		제7차 재난구호에 관한 회기간 회의(ISM-DR) * Inter-sessional Meeting on Disaster Relief	EU (핀란드 헬싱키)	'07.10.11-12
7	신뢰구축/예방외교 관련	아시아와 유럽의 신뢰구축조치와 예방외교에 관한 워크숍(Workshop on CBM and PD in Asia and Europe)	EU(독일 베를린)	'08.3.12-14
8	재난구호 관련 회의	재난구호 컴퓨터 연습 (Desk Top Exercise on the Disaster Relief)	인도네시아 자카르타	'08.5.1-2
9		재난구호 기획회의 컴퓨터 연습 (Desk Top Exercise on the Disaster Relief Planning Conference)	호주 다윈	'07.9.4-7
10	해양안보 관련 회의	해양안보 문제 실적에 관한 원탁토의 (Round Table Discussion on Stocktaking of Maritime Security Issues)	인도네시아 발리	'07.8.24-25
11		해양안보연습기획(Training Programme on Maritime Security)	인도 첸나이	'08.3.24-29
12	에너지 관련	에너지안보세미나(Seminar on Energy Security)	싱가포르	'08.4.15-17
13	마약 관련 회의	마약통제세미나(Seminar in Narcotics Control)	중국 시안	'07.9.19-21
14	평화유지 관련	제2차 평화유지 전문가 회의 (2nd Peacekeeping Experts' meeting)	싱가포르	'08.3.4-6
15	소형무기/대인지뢰 관련 회의	대인지뢰세미나 (Seminar on Anti-Personal Landmines)	말레이시아 페낭	'08.4.8-10
16	反테러리즘 관련 회의	제4차 사이버 테러리즘 세미나(4th ARF Seminar on Cyber Terrorism)	한국 부산	'07.10.16-19
17	국방 관련 차관/차관보/中將級 회의	제5차 ARF 안보정책회의(ASPC: ARF Security Policy Conference)	싱가포르	'08.5.8
18	국방 관련 차관보/中·少將級 회의	제11차 국방대학총장회의 * Meeting of Heads of Defense Universities/Colleges and Institutions	호주 캔버라	'07.10.9-11
19	국방 관련 과장급/대령급 회의	國防官吏會議(Defense Officials' Meeting)	싱가포르	'08.5.7

출처: "List of ARF Track Ⅰ Activities(By Inter-sessional Year)" at
http://www.aseanregionalforum.org/PublicLibrary/ARFActivities/ListofARFTrackIActivities/tabid/93/Default.aspx
(검색일: 2008.6.23) 참조.

〈부록 4〉 CSCE/OSCE와 ARF의 기본원칙 비교

구분	지도이념/기본원칙
CSCE/OSCE (1975년)	참가국 관계 지도원칙 선언(Declaration on Principles Guiding Relations between Participating States)/또는 10계명(Decalogue) ① 주권평등 및 주권의 고유권 존중(sovereign equality, respects for the rights inherent in sovereignty) ② 무력 위협 또는 사용의 억제(refraining from the threat or use of force) ③ 국경 불침범(inviolability of frontiers) ④ 국가영토 보전(territorial integrity of states) ⑤ 분쟁의 평화적 해결(peaceful settlement of disputes) ⑥ 내정 불간섭(non−intervention in internal affairs) ⑦ 인권 및 사상·양심·종교/신념의 자유를 포함한 기본적 자유 존중(respect for human rights and fundamental freedoms, including the freedom of thoughts, conscience, religion or belief) ⑧ 모든 국민/민족의 평등권과 自決權 존중(equal rights and self−determination of peoples) ⑨ 국가 간 협력 증진(cooperation among states) ⑩ 국제법상 모든 의무 성실한 이행(fulfillment in good faith of obligations under international law)
ARF(1994년) * 1976년 TAC 援用	기본원칙(Fundamental Principles) ① 독립·주권·평등권·영토보전·국가정체성 존중(mutual respect for the independence, sovereignty, equality, territorial integrity and national identity of all nations) ② 외부의 간섭·전복·강압으로부터 자유로운 國家存立權(the right of every state to lead its national existence free from external interference, subversion or coersion) ③ 내정 불간섭(non−interference in the internal affairs of one another) ④ 평화적 수단에 의한 갈등과 분쟁 해결(settlement of differences or disputes by peaceful means) ⑤ 군사력의 위협 또는 사용의 포기(renunciation of the threat or use of force) ⑥ 국가들 간 효율적인 협력 증진(effective cooperation among themselves)

출처: "Confidence on Security and Cooperation in Europe Final Act," Helsinki, 1 August 1975, in OSCE Secritariat, *Conference on security and cooperation in Europe Final Act, 1975* (Vienna: OSCE, November 1999), pp.5−12; "Treaty of Amity and Cooperation in Southeast Asia," Bali, 24 February 1976, in ASEAN Secretariat, *Text of the Treaty of Amity and Cooperation in Southeast Asia and Related Information* (Jakarta: ASEAN Secretariat, 2005), pp.4−5 참조.

〈부록 5〉 CICA · SCO와 ARF의 기본원칙 비교

구분	지도이념/기본원칙
CICA(1999년)	CICA 회원국간 關係 指導原則에 관한 선언(Declaration on the Principles Guiding Relations between the CICA member states) ○ UN 헌장의 목적과 원칙, 국제법과 규범의 준수 공약 ○ 평화 · 友誼 · 理解 · 좋은 이웃관계 · 공고한 협력하에서 안보위협 없는 항구적 평화와 공존 희망 ○ 文明間 대화와 포용성 있는 교류 중요성 재확인, 신뢰구축조치 강조 ○ 긴장완화/분쟁의 평화적 해결로 평화 · 개방 · 상호신뢰 · 安定 성취 ☞ 8개 결의사항 ① 주권존중/평등(sovereign equality, respect for rights inherent in sovereignty) ② 무력 위협/사용 억제(refraining from the threat or use of force) ③ 영토보전(territorial integrity of the member states) ④ 분쟁의 평화적 해결(peaceful settlement of disputes) ⑤ 내정불간섭(non-intervention in internal affairs) ⑥ 군축 및 군비통제(disarmament and arms control) ⑦ 경제 · 사회 · 문화 협력(economic, social and cultural cooperation) ⑧ 인권 및 기본적 자유 보장(human rights and fundamental freedoms)
SCO(2001년)	기본원칙(basic principles) ① UN 헌장의 목적과 원칙 준수 ② 각국의 독립 존중, 주권 및 영토보전, 내정불간섭, 무력 사용 및 위협 금지 ③ 모든 회원국 간 평등(equality) ④ 모든 문제의 협의를 통한 해결 ⑤ 비동맹(non-alignment) 유지 및 특정 국가/機構(organization)에 대한 敵對 금지 ⑥ 대외 개방 및 관련 국가들/국제기구들/지역기구들과의 모든 종류의 대화/입장 교환/협력 증진 추진 ☞ 新安全觀(新安保觀, New Security Concept)에 따라 행동(Shanghai Spirit) 　-상호신뢰, 상호이익, 평등, 협력, 문명의 다양성 존중 및 공동발전 추구 　-군축과 협력안보 　-동맹/제휴 대신에 동반자관계에 입각한 새로운 국가관계와 상호이익이 되는 새로운 지역 협력 추구
ARF(1994년) * 1976년 TAC 援用	기본원칙(Fundamental Principles) ① 독립 · 주권 · 평등권 · 영토보전 · 국가정체성 존중 ② 외부의 간섭 · 전복 · 강압으로부터 자유로운 國家存立權 ③ 내정 불간섭 ④ 평화적 수단에 의한 갈등과 분쟁 해결 ⑤ 군사력의 위협 또는 사용의 포기 ⑥ 국가들 간 효율적인 협력 증진

출처: "Conference on Interaction and Confidence Building Measures in Asia," at http://www.kazakhembus.com/Declaratioin.html(검색일: 2008.4.20); "Conference on Interaction and Confidence Building Measures in Asia: History of Success," at http://www.kazakhembus.com/CICA.html(검색일: 2008.4.20); "Shanghai Cooperation Organization," at http://www.fmprc.gov.cn/eng/topics/sco/t57970.htm(검색일: 2008.4.7); "SCO Charter," at http://www.sectsco.org/(검색일: 2008.4.8); "Treaty of Amity and Cooperation in Southeast Asia," Bali, 24 February 1976, in ASEAN Secretariat, *Text of the Treaty of Amity and Cooperation in Southeast Asia and Related Information*(Jakarta: ASEAN Secretariat, 2005), pp.4-5 참조.

<h2 align="center">〈부록 6〉 ARF와 CSCE의 15년간 제도발전 차이 비교</h2>

구분	ARF 15년('93－2008년)	CSCE 15년(1975－1990년)
설립배경	냉전종식후 아태지역 안보공백 해소	냉전시 NATO－WTO 대립/전쟁 위협의 해소
주요 참가국	아시아, 오세아니아, 유럽, 북미 등 27개국	유럽, 북미 NATO/WTO 회원국 위주 35개국
목적 및 추진방법	－아태지역 평화 안정유지 및 공동발전 －대화·협력/신뢰구축증진으로 점진적 분쟁문제 해결 노력	－유럽·대서양 지역 전쟁예방, 평화질서 유지 및 안보·경제/과학기술·교육·사회·환경 등 포괄적 협력과 발전 －CBM/CSBM/군축, 위기관리, 분쟁예방/분쟁해결 및 여타 분야별 협력 동시 추진
근거문서	동남아 우호협력조약(TAC, 1976년): 개략적 원칙 수록	헬싱키 최종의정서(Helsinki Final Act, 1975년): 원칙 및 실천방안(CBM 등) 포함
회의체/운영조직	－의장국(ASEAN 국가 윤번제) －의장국 외무부와 ASEAN 사무국에서 ARF 의장 행정지원 －주요 회의체 ·외무장관회의 ·고위관리회의 ·실무회의(ISG－CBM/PD 등) ·각종 전문가 회의 등	－의장국(전회원국 윤번제) －의장 보좌기관 ·Troika(전·현·차기 의장) ·특별운영단(Ad Hoc Steering Group) (위기관리/분쟁예방 및 분쟁해결) －사무국(비엔나/프라하) －민주제도·인권사무소(바르샤바) －소수민족담당고등판무관(헤이그) －의회(Parliamentary Assembly: 자문역할) 등 －주요 회의체 ·정상회의·평가회의·각료이사회·고위이사회 등
안보 분야 주요 활동 (CBM/CSBM/군비통제/군축 등)	－ARF 개념서(1995년) －ARF 의장역할 증진에 관한 문서(2001년) －ARF 예방외교 개념 및 원칙에 관한 문서(2001년) －전문가/명사(EEP)위임규정 (2001년) －남중국해에서의 당사국들의 행동에 관한 선언(2002년) －對터러리즘 동남아 지역 센터 설립(2003년) －전문가/명사(EEP) 운영지침 (2004년) －비확산에 관한 ARF성명 (2004년) －法집행 협력을 위한 자카르타 센터 설립(2005년) －트랙1과 트랙2간 협력증진에 관한 개념서(2005년) * 여타 테러리즘 및 초국가적 위협에 관한 선언들(2002－2007년)	－헬싱키최종의정서(1975년) ·25,000명 이상 참가 군사기동훈련 21일전 사전통보 의무화 ·주요 육·해·공 독자훈련/합동훈련 및 부대이동 통보 권장 ·옵서버 초청/상호교환 권장 －스톡홀름 문서(1986년) ·13,000명 이상 또는 300대 이상 전차 참가 군사활동, 3천 명 이상 참가 상륙훈련/공수훈련, 200회 이상 공군 출격훈련 시 각각 42일전 사전 통보 의무화 ·17,000명 이상 또는 상륙군/공수부대 5,000명 이상 군사활동 참관단 교환 의무화 ·40,000명 이상 군사훈련 1년전 통보, 75,000명 이상 군사훈련 2년 전 통보 의무화 －비엔나 문서 1990(1990년) ·여단/연대 이상 부대배치/주요장비 및 연간 국방예산 상호교환 ·40,000명 이상 군사훈련 2년전 통보 의무화 ·공군부대 방문, 군인사 교환 방문 ·우발사태시 정보교환 체제 설립 ·CSBM 연례평가회의 개최 합의 －유럽재래무기감축조약(CFE/CFE－1A, 1990) ·5대무기 NATO/WTO 상한수량 및 1개국 상한수량 합의, 무기잔여량 감축 추진 및 병력감축 * 공산권 붕괴 후 평화유지 파견단(Missions) 활동

출처: 외교통상부, 『OSCE 개황』(서울: 외교통상부, 2001.2), pp.6－99; http://www.osce.org/(검색일: 2008.6.30) OSCE (November 1999), pp.12－16; 이원우(1998), pp.168－185; ARF Chairman's Statement(1차～15차) 등 참조.

〈부록 7〉 ARF와 CICA間 제도발전 차이 비교

구분	ARF(1993－2008년)	CICA(1999－2008)
설립 배경	냉전종식후 아태지역 안보공백 해소	카자흐스탄 등 중앙아시아 신생독립국들 안전 보장
주요 참가국	아시아, 오세아니아, 유럽, 북미 등 27개국	중앙아시아, 남아시아, 중동, 동북아 등 18개국
목적 및 추진방법	―아태지역 평화 안정유지 및 공동발전 ―대화·협력/신뢰구축 증진으로 점진적 분쟁문제 해결 노력	―中央亞 신생국들에 대한 안전보장을 CSCE 형태로 달성하고자 노력하며, 점차 아시아 全域의 신뢰구축/분쟁예방/불특정 안보위협 대응 모색 ―신뢰구축/군비통제/군축 동시 추진
근거문서	동남아 우호협력조약(TAC, 1976년): 개략적 원칙 수록	―CICA 회원국간 관계 지도원칙에 관한 선언(1999년) ―알마티 강령(Almty Act, 2002)
회의체/운영조직	―의장국(ASEAN 국가 윤번제) ―의장국 외무부와 ASEAN 사무국에서 ARF 의장 행정지원 (ARF Unit) ―주요 회의체 ·외무장관회의 ·고위관리회의 ·실무회의(ISG－CBM/PD 등) ·각종 전문가 회의 등	―정상회의(Summit of the Heads of States or Government): 4년마다 개최 ―외무장관이사회(Council of Foreign Ministers): 2년마다 개최 ―고위관리위원회(Coordinating Committee of SeniorOfficials): 연 1회 개최 ―특별실무그룹(Special Working Group): 고위관리위원회 결정으로 수시 전문적 연구/검토 * 사무국: 카자흐스탄 알마티 설립(2002년): 회의 준비, 정치안보 문제 협의, 알마티 강령의 각종 조치 이행 등 업무 수행
안보 분야 주요 활동(CBM/CSBM/군비통제/군축 등)	―ARF 개념서(1995년) ―ARF 의장역할 증진에 관한 문서(2001년) ―ARF 예방외교 개념 및 원칙에 관한 문서(2001년) ―전문가/명사(EEP) 위임규정(2001년) ―남중국해에서의 당사국들의 행동에 관한 선언(2002년) ―對터러리즘 동남아 지역 센터설립(2003년) ―전문가/명사(EEP)운영지침(2004년) ―비확산에 관한 ARF성명(2004년) ―法집행 협력을 위한 자카르타센터 설립(2005년) ―트랙1과 트랙2간 협력증진에 관한 개념서(2005년) * 여타 테러리즘 및 초국가적 위협에 관한 선언들(2002－2007년)	○ 테러리즘 퇴치 및 文明間 대화 증진에 관한 선언 (CICA Declaration on Eliminating Terrorism and Promoting Dialogue among Civilizations, 2002년) 　* 2002년 6월 제1차 정상회의에서 채택 　―테러리즘 방지 협력/문명적 차별금지 　―테러전쟁에서 인권/법의 지배 강조 ○ CICA 신뢰구축조치 목록(CICA Catalogue of Confidence Building Measures, 2004년) 　* 2004년 10월 외무장관이사회에서 채택 　―아시아대륙 지역별 특수성을 감안, 신뢰구축 조치의 세부내용들을 제시하여 양자/다자간 선별적 추진이 자발적 수준에서 가능토록 추진 ○ 제2차 CICA 정상회의 선언(Declaration of the Second Summit of the Conference on Interaction and CBM in Asia) 　* 2006년 6월 CICA 정상회의에서 채택 　―'CICA 회권국간 지도원칙', '알마티 강령', 'CICA 신뢰구축조치 목록' 등을 재확인 　―군사/정치, 경제, 환경, 인간안보 등 포괄적 안보와 분야별 CBM 발전과 이행을 강조

주: CICA 회원국은 카자흐스탄, 키르기스스탄, 타지키스탄, 우즈베키스탄, 아프가니스탄, 아제르바이잔, 터키, 이집트, 이란, 이스라엘, 팔레스타인, 인도, 파키스탄, 중국, 러시아, 몽골, 한국, 태국 등 18개국이며, 옵서버는 미국, 일본, 인도네시아, 말레이시아, 베트남, 우크라이나, UN, OSCE, 아랍국가연맹(League of Arab States) 등이다. 회의 언어는 영어와 러시아어를 사용하나, 모든 언어에 동시통역을 지원하고 있다.

출처: "Conference on Interaction and Confidence Building Measures in Asia: History of Success," at http://www.kazakhembus.com/CICA.html(검색일: 2008.7.18); "CICA Declaration on Eliminating Terrorism and Promoting Dialogue among Civilizations," June 5, 2002, Almaty, at http://meaindia.nic.in/event/2002/06/05event01.htm (검색일: 2008.7.19); "CICA Catalogue of Confidence Building Measures(CBM)," Almaty, October 22, 2004, at http://kazind.com/cica/confidence_build.htm(검색일: 2008.78.19); "Declaration of the Second Summit of the Conference on Interaction and Confidence Building Measures in Asia," Almaty, June 17, 2006, at http://www.kazakhembus.com/CICA_Declaration2006.html(검색일: 2008.4.20) 참조.

〈부록 8〉 ARF와 SCO間 제도발전 차이 비교

구분	ARF(1993－2008년)	SCO(2001－2008년, 상하이－5: 1996－2001년)
설립 배경	냉전종식후 아태지역 안보공백 해소	Shanghai－5間 국경지역 군축과 신뢰구축조치 증진 및 중국의 중앙아시아 지역 안보협력 강화 필요성
주요 참가국	아시아, 오세아니아, 유럽, 북미 등 27개국	중국, 러시아, 카자흐스탄, 키르기스스탄, 타지키스탄, 우즈베키스탄 등 6개국
목적 및 추진방법	－아태지역 평화 안정유지 및 공동발전 －대화·협력/신뢰구축증진으로 점진적 분쟁문제 해결 노력	－상호신뢰, 상호이익, 문명의 다양성 존중을 통한 공동발전 추구 및 정치/군사·경제·사회·문화 등 포괄적 협력 증진 －新안보질서에 효과적 대응(중국의 新安全觀 적용)
근거문서	동남아 우호협력조약(TAC, 1976년): 개략적 원칙 수록	－SCO 설립에 관한 선언(Declaration on the Establishment of the SCO, 2001년) －SCO 헌장(SCO Charter, 2002년)
회의체/운영조직	－의장국(ASEAN 국가 윤번제) －의장국 외무부와 ASEAN 사무국에서 ARF 의장 행정지원 (ARF Unit) －주요 회의체 ·외무장관회의 ·고위관리회의 ·실무회의(ISG－CBM/PD 등) ·각종 전문가 회의 등	－사무국: 북경(2004년 설립) * 사무총장 예하 정치·경제/문화·정보·행정 등 4명의 사무부총장 운영 * 각종 회의규칙, SCO 엠블럼, 연례예산 운영규정 * UN총회 옵서버 자격 취득(2004.12.) －反테러본부(RATS): 타쉬켄트(2004년 설립) －주요 회의체 ·국가정상이사회　·국무총리이사회 ·외무장관이사회　·국가조정관이사회 ·국방장관회의　·내무장관회의　·국가정보원장회의 ·의회 간 협력 및 교류회의 ·경제/사회/문화/관광/보건/환경/교육 등 분야 장관/기관장 회의 등
안보 분야 주요 활동 (CBM/CSBM/군비통제/군축 등)	－ARF 개념서(1995년) －ARF 의장역할 증진에 관한 문서 (2001년) －ARF 예방외교 개념 및 원칙에 관한 문서(2001년) －전문가/명사(EEP)위임규정 (2001년) －남중국해에서의 당사국들의 행동에 관한 선언(2002년) －對터러리즘 동남아 지역 센터설립 (2003년) －전문가/명사(EEP)운영지침 (2004년) －비확산에 관한 ARF성명(2004년) －法집행 협력을 위한 자카르타 센터 설립(2005년) －트랙1과 트랙2 간 협력증진에 관한 개념서(2005년) * 여타 테러리즘 및 초국가적 위협에 관한 선언들(2002－2007년)	－국경지역 군사적 신뢰 심화에 관한 조약(Treaty on Deeping Military Trust in Border Regions, 1996년) －국경지역 군사력 감축에 관한 조약(Treaty on Mutual Reduction of Military Forces in Border Regions, 1997년) －테러리즘·분리주의·극단주의와의 전쟁에 관한 상하이 협약 (2001년) －상하이협력기구 헌장(2002년) －RATS 협정(2002년) －중국·키르기스스탄 합동 反테러리즘 군사훈련(2002년) －회원국 합동 反테러리즘 군사연습(2003년 이후 매년) * 러시아 초청 평화임무 2007 합동 反테러리즘 훈련(2007년) －SCO 5주년 선언(2006년) －국제정보안보(IIS)에 대한 頂上 성명(2006년) －좋은 이웃관계와 우의 협력에 관한 조약(2007년) －회원국 간 국제정보안보 보장에 관한 행동계획(2007년) －對테러리즘 연합/합동훈련에 관한 협약(2008년) －불법무기·탄약·폭발물 퇴치에 관한 협약(2008년)

출처: http://www.sectsco.org/(검색일: 2008.4.7/7.18/7.20/7.21); "Shanghai Cooperation Organization," at
http://www.fmprc.gov.cn/eng/topics/sco/t57970.htm(검색일: 2008.4.7) 참조.

<부록 9> NEACD 연표

구분	개최 시기/장소	주요 논의/합의내용	비고
준비회의	1993.7/미국 샌디에이고	미국·한국·북한·중국·일본·러시아로부터 민간학자와 개인 자격의 외무관리/국방관리/현역장교가 참가하는 NEACD 개최 결정	북한 참석
1차 회의	1993.10/미국 샌디에이고	국가별 안보인식 교환, 경제/환경문제/CBM 논의	
2차 회의	1994.5/일본 동경	국가별 안보인식 교환, 군사적 CBM 방안 논의	
3차 회의	1995.4/러시아 모스크바	국가별 안보인식 및 군사상황 입장 교환, 2개의 study project 추진에 합의(① MRM, ② 국가간 관계 지도원칙), 동북아 농업생산 및 교역관계 논의	
4차 회의	1996.1/중국 북경	국가별 안보인식 교환, MRM 연구결과 보고, 국가간 관계 지도원칙 연구결과 보고, 군사상황 입장 교환	
5차 회의	1996.9/한국 서울	국가별 안보인식 교환, 국가간 관계 지도원칙 논의, MRM 논의, 군사상황 입장 교환	
6차 회의	1997.4/미국 뉴욕	국가/군사 상황인식 교환, 에너지 안보 논의, 국방정보교환(DIS) study project 보고, 비상/재난구호 논의	
7차 회의	1997.12/일본 동경	국가간 관계 지도원칙 study project 연구결과인 '동북아 협력 8원칙' 승인, 제1차 국방인사 참가 DIS 실시, 동북아 국가/군사상황 입장 교환	
8차 회의	1998.11/러시아 모스크바	국가/군사상황 인식교환, NEACD의 역할/한반도 신뢰구축/아시아 경제위기의 영향 논의, DIS 실시	
9차 회의	1999.12/중국 북경	국가/군사상황 인식교환, TMD/NMD 관련 논의	
10차 회의	2000.11/서울	국가별 안보인식 교환, 남북화해와 지역문제 논의	
11차 회의	2001.11/미국 호놀룰루	국가별 안보인식 교환, 對테러 논의, DIS 실시	
12차 회의	2002.4/일본 동경	국가별 안보인식 교환, 對테러협력방안, DIS 실시	
13차 회의	2002.9/러시아 모스크바	국가별 안보인식 교환, 에너지 문제, DIS 실시	북한 참석
14차 회의	2003.8/중국 청도	국가별 안보인식 교환, 6자회담 개최 환영, DIS 실시	북한 참석
15차 회의	2004.4/미국 샌디에이고	국가별 안보인식 교환, 한반도 비핵화, DIS 실시	북한 참석
16차 회의	2005.4/한국 서울	국가별 안보인식 교환, 한반도 비핵화, DIS 실시	
17차 회의	2006.4/일본 동경	국가별 안보인식 교환, 핵검증 문제 논의, DIS 실시	북한 참석
18차 회의	2007.11/러시아 모스크바	국가별 안보인식 교환, 6자회담 논의, DIS 실시	북한 참석
19차 회의	2008.11/중국 북경	국가별 안보인식 교환, 6자회담 논의, DIS 실시	북한 참석

출처: http://igcc.ucsd.edu/regions/asia_pacific/neacddefault.php(검색일: 2008.11.7) 참조.

〈부록 10〉 APEC의 경제협력 기본원칙

아태경제협력의 일반원칙(1989.11/호주 캔버라)	추진원칙(목적·활동범위·운영방식 등)(1991.11/한국 서울)
① 경제협력목표: 아태지역 성장/발전증진으로 세계경제 성장/발전에 기여	① 목적 ―아태지역 성장/발전으로 세계경제 기여 ―상품/서비스/자본/기술의 유통 촉진 등 경제 상호의존성 증진으로 지역 및 세계경제발전과 이익 증진에 기여
② 협력에 있어서 상이한 사회/경제체제, 경제발전의 차이, 지역 다양성을 고려	―개방된 다자교역체제 강화/발전으로 아태지역 모든 경제체들의 이익 증진 ―상품/서비스/투자 등 교역장벽 완화
③ 개방된 대화, 전원합의(consensus), 평등한 상호존중을 통한 협력	② 활동범위 ―경제성장/경제력 불균형 감소 등을 위한 정보교환 및 정책협의 ―상품/서비스/투자 장애 감소 전략 발전
④ 아태경제체들간 비공식적(non―formal) 협의에 기초한 협력과 입장 교환	―교역/투자/금융유통/인적자원개발/기술이전/산업협력/인프라 구축 증진
⑤ 공동이익(common interests)과 상호이득(mutual benefits) 증진에 기여하는 협력	―에너지, 환경, 어업, 관광, 운송, 전기통신 등 분야 협력 ③ 운영방식
⑥ 개방된 다자 교역체제 강화 협력을 추진하되, 교역 블록(trading bloc) 형성은 배제	―경제발전차이, 사회/정치체제의 상이함, 개도국 경제체들의 필요를 고려 ―개방된 대화, 전원합의, 동등참여 보장
⑦ 상품/서비스/자본/기술 유통 촉진으로 지역/세계경제가 이득을 얻는 상호의존성 강화	―APEC 경제체들의 고위대표자들간 의견교환/협의로 운영하되, ASEAN/SPF/PECC등의 연구/분석/정책아이디어 등을 활용 ―APEC활동에 민간부문의 활발한 참여촉진
⑧ 공식 정부간 기구인 ASEAN이나 비공식협의체 PECC와 같은 역내에 존재하는 기구들을 촉진시키고 상호 보완하는 협력	④ 참가자격: 아태지역 경제체들에 개방 ―역내 강한 경제적 연계를 가져야 함 ―서울선언의 목적과 원칙 준수 ―참가국 전원합의로 신규참가 결정
⑨ 역내 여타 경제체들(economies)의 참가는 경제적 연계(linkages)를 고려해야 하며, 향후 전원합의에 의거 확대 여부 결정	―참가국들의 합의로 非참가경제체/기구 등 초청 가능 ⑤ 조직 ―연례각료회의 개최 및 회의 개최 희망국이 의장직 담당 ―공동이익을 위한 특정 이슈 관련 추가 각료회의 개최 가능 ―각료회의를 보좌할 고위급회의 및 실무그룹회의 운영

출처: "First Ministerial Meeting Joint Statement," Canberra, Australia, Nov. 6―7, 1989, p.4, at http://www.apec.org/apec/ministerial_statements/annual_ministerial/1989_1st_apcc_ministerial.html(검색일: 2008.11.4); "SEOUL APEC DECLARATION, Third Ministerial Meeting," Seoul, Korea, 12―14 November 1991, at http://www.apec.org/apec/ministerial_statements/annual_ministerial/1991_3th_apec_ministerial/annex_b___seoul_apec.html (검색일: 2008.11.4).

〈부록 11〉 APEC 연표(1/2)

구분	개최 시기/장소	주요 논의/합의내용
제1차 각료회의	1989.11/호주 캔버라	APEC 공식출범 및 9개 항의 APEC 협력원칙 채택
제2차 각료회의	1990.7/싱가포르	무역자유화 증진 세부 사업계획 논의 (투자/기술이전 확대, 인적자원개발, 지역에너지 협력, 해양환경보호, 전기통신협력 등)
제3차 각료회의	1991.11/한국 서울	APEC 원칙·목적·운영방식·조직 등에 관한 '서울선언' 채택, 중국·대만·홍콩 등 3개 중화경제권 가입
제4차 각료회의	1992.9/태국 방콕	사무국 설치 합의, 각국 예산분담 비율 결정, 'APEC 비전에 관한 보고서' 작성을 위해 민간저명인사그룹(EPG) 발족 결정
제1차 정상회의	1993.11/미국 시애틀	아태공동체(Asia-Pacific Community) 형성을 위한 'APEC 비전' 채택
제2차 정상회의	1994.11/인도네시아 보고르	'Bogor 선언' 채택: 무역·투자 자유화 목표연도 설정(선진국: 2010년, 개도국: 2020년), 무역투자자유화촉진(TILF) 및 경제기술협력, APEC 경제위원회 신설
제3차 정상회의	1995.11/일본 오사카	보고르선언 이행을 위한 '오사카 행동지침(OAA)' 채택, APEC 기업인 자문위원회(ABAC) 설치, 개방지역주의 강조
제4차 정상회의	1996.11/필리핀 마닐라	OAA 세부추진계획으로 마닐라 실행계획(MAPA) 채택, 경제협력/개발 강화 6대 우선협력 분야 선정, WTO 체제 지지
제5차 정상회의	1997.11/캐나다 밴쿠버	동아시아 외환/금융위기 해결을 위한 역내 금융체제 강화, 인프라 및 경제기술협력 강화, 분야별 조기 자유화 15개 분야 설정
제6차 정상회의	1998.11/말레이시아 쿠알라룸푸르	금융위기 공동대처 협력(100억 달러 지원), 경기부양책 승인, 헤지펀드/투자은행의 투명성과 정보공개 논의
제7차 정상회의	1999.9/뉴질랜드 오클랜드	TILF 및 경제기술협력 이행 상황 점검, 지역금융시장 강화 강조
제8차 정상회의	2000.11/브루나이 반다르세리베가완	'신경제 행동계획' 채택 및 참가국간 정보격차 해소 추진, 2001년 WTO 뉴라운드 출범에 합의

* 정상회의(경제지도자회의) 3일전 각료회의가 개최되고, 각료회의 3일전 고위관리회의가 개최되어 정상회의 논의/합의사항 도출을
지원함.

〈부록 11〉 APEC 연표(2/2)

구분	개최 시기/장소	주요 논의/합의내용
제9차 정상회의	2001.10/중국 상해	보고르 목표달성 촉진을 위한 상해합의(Shanghai Accord) 및 디지털 사회구축을 위한 e-APEC전략 채택, 反테러 정상성언 발표
제10차 정상회의	2002.10/멕시코 로스카보스	반테러와 경제성장 성명 및 북한 핵문제 관련 별도 성명 채택, 투명성 및 디지털 경제 관련 성명 채택, 보고르 목표 이행기반 조성을 위한 '무역원활화 행동계획' 채택
제11차 정상회의	2003.10/태국 방콕	DDA 협상 활성화, 반테러 등 인간안보 강화, APEC 개혁 추진 합의, 보건안보에 관한 선언 채택, 북한관련 의장 구두 선언, 2005년 보고르 목표 진전사항 중간점검
제12차 정상회의	2004.11/칠레 산티아고	'하나의 공동체, 우리의 미래' 선언 채택, 인간안보/무역투자 자유화/good governance/지식기반경제 강화에 합의, 부패척결/투명성 증진 행동계획 채택
제13차 정상회의	2005.11/한국 부산	'하나의 공동체를 향한 도전과 변화' 주제하 부산선언, WTO DDA 특별성명 채택, 북핵 관련 구두성명 발표, 보고르 목표 달성을 위한 '부산 로드맵' 채택, 반테러협력/조류독감/자연재해 공동대처, 경제기술협력 강화, 사회경제적 격차 해소 논의 추진
제14차 정상회의	2006.11/베트남 하노이	WTO DDA협상 특별성명 채택(협상재개 촉구), 2007년 중 FTAAP 타당성 연구 지시, 부산로드맵 이행을 위한 '하노이 행동계획' 승인, 일관성/투명성 있는 역내 FTA 지지
제15차 정상회의	2007.9/호주 시드니	기후변화 대응을 위한 Post-2012 체제 방향설정 논의, WTO DDA 협상 성공적 타결 촉구, FTAAP 실현노력 논의, 테러대응 등 인간안보 분야 협력 강화, 경제구조개혁/APEC개혁 및 신규참가국 가입 논의 2010년까지 동결

출처: 외교통상부, 『APEC 개황』(서울: 외교통상부, 2003.9), pp.11-13, pp.121-122; 외교통상부, 『APEC 개황』(서울: 외교 통상부, 2006.1), pp.17-20, pp.145-147; 외교통상부, 『2007 APEC 정상회의·각료회의 결과』(서울: 외교통상부, 2007.10.), pp.5-12; 이재기, 『APEC·ASEM·ASEAN+3 Focus』(서울: 청목출판사, 2006), p.101; "First Ministerial Meeting Joint Statement," Canberra, Australia, Nov. 6-7, 1989, p.4, at
http://www. apec.org/apec/ministerial_statements/annual_ministerial/1989_1st_apec_ministerial.html(검색일: 2008.11.4); "APEC Leaders' Declarations," at http://www.apec.org/apec/leaders__declaration.html(검색일: 2008. 11.6); "APEC Ministerial Statements"; at http://www.apec.org/apec/ministerial_statements/annual_ministerial/2007_19th_apec_ministerial.html (검색일: 2008.11.6) 참조.

<부록 12> ARF 참가국들의 역사적 경험(식민·피식민 또는 지배·종속관계)

구분		植民國家/지배국가			
		EU	일본	미국	러시아
被植民國家/종속국가	동남아시아				
	인도네시아	17C 초 – 1949년(네덜란드)	1941 – 1945		
	말레이시아	1796 – 1957(영국)	1942 – 1945		
	태국		1941 – 1945		
	필리핀		1942 – 1945	1898 – 1946	
	싱가포르	1819 – 1963(영국)	1942 – 1945		
	브루나이	1888 – 1984(영국)			
	베트남	1883 – 1954(프랑스)	1941 – 1945	1960 – 1973 (월남)	
	라오스	1893 – 1954(프랑스)	1941 – 1945		
	캄보디아	1863 – 1953(프랑스)	1941 – 1945		
	미얀마	1826 – 1948(영국)	1941 – 1945		
	티모르레스테	16C 중반 – 1975(포르투갈) 1975 – 1999(인도네시아)	1942 – 1945		
	동북아시아				
	중국	일부지역 1842 – 1941 (영국·프랑스·독일 등)	만주지역 1930 – 1945		일부지역 1854 – 1960년대
	※대만		1895 – 1945		
	한국		1895 – 1945	1945 – 1948	
	북한		1895 – 1945		1895 – 1898, 1945 – 1948
	몽골				1912 – 1921
	일본			1945 – 1952	
	남아시아				
	인도	1760년대 – 1947(영국)			
	파키스탄	1760년대 – 1947(영국)			
	방글라데시	영국령 인도에서 1947년 동파키스탄으로 분리 (1971년 독립)			
	스리랑카	16C(포르투갈), 17C(네덜란드), 1796 – 1948(영국)			
	오세아니아				
	파푸아뉴기니	1885 – 1975 (독일, 영국, 호주)			
	호주	1780년대 – 1931(영국)			
	뉴질랜드	1840 – 1931(영국)			
	북미				
	캐나다	1534 – 1763(프랑스), 1620년대 – 1931(영국)			
	미국	1620 – 1776(영국)			

출처: Marshall R. Singer, *Weak States in a World of Powers: The Dynamics of International Relationships* (New York: The Free Press, 1972), pp.94－101 참조; CIA, *The World Factbook 2006* (CIA's 2005 Edition) (Washington D.C.: Potomac Books, Inc., 2006) 국가별 역사자료; 韓㳔劤, 『韓國通史』 改訂版(서울: 乙酉文化史, 1996), pp.422－433, pp.468－495; 鄭昌烈 外, 『世界史年表』(서울: 역민사, 1994), pp.55－75; 김용구(2006), 285－313 참조. ※ 동아시아의 경우, 대체로 19C 중반까지는 중국 지배하에 있었다.

〈부록 13〉 ARF 참가국들의 정치·외교·법체계

국가 \ 구분		정체	정부형태	외교노선	기본법체계
동남아	인도네시아	공화제	대통령중심제	비동맹	네덜란드법
	말레이시아	입헌군주제	의원내각제	비동맹	영국법
	태국	입헌군주제	의원내각제	비동맹	공법/시민법
	필리핀	공화제	대통령중심제	비동맹	스페인법/영미법
	싱가포르	공화제	의원내각제	비동맹	영국공법
	브루나이	입헌술탄제	세습왕정	비동맹	영국법/이슬람샤리아
	베트남	공산주의	간선주석제	비동맹	공산주의 법이론/프랑스 시민법
	라오스	공산주의	간선주석제	비동맹	관습법/프랑스법/사회주의 관행
	캄보디아	입헌군주제	의원내각제	비동맹	프랑스법/관습법/공산주의법이론/공법
	미얀마	−	군사정부	비동맹	−
	티모르레스테	공화제	대통령중심제	비동맹	포르투갈법
동북아	중국	공산주의	간선주석제	비동맹(옵서버)/연합	관습/성문법 혼용
	일본	입헌군주제	의원내각제	연합/동맹	유럽시민법/영미법
	한국	공화제	대통령중심제	연합/동맹	유럽시민법/영미법/유교사상
	북한	공산주의	국방위원장제	비동맹	독일시민법/공산주의법이론
	몽골	공화제	이원집정부제	비동맹	소련/독일/미국법
서남아	인도	연방공화제	대통령중심제	비동맹	영국공법
	파키스탄	연방공화제	이원집정부제	비동맹	영국공법/이슬람법
	방글라데시	공화제	의원내각제	비동맹	영국공법
	스리랑카	공화제	대통령중심제	비동맹	영국공법/네덜란드법/이슬람법/관습법
오세아니아	호주	입헌군주제(영연방)	의원내각제	연합/동맹	영국법
	뉴질랜드	입헌군주제(영연방)	의원내각제	연합	영국법/마오리법
	파푸아뉴기니	입헌군주제(영연방)	의원내각제	비동맹	영국공법
유럽	EU	공화제	연합정부	연합/동맹	유럽대륙법/영국공법
	러시아	연방공화제	대통령중심제	연합	시민법
북미	미국	연방공화제	대통령중심제	연합/동맹	영국공법/미국州法
	캐나다	입헌군주제(영연방)	의원내각제	연합/동맹	영국공법/프랑스시민법

출처: CIA(2006) 국가별 정치외교 및 법체계; Holsti(1988), pp.93-115 참조.

〈부록 14〉 동남아 지역에서 활동중인 비정부 무장단체 현황(1/3)

구분 국가별 무장단체명	설립 목적	설립 연도	활동지역	활동 인원	현 상태
자유아체(독립) 운동(GAM)	아체에 이슬람 근본주의 국가건설	1976	아체	2,000	2005년 인도네시아 정부와 평화협정체결로 무장해제 및 휴전 중
제마 이슬람이야 (JI: Jemaah Islamiah)	인니·말레이시아·필 리핀南部·태국南部를 둥글게 둘러싸는 동남아 이슬람제국 건설	1993/1994	인도네시아 말레이시아 필리핀·태국	500+	예하 행동조직인 Thoifah Muqatilah가 발리폭탄테러 자행
무자히딘 콤팍 (Mujahideen KOMPAK)	인도네시아에 이슬람정부 설립	2001	인도네시아	미상	제마이슬람이야(JI)의 분리된 조직
라스카르 지하드 (Laskar Jihad)	말루쿠의 기독교인 제거 및 인도네시아 이슬람정권수립	2000	말루쿠 (Maluku)	500+	활동중지(잠복 중)
自由파푸아(獨立)運動 (Free Papua Movement/ OPM: Organisasi Papua Merdeka)	서부 파푸아(Western Papua)의 독립	1962	인도네시아	150	자바 등으로부터 이슬람 이주 반대 및 인도네시아 중앙정부의 행정구역 조정 반대
南말루쿠공화국(South Maluku Republic/RMS: Republik Maluku Selatan)	말루쿠 분리 독립	1998	인도네시아 동부(말루쿠)	미상	기독교 분리독립 운동
아부 샤야프 그룹 (Abu Sayyaf Group)	이슬람 분리독립	1991	필리핀 남부	450+	서부 민다나오 및 술루제도 독립을 위해 납치·테러·암살 자행
방사모로軍 (Bangsamoro Army)	필리핀 남부 분리독립	1972/1973	필리핀 남부	15,000	모로 민족자유전선 (Moro National Liberation Front)의 군사조직
카바탕 마카바얀(KM: Kabataang Makabayan/ 민족주의 애국청년단)	정부 전복	1964	필리핀	미상	필리핀 공산당의 학생조직
모로 이슬람 해방전선 (MILF: Moro Islamic Liberation Front)	방사모로 및 인접 도서를 포함하여 이슬람국가 건설	1977	필리핀 남부	11,000+	무장투쟁 조직
모로 이슬람 혁신그룹(Moro Islamic Reformist Group)	이슬람 국가건설	1978	필리핀 남부	900	필리핀 남부 이슬람 교도들의 분리 독립
新인민군(NPA: New People's Army)	정부전복, 공산정권 수립	1969	필리핀	11,500	필리핀 공산당 게릴라 군사조직

주: 自由아체(獨立)運動(GAM: Gerakan Aceh Merdeke/Free Aceh Movement)은 군사조직으로 TNA(Tentara Nasional Aceh)를 가지고 있었다.

주: 국가별 무장단체명 좌측의 국가 구분은 인도네시아(6), 필리핀(6)이다.

〈부록 14〉 동남아 지역에서 활동중인 비정부 무장단체 현황(2/3)

국가별 \ 무장단체명	구분	설립 목적	설립 연도	활동 지역	활동 인원	현 상태
태국 (5)	파타니 이슬람 무자히딘운동 (Pattani Islamic Mujahideen Movement/Gerakan Mujahideen Islam Pattani(GMIP)	태국 남부지역에 이슬람 국가 건설	1995	태국 남부	20+	세속주의 반대 등 시위주동
	파타니 연합 해방기구 (Pattani United Liberation Organization)	분리 독립	1968	태국	100	태국 남부의 이슬람 분리독립 무장투쟁
	룬다 쿰풀란 케실 (RKK: Runda Kumpulan Kecil)	파타니 분리독립	2005	태국 남부	3,000	파타니 독립국가건설 운동
	파타니/베르사투 독립 연합전선 (United Front for the Independence of Pattni/Bersatu)	태국남부에 이슬람 국가 건설	1989	태국	60+	태국남부 諸 독립운동의 상부조직
	바리산 레볼루시 나시오날 (BRN: Barisan Revolusi Nasional)	이슬람 분리 독립	1960	태국 남부	70	말레이시아 內 조직과 연계된 활동
라오스 (2)	라오스 민족자유전선연합 (ULNLF: United Lao National Liberation Front) /라오스 민족자유운동 (LNLM: Lao National Liberation Movement)	현정부 전복	1975	북부 라오스	2,000	극우 왕정복고 운동
	라오스 자유민주인민 지하정부(Underground Government of the Free Democratic People of Laos)	민주주의 지원	2000	라오스	미상	독재 및 공산주의 반대

구분 국가별　무장단체명	설립목적	설립 연도	활동 지역	활동 인원	현 상태
全버마 학생민주전선 (ABSDF: All Burma Students Democratic Front)	민주적 연방정부 수립	1988	미얀마	2000	독재 타도, 미얀마 해방 추진
친민족군(CNA: Chin National Army)/친민족전선(Chin National Front)	군사정부 전복	1988	친 州, 미얀마 서부	800 −1,000	친민족전선의 군사조직
民主카렌佛者軍 (DKBA: Democratic Karen Buddhist Army)	카렌족의 독립	1994	미얀마, 태국	100 −500	민주카렌佛者 기구(Democratic Karen Buddhist Organization)의 군사조직으로서 카렌민족연합(KNU: Karen National Union)으로부터 분리. 카렌민족자유군(KNLA: Karen National Liberation Army)과 노선 투쟁 중. 미얀마 정부와 휴전 중
카친 독립군(KIA: Kachin Independence Army)	불교활동 증진, 카친 州 독립	1961	Khmer range, 미얀마 남부	8,000	카친독립기구의 군사조직. 미얀마 정부와 휴전 중
카렌 민족해방군(KNLA: Karen National Liberation Army)	자결권을 가진 카렌 州 설립	1948	태국 국경지대	4,000 이하	카렌민족연합(KNU)의 군사조직으로 DKBA와 노선투쟁 중
카레니 민족진보당(KNPP: Karenni National Progressive Party)	카레니 州의 독립	1948	Kayah 州, 미얀마 남부	800 −2,000	군사조직 보유
카인 민족연합(KNU: Kayin National Union)/카렌민족연합(Karen National Union)	카렌족의 독립	1959	미얀마, 태국	5,000	군사조직 보유
몬 민족해방군(MNLA: Mon National Liberation Army)	소수민족 몬族을 대표	1958	태국 국경지대	1,000	新몬州黨(New Mon State Party) 군사조직. 미얀마 정부와 휴전 중
몽타이軍 (MTA: Mong Thai Army)	산(Shan)族 보호	1964	태국 국경지대	3,000	미얀마 정부와 휴전 중
미얀마 민족민주동맹군(MNDAA: Myanmar National Democratic Alliance Army)	군사통치 반대	1989	Shan 州 동부, 중국/라오스의 국경지대	1,000	이전의 미얀마공산당(CPB: Communist Party of Burma)의 일부. 미얀마 정부와 휴전 중
팔라웅 州 해방군 (PSLA: Palaung State Liberation Army)	팔라웅 인민의 자치 확대	1963	Hsipaw 북부지역	700	미얀마 정부와 휴전 중
산 州軍(SSA: Shan State Army)/산 州進步軍(SSPA: Shan State Progress Army)	산 州의 자유와 민주주의 확대	1964	산 州 남부	3,000	미얀마 정부와 휴전 중
聯合 와州軍(UWSA: United Wa State Army)	공산당 정권수립	1989	Wa 구릉 일대	15,000	미얀마공산당(CPB) 분파 조직. 미얀마 정부와 휴전 중
강철 미얀마학생戰士團 (VBSW: Vigorous Burmese Student Warriors)	군사정부 반대	1999	미얀마, 태국	미상	반정부/군사정부타도 활동

출처: Military Balance(2006), pp.428−429 참조.

〈부록 15〉 ARF 참가국 국민총소득 및 개인소득 비교

GNI순위	참가국	국민총소득(GNI) 단위: 백만 미국 달러	1인당 GNI	1인당 GNI 순위	비고
1	EU	14,517,417	28,446	6	OECD, 고소득
2	미국	13,446,966	449,70	1	OECD, 고소득
3	일본	4,899,966	38,410	2	OECD, 고소득
4	중국	2,641,587	2,010	13	개도국, 저중위소득
5	캐나다	1,177,445	36,170	3	OECD, 고소득
6	인도	906,537	820	20	개도국, 저소득
7	한국	856,565	17,690	8	OECD, 고소득
8	러시아	822,364	5,780	10	개도국, 고중위소득
9	호주	738,479	35,990	4	OECD, 고소득
10	인도네시아	315,759	1,420	14	개도국, 저중위소득
11	태국	193,734	2,990	12	개도국, 저중위소득
12	말레이시아	141,431	5,490	11	개도국, 고중위소득
13	싱가포르	128,816	29,320	5	고소득
14	파키스탄	122,295	770	21	개도국, 저소득
15	필리핀	120,166	1420	15	개도국, 저중위소득
16	뉴질랜드	112,416	27,250	7	OECD, 고소득
17	방글라데시	69,921	480	27	개도국, 저소득
18	베트남	58,143	690	23	개도국, 저소득
19	스리랑카	25,731	1,300	16	개도국, 저중위소득
20	캄보디아	6,906	480	26	개도국, 저소득
21	파푸아뉴기니	4,637	770	22	개도국, 저소득
22	라오스	2,879	500	24	개도국, 저소득
23	몽골	2,284	880	17	개도국, 저소득
24	미얀마	자료 없음(ND)	905 이하	19	개도국, 저소득
25	북한	ND	905 이하	25	개도국, 저소득
26	브루나이	ND	11,116 이상	9	고소득
27	티모르레스테	865	840	18	개도국, 저소득

주: OECD에는 EU 27개국 중 19개국이 포함되므로 OECD로 표기하였다. OECD는 EU 소속 오스트리아·벨기에·체코·덴마크·핀란드·프랑스·독일·그리스·헝가리·아일랜드·이탈리아·룩셈부르크·포르투갈·폴란드·슬로바키아·스페인·스웨덴·네덜란드·영국 등 19개국과 여타 유럽의 스위스·노르웨이·아이슬란드·터키 그리고 미국·일본·캐나다·호주·한국·뉴질랜드·멕시코 등 30개국으로 구성되어 있다.

* 출처: World Bank, "Total GNI 2006, Atlas method," *World Development Indicators database*, 1 July 2007, at http://siteresources.worldbank.org/DATASTATISTICS/Resources/GNI.pdf(검색일: 2007.8.2); World Bank, "GNI per capita 2006, Atlas method and PPP," *World Development Indicators database*, 14 September 2007, at http://siteresources.worldbank.org/DATASTATISTICS/Resources/GNIPC.pdf(검색일: 2008.3.28); EU의 GNI 와 GNI per capita는 회원국 총합으로 재산정하였다. World Bank, "Country Classification," *Data and Statistics*, 2007, at http://web.worldbank.org/WBSITE/EXTERNAL/DATASTATISTICS/0,contentMDK:20420458~menuPK:64133156~pagePK:64133150~piPK:64133175~theSitePK:239419,00.html(검색일: 2008.3.28) 참조.

약 어

ABAC: APEC Business Advisory Council(APEC 기업인자문위원회)

ABM: Anti－Ballistic Missile(Treaty) 탄도탄요격미사일(조약)

ADB: Asian Development Bank(아시아개발은행)

AF: Agreed Framework(미국·북한간 제네바 기본합의)

AFTA: ASEAN Free Trade Agreement(아세안 자유무역협정)

AIS: ASEAN Informal Summit(아세안 비공식 정상회의)

AMM: ASEAN Ministerial Meeting(아세안 각료회의)

ANZUS: Australia, New Zealand and United States(Security Treaty)
(호주·뉴질랜드·미국간 안보조약)

APEC: Asia Pacific Economic Cooperation(아태경제협력체)

APT: ASEAN Plus Three(아세안＋한국·중국·일본)

ARF: ASEAN Regional Forum(아세안지역안보포럼)

ARF－FMM: ARF Foreign Ministerial Meeting(ARF 외무장관회의)

ARF－SOM: ARF Senior Officials' Meeting(ARF 고위관리회의)

ASC: Asia Security Conference
(아시아 안보회의, 일명 Shangri－la Dialogue)

ASEAN: Association of Southeast Asian Nations(동남아 국가연합)

ASEAN－ISIS: ASEAN Institute(s) of Strategic and International Studies

(아세안 전략 및 국제문제 연구소, 아세안 10개국 전략/정
책 연구소들의 연합체)

ASEAN-PMC: ASEAN-Post Ministerial Conference(아세안 확대외무장관회의)

ASEAN-PMC-SOM:

                ASEAN-PMC-Senior Officials' Meeting

                (아세안 확대외무장관회의 지원 고위관리회의)

ASEM: Asia-Europe Meeting(아시아유럽회의)

ASO: Annual Security Outlook(연례 안보상황 평가서)

ASPC: ARF Security Policy Conference(ARF 안보정책회의)

BIS: Bank for International Settlements(국제결제은행)

BNWFZ: Battlefield-Nuclear-Weapon-Free-Zone(戰場非核地帶)

BWC/BTWC: Bacteriological (Biological and Toxin) Weapons Convention
                (생물학 무기 금지협약, 생물 및 독소무기 금지협약), 완전한
                명칭은 Convention on the Prohibition of the Development,
                Production and Stockpiling of Bacteriological (Biological)
                and Toxin Weapons and on their Destruction

CBM: Confidence Building Measure(신뢰구축조치)

CCW: Convention on Certain Conventional Weapons
                (특정 재래식무기 금지협약)

CD: Conference on Disarmament(제네바 군축회의)

CENTO: Central Treaty Organization(중앙/중동 조약기구)

CFE: (Treaty) of Conventional Forces in Europe
                (유럽 재래식무기 감축조약)

CFSP: Common Foreign and Security Policy(EU의 공동외교안보정책)

CHART: Combined Humanitarian Assistance Response Training

(통합 인도적 지원 훈련)

CICA: Conference on Interaction and Confidence—Building Measures
            in Asia(아시아 교류 및 신뢰구축조치에 관한 회의)

CIDA: Canadian International Development Agency(캐나다 국제개발원)

CICIR: China Institute of Contemporary International Relations
            (중국현대국제관계연구소)

CIIS: China Institute for International Studies(중국 국제문제연구소)

CLCS: Commission on the Limits of the Continental shelf
            (대륙붕한계위원회)

COC: Code of Conduct(행동규약)

CSBM: Confidence and Security Building Measure(신뢰안보구축조치)

CSCA: Conference on Security and Cooperation in Asia
            (아시아 안보협력회의)

CSCAP: Council for Security Cooperation in Asia—Pacific
            (아태안보협력이사회)

CSCE: Conference on Security and Cooperation in Europe
            (유럽안보협력회의)

CSTO: Collective Security Treaty Organization(집단안보조약기구)

CTBT: Comprehensive (Nuclear) Test Ban Treaty(포괄핵실험금지조약)

CTTF: Counter Terrorism Task Force(APEC의 對테러 대책반)

CU: Customs Union(관세동맹)

CWC: Chemical Weapons Convention, 완전한 명칭은 Convention
            on the Prohibition of the Development, Production,
            Stockpiling and Use of Chemical Weapons and on their
            Destruction(화학무기금지협약)

DDA: Doha Development Agenda

　　　　　　　(도하개발아젠다/서비스·농산물 영역에 대한 다자협상)

DIS: Defense Information Sharing(국방정보교환)

DOC: Declaration on the Conduct of Parties in the South China Sea

　　　　　　　(남중국해에서의 당사국 행동에 관한 선언)

EAPC: Euro−Atlantic Partnership Council

　　　　　　　(유럽−대서양 동반자관계 위원회)

EAS: East Asia Summit(동아시아 정상회의)

EASG: East Asia Study Group(동아시아 연구그룹)

EEP: Expert and Eminent Persons(전문가 및 名士들)

EEZ: Exclusive Economic Zone(배타적 경제수역)

EGM: Expert Group Meeting(전문가그룹 회의)

EIA: Economic Integration Agreement(경제통합협정)

EPG: Eminent Persons Group(저명인사그룹)

ERP: Europe Rehabilitation/Reconstruction/Recovery Programme

　　　　　　　(유럽부흥계획, 마셜플랜)

ERW: Explosive Remnants of War(전쟁 후 잔류불발탄)

ESDP: European Security and Defense Policy(유럽안보 및 방위정책)

EU: European Union(유럽연합)

EUMC: EU Military Committee(EU 군사위원회)

FATF: Financial Action Task Force(재정/금융 행동 태스크 포스)

FMCT: Fissile Material Cut−off Treaty(핵분열물질 생산금지조약)

FPDA: Five Power Defense Arrangements(5개국 방위협정: 말레이

　　　　　　　시아·싱가포르·영국·호주·뉴질랜드)

FTA: Free Trade Agreement(자유무역협정)

FTAAP: Free Trade Agreement in Asia－Pacific(아태자유무역협정)

GAM: *Gerakan Aceh Merdeke*/Free Aceh Movement(自由아체獨立運動)

GATT: General Agreement on Tariffs and Trade

                (관세 및 무역에 관한 일반협정)

HIV/AIDS: Human Immunodeficiency Virus(면역결핍 바이러스)/Acquired

                Immune Deficiency Syndrome(후천성 면역결핍증)

ICAO: International Civil Aviation Organization(국제민간항공기구)

IDSS: Institute of Defense and Strategic Studies

                (싱가포르 방위전략연구소)

ICJ: International Court of Justice(국제사법재판소)

IFIs: International Financial Institutions(국제 재정/금융기관들)

IGCC: Institute on Global Conflict and Cooperation

                (세계분쟁 및 협력연구소)

IIS: International Information Security(국제정보안보)

IISS: International Institute for Strategic Studies

                (영국의 국제전략문제연구소)

ILEA: International Law Enforcement Academy(국제경찰대학)

IMB: International Maritime Bureau(國際海事局)

IMO: International Maritime Organization(國際海事機構)

INF: Intermediate－range Nuclear Forces(중거리핵전력)

ISG: Intersessional Support Group(會期間 지원그룹)

ISG－CBM and PD:

                Intersessional Support Group on Confidence Building
                Measures and Preventive Diplomacy(신뢰구축조치 및 예방
                외교에 관한 회기간 지원그룹)

ISG－CBM: Intersessional Support Group on Confidence Building Measures
(신뢰구축조치에 관한 회기간 지원그룹)

ISM: Inter－sessional Meeting(회기간 회의, 회기간 전문분야 협력 회기간 회의)

ISM－CTTC: Intersessional Meeting on Counter－Terrorism and Transnational Crime(對테러리즘 및 초국가적 범죄에 관한 회기간 회의)

ISM－DR: Intersessional Meeting on Disaster Relief
(재난구호에 관한 회기간 회의)

ISM－PKO: Intersessional Meeting on Peacekeeping Operations
(평화유지활동에 관한 회기간 회의)

ISM－SARCC: Intersessional Meeting on Search and Rescue Coordination and Cooperation(탐색구조 조정 및 협력에 관한 회기간 회의)

ISPS Code: International Ship and Port Security Code
(국제선박/항구안전 규정)

JCLEC: Jakarta Center for Law Enforcement Cooperation
(경찰 협력을 위한 자카르타 센터)

KEDO: Korean Peninsula Energy Development Organization
(한반도에너지개발기구)

KFOR: Kosovo Force(코소보 평화유지군)

LN: League of Nations(국제연맹)

NAFTA: North American Free Trade Agreement(북미자유무역협정)

MANPADS: Man Portable Air Defense System(휴대용방공무기체계)

MBFR: Mutual and Balanced Force Reduction(상호균형감군)

MCBM: Military Confidence Building Measures(군사적 신뢰구축조치)

MD: Missile Defense(미사일 방어, 미사일 방어계획)

MERCOSUR: *Mercado Común del Sur/Mercado Comun do Sul*(남미공동시장)

MNF-I: Multinational Forces in Iraq(이라크 주둔 다국적군)

MRM: Mutual Reassurance Measures(상호재보장조치)

MRTD: Machine Readable Travel Documents
               (기계로 읽을 수 있는 여권, 전자여권)

MTCR: Missile Technology Control Regime(미사일기술통제체제)

NACC: North-Atlantic Cooperation Council(북대서양협력회의)

NAM: Non-Aligned Movement(비동맹운동)

NATO: North Atlantic Treaty Organization(북대서양조약기구)

NEACD: Northeast Asia Cooperation Dialogue(동북아협력대화)

NEASED: Northeast Asia Security Dialogue(동북아 다자안보대화)

NIRA: National Institute for Research Advancement
               (總合硏究開發機構/연구소)

NLL: Northern Limit Line(북방한계선)

NPT: Nuclear Non-Proliferation Treaty(핵확산금지조약)

NPCSD: North Pacific Cooperative Security Dialogue
               (북태평양 협력안보대화)

NSG: Nuclear Suppliers Group(핵공급국그룹)

OAA: Osaka Action Agenda(오사카 행동지침)

OAS: Organization of American States(미주기구)

OAU: Organization for African Union(아프리카단결기구)

ODA: Official Development Assistance(공적개발원조/지원금)

OECD: Organization for Economic Cooperation and Development
               (경제협력개발기구)

OPEC: Organization of Petroleum Exporting Countries(석유수출국기구)

OPM: *Organisasi Papua Merdeka*/Free Papua Movement
(自由파푸아獨立運動)

OSCAP: Organization for Security and Cooperation in Asia－Pacific
(아태안보협력기구)

OSCE: Organization for Security and Cooperation in Europe
(유럽안보협력기구)

PBEC: Pacific Basin Economic Council(태평양경제협의회)

PD: Preventive Diplomacy(예방외교)

PECC: Pacific Economic Cooperation Council(태평양경제협력체)

PFP: Partnership for Peace(평화를 위한 동반자관계)

PJC: (NATO－Russia) Permanent Joint Council
(나토－러시아 상설합동위원회)

PKF: Peacekeeping Forces(평화유지군)

PKO: Peacekeeping Operations(평화유지활동)

PLO: Palestine Liberation Organization(팔레스타인 해방기구)

POA: Programme of Action(행동계획)

PS: Partial Scope (Agreement)(부분자유무역협정)

PSC: Political and Security Committee(ESDP의 정치안보위원회)

PSI: Proliferation Security Initiative(대량살상무기 확산방지 구상)

RAMSI: Regional Assistance Mission to the Solomon Islands
(솔로몬 제도에 대한 지역 지원임무 파견단)

RATS: Regional Anti－Terrorism Structure(SCO 反테러리즘 기구)

RCC: Rescue Coordination Center(救助調整本部)

RSC(T):   Regional Security Complex (Theory), 지역안보복합체(이론)

RTA: Regional Trade Agreement(지역무역협정)

SALT: Strategic Arms Limitation Talks/Treaty(전략무기제한협상/조약)

SALW: Small Arms and Light Weapons(소형무기 및 경무기)

SAR: Search and Rescue(탐색구조)

SBM: Security Building Measure(안보구축조치)

SCO: Shanghai Cooperation Organization(상하이협력기구)

SDI: Strategic Defense Initiative(전략방위구상)

SDR: Special Drawing Rights(특별인출권)

SEANWFZ: Southeast Asia Nuclear Weapon Free Zone(동남아 비핵지대)

SEARCCT: Southeast Asia Regional Center for Counter−Terrorism
                (對테러리즘 동남아 지역 센터)

SEATO: Southeast Asia Treaty Organization(동남아 조약기구)

SFOR: Stabilization Force(보스니아 평화안정군)

SLOC: Sea Line of Communication(해상교통로)

SOM: Senior Officials' Meeting(고위관리회의)

SPF: South Pacific Forum(남태평양 포럼)

SPNFZT: South Pacific Nuclear Free Zone Treaty(남태평양비핵지대조약)

START: Strategic Arms Reduction Talks/Treaty(전략핵무기감축협상/조약)

TAC: Treaty of Amity and Cooperation (in Southeast Asia),
                동남아우호협력조약

TC: Transnational Crime(초국가적 범죄)

TILF: Trade and Investment Liberalization and Facilitation
                (무역투자자유화 촉진)

TOR−FOC: Terms of Reference of Friends of the ARF Chair
                (ARF의장 후원국 위임사항)

UNCAR: United Nations Conventional Arms Register

(유엔 재래식무기 등록제도)

UNCLOS:　　　　United Nations Convention of Law of the Sea(유엔해양법협약)

UNDPKO:　　　　UN Department for Peacekeeping Operations
　　　　　　　　(유엔평화유지활동局)

UNMISET:　　　　UN Mission in East Timor(동티모르 유엔 파견단)

UNMOGIP:　　　　UN Military Observer Group in India and Pakistan
　　　　　　　　(駐 인도·파키스탄 유엔 군사감시단)

UNRCA:　　　　　United Nations Register of Conventional Arms
　　　　　　　　(유엔 재래식무기 등록제도)

UNSC:　　　　　 United Nations Security Council(유엔안전보장이사회)

UNTAET:　　　　United Nations Transitional Administration in East Timor
　　　　　　　　(동티모르 유엔잠정행정기구)

VFA:　　　　　　Visiting Forces Agreement
　　　　　　　　(미국과 필리핀간 '순회 군사방문 협정')

WFP:　　　　　　World Food Programme(UN의 세계식량계획)

WPO/WTO:　　　Warsaw Pact (Treaty) Organization(바르샤바조약기구)

WTO:　　　　　　World Trade Organization(세계무역기구)

색인(索引)

이원우 ──

▋ 약력

- ○ 연세대학교 행정대학원 외교안보 전공(1990년, 행정학석사)
- ○ 경남대학교 대학원 국제정치 전공(2009년, 정치학박사)
- ○ 합참/국방부 군사전략·군비통제·다자안보정책·대북정책 실무 담당(1993 – 2006년)
  - －CSCE 運營槪念, 構造 및 實態 硏究(1994년, 오스트리아)
  - －ARF/NEACD 등 다자안보 국제회의 20여 회 정부/비정부 군사대표로 참가(1998 – 2003년)
  - －한국 개최 국제회의 Organizer/Coordinator로 활동
    'ARF － ISG － CBM회의 국방관리회의'(2000년)
    'ARF － PKO 세미나'(2001년)
    '동북아 제한적 비핵지대화(LNWFZ － NEA)회의'(2001년)
    'ARF 國防官吏協力워크숍'(2002년) 등
- ○ 공군대령 예편(2007년)
- ○ 아태지역 다자간 안보협의체들의 군사적 논의사항분석 및 대응방향 공군군사학술용역연구(2008년) 등

▋ 연구 실적

- ○ "韓·美 安保關係의 爭點과 未來"(연세대학교 행정대학원 행정학석사 학위논문, 1989년)
- ○ "多者安保協力體 설립시 軍事對應方案 硏究"(『합참』 기고문, 1996년)
- ○ "지역 다자안보협력 현황과 우리의 대응방향"(『한반도 군비통제』 기고문, 1998년)
- ○ "지역 다자안보협력 현황과 발전 전망"(『공군평론』 기고문, 1999년)
- ○ "Review on Defense/Military Officials' Exchange and Cooperation within the ARF Countries"(『Workshop on Defense/Military Officials' Cooperation within the ARF』, 국방대학교, 2002년)
- ○ "비전통적 안보위협 대처: ARF 10주년 의의·성과·전망"(『국방저널』 기고문, 2003년)
- ○ "아태지역 다자간 안보협의체들의 군사적 논의사항 분석 및 대응방향,"(공군군사학술용역, 2008년)
- ○ "ARF의 제도적 한계와 구조적 제약에 관한 연구"(경남대학교 대학원 정치학박사 학위논문, 2008년) 등

多者安保協力의 限界와 制約

: 아세안地域安保포럼(ARF) 中心으로

초판인쇄 | 2009년 6월 10일
초판발행 | 2009년 6월 10일

지은이 | 이원우
펴낸이 | 채종준
펴낸곳 | 한국학술정보㈜
주 소 | 경기도 파주시 교하읍 문발리 파주출판문화정보산업단지 513-5
전 화 | 031) 908-3181(대표)
팩 스 | 031) 908-3189
홈페이지 | http://www.kstudy.com
E-mail | 출판사업부 publish@kstudy.com

등 록 | 제일산-115호(2000. 6. 19)
가 격   37,000원
ISBN   (Paper Book)
        978-89-268-0070-6 98340 (e-Book)

내일을여는지식 ■ 은 시대와 시대의 지식을 이어 갑니다.